Aus unserem Bauplanangebot

Baupläne für

Scale- und Semi-scale-Modelle

vorgestellt in der Fachzeitschrift

 **Modell**

Sopwith-Camel von F. Meier
Spw. 1,44 m, 10 cm^3
Modell 11/70   **DM 24,80**
Best.-Nr. 9662   öS 181,– / sFr. 23,–

Do 28 D »Skyservant« von K. Gallena
Spw. 1,73 m, 2 × 3,5–5 cm^3
Modell 11/71   **DM 21,–**
Best.-Nr. 9612   öS 153,– / sFr. 19,–

Me 110 BF von F. Wolf
Spw. 1,85 m, 2 × 5 cm^3
Modell 1/72   **DM 38,–**
Best.-Nr. 9631   öS 277,– / sFr. 35,–

Me 163 Komet von W. Boder
Spw. 1,30 m, 10 cm^3
Modell 10/75   **DM 22,80**
Best.-Nr. 9638   öS 166,– / sFr. 21,–
Styro-Flächen und GfK-Rumpf bei W. Boder,
Dorfstraße 13, 55494 Dichtelbach

He 111-P5 von Manfred Boog
Spw. 2,25 m, 2 × 10 cm^3
Modell 6/74   **DM 28,80**
Best.-Nr. 9622   öS 210,– / sFr. 26,50

Ju 52 von P. Bosåk
Spw. 1,81 m, Motoren 1 × 6,5 cm^3, 2 × Dummy
Modell 10/83   **DM 22,80**
Best.-Nr. 9608   öS 166,– / sFr. 21,–

Klemm L 20 von E. Wagener
Spw. 3,25 m, Motor Boxer 2 × 9,95 cm^3
Modell 7/81   **DM 48,–**
Best.-Nr. 9676   öS 350,– / sFr. 44,50

Vampire DH-100 von V. Fry
Spw. 1,50 m, Motor 10 cm^3
Modell 8/81   **DM 28,80**
Best.-Nr. 9677   öS 210,– / sFr. 26,50

Natürlich von **NV**

Dick van Mourik • SCALE FIBEL

Dick van Mourik

SCALE FIBEL

Scale-Flugzeugmodelle
selbst konstruiert und gebaut

NV NECKAR-VERLAG • VILLINGEN-SCHWENNINGEN

Widmung

... eigentlich weiß ich nicht, wem ich danken soll. Meinem Vater, der mir die Liebe zum Scale-Modellbau mit auf den Lebensweg gab, oder meiner Mutter, die es jahrelang ertragen mußte ...

ISBN 3-7883-0651-3

© 1999 by D. v. Mourik
© der deutschen Ausgabe by Neckar-Verlag GmbH,
   Klosterring 1, 78050 Villingen-Schwenningen

Printed by Bräuer GmbH Druckerei und Verlag,
Otto-Hahn-Straße 19, 73235 Weilheim/Teck.

Inhalt

1. Vorwort

Scale-Modellbau ist Magie. Wer träumt nicht davon, seinen eigenen Doppeldecker, Warbird oder Jet fliegen zu lassen? Wer wäre nicht gerne Captain auf einer Concorde oder einem Airbus? Scale-Modellbau ermöglicht das.

Dieses Buch will versuchen, Einsicht in die von vielen Modellbauern immer noch als schwierig bezeichnete Materie des Scale-Modellbaus zu bringen. Es soll von der Suche nach Unterlagen am Anfang des Projekts bis hin zum Fliegen begleiten. Besondere Aufmerksamkeit ist eigenen Entwürfen und Konstruktionen von Scale-Modellen gewidmet, da besonders in diesem Bereich bisher nur wenig Material vorhanden ist. Dieses Buch will aber weniger Modelle und Bauweisen vorstellen, die ausschließlich zum Wettbewerbseinsatz führen, da für viele das Fliegen eines Wettbewerbs kein Hobby, sondern reine Nervensache ist.

Es stehen alltagstaugliche Modelle im Mittelpunkt, die am Wochenende auf jedem Flugplatz einsetzbar sind. Optionen zur weiteren Detaillierung sind ebenfalls beschrieben, der Leser kann sich nach Wunsch bedienen. Zunächst ist es aber eine Sache für sich, zu lernen, Scale-Modelle richtig zu konstruieren, akkurat zu bauen, schön zu lackieren und dem Original entsprechend zu fliegen. Der Autor hat sich bemüht, die beschriebenen Techniken ausführlich mit Bildern und Skizzen zu ergänzen.

Es ist davon auszugehen, daß jeder Leser dieses Buchs bereits über einige Bau- und Flugerfahrungen verfügt. Grundlagen der Aerodynamik, Beschreibungen über den geraden Aufbau von Rümpfen und Flächen oder ausführliche Materialbeschreibungen sind deswegen in diesem Buch nicht zu finden.

Ich wünsche mir, daß jeder an der Scale-Klasse interessierte Modellbauer in diesem Buch ausreichend Tips findet, um auf seine eigene Weise die schönste Seite unseres Hobbys zu erleben.

Zaltbommel (Niederlande), Frühling 1999, Dick van Mourik

2. Wer die Wahl hat ...

Erinnern wir uns nicht alle an unseren Einstieg in den Modellbau? Kennen wir nicht alle noch die Enttäuschung, wenn uns von Erfahrenen statt einer *He 111* oder *Bf 109* ein *Charter*, *Taxi* oder *Westerly* empfohlen wurde?

Vorbildgetreue Modelle bzw. Nachbauten von Originalflugzeugen sind ein Wunsch vieler, doch nicht die beste Wahl für den Anfänger. Zunächst hat das was mit dem Bauaufwand zu tun. Jedes Scale-Modell, wie einfach es auch scheint, bringt selbstverständlich immer einen größeren Arbeitsaufwand als ein Zweckmodell mit sich. Dazu kommt, daß Modelle – wie die zuvor genannten Trainer – wesentlich mehr Fehler wegstecken, die am Anfang unserer Karriere mehr als ausreichend vorkommen. Wenn wir bereits ein paar Modelle gebaut und geflogen haben, steht dem Schritt zum Scale-Modellbau aber nichts mehr im Wege. Wie damals, sollten wir aber auch hier geplant und überlegt einsteigen.

Daher ist es notwendig, ein nicht zu schwierig zu bauendes und zu fliegendes Modell auszuwählen, um sich in aller Ruhe an die in dieser Klasse üblichen Techniken zu gewöhnen.

Selbstverständlich wollen wir, wenn es schon der Bau eines Scale-Modells sein soll, etwas Schönes auf die Beine stellen. Wie unsymphatisch es sich auch anhören mag, aber unbedingt ein Modell wählen, das unser Können sowohl im Bauen als auch beim Fliegen nicht überschreitet.

Es ist dabei gar nicht einmal so wichtig, ob wir uns für einen Hoch-, Tief- oder Doppeldecker entscheiden, wir sollten nur darauf achten, daß das Original nicht mit Extras vollgepackt ist. Einziehfahrwerke, Landeklappen, elliptische Tragflächengeometrien oder andere Dinge sollten wir beim ersten Scale-Objekt meiden. Wer diesen Faktoren Rechnung trägt, wird feststellen, daß die Liste möglicher Modelle eigentlich gar nicht mehr so lang ist. Als Anregung, welches Original sich gut zum Nachbau eignet, sei die folgende Tabelle gedacht. Sie greift aus jeder Ära einige Muster heraus.

1910–1925	1926–1938	1939–1950	1951–1975	1976–heute
SE 5a	Westland Widgeon	Miles Magister	Zlín Z-526	Extra 200
Fokker D-VII	Miles Sparrowhawk	Piper J-3 Cub	Rollason Turbulent	Cessna 177
Fokker Dr-1	D.H. Tiger Moth	Vought Kingfisher	Jodel Bébé	

An dieser Stelle ein paar erklärende Worte dazu: Die Maschinen aus den ersten Epochen, besonders die aus den Jahren des Ersten Weltkriegs, sind als Modelle sehr beliebt, und das nicht umsonst. Besonders bei ruhigen Wetterlagen sind sie sehr langsam zu fliegen und voller Charisma. Der Anblick solch alter Konstruktionen bleibt für jeden Flugzeugliebhaber immer noch etwas Besonderes, sie unterscheiden sich quasi nur in der Fluggeschwindigkeit vom Original.

Die Zwischenkriegsjahre sind bekannt als die „Goldene Ära" der Luftfahrt, und in dieser Zeit hat es in der Tat sehr schöne Entwürfe gegeben. Vom *Tiger Moth Trainer* bis hin zu schnittigen Jagdflugzeugen wie *Hawker Fury* oder *Gloster Gladiator*.

Abb. 2.1
Nur die Phantasie beschränkt den Modellbauer, ansonsten ist alles möglich. Es gibt Scale-Modelle von riesengroß, wie diese verschiedenen Boeing-Nachbauten zum 75jährigen Jubiläum der K.L.M. ...

Abb. 2.2
... bis sehr klein, wie dieses Stits Skybaby von Rainer Gaggl, fotografiert auf der Interscale 1997

Der Kunstflug erlebte in diesen Jahren ebenfalls eine Blütezeit. Die Bücker-Werke produzierten ihren *Jungmann* und *Jungmeister*, Flugzeuge, die bis heute immer noch beliebt sind, sowohl im Original als auch im Modell.

Ein weiterer Teil des Luftsports waren Flugzeugrennen, in Großbritannien war z.B. der King's Cup sehr beliebt. Flugzeugbauer Miles nahm mehrmals mit seiner *Sparrowhawk* daran teil, und auf dem Kontinent konkurrierten Messerschmitt, Morane Saulnier, Heinkel und viele andere Flugzeughersteller untereinander. Für die Scale-Modellbauer, sicher auch für den Anfänger in dieser Klasse, stehen aus dieser Zeit genügend Originale zur Auswahl.

Das Ende dieser Ära brachten die ersten Kriegsflugzeuge, und hier liegt für einen Großteil der Scale-Modellbauer die wahre Liebe. Manche werden sich wundern, warum die Jäger des Zweiten Weltkriegs wie z.B. eine *Bf 109* oder *Fw 190* nicht mit in die Tabelle aufgenommen wurden. Das ist einfach zu erklären: Jäger sind im Original wendige, nicht unbedingt sehr stabil fliegende Flugzeuge, die sich obendrein meist noch mit hohen Flächenbelastungen herumplagten.

Leider sind die Tragflächen von Modellflugzeugen gegenüber den Originalen aerodynamisch gesehen nicht so effizient. Die dazugehörigen, meist kleineren Leitwerke machen die Lage des Balancepunkts (siehe auch Erklärung in Kapitel 11.2) ziemlich kritisch. Erfahrungen haben gezeigt, daß viele Modellbauer immer noch dem (falschen) Glauben unterliegen, daß ein schwanzlastiges Modell mit etwas Tiefenruder vernünftig ausgetrimmt werden kann.

Insbesondere Nachbauten von Jagdflugzeugen zeigen – wenn sie schwanzlastig sind – ein sehr kritisches Flugverhalten, und die Kombination eines kleinen Leitwerks mit zu weit hinten liegendem Balancepunkt ist in 99% der Flugversuche fatal. Dies sorgt dann in so manchen Vereinen für die Meinung, daß Scale-Modelle im allgemeinen schwierig zu fliegen seien.

Mit Sorgfalt gebaut und ausgewogen, sind aber selbst Nachbauten von Jägern fliegerisch zu beherrschen, die für den Bau erforderliche hohe Präzision ist aber bei den meisten Modellbauern beim Einstieg in den Scale-Modellbau einfach noch nicht vorhanden.

Es gibt aber auch Militärmodelle, die wesentlich unkritischer sind: z.B. die *L-4 Grasshopper*-Variante der berühmten *Piper Cub*. Ein Nachbau mit Tarnanstrich, dabei jedoch einfach und sicher zu beherrschen. Weitere Maschinen wären der *Miles Magister Trainer*, ein Modell des *Fieseler Storch*, sein Gegenstück, die *Westland-Lysander* usw.

Wie wir in diesem Buch noch später sehen werden, ist es oft nicht möglich, Modelle mit der an sich geforderten Scale-Geschwindigkeit fliegen zu lassen. Die späteren Jahre des Zweiten Weltkriegs und die erste Zeit der Jet-Ära sind vor diesem Hintergrund idealer.

Die ersten Düsenjäger deswegen, da sie im Vergleich mit modernen Konstruktionen noch nicht so brutal übermotorisiert waren, sie sind mit Elektro- oder Verbrenner-Impeller meist sehr scalelike zu fliegen.

Es sollten aber nicht immer Kriegsflugzeuge sein, denn die Jahre danach haben sehr schöne Sportflugzeuge hervorgebracht. Die holländischen Fokker-Werke präsentierten 1947 z.B. ihren *S-11 Trainer*, ein außergewöhnliches Schulungs-

Abb. 2.3
Als Modell ebenso schön wie im Original, die De Havilland Mosquito. Ein Leckerbissen für erfahrene Modellbauer, aber nicht geeignet für den Einstieg in die Scale-Klasse

flugzeug, bei dem beide Piloten nebeneinander saßen. In Hellgelb mit Leucht-orange zudem auch als Modell immer gut erkennbar. Der Amerikaner Curtiss Pitts baute mit seiner *Pitts Special* einen kleinen, schnittigen Doppeldecker, der zu einer der bekanntesten Kunstflugmaschinen der Welt wurde. Die ebenfalls amerikanischen Bellanca-Werke brachten die *Decathlon* und *Citabria* hervor, Zivilmaschinen, die nicht nur für das ruhige Fliegen geeignet sind, sondern auch voll kunstflugtauglich waren und zudem beim Publikum sehr beliebt sind.

Aus der Tschechoslowakei und Rußland brachten Entwürfe von Zlín und Jak den Ostblock mehrmals auf das Siegertreppchen bei Kunstflug-Weltmeisterschaften.

Für viele der jüngeren Generation sind modernere Düsenjäger, z.B. eine *F-18*, das Ziel der Wünsche. Sie sind zwar sicher zu fliegen, wegen des Aufwands bei Bau und Flugvorbereitungen aber nur etwas für sehr Erfahrene.

Die Qual der Wahl endet aber nicht bei Jets. Viele Experimental-Konstruktionen wie *Rutans VariEze*, *Optica* oder *Gossamer Albatros* sind nur einige Beispiele, die einfach um Nachbau bitten.

Aber, wie gesagt, wer die Wahl hat ...

Abb. 2.4
Die Maschinen des Ersten Weltkriegs haben ein ganz besonderes Charisma; hier die berühmte Fokker Dr-1, einmal nicht im ewigen Richthofen-Rot

Abb. 2.5
Die berühmte Tiger Moth in einer Sonderausführung der holländischen Flugschule Teuge. Der holländische Reichsluftfahrtdienst hatte seinerzeit die Überzieheigenschaften der Tiger Moth als gefährlich bezeichnet, und so mußte sie mit einem vergrößerten Seitenleitwerk ausgerüstet werden

Abb. 2.6
Ein außergewöhnlicher Doppeldecker ist dieser Nachbau der Gloster Gladiator, ein Jäger in Vorkriegs-Tarnlackierung der Royal Air Force. Die Originalmaschine fliegt in der Shuttleworth-Sammlung

Abb. 2.7
Ein gut geeignetes Scale-Einstiegsmodell ist die weltweit bekannte Piper Cub; hier die im Krieg eingesetzte Beobachterversion L-4

Abb. 2.8
Mehrmotorige Scale-Modelle sind oft nur etwas für Piloten mit viel Geld und wenig Nerven. Diese Liberator von Ken Sheppard wurde 1996 auf der Scale-Ralley in Old Warden fotografiert. Der Nachbau ist ganz aus Schaum aufgebaut und besitzt nur in den beiden inneren Gondeln Motoren

Abb. 2.9
Weniger geeignet für den Einstieg in den Scale-Modellbau, aber immer bestechend, sind Warbirds. Hier eine P-51 B von Erik Smeets, umgebaut nach einem Brian-Taylor-Plan der D-Variante

Abb. 2.10
Die erste Düsenjäger-Generation weist oft auch als Modell ideale Flugeigenschaften auf.
Diese F-84 im Maßtab 1:5 entstand übrigens fürs Jubiläum der Niederländischen Luft-
waffe

Abb. 2.11
Kunstflug mit Scale-Modellen hat seinen besonderen Reiz. Die Pitts Special verdrängte
einst bei den Originalen die Jaks und Zlíns von den vorderen Wettbewerbsplazierungen
und ist auch als Modell sehr erfolgreich

Abb. 2.12
Von einem ganz anderen Schlage ist die Rollason Turbulent, hier als Semi-Scale-Modell. Der einfache Aufbau und die trainerähnlichen Flugeigenschaften machen Modelle wie dieses geradezu ideal für den Einstieg in den Scale-Modellbau

Abb. 2.13
Jets sind heute ebenso zuverlässig zu fliegen wie Flugmodelle mit herkömmlicher Luftschraube. Sie verlangen aber beim Bau einen erheblichen Mehraufwand und auch entsprechendes fliegerisches Können und sind deswegen nur etwas für Erfahrene. Diese F-18 wurde übrigens 1997 auf dem britischen Jet-Masters fotografiert

3. Dokumentation

Jeder kennt sie, Scale-Modelle, die eigentlich gar keine sind. Oft wird beim Bau eines schönen Modells viel zu wenig Zeit für die richtige Detaillierung und eine scalemäßige Lackierung aufgewendet. Wer sich aber schon die Mühe macht, ein Modell so vorbildgetreu wie möglich aufzubauen, sollte sich auch die Zeit nehmen, bereits im Vorfeld die typischen Details des Vorbilds herauszufinden. Es wird nämlich erst dann möglich sein, ein Modell zu bauen, das sich aus der Vielzahl aller anderen heraushebt. Im Gegensatz zu dem, was die meisten Modellbauer glauben, ist es notwendig, alle Dokumentations-Unterlagen vor dem Bau des Modells zu sammeln. Dafür gibt es zwei Gründe:

Zunächst einmal entscheidet man sich damit gleich für einen bestimmten Typ des Originals. Von einigen Vorbildern, speziell von Kriegsflugzeugen, gibt es zum Teil mehr als 50 verschiedene Varianten.

Zum zweiten ist es möglich, anhand der Dokumentation den Plan zu überprüfen, wobei es natürlich ganz egal ist, ob es sich dabei um ein Baukastenmodell, einen gekauften Plan oder gar um einen eigenen Entwurf handelt. Es ist jedoch hervorzuheben, daß es wahrlich nicht einfach ist, ein bereits im Bau befindliches Modell zu modifizieren. Selbst wenn die Möglichkeit besteht, kostet das in jedem Fall ein Menge Zeit und Ärger.

Also, um ein richtig gutes Scale-Modell zu bauen, brauchen wir zunächst einmal zwei Dinge: Fotos und Zeichnungen.

3.1 Fotos

Fangen wir mit den Fotografien an. Die schönsten macht man natürlich selbst!? Von vielen Originalen existieren noch einige Exemplare, die meist irgendwo in einem Museum stehen. In den seltensten Fällen sind sie noch flugfähig. Diese Vorbilder sind besonders als Dokumentationsgrundlagen geeignet. Ideal ist es natürlich, eine noch fliegende Maschine zu fotografieren. Hat man hier doch die Möglichkeit, dieses Unterfangen im Freien durchzuführen. Museumsflugzeuge haben neben ihrem Kunstlichtdasein aber noch einen ganz anderen großen Nachteil: der Grad der Restauration. Diese Maschinen sehen oft aus wie neu, und es gab wohl auf der ganzen Welt kein Flugzeug, das nicht deutliche Gebrauchsspuren aufwies. Ein Nachbau einer ganz „neuen" Maschine sieht aber eher aus wie ein Spielzeug. Daher ist es durchaus schwieriger, eine Museumsmaschine vorbildgetreu nachzubauen.

Für meine *Spitfire Mk 1A* von Brian Taylor bin ich zweimal nach London gefahren, um dort am Original Vermessungen durchzuführen und um sie gleichzeitig aus allen möglichen Perspektiven heraus zu fotografieren. Wer diese Museumsmaschine mit einer Original-*Mk 1A* vergleicht, stellt schnell einige Unterschiede fest. Zunächst einmal fehlen die Maschinengewehre im Flügel und die Positionsleuchte an der Rumpfoberseite. Im hinteren Bereich des Rumpfs ist ein Loch angebracht und die Kabinenhaube ist eine Bulged-side-Ausführung, und das war keinesfalls der Standard einer *Mk 1A* mit der Tarnbemalung von 1938! Die Auspuffrohre haben einen „Fischschwanz" und sind nicht rund, auch das war bei

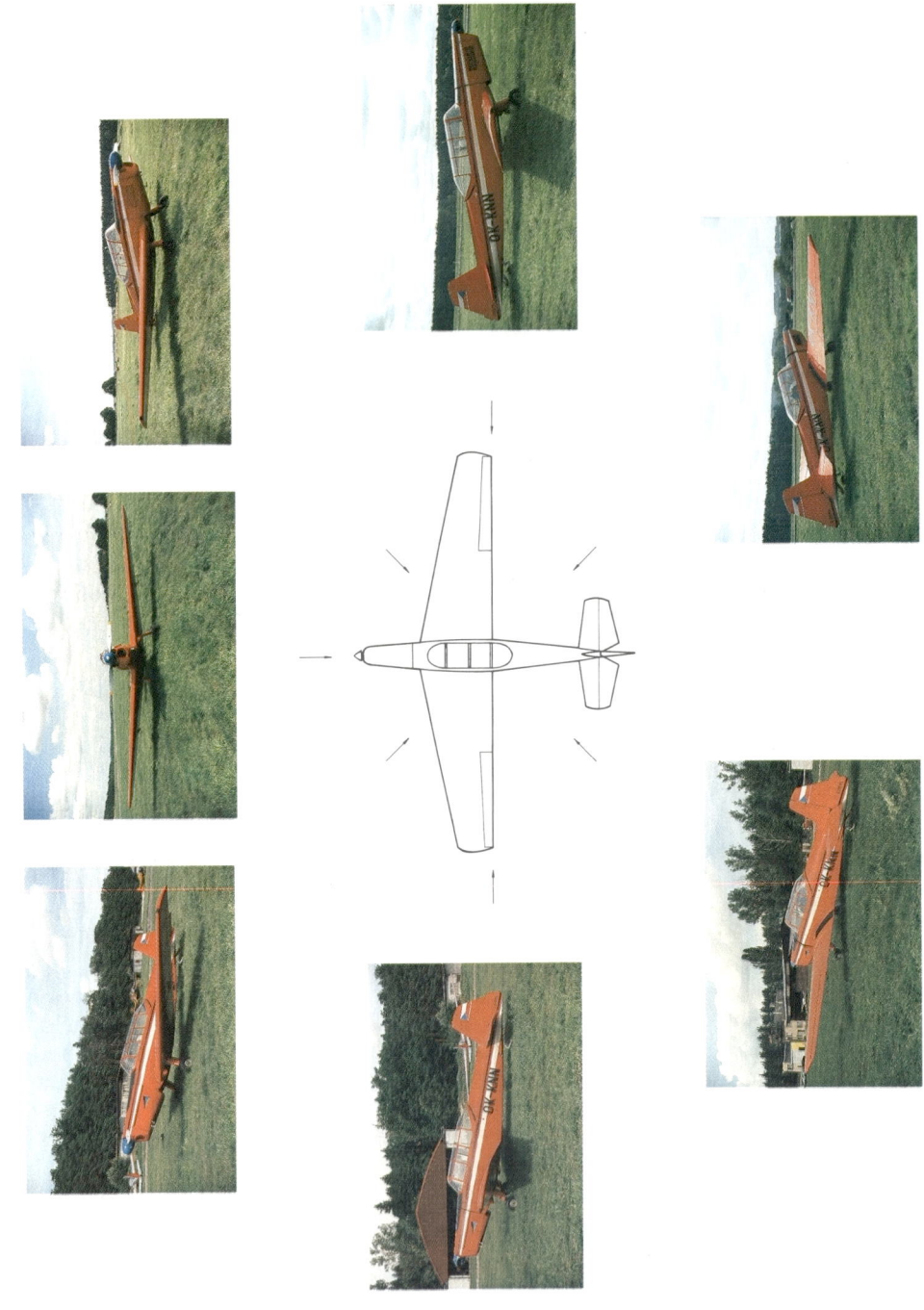

Abb. 3.1
Beim Fotografieren eines Originals ist es ganz wichtig, zunächst eine solche Bilderreihe anzufertigen. Damit haben wir bereits 80% des von uns benötigten Fotomaterials gesammelt, der Rest besteht aus Detailaufnahmen von Fahrwerk, Kabinenhaube, Abzeichen usw.

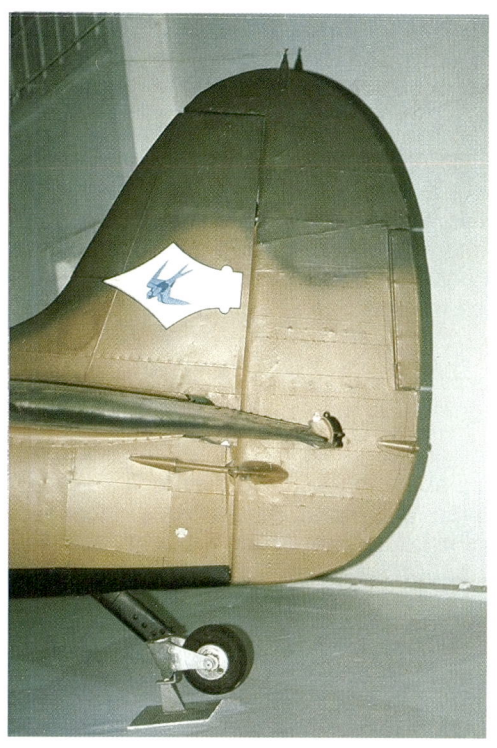

Abb. 3.2
Eine solche Aufnahme, hier eine Spitfire Mk 1A im R.A.F-Museum in London, ist eine sehr gute Hilfe zur Kontrolle des Seitenleitwerksumrisses und der Position der Squadronabzeichen

Abb. 3.3
Kenn- und Hoheitsabzeichen ebenfalls separat fotografieren. Hier lassen sich die Größenverhältnisse zum Rumpf sehr gut erkennen

der Originalversion nicht üblich. Außerdem fand ich noch einige Dinge, die eigentlich für diese *Spitfire*-Variante völlig untypisch sind. Beim Original sind sie aber vorgegeben und darum auch beim Modell auszuführen. Solche Details sind nur mit Bildern zu erfassen!

Zum Thema Fotografie: Jeder hat natürlich seine eigenen Erfahrungen und Gewohnheiten. Dennoch einige Hinweise, die aus der Praxis kommen. Es ist unbedingt notwendig, insbesondere von Details viele Aufnahmen aus verschiedenen Perspektiven zu machen. Mit Hilfe solcher Bilder lassen sich z.B. Verhältnisse zwischen Rumpfhöhe und Beschriftung gut erkennen. Die Verwendung eines guten Weitwinkelobjektivs, wenn möglich in einer asphärischen Ausführung, ist hier sehr empfehlenswert.

Wenn man aber schon einmal das Original vor sich hat, ist es wohl am besten, gleich auch noch dessen Maße abzunehmen und auf eine Mehrseitenansicht zu übertragen.

Beim Anfertigen von eigenen Fotos ist es aber wenig sinnvoll, einfach so drauflos zu fotografieren und hinterher zu hoffen, daß etwas Brauchbares dabei herauskommt. Ordnung ist auch hier das halbe Leben. Abbildung 3.1 zeigt, aus welchem Winkel am besten ein Original zu fotografieren ist, um etwa 80% der von uns benötigten Information zu bekommen.

Natürlich hat nicht jeder die Möglichkeit, selbst Bilder vom gewünschten Original anzufertigen. So ist es wenig sinnvoll, in die USA zu fliegen, um einige gute Fotos einer *P-51 Mustang* zu schießen, oder gar nach Australien zu jetten, um dort die

letzte noch existierende Fotoaufklärer-Variante einer *Mosquito* abzulichten. Dafür gibt es noch ganz andere Möglichkeiten. Über verschiedene Quellen werden ganze Fotoreihen als Hilfe zur Dokumentation verkauft. Es gibt verschiedene Anbieter, bei denen Fotosätze von einigen tausend verschiedenen Typen zu kaufen sind. Die Adressen finden sich im Anhang.

Abb. 3.4
Bei der Lackierung des Modells wird man froh um solche Fotos sein, sie lassen keine Fragen mehr offen

Abb. 3.5
Auch Aufnahmen vom Kabineninterieur sind wichtig, wenn ein Modell gemäß dem Original nachzubauen und zu detaillieren ist

Abb. 3.6
Sollten wir einmal das Glück haben, ein Vorbild während einer Reparatur anzutreffen, ist ein solches Foto später eine große Bauhilfe

23

3.2 Zeichnungen

An zweiter Stelle kommen die Zeichnungen. Es ist von unschätzbarem Vorteil, wenn mehrere von einem bestimmten Flugzeugtyp vorliegen, da die erste, wirklich stimmige Mehrseitenansicht immer noch nicht angefertigt ist! Es ist manchmal recht schwierig, sich für eine bestimmte zu entscheiden, da deren Abweichungen zueinander oft sehr groß sind. Es gab Hersteller, die wohl ihre Zeichnungen von wenig Erfahrenen machen ließen! Ernsthaft: Zeichnungen von Herstellern, die ja meist Grundlage für unsere Dokumentationen sind, entstanden, um den Kunden zeigen zu können, wie die Maschine ungefähr aussieht. Sie sind deswegen oft nicht mit der von uns gewünschten Genauigkeit gezeichnet und verlangen deswegen immer der sorgfältigen Kontrolle. Als Beispiel sei Abbildung 3.7 zu verstehen: So stellten sich zwei verschiedene Zeichner die *Me 262* vor! Solche Ungenauigkeiten führen in den von uns gewünschten Maßstäben unweigerlich zu falschem Aussehen des Modells.

Bei der Entscheidung für eine bestimmte Mehrseitenansicht ist es daher besonders wichtig darauf zu achten, daß auch wirklich alle Ansichten deutlich gezeichnet sind. Diese werden nämlich im Wettbewerb als Scale-Dokumentation für die Baubewertung verwendet. Aber Achtung: Eine besonders detaillierte Mehrseitenansicht ist nicht unbedingt die bessere!

So ist die Zeichnung der *Saab 91 D* (Abbildung 3.8) erfreulicherweise nicht mit Details überladen, was sie einfacher zu lesen macht. Aber mit der Maßhaltigkeit in bezug auf das Original sieht es gleich ganz anders aus. Ruderumriß, Wölbung der Motorhaube und der Kabinenbereich sind nicht richtig gezeichnet! Das sind aber ganz wichtige Vorgaben, da sie ein wesentlicher Bestandteil unserer Dokumentation sind. Wenn wir uns einmal für eine bestimmte Mehrseitenansicht entschieden haben, ist streng nach dieser zu arbeiten, weil es sonst im Laufe des Entwurfsstadiums drunter und drüber geht.

Selbstverständlich gibt es auch hier verschiedene Firmen, die gute Mehrseitenansichten verkaufen, auch deren Adressen finden sich im Anhang.

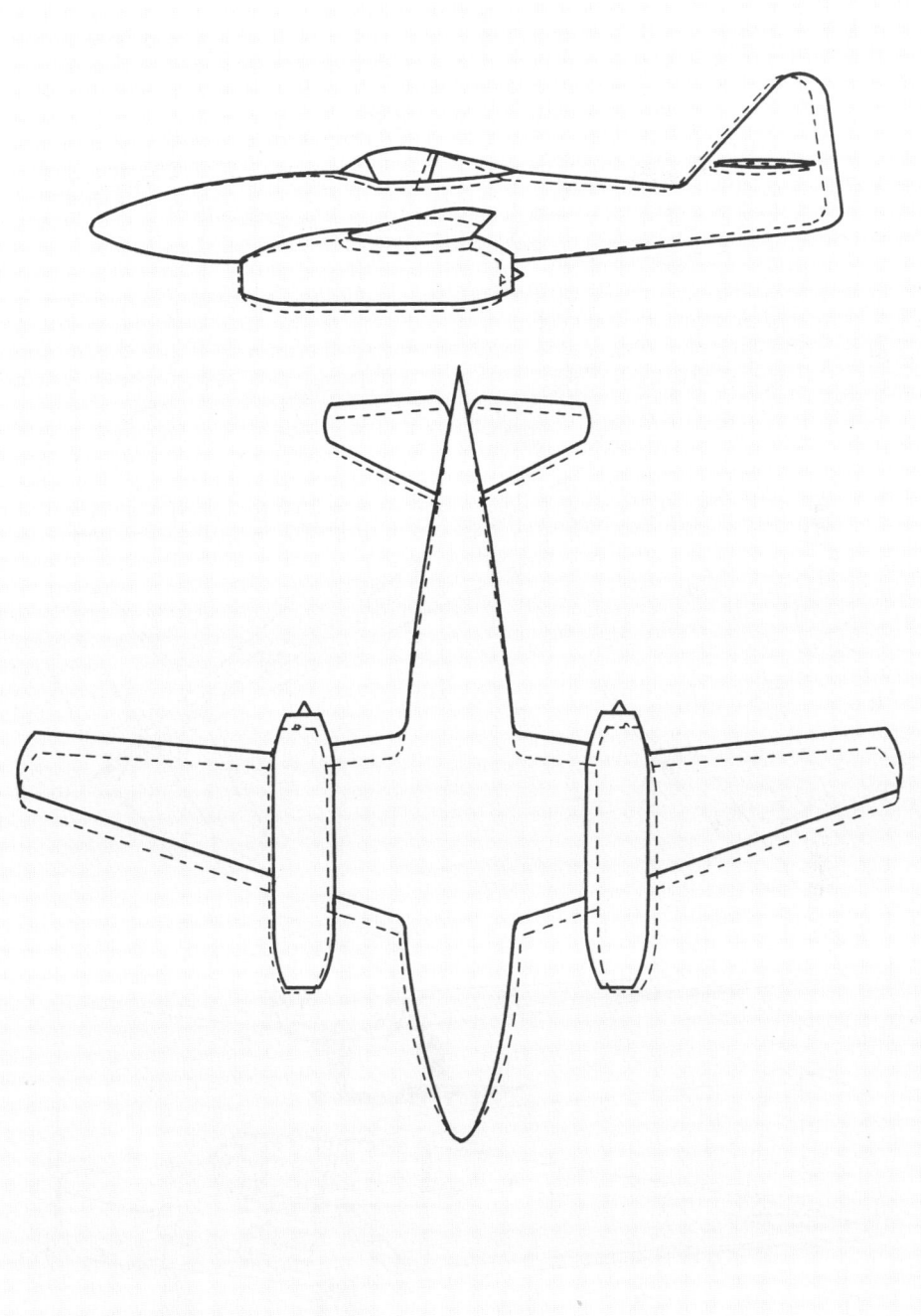

Abb. 3.7
Zeichnungen bzw. Mehrseitenansichten weisen sehr unterschiedliche Qualitäten auf. Die
Flugzeuge werden vom jeweiligen Zeichner „interpretiert". Hier sind einmal zwei verschiedene Ansichten der Me 262 A übereinanderprojiziert. Genau darum ist es wichtig, immer
mehrere Zeichnungen eines Typs zu sammeln und zu vergleichen

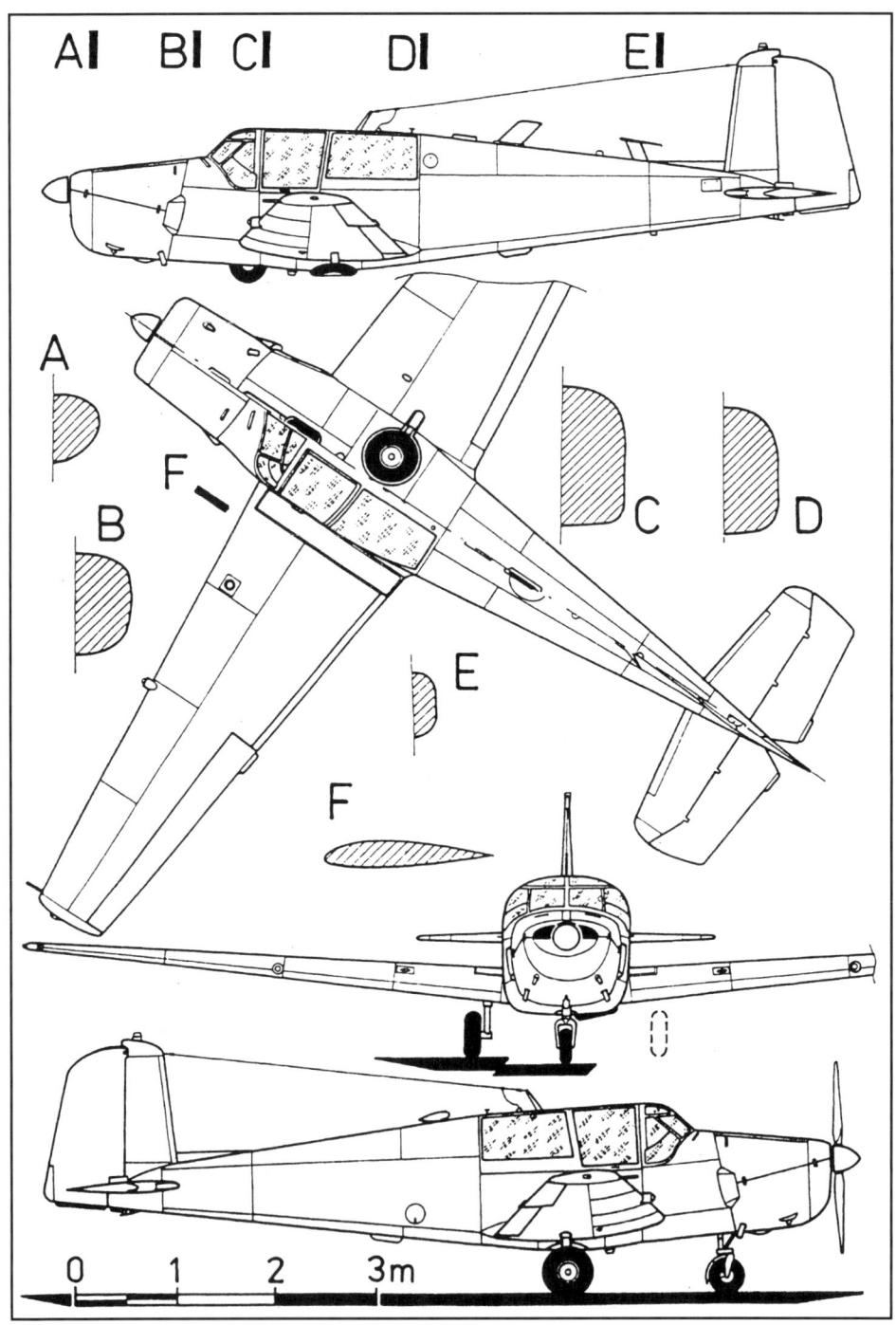

Abb. 3.8
Mehrseitenansichten sind nicht immer so genau wie wir es gerne hätten, diese der Saab 91 D hat diverse Fehler, die wir nicht einfach übernehmen sollten. Daher Zeichnungen immer mit Fotos vergleichen

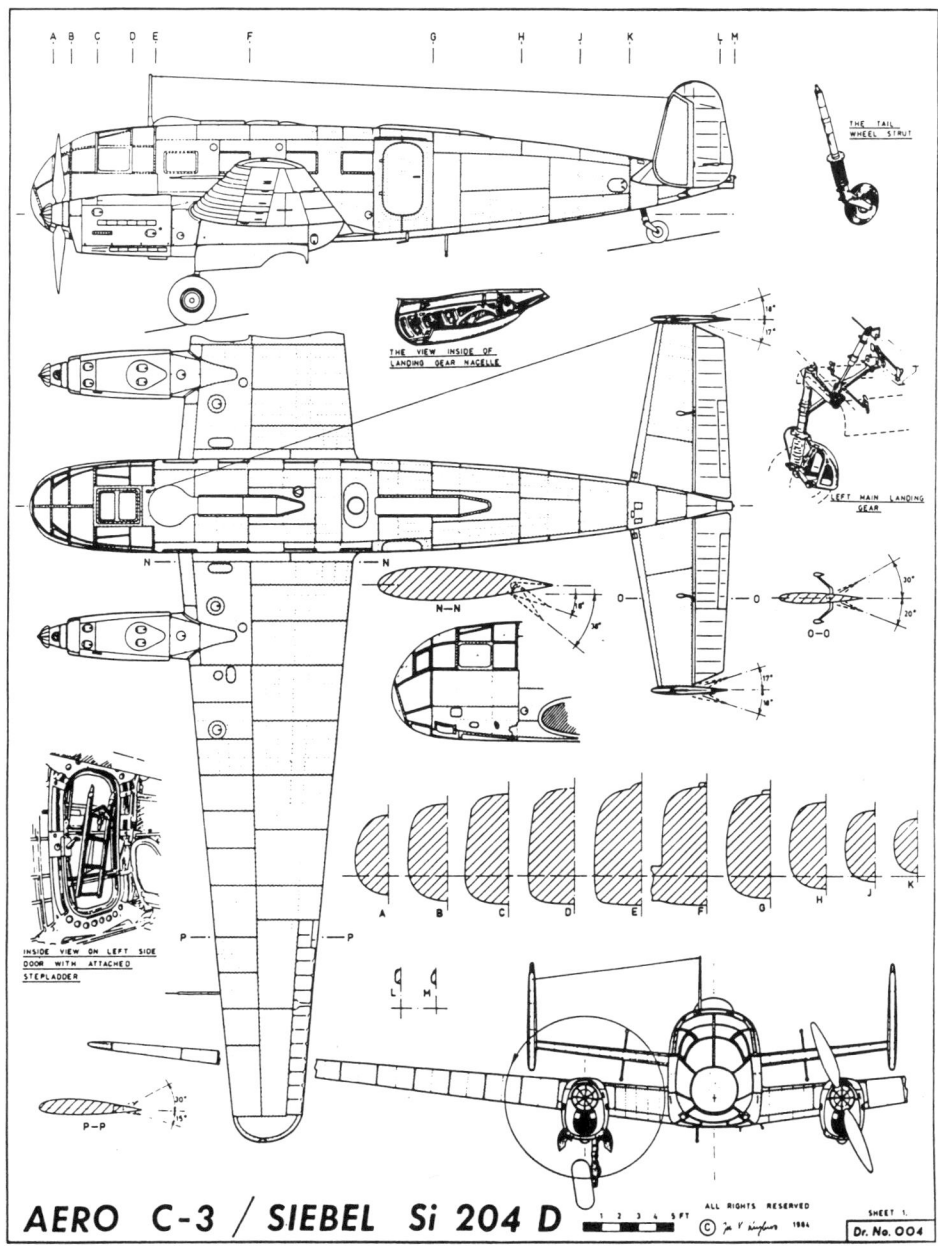

Abb. 3.9
Ein Beispiel hoher Zeichenkunst ist diese sehr genaue Ansicht der Siebel Si 204 D, die während des Kriegs als Aero C-3 in der Tschechoslowakei in Lizenz gebaut wurde

3.3 Bücher

Weitere Hilfe für den Scale-Modellbauer findet sich in diversen Büchern. Es gibt Ausgaben, die sich ausschließlich mit einem ganz bestimmten Flugzeugtyp befassen. Selbstverständlich haben wir auch hier die Qual der Wahl, aus einigen tausend Exemplaren das zur eigenen Dokumentation Geeignetste herauszusuchen – so hat es jedenfalls den Anschein. Bei kritischer Betrachtung bleibt davon aber ziemlich wenig übrig. Bände wie: „In Action", „Classic Aircraft", „Profile Publications" und „Aerodata International" eignen sich am besten für Nachbauten aus der Zeit des Zweiten Weltkriegs. Insbesondere „Aerodata International" ist eine interessante Reihe, da diese Bücher gute Tarnschemen, Mehrseitenansichten und außerdem noch gute Bilder enthalten.

Auch Zivilmaschinen sind in der Literatur gut vertreten. Erwin König hat z.B. über die Bücker-Flugzeuge ein sehr schönes Buch geschrieben – zwischenzeitlich ist es überall bis auf Großbritannien vergriffen und somit ein Fall für den Antiquariat-Schnüffler –, in dem wir fast alles über diese bekannten deutschen Maschinen finden können. Anette Carson hat in ihrer „Flight Fantastic" im Prinzip jedes Flugzeug, das etwas mit Kunstflug zu tun hat, beschrieben. Auch von Piper, Cessna, De Havilland und vielen anderen Zivilherstellern sind ausreichend Bücher vorhanden. Solche werden selbstverständlich nicht in großen Auflagen gedruckt und sind deswegen selten zu Schnäppchenpreisen erhältlich. Die Entstehungskosten für diese Bücher sind sehr hoch, und verständlicherweise versuchen auch Autor und Verlag, ein kleines bißchen für ihre Mühen belohnt zu werden. Daher sind solche Bücher eben nicht an jedem Kiosk erhältlich. Bezugsadressen sind ebenfalls im Anhang zu finden.

Abb. 3.10
Scale-Zeichnungen gibt es auch in Buchform; in diesen amerikanischen Ausgaben sind viele bekannte Muster dokumentiert

Abb. 3.11
„Profile Publications" bieten für wenig Geld sehr viel Information, die dabei auch noch
äußerst genau recherchiert ist

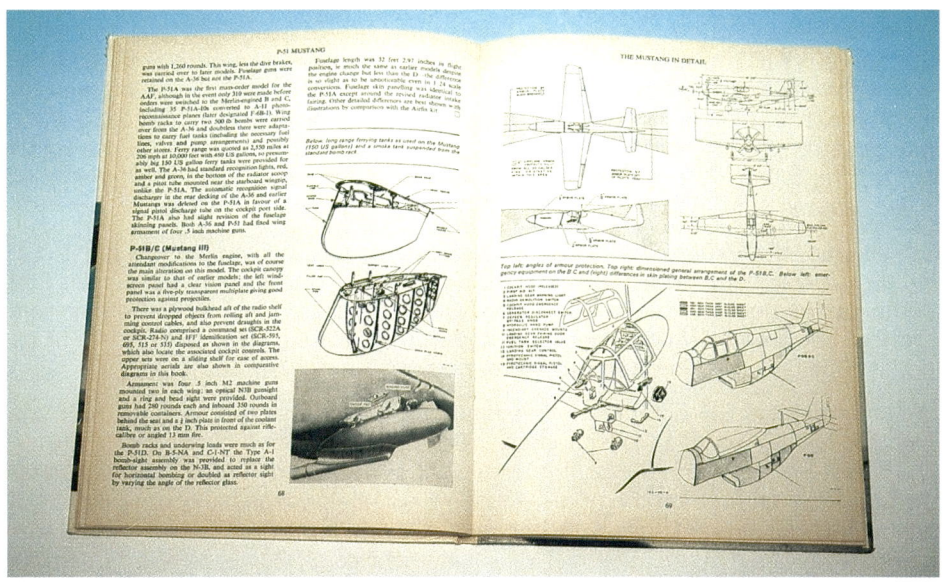

Abb. 3.12
Ein Blick auf die Beschreibung der Mustang aus der Reihe „Classic Aircraft". Diese ist speziell für die Airfix-Modelle im Maßstab 1:24 entstanden. Solche Dokumentationen sind einfach für einen akkuraten Nachbau notwendig

3.4 Plastikbaukästen

Zum Abschluß dieses Kapitels sei noch kurz erwähnt, daß auch ein guter Plastikbausatz – insbesondere für die Detaillierung von Nieten, Klappen usw. – eine gute Hilfe sein kann. Lassen Sie sich am besten im Fachgeschäft beraten, da es auch in diesem Bereich gute und schlechte Produkte gibt.

4. Größe und Genauigkeit

In den vergangenen Jahren waren Scale-Modelle fast immer recht „klein". Spannweiten um 1600 mm waren sehr häufig anzutreffen. Der Grund hierfür war das damalige 5-kg-Limit der FAI-Wettbewerbe, für die die meisten Modelle konstruiert wurden. Gleichzeitig waren auf den Wettbewerben maximal 10 cm^3 Hubraum zugelassen, damals auch die „größten" Motoren, die zur Verfügung standen. Im Laufe der Jahre ist dieses Limit zunächst auf 6 kg, dann auf 7 kg und schließlich auf 10 Kilogramm angehoben worden, um die Sicherheit der Modelle zu verbessern und eine genauere Detaillierung zu ermöglichen. Für uns nur von Vorteil, denn größere Modelle fliegen besser, die Tragflächen werden mit jeder Vergrößerung effizienter, und das Gewicht der Modelle nimmt nicht linear mit dem Maßstab zu.

Einige Nachteile sollten wir aber dennoch nicht vergessen. Großmodelle brauchen oft eine größere Anzahl an Servos mit der dazugehörigen doppelten Empfangs- und Stromversorgungsanlage. Der Transport ist nicht immer einfach, und wenn etwas schiefgeht, ist der Schaden fast immer riesig, auch in finanzieller Hinsicht. Ein recht guter Kompromiß sind daher Nachbauten mit zirka 2000 mm Spannweite. Sie sind noch gut im PKW unterzubringen und fliegen dabei äußerst realistisch. Sie sind mit „normalen" RC-Anlagen zu betreiben, eventuell zusätzlich mit einer Akkuweiche und zwei Empfängerakkus.

Es gilt also, die Größe unseres Entwurfs festzulegen. Wichtigste Frage ist diejenige, zu welchem Zweck wir unser Modell bauen und fliegen wollen. Es gibt Leute, die es herrlich finden, langsame Kurven über der Piste zu ziehen, andere brettern am liebsten im Messerflug in einem Meter Höhe über den Platz. Für jeden ist das jeweils sein ganz bestimmter Genuß.

Welchen Flugstil Sie auch immer bevorzugen, niemals vergessen, daß wir uns hier mit Scale-Modellen beschäftigen. D.h. kein Messerflug mit einer *Fokker D-VII*, nicht langsam und leise mit einer *F-16*. Wir sollten immer beachten, was die Originalmaschine konnte und versuchen, mit unserem Nachbau fliegerisch so weit wie möglich ans Original zu kommen. Obwohl es einige tausend verschiedene Flugzeuge gibt, ist auch hier die Wahl nicht so groß, wie es auf den ersten Blick erscheint.

Bei der Auswahl des Modells und Festlegung der Größe ist es äußerst wertvoll zu betrachten, was andere Piloten machen. Kataloge von Herstellern, Testberichte in der internationalen Fachpresse und der Besuch von Treffen bzw. Wettbewerben sind hervorragende Quellen für solche Information, obwohl wir uns immer vor Augen halten sollten, daß andere Modellbauer auch Fehler machen. Letztendlich wird die spätere Größe unseres Modells auch weitgehend vom Hubraum des Motors abhängig sein.

Am einfachsten teilen wir daher jetzt einmal alle Flugzeuge in 5 Kategorien ein und werden feststellen, daß jede im Hinblick auf Flächenbelastung und Leistung ihre ganz bestimmten Eigenarten hat.

	Kategorie	Flächen-belastung g/dm²	Verhältnis Gewicht/Hubraum g/cm³ (4T)	Vorbilder
1.	Antik	40–50	400–450	Avro Triplane, Sopwith Tabloid, Blackburn 1912
2.	Eigenbau, D.D., Trainer, WK1-Bomber, Sportflugzeuge	45–60	350–400	Avro 504, Bücker, Hornett, Heinkel He-18, Klemm 25, Turbulent,
3.	WK1-Jäger, Leicht-flugzeuge, 30er Jahre	60–80	300–350	Fokker D-VII, Cessna, Harvard, Tiger Moth, Zlín Z-XII, Miles-Reihe
4.	Kunstflug, Rennflugzeuge, WK2-Jäger	70–90	300	Spitfire, Mustang, B-25 Zlín-Trainer, Zero
5.	Turboprop, Jet	80–100	300	Concorde, F-15, Boeing 757 Me-262, Mig 21

Die in der obigen Tabelle genannten Werte stammen zwar aus der Praxis, sind aber keinesfalls fix. Sie geben jedoch sichere Anhaltspunkte, um uns als Neulinge in der Scale-Szene ohne Probleme orientieren zu können. Abhängig von Erfahrung und Flugstil kann man selbstverständlich die Werte nach eigenen Vorlieben ändern.

Ein schneller Blick auf die Tabelle zeigt, daß die Flächenbelastung eines Antikmodells recht niedrig ist und von so manchem Segler gar übertroffen wird. Die Originale dieser Ära hatten kaum ausreichende Leistung zum Fliegen und dabei noch einen erheblichen Widerstand. Obwohl nicht untermotorisiert, sollten unsere Modelle langsam geflogen werden, und das ist nur mit einer niedrigen Flächenbelastung möglich. Am Ende der Tabelle zeigt sich bei Jets das umgekehrte Problem. Hier brauchen wir einen kräftigen Motor, um die benötigte Geschwindigkeit zu erreichen, bei der das Modell ähnlich dem Original fliegt. In Kategorie 4 befinden sich Warbirds, Renn- und Kunstflugzeuge, wobei letztgenannte oft eine etwas niedrigere Flächenbelastung haben sollten, da sie gegenüber Warbirds viel langsamer fliegen und im senkrechten Steigflug mehr leisten. Eine *Bücker Jungmann* besaß eine Höchstge-schwindigkeit von 175 km/h, während eine *Bf 109 E* mit 570 km/h daherkam!

An dieser Stelle noch ein paar Worte zur Tabelle, denn das darin aufgelistete Verhältnis Gewicht/Hubraum wird nicht allen geläufig sein. Das Verhältnis ist in g/cm^3 angegeben und ist so etwas wie die Flächenbelastung, nur werden hier die Größen Hubraum des Motors und Gewicht des Modells miteinander verknüpft.

Das Verhältnis in Kategorie 5 von 300 g/cm^3 bedeutet konkret, daß ich mit 10 cm^3 Hubraum 3000 g Abfluggewicht standesgemäß durch die Luft bewegen kann, während es in Kategorie 2 bis zu 4000 g und in Kategorie 1 sogar bis zu 4500 g sind.

Die einzelnen Zeilen der Tabelle sind aber auch zu kombinieren. Als Beispiel dient hier ein Modell der *Zlín Z-526* des Verfassers. Der Nachbau in Maßstab 1:5 wiegt 5800 g und ist mit einem 120er-Viertakter motorisiert. Das Abfluggewicht von 5800 g dividiert durch die Zahl 300 ergibt 19,3 cm^3. Der Flächeninhalt des Modells beträgt 85,6 dm^2, also kommen wir hier annähernd auf eine Flächenbelastung von 68 g/dm^2. Ausgehend von der Motorisierung sollte das Modell in Kategorie 4 passen, doch diese zeigt eine Flächenbelastung von 70 bis 90 g/dm^2, bei einem Gewicht/Hubraum-Verhältnis von 300 g/cm^3. Was ist falsch?

Wir sollten hier eigentlich nicht von falsch reden, eher von übermotorisiert. Wenn wir von der Flächenbelastung ausgehen, gehört dieses Modell in Kategorie 3. Die hier verwendete Motorisierung ist der Tabelle nach aber etwas zu kräftig. In der Praxis stimmt das auch, denn das oben genannte Modell hat in der Vertikalen fast unbegrenzt Power. Hier fiel die Wahl aber extra auf einen kräftigeren Motor, um Kraftreserven zu haben. Zum Scale-Fliegen wäre das hier jedoch nicht notwendig gewesen. Meistens sieht es aber anders aus, und die Modelle sind untermotorisiert. Doch lassen Sie sich nie dazu verleiten, ein solches Modell zu fliegen, denn das ist, wie unsere englischen Nachbarn sagen: „Recipe for disaster".

Nun aber zurück zu der Frage, wie groß unser Entwurf sein soll. Als zweites Beispiel dient hier eines der unbekannteren Flugzeuge aus dem Zweiten Weltkrieg, eine *Arado 96*. Als Motor soll ein 20er-Viertakter zum Einsatz kommen. Die Original-*Arado* hatte einen Flächeninhalt von 17,1 m^2 und eine Spannweite von 11 m. Zum Flächeninhalt noch ein Hinweis: Bei Originalflugzeugen wird immer nur die eigentliche Tragfläche vermessen, bei Modellen hingegen oft noch der Inhalt des Höhenleitwerks dazuaddiert.

Abb. 4.1
Es muß nicht immer groß sein, um echt auszusehen. Dieser Nachbau der FW 190 A-4 gehört mit seinen 1560 mm Spannweite eher zu den Kleinen, überzeugt jedoch am Boden und in der Luft

Doch nun zurück zur Tabelle: Ausgehend von der Motorisierung und der Kategorie 3 können wir ablesen, daß unser Modell ungefähr ein Gewicht von 6500 Gramm haben darf (325 g/cm³ x 20 cm³). Der Kategorie zugeordnet ist eine Flächenbelastung von etwa 80 g/dm², und daraus folgt ein Flächeninhalt von etwa 81 dm² (Gewicht geteilt durch Flächenbelastung). Jetzt stehen wir schon kurz vor unserem Ziel, denn wir können uns jetzt mit dem vorgegebenen Flächeninhalt des Originals und des gewünschten Flächeninhalts unseres Modells (81 dm²) den Maßstab errechnen. Hierzu benutzen wir folgende Formel:

$$\text{Verkleinerungsfaktor} = \sqrt{\frac{\text{Flächeninhalt des Originals}}{\text{Flächeninhalt des Modells}}}$$

In vielen Quellen sind die technischen Daten der Originale und somit auch der Flächeninhalt veröffentlicht. Sollte das einmal nicht der Fall sein, so ist Abbildung 4.6 eine Hilfe zur Berechnung. Das „rumpfüberquerende" Flächenteil wird einfachheitshalber mitgerechnet.

Nach obiger Formel ergibt sich also konkret:

$$\sqrt{\frac{17,1 \text{ m}^2}{0,81 \text{ m}^2}} = 4,59$$

Abgerundet könnte unser Modell z.B. im Maßstab 1:4,8 entstehen. In dieser Größe hätte der Nachbau eine Spannweite von 2292 mm, also nichts Außergewöhnliches. Auch das Gewicht von rund 6500 Gramm wäre möglich, wenn leicht gebaut wird. Wie gesagt, die Größe des Modells ist immer eine persönliche Sache, die hier ermittelten Werte sind aber sichere Ausgangspunkte.

Abb. 4.2
Diese Gloster Meteor ist da schon eine ganz andere Geschichte. Gebaut im Maßstab 1:5 hat sie eine Spannweite von mehr als 2500 mm

Zum Verkleinern eines Flugzeugs noch eine Erklärung. Abbildung 4.7 zeigt den Grundriß einer Originaltragfläche mit einer Oberfläche von 10 m². Wenn wir uns jetzt einen Nachbau im Maßstab 1:10 vornehmen, so hat die Fläche nur noch eine Länge von 1 m, eine Tiefe von 0,1 m und damit einen Flächeninhalt von 0,1 m². Dies ist gerade mal ¹/₁₀₀ der Originalfläche. Dies ist auch der Grund für die guten Flugeigenschaften von Großmodellen. Je geringer die Verkleinerung zum Vorbild, desto mehr Flächeninhalt steht uns zur Verfügung, desto effizienter ist das Profil. Diese Zusammenhänge gelten immer.

Nun die Frage, ob wir das Modell im gerundeten Maßstab 1:4,8 oder im exakt errechneten von 1:4,59 bauen sollten. Rechnen wir also einmal nach, wie groß der Flächeninhalt mit dem gerundeten Maßstab wäre.

$$\text{Flächeninhalt Modell} = \frac{\text{Flächeninhalt des Originals}}{(\text{Maßstab})^2} = \frac{17,1 \text{ m}^2}{4,8^2} \approx 0,74 \text{ m}^2$$

Also, bei einem Nachbau im Maßstab 1:4,8 hat das Modell eine Spannweite von 2292 mm, mit dem dazugehörenden Flächeninhalt von 74 dm² . Beim krummen Maßstab 1:4,59 verfügen wir hingegen über 2396 mm Spannweite und einen Flächeninhalt von 81 dm². Der Unterschied bedeutet also 100 mm in der Spannweite und 6 dm² Flächeninhalt extra, und ...?

Es geht nicht nur um das Mehr an Spannweite oder Flächeninhalt; wir haben auch mehr Platz zum Einbau von Motor und RC-Anlage und vielleicht ein Modell, zu dem passende Räder und Spinner zu bekommen sind. Außerdem fliegt das größere Modell einfach besser, weil es nur ein paar Prozent mehr an Gewicht haben wird, jedoch ca. 8% mehr Flächeninhalt!

Mit einem einfachen Taschenrechner ist also jeder Maßstab zu verwirklichen. Es gibt deswegen keinen Grund dafür, an den runden Maßstäben wie 1:4, 1:5, 1:6 festzuhalten.

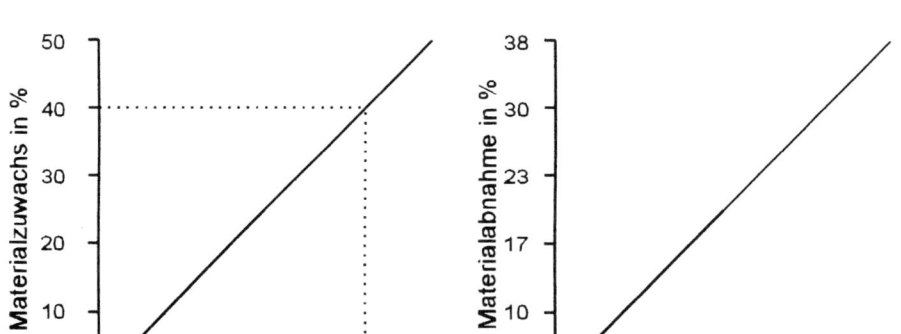

Modellvergrößerung   Modellverkleinerung

Abb. 4.3
Die benötigten Abmessungen des Materials wie Gurte und Beplankungen ändern sich nicht im gleichen Verhältnis mit dem Maßstab, sondern so wie in dieser Tabelle gezeigt

An dieser Stelle noch eine kleine Übersicht über nützliche Formeln, die uns helfen können, den richtigen Maßstab zu finden:

$$\text{Modellgewicht} = \textit{Verhältnis} \; (\frac{g}{cm^{3}}) \times \text{Hubraum}$$

$$\text{Benötigter Flächeninhalt} \; = \; \frac{\text{Gewicht}}{\text{gewünschte Flächenbelastung}}$$

$$\text{Maßstab} = \frac{\text{Spannweite des Originals}}{\text{Spannweite des Modells}}$$

$$\text{Maßstab} \; = \; \sqrt{\frac{\text{Flächeninhalt des Originals}}{\text{gewünschter Flächeninhalt des Modells}}}$$

$$\Rightarrow \; \text{Gewünschter Flächeninhalt des Modells} \; = \; \frac{\text{Flächeninhalt des Originals}}{(\text{Maßstab})^{2}}$$

Abb. 4.4
Ein Modell aus der Antik-Kategorie, die Caudron G-3 des ehemaligen Weltmeisters in F4C, Vladimir Handlík. Obwohl Doppeldecker dieser Größe nicht mit Scale-Geschwindigkeit fliegen können, sind viele Punktrichter so von deren Flugbild begeistert, daß sie immer wieder auf vorderen Plätzen zu finden sind

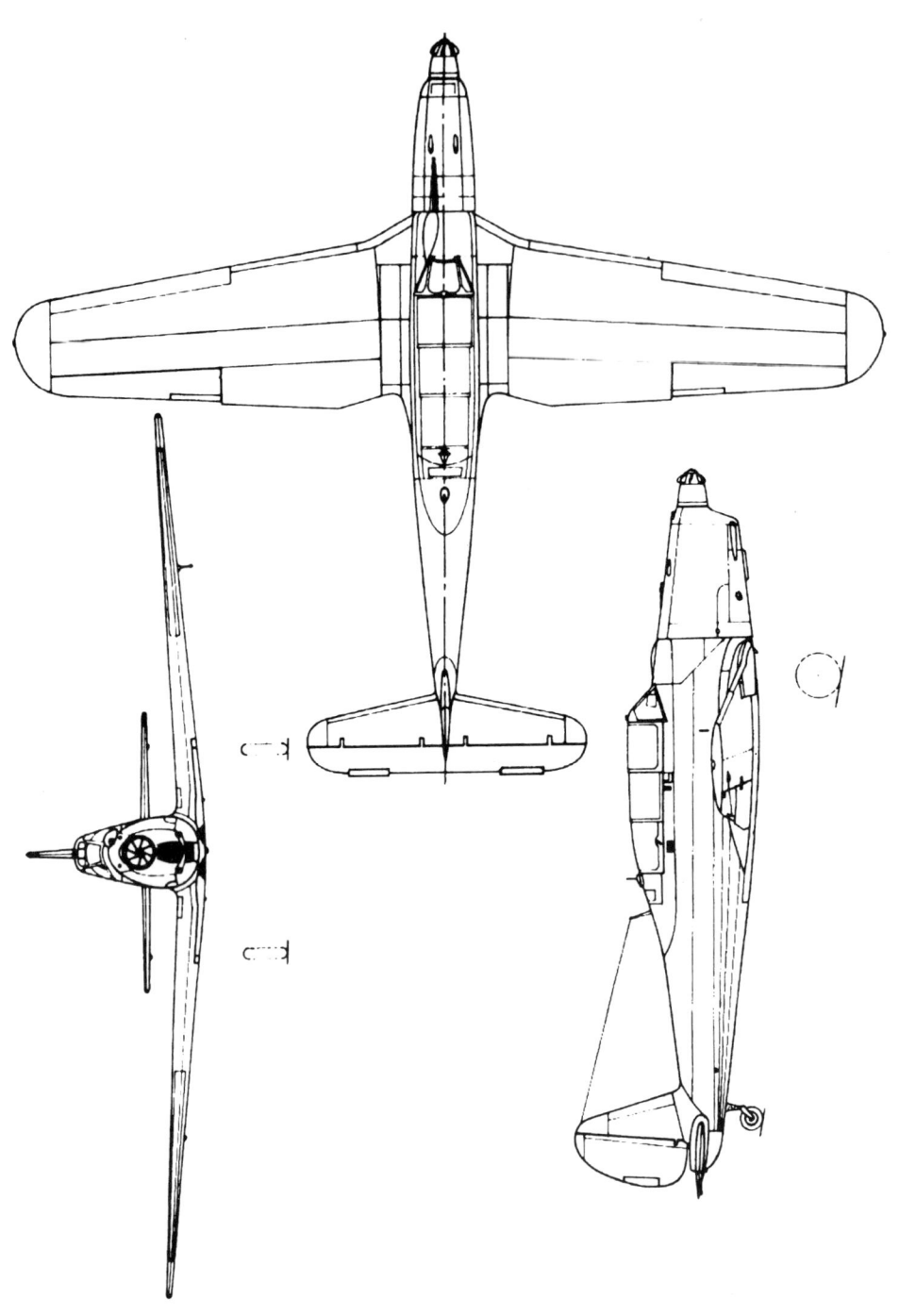

Abb. 4.5
*Die im Text erwähnte Arado 96, eine der unbekannteren Maschinen des Zweiten Welt-
kriegs. Sie hätte auch als Modell nahezu ideale Proportionen*

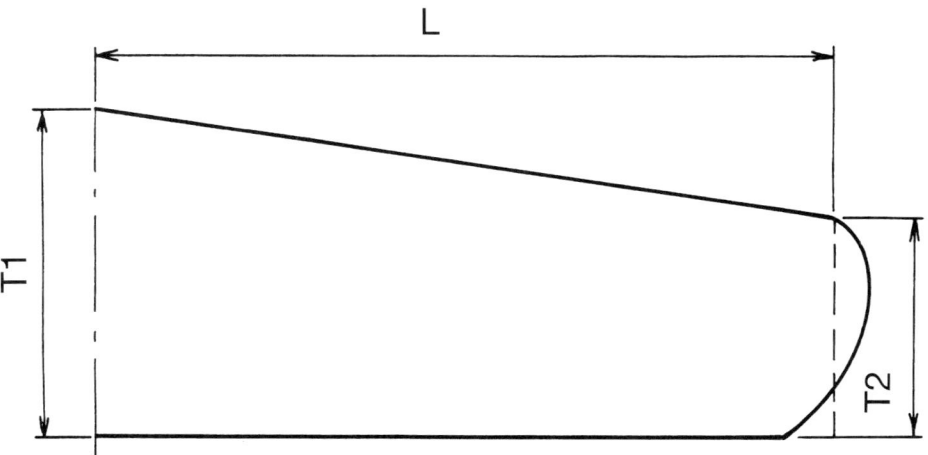

$$\text{Oberfläche} = \frac{(T1 + T2)}{2} \times 2L$$

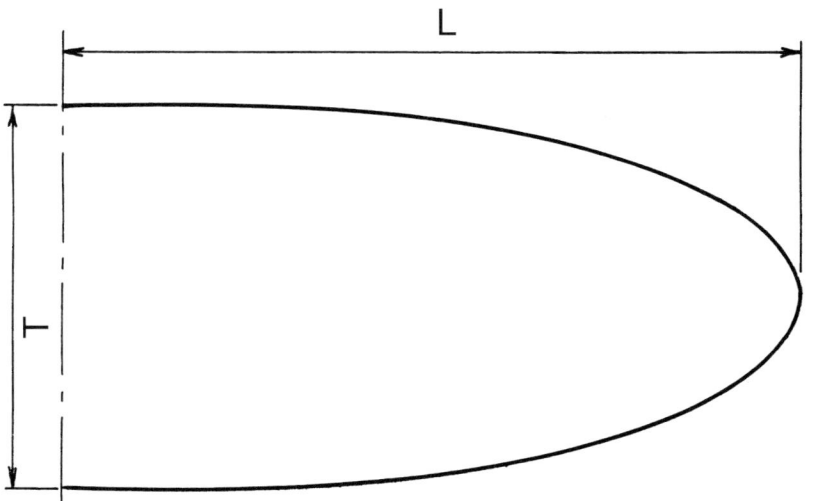

$$\text{Oberfläche} = 3{,}14 \times T \times 2L$$

Abb. 4.6
Wer eine Angabe des Flächeninhalts nicht bei den technischen Daten des Originals findet, kann diesen einfach berechnen

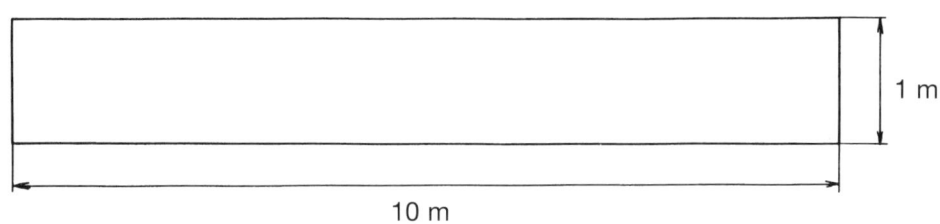

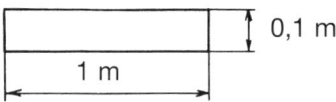

Abb. 4.7
Wenn wir eine Tragfläche mit dem Faktor 10 verkleinern, verringert sich der Flächeninhalt im Quadrat, in diesem Fall also auf $^1/_{100}$. Ein Modell im Maßstab 1:5 hat also nur noch $^1/_{25}$ des Flächeninhalts des Vorbilds

Abb. 4.8
Bent wing beauty! Die Vought Corsair ist ein Scale-Leckerbissen. Sie fliegt wie auf Schienen, ist aber eines der am schwierigsten zu bauenden Modelle, und zwar durch die komplizierten Klappen- und Fahrwerksanlenkungen

Abb. 4.9
Ein Beispiel, an dem sich hervorragend
Scale- und Semi-Scale-Modelle voneinander unterscheiden lassen. Der Erbauer eines wirklichen Scale-Modells
muß hier die untere Fläche als zwei
separate Hälften anfertigen und wie
beim Vorbild an den Rumpf anschlagen,
während der Semi-Scaler die Fläche an
einem Stück aufbauen und einfach
unter den Rumpf schrauben darf

Abb. 4.11
Durchaus ein Einstiegsmodell in den Scale-Modellbau, aber auch in Semi-Scale-Aus-
führung mit Styroflächen: eine Supermarine Spitfire aus einem Mick-Reeves-Baukasten.
Sie zeigt deutlich, daß auch Serienprodukte dem Original weitgehend entsprechen können

4.1 Scale, Semi-Scale, Flying-Scale oder Stand-Off-Scale?

Neben der gewünschten Größe des Modells ist auch bereits im Vorfeld zu klären, wie „scale" das Modell entworfen und gebaut werden soll. Aus diesem Grund an dieser Stelle einmal eine Erklärung der verschiedenen Begriffe.

Die Bezeichnung Scale (Maßstab) bedeutet im allgemeinen, daß ein Modell in seinen äußeren Abmessungen exakt dem Original entspricht. Die Rumpfquerschnitte, Profiltiefen, Einstellwinkel und Abmessungen der Tragfläche sind genau so groß, wie sie sein sollen. Die Oberfläche entspricht ebenfalls dem Original: Eine Metalloberfläche sollte daher auch im Modell so aussehen und mit Nieten versehen sein. Einziehfahrwerke mit ihren Klappen, das Kabineninterieur usw., alles, was von außen zu sehen ist, sollte so genau wie möglich dem Original entsprechen. Es gibt sogar Leute, die der Meinung sind, daß ein Modell nur scale sein könne, wenn auch die innere Struktur ganz präzise nachgebaut ist. Das bringt aber meist so hohe Gewichtszunahme, daß solche Nachbauten dann nicht mehr flugfähig sind. Wir sprechen daher hier mehr über Außenseiter. Solche Modelle sind zwar sehr ansehnlich, erfordern jedoch auch eine erhebliche Zeitinvestition. Deswegen bauen und fliegen viele Piloten Modelle, die dem Original entsprechen, aber eben nicht bis auf den letzten Niet „identisch" sind. Es werden oft Änderungen am Rumpfaufbau durchgeführt, Höhen- und Seitenleitwerk aus einem einzelnen Balsabrett gefertigt und deren Abmessungen geändert, um gutmütigere Flugeigenschaften zu erzielen. Solche Modelle sind unter der Bezeichnung Semi-Scale bekannt.

Im Laufe der vergangenen Jahre ist das Ansehen genau dieser Sparte durch meist schreckliche Beinamen gesunken, so daß viele inzwischen denken, Semi-Scale sei eine zweitklassige Art des Flugzeugmodellbaus. Dieses Vorurteil spricht aber von wenig Sachverstand, denn Grundlage von Semi-Scale ist eine Erleichterung des Baus. Semi-Scale-Modelle haben oft bei Wettbewerben die Nase vorn, da sie weitaus besser fliegen und dadurch eventuelle Punktverluste bei der Baubewertung ausgleichen können. Ein gut gebautes und mit schönem Finish versehenes Semi-Scale-Modell ist auf einem Wettbewerb oder Meeting mit Sicherheit nicht minderwertig.

Ob wir nun mit einem Nachbau zufrieden sind, der nicht hundertprozentig dem Original entspricht oder ob wir bereit sind, wesentlich mehr Aufwand zu investieren, ist eine Frage, die sich jeder selbst beantworten muß.

5. Entwurf

Wie im „normalen" Modellbau, haben wir auch bei Scale die Auswahl zwischen Bausätzen, Bauplänen und eigenen Entwürfen. Es gibt zur Zeit sehr viele Bausätze von Semi-Scale-Modellen, die in der Qualität jedoch von schlecht bis sehr gut variieren. Hersteller wie robbe, Graupner und Simprop haben mehr oder weniger erfolgreich versucht, den an Scale interessierten Modellbauern Konstruktionen mit unkritischem Flugverhalten und relativ wenig Bauaufwand in die Hand zu geben. Bekanntester Hersteller aus diesem Reigen ist die amerikanische Firma Top-Flite, mit mehreren sehr gut fliegenden Modellen, die auch im Wettbewerbseinsatz vordere Plätze erreicht haben. Topp-Modelle hat eine ganze Reihe von Semi-Scale-Entwürfen mit GfK-Rumpf und Styroflächen herausgebracht, die heutzutage noch immer beliebt sind. Einige Kleinhersteller wie Airfly, Tony Clark, Proctor und FiberClassics bringen recht gute Scale-Modelle auf den Markt, die dann aber auch nicht von jedem zu bezahlen sind.

Viel mehr als in der Sparte Semi-Scale, werden Scale-Modelle nach Plan gebaut. Eigentlich liegt das auch auf der Hand, denn die Herstellung eines solchen Baukastens verlangt bereits im Vorfeld nach größeren Investitionen. Die Anfertigung eines Bauplans ist hingegen einfacher und kostengünstiger. So ist es für Verlage möglich, auch Pläne von weniger bekannten Maschinen herauszubringen, um so den Service für den Leser zu erweitern. Es gibt sogar Modellbauer, die vom Zeichnen und Verkaufen ihrer Pläne den Lebensunterhalt bestreiten, aber das sind wenige. Glauben Sie aber auf keinen Fall, daß das Millionäre sind! Top-Konstrukteure, wie die Engländer Brian Taylor und Dennis Bryant, sind es jedenfalls nicht.

Oft ist es aber so, daß ein bestimmtes Modell nicht in der von uns gewünschten Größe, Genauigkeit oder sogar überhaupt zu bekommen ist und daher die einzige Lösung im Selbstbau liegt. Das ist bei weitem nicht so schwierig, wie es im ersten Augenblick aussieht, wenngleich die zu nehmende Bauhürde manchem recht hoch erscheint. Es ist sogar ziemlich „einfach", selbst ein Modell aufs Fahrwerk zu stellen, da ja Konturen, Flächenprofile und weitere Details bereits durch die Konstrukteure des Originals festgelegt sind.

Der Entwurf eines Modells teilt sich in zwei Abschnitte: Als erstes gilt es, die Silhouette einer Mehrseitenzeichnung zu vergrößern und als zweites die innere Konstruktion festzulegen.

Bevor wir uns aber an die Arbeit machen, noch ein Tip: Es ist wichtig, daß die Mehrseitenzeichnung als Vorlage so groß wie möglich ist, um Meßfehler beim Vergrößern so niedrig wie möglich zu halten. Um dies zu verdeutlichen, an dieser Stelle eine kleine Erklärung: Das menschliche Auge hat eine gemittelte „Ablesegenauigkeit" von etwa 0,2 mm. Messen wir also eine Strecke auf einer Mehrseitenansicht – sagen wir einmal von 50 mm –, gibt es dabei einen Meßfehler von 0,4% (0,2 mm geteilt durch 50 mm). Liegt eine doppelt so große Zeichnung vor, so haben wir eine Strecke von 100 mm und die Genauigkeit ist mit 0,2% bereits verdoppelt (0,2 mm geteilt durch 100 mm). Darauf ist beim Entwurf von Scale-Modellen unbedingt zu achten. Nehmen wir als zweites Beispiel das Abmessen eines Rumpfdurchmessers auf einer Abbildung im Maßstab 1:48. Sie soll 15 mm

betragen. Wenn wir mit einem beidseitigen „Fehler" von 0,2 mm rechnen, so liegt das korrekte Maß irgendwo zwischen 14,8 mm und 15,2 mm. Wenn unser Modell im Maßstab 1:5 gebaut werden soll, bedeutet dies eine Vervielfältigung mit dem Faktor 9,6. Damit liegt nun der Rumpfdurchmesser am Modell irgendwo zwischen 142,08 mm und 145,92 mm. Ein Unterschied von fast 4 mm! Und das nur beim Rumpfdurchmesser. Wenn möglich, Messungen daher immer von einem festen Referenzpunkt aus vornehmen. Von Punkt zu Punkt gemessen, addieren sich die einzelnen Meßfehler. Abbildungen 5.2 und 5.3 zeigen, welchen Effekt dies gibt. Der Rumpf auf Abbildung 5.2 hat eine Länge von 100 mm und ist in sechs Abschnitte unterteilt. Wenn wir nach Abbildung 5.2 die Maße A bis F jeweils einzeln ermitteln und daraus die Rumpflänge errechnen, so messen wir sechs Strecken mit einem Meßfehler von jeweils 0,2 mm. Im schlimmsten Fall addieren sich die Meßfehler auf 6 x 0,2 mm = 1,2 mm, und das bedeutet eine Abweichung von 12%. Wenn das Modell nun um den Faktor 9,6 vergrößert gebaut werden soll, gibt das eine falsche Rumpflänge von 1,2 mm x 9,6 = 11,52 mm! Genau in diesem Punkt unterscheiden sich gute und außergewöhnliche Modelle. Daher die Position der einzelnen Spanten nach Abbildung 5.3 immer von einem Referenzpunkt aus messen, so unterliegt jede Linie nur der einfachen Meßtoleranz.

Es hat übrigens keinen Zweck, eine Mehrseiten-Zeichnung mittels Kopiergerät zu vergrößern, da sich durch leichte Objektiv-Ungenauigkeiten des Kopierers Verzerrungen, sprich Fehler ergeben.

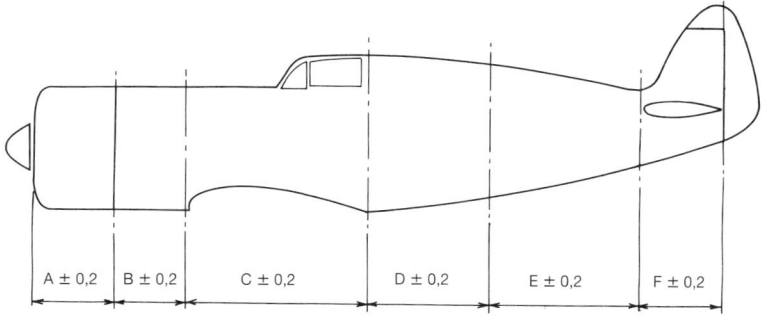

Abb 5.2
Kettenmaße bringen größere Ungenauigkeit, weil sich die Meßfehler bei jedem einzelnen Maß addieren. Die weiter hinten liegenden Maße (D bis F) sind deswegen wesentlich ungenauer als die vorderen

Na endlich, jetzt können wir uns an die Arbeit begeben – und auch beim Vergrößern unserer Mehrseitenansicht führen alle Wege nach Rom. Es ist auch möglich, mittels Overhead- oder Diaprojektor eine Aufnahme der Dreiseitenzeichnung an die Zimmerwand zu vergrößern und so zu versuchen, relativ schnell ein gutes Scale-Modell zu zeichnen. Schnell ist hier aber nicht unbedingt gut, denn die Genauigkeit dieser Methode läßt zu wünschen übrig. Die Ungenauigkeit der Projektion eines Overheadprojektors ist hoch, und bei Verwendung eines Diaprojektors haben wir es gar zweimal mit der Abweichung eines Objektivs zu tun: einmal bei der Aufnahme mit dem Fotoapparat und später bei der Projektion. Jedes Objektiv hat nun mal einen „Schleiffehler", und selbst dann, wenn wir gute, asphärische Objektive benutzen, gibt es deutliche Abweichungen, zumindest ab drei- bis vierfacher Vergrößerung. Aber auch die Linienbreite der Originalansicht wird mitvergrößert und bringt so zusätzliche Abweichungen ins Spiel.

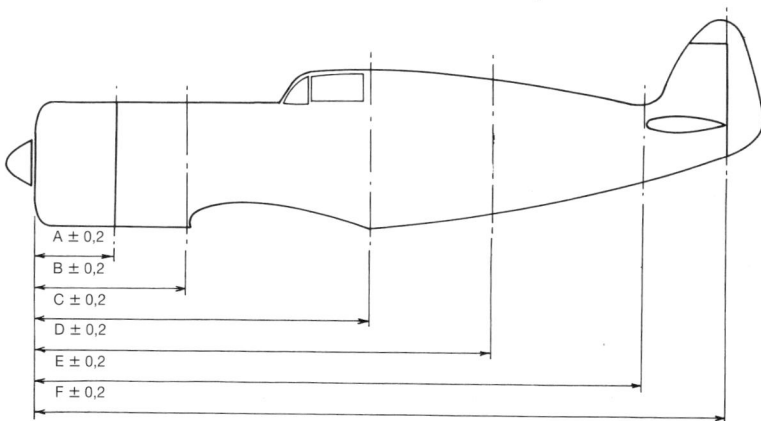

Abb. 5.3
Sinnvoller ist es, einen festen Referenzpunkt zu wählen und von dort aus alle Messungen vorzunehmen. Die Ungenauigkeit jedes einzelnen Maßes ist dann gleich, hier also pro Strecke jeweils 0,2 mm

Heutzutage gibt es auch Geschäfte, die einem Kopien auf das Papierformat DIN A0 vergrößern oder verkleinern. Für ca. DM 10,– pro Blatt ist das sogar eine ideale Lösung, falls zum Beispiel ein Plan oder eine Zeichnung vorliegt, die nur geringfügig in der Größe variiert werden soll. Bis zu einer Vergrößerung von etwa 20% behindern dann auch die etwas dickeren Linien nicht.

5.1 Zeichengeräte

Um eine sehr maßgenaue Vergrößerung zu erhalten, gibt es für die meisten von uns nur eine richtige Vorgehensweise, und das ist das Zeichnen von Hand. Dies ist bei weitem nicht so schwierig, wie es erscheint.

Selbstverständlich sind Zeichnungen auf einem Zeichentisch anzufertigen – neu sind sie allerdings zu teuer. Da heute viele Firmen auf das Zeichnen am Computer (CAD) umsteigen, sind gebrauchte Zeichenmaschinen oft für wenig Geld zu bekommen. Beachten Sie, daß das Mindestformat etwa DIN A0 (841 mm x 1189 mm) beträgt. Ein flacher Tisch ist übrigens auch zu nutzen!

Weiterhin brauchen wir noch einige Zeichenwerkzeuge. Das sind zunächst mindestens zwei Lineale, eines mit etwa 40 cm und eines mit etwa 100 cm Länge. Transparente Acryl-Lineale sind für unsere Zwecke bestens geeignet. Kurven sind am besten mittels Schablone zu zeichnen. In guten Schreibwarengeschäf-

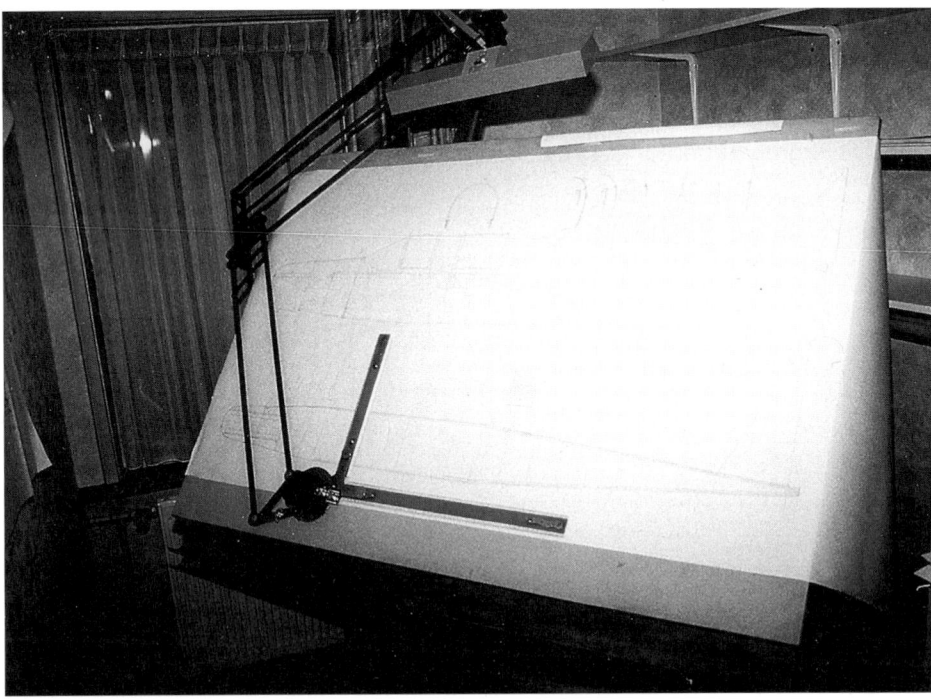

Abb. 5.4
Ideal zum Erstellen eigener Konstruktionen ist ein guter Zeichentisch; gebraucht sind sie sogar recht günstig zu bekommen, viele Firmen haben ja auf CAD umgestellt

Abb. 5.5
Eine kleine Auswahl an Zeichenschablonen für Konturen verschiedenster Art

ten sind sogenannte Kurven-Schablonen, auch „Schlittschuhe" oder „Französische Kurven" genannt, zu erwerben. Die meisten Konturen sind hiermit ohne
weiteres zu zeichnen. Für nur leicht gewölbte Kurven sind eine ganze Reihe Kur-
venlineale erhältlich. Sie sind meist nicht billig, aber eine Anschaffung fürs Leben.
Diejenigen, die nach einer günstigeren Alternative Ausschau halten, können auch
eine astfreie Kiefernleiste der Abmessungen 3 mm x 5 mm verwenden.

Kreise werden mittels Kreisschablonen gezeichnet, die es ebenfalls in verschiedenen Ausführungen gibt. Rotring-Schablonen sind besonders zu empfehlen, sie
haben sich bei mir in der Praxis einfach als die besten herausgestellt. Wichtig
ist allerdings auch ein gutes Geodreieck – so groß wie möglich. Besonders zum
Zeichnen von Einstellwinkeln, V-Formen oder schrägen Rippen sind sie ganz
besonders nützlich.

Skizzen zum Bau eines Modells grundsätzlich mit Bleistift anfertigen. Minen-
Zeichenbleistifte mit einer Strichstärke von 0,5 mm sind hier ein guter Kauf. Je
nach Erfahrung und persönlichem Wunsch kann die Härte der Mine gewählt werden. 1B oder sogar 2B ist einfach zu radieren, wenn mal etwas schiefgeht, und
zeichnet dennoch einen deutlichen Strich.

Als Papier zum Zeichnen ist eigentlich alles geeignet, vom grauen Packpapier
von der Rolle bis zu Transparentpapier. Obwohl moderne Kopiertechnologie die
Verwendung von Lichtpausen fast überflüssig gemacht hat, werden die meisten
Original-Abbildungen immer noch auf Barytpapier gezeichnet. Papierbögen in
der von uns gewünschten Größe sind übrigens im Copyshop erhältlich.

5.2 Rumpf

Es geht los mit dem Rumpf; und hier brauchen wir als Referenz unbedingt eine gerade Linie, von der aus wir die ganze Seiten- und Draufsicht abmessen und vergrößern können. Glücklicherweise sind die meisten Original-Zeichnungen bereits mit einer solchen Mittellinie versehen, da der Zeichner der Vorlage die gleichen Sachzwänge vorfand. Wenn nicht, nehmen wir am besten eine Linie durch die Spinnermitte. Für die Draufsicht selbstverständlich die Rumpfmittellinie. Es ist wichtig, darauf zu achten, daß diese Strecken gerade und winklig bzw. parallel zueinander laufen, ansonsten geht es von Anfang an schief. Bevor wir anfangen, die Seitenansicht zu zeichnen, erst einmal nachmessen, ob auch alles und vor allem das Seitenleitwerk noch auf unser Papier paßt.

Nach Abbildung 5.6 hat jedes Flugzeug natürliche „Trennlinien", die einfach zu erkennen sind. In den meisten Fällen sind es Vorder- und Hinterkante des Spinners, der Motorhaube, der Fläche und des Leitwerks. Diese markanten Linien festlegen und deren Position gemäß Abbildung 5.3 auf die neue Zeichnung übertragen. Falls eine Rumpfkontur nicht gerade, sondern gewölbt sein sollte, alle 2 bis 4 Zentimeter einen Punkt messen, einzeichnen und später mit dem Kurvenlineal verbinden. Weitere Aufmerksamkeit ist erforderlich, wenn wir jetzt in die Seitenansicht des Rumpfs die richtige EWD (Abbildung 5.7) einzeichnen. Für unsere Modelle reichen in der Regel Werte zwischen 1 und 2°. Es gibt aber – wie immer – Ausnahmefälle. Wenn die Original-EWD nicht zu finden ist, hat man mit dem oben genannten Winkel einen sicheren Anhaltswert. Diese EWD mit dem Geodreieck einzeichnen. Als Hilfe sei gesagt, daß für jedes Grad EWD auf einer Länge von 8 cm die benötigte Höhe 1,5 mm beträgt. Also: Bei einem Profil mit einer Länge von 24 Zentimeter und 1,5 Grad EWD beträgt die „Steigung" an der Nasenleiste 6,75 mm (3 x 1,5° x 1,5 mm = 6,75 mm).

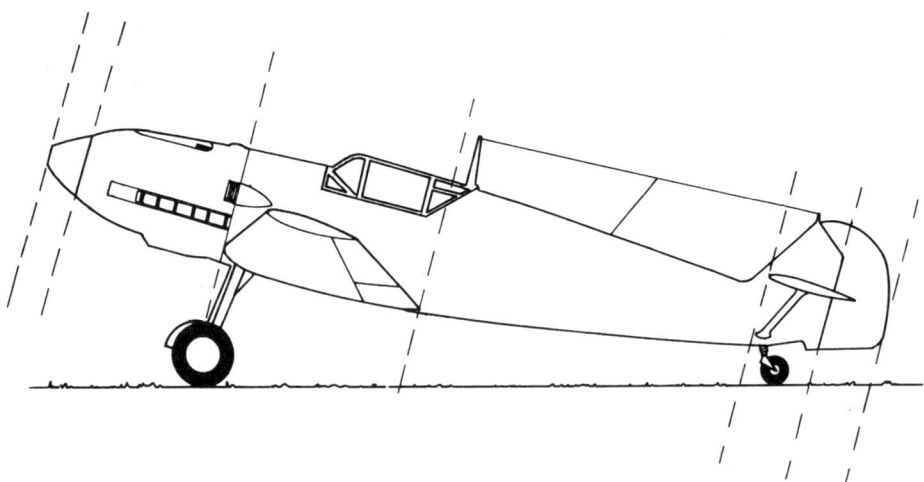

Abb. 5.6
Jedes Modell hat seine eigenen, „natürlichen" Trennlinien. Meist sind es Vorder- oder Hinterkanten der einzelnen Bauteile. Diese sind auch bei unserem Entwurf gut zu nutzen, da sie meist die Positionen der Hauptspanten vorgeben

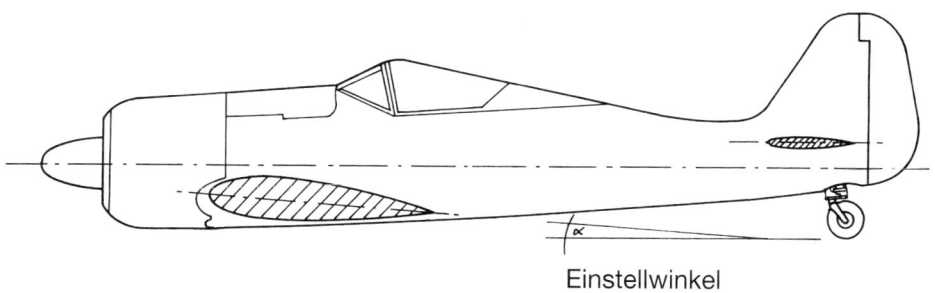

Einstellwinkel

Abb. 5.7
Bereits beim ersten Schritt zum Entwurf ist die Einstellwinkeldiffernz (EWD) zwischen Fläche und Leitwerk zu berücksichtigen. Die Tragfläche hat in diesem Fall α Grad zur Referenzstrecke. Das Höhenleitwerk ist parallel zur Referenzstrecke eingemessen

Vergrößerungsfaktor
x 3

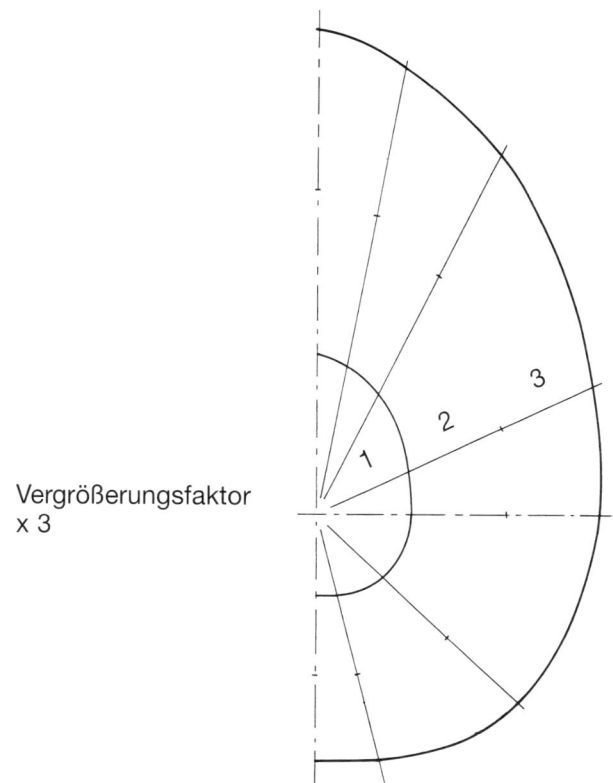

Abb. 5.8
Die einfachste Vergrößerungsmethode für nicht allzu komplizierte Formen ist die hier gezeigte. Abhängig von der Kontur des Spants können die Anzahl der Strecken und die Winkel frei gewählt werden

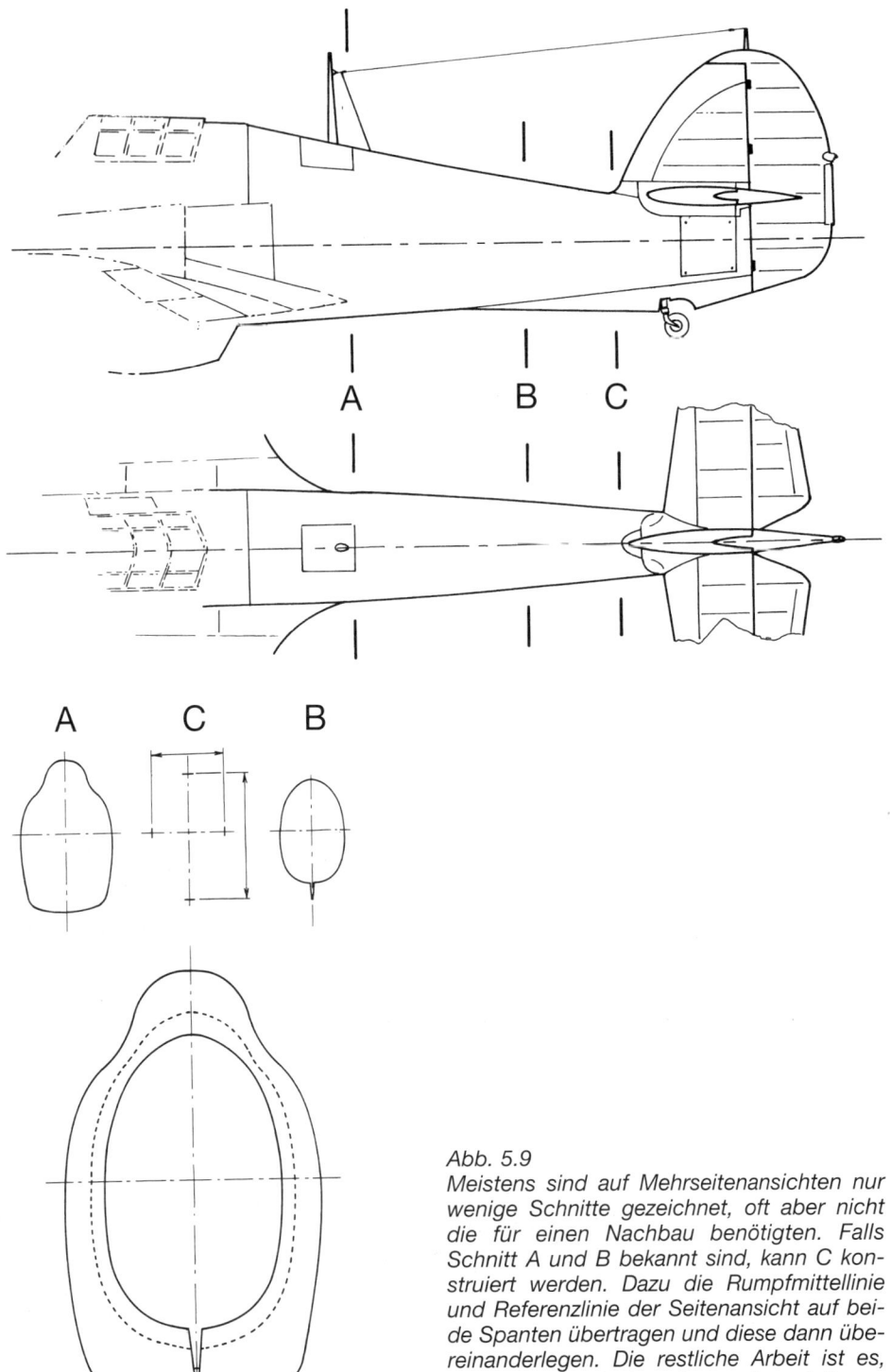

Abb. 5.9
Meistens sind auf Mehrseitenansichten nur wenige Schnitte gezeichnet, oft aber nicht die für einen Nachbau benötigten. Falls Schnitt A und B bekannt sind, kann C konstruiert werden. Dazu die Rumpfmittellinie und Referenzlinie der Seitenansicht auf beide Spanten übertragen und diese dann übereinanderlegen. Die restliche Arbeit ist es, die Distanz zwischen Spant A und B verhältnismäßig zu teilen

Die in Mehrseitenansichten gegebenen Rumpfquerschnitte sind selbstverständlich noch zu konstruieren. Nach Abbildung 5.8 einen der Rumpfquerschnitte nehmen und einige Winkel einzeichnen. Jetzt den Abstand von der Mittellinie bis zum Schnittpunkt mit der Rumpfkontur messen und mit dem Vergrößerungsfaktor multiplizieren.

Meistens liegen dazu nicht die Querschnitte an den für uns nötigen Stellen vor, weswegen manchmal ein etwas größeres Maß an Selbstinitiative gefragt ist. Es ist aber möglich, ausgehend von zwei vorhandenen Querschnitten, einen dazwischenliegenden zu konstruieren. Ausnahmefälle nicht mit eingerechnet, verlaufen die Querschnitte beim Rumpf und den Flächen meistens proportional von einem Schnitt zum anderen. An Knickstellen hat der Zeichner einer Mehrseitenansicht oft einen extra Schnitt gezeichnet, den wir dann wieder als Basis verwenden können. Die Konstruktion von zusätzlichen oder benötigten Querschnitten ist daher nicht so schwer. Abbildung 5.9 erklärt die Methode. Wenn wir irgendwo einen Spant zwischen zwei bekannten konstruieren wollen, sind Breite, Höhe und Position der Mittellinien von der Mehrseitenansicht abzunehmen und beide übereinanderzulegen. Jetzt ist es „nur" noch notwendig, den Abstand zwischen den beiden Spantkonturen verhältnismäßig zu teilen.

5.3 Flächen

Die Fläche ist im Gegensatz zu dem was viele glauben – grundsätzlich einfacher zu zeichnen als ein Rumpf. In fast jedem Fall sind von der Tragfläche die Profile an der Wurzel und am Randbogen vorgegeben. Zum Schneiden von Styroporkernen reicht das bereits. Jedoch ist diese Technik im Scale-Modellbau nur selten zu finden, denn Extras wie Klappen, Einziehfahrwerke und Motorgondeln sind nur mit einem erhöhten Aufwand einzubauen. Daher beschränken wir uns hier auf Holzflächen und kommen gleich zum Zeichnen der einzelnen Rippen.

Bei Tragflächen mit konstanter Profiltiefe stoßen wir aber zunächst auf gar kein Problem, denn hier sind alle Rippen gleich. Interessanter wird es bei Trapez- oder elliptisch geformten Flächen. Hier gibt es nur eine Methode, genaue Profilzeichnungen zu bekommen, und das ist die, sie einzeln zu konstruieren. In diesem Stadium des Entwurfs brauchen wir uns aber noch nicht um Dinge wie geometrische Schränkung, Beplankung, Holme oder anderes zu kümmern, das kommt erst später.

Wir gehen nach Abbildung 5.10 vor. Als erstes zeichnen wir in die Wurzel- und Randbogenrippe die Profilsehne und eine vertikale Referenzstrecke an der dick-

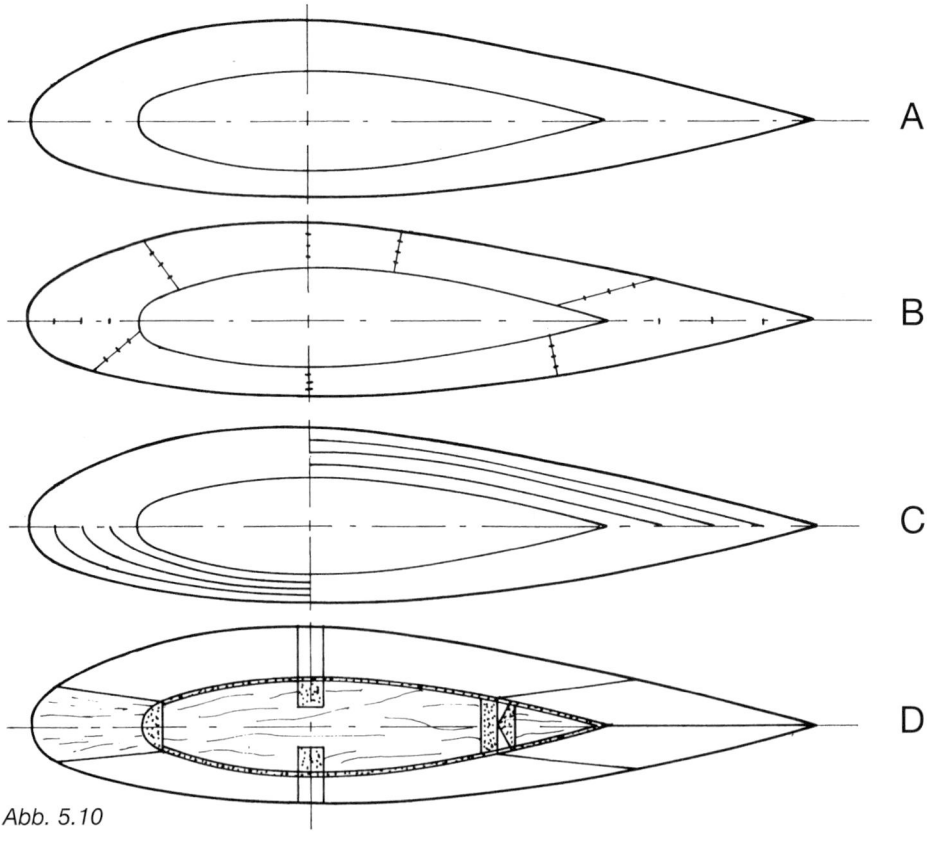

Abb. 5.10

sten Stelle des Profils ein. Nach Abbildung 5.10 A jetzt beide übereinanderlegen, wobei sich beide Liniengrenzen decken sollten. An diesem Punkt keine geometrische Schränkung der Tragfläche berücksichtigen!

Nach Abbildung 5.10 B einige Linien zwischen den beiden Profilkonturen einzeichnen und diese Strecke in gleich lange Zwischenstücke unterteilen. Die Anzahl dieser Zwischenstücke ist immer die Zahl der benötigten Rippen plus eins. In Abhängigkeit von der Wölbung sind so 8 bis 16 Verbindungslinien einzuzeichnen und zu unterteilen. Jetzt nach Abbildung 5.10 C mit dem Kurvenlineal die einzelnen Punkte miteinander verbinden, das Ergebnis sind unsere Zwischenprofile.

Wenn die Arbeit so weit getan ist, nun die Positionen für Holme und Leisten einzeichnen. Falls in der Tragfläche noch eine geometrische Schränkung berücksichtigt werden soll, die Rippen jetzt um das gewünschte Maß „drehen". Wenn sie aber nicht außergewöhnlich groß ist, kann sie auch während des Baus durch Unterlegen der Endleiste eingebracht werden.

Gewölbte Teile, wie das auf Abbildung 5.11 gezeichnete Seitenleitwerk einer *He 111*, sind auch mittels Quadratraster schnell zu konstruieren. Hierzu gleich große Quadrate, meistens im 5- oder 10-mm-Raster über das gewünschte Teil zeichnen und dann auf den gewünschten Maßstab vergrößern. Nicht nur für Leitwerke, auch für Randbögen und Flächen und schwierige Rumpfkonturen ist diese Methode sehr gut zu nutzen.

Abb. 5.11
Für schwierige Konturen eignet sich die „Quadratmethode" zur Vergrößerung besonders gut. Aber auch umgekehrt ist diese Methode nützlich, denn oft haben wir beim Vermessen von Originalflugzeugen komplexe Konturen. Diese einfach auf ein großes, mit Quadraten versehenes Papier übertragen und auf die gewünschte Größe verkleinern

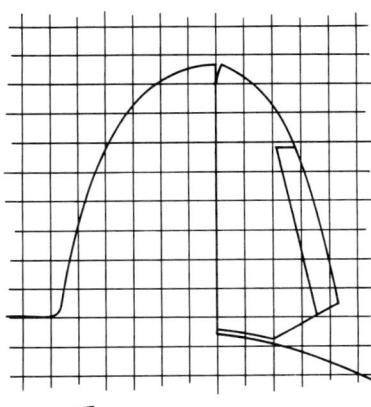

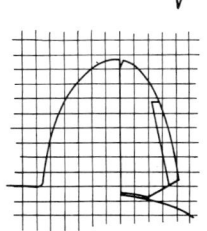

6. Konstruktion

Die Konstruktion eines Scale-Modells ist auf der einen Seite zwar aufwendig, andererseits aber eine der einfachsten im ganzen Modellbau. Keine schwierigen Berechnungen, keine Sorgen über maximale Flugleistungen, Optimierung der Leitwerke, geringster Widerstand der Rumpfquerschnitte usw. Um keines dieser Dinge brauchen wir uns zu kümmern. Alles was wir tun müssen, ist, den Originalentwurf mit all seinen guten und schlechten Eigenschaften scale nachzubauen. Einfach, nicht wahr? Grundsätzlich stimmt das, aber es bleiben immer noch viele Sachen übrig, um die wir uns kümmern müssen. Der eigentliche Entwurf ist aber, wie gesagt, bereits von den Konstrukteuren des Originals für uns erledigt worden.

Wenn wir – wie im fünften Kapitel bereits beschrieben – eine Drauf- und Seitenansicht des Rumpfs gezeichnet haben, brauchen wir uns „nur" noch zu entscheiden, wie wir die Struktur von Rumpf und Fläche aufbauen. Es hat dabei aber keinen Zweck, „absturzsichere" Konstruktionen zu entwerfen, da das sowieso nicht geht und eine Unzahl an Verstärkungen eine relativ große Gewichtszunahme bedeutet. Schäden durch Abstürze sind nur durch gute Pflege von RC-Anlage und Motor zu verhindern. Es kann nicht oft genug gesagt werden, daß Leichtbau im Scale-Modellbau allerhöchste Priorität hat.

6.1 Materialien

Obwohl wir heutzutage gewohnt sind, mit Kunststoffen, oftmals durch Epoxidoder Polyesterharze getränkt, mit Raumfahrt-Materialen wie Kohlefaser, Kevlar oder Aramidfasern zu arbeiten, ist die Basis für unsere Konstruktionen – egal ob Flächen oder Rümpfe – immer noch Holz.

Hauptsächlich werden wir also Balsa verarbeiten, dazu ein wenig Kiefer, Buche oder Sperrholz für hochbeanspruchte Stellen. All denjenigen, die mehr über die Eigenschaften und Verwendung von Hölzern wissen möchten, sei das ebenfalls im Neckar-Verlag erschienene Buch „Holzbauweisen im Flugmodellbau" von Rüdiger Götz empfohlen. Wir beschränken uns daher hier nur auf das Notwendigste.

Balsa ist, im Gegensatz zu schwereren Holzarten, in einer recht breiten Gewichtsspanne zu erhalten. Abbildung 6.1 zeigt den Unterschied.

Sehr weiches Balsa ist eigentlich nur als Füllholz geeignet, so z.B. für Randbögen, Flächen-Rumpfübergänge und Rumpfrücken. Für den Großteil unserer Konstruktionen werden wir aber weiches bis mittelhartes Balsa verwenden. Rippen, Flächenbeplankungen und Spanten brauchen nicht unbedingt aus härterem Balsa herausgearbeitet zu werden, da sie nur ein Teil eines recht komplexen Verbunds sind, der dann die Stabilität bringt. Hartes Balsaholz brauchen wir nur an den Stellen, wo es einfach nicht anders geht, so z.B. als Rumpfgurte, Flächenholme oder Nasen- bzw. Endleisten.

Im Gegensatz zu Originalflugzeugen wird Sperrholz bei unserem Modell meistens nur für Motorträger, Flächenverbindungen und teilweise bei Rumpfspanten verwendet. Die 0,4 mm dünne Variante ist aber für Beplankungen von Flächen,

Andeutung	Dichte	1 mm	1,5 mm	2 mm	2,5 mm	3 mm	5 mm	6 mm	8 mm	10 mm
	g/cm³	g/dm²	g/dm²	g/dm²	g/dm²	g/dm²	g/dm²	g/dm²	g/dm²	g/dm²
Sehr weich	0,08	0,8	1,2	1,6	2,0	2,4	4,0	4,8	6,4	8,0
Weich	0,11	1,1	1,7	2,2	2,8	3,3	5,5	6,6	8,8	11,0
Mittel	0,16	1,6	2,4	3,2	4,0	4,8	8,0	9,6	12,8	16,0
Hart	0,20	2,0	3,0	4,0	5,0	6,0	10,0	12,0	16,0	20,0
Sehr Hart	0,23	2,3	3,5	4,6	5,8	6,9	11,5	13,8	18,4	23,0

Abb. 6.1
Übersicht über die verschiedenen Flächengewichte von Balsa, in Abhängigkeit von der Materialstärke

Rumpfteilen und Leitwerken ein herrliches Material, das sich bequem schneiden, biegen und verkleben läßt. Größter Nachteil bleibt aber sein Preis, denn gutes Flugzeugsperrholz ist nicht billig!

Für andere Zwecke – beispielsweise Spanten – ist dreifach verleimtes Sperrholz ausreichend, für höher beanspruchte Zellenteile sollten wir aber unbedingt auf fünffach verleimtes Flugzeugsperrholz zurückgreifen. Um das Modell aber so leicht wie möglich zu halten, sollten wir jederzeit versuchen, den Einsatz von Sperrholz auf ein absolutes Minimum zu reduzieren. Abb. 6.2 zeigt deutlich den Gewichtsunterschied zu Balsaholz.

Dichte	0,4	0,6	1	1,5	2	3	5	6
g/cm³	g/dm²	g/dm²	g/dm²	g/dm²	g/dm²	g/dm²	g/dm²	g/dm²
0,75	3	4,5	7,5	11	15	22	38	43

Abb. 6.2

6.2 Rümpfe

Bevor wir mit der Konstruktion eines Rumpfs loslegen, sollten wir uns erst einmal überlegen, wozu dieser dient. Erstens soll er Fläche und Leitwerk an der jeweiligen Position halten und dem Motor ausreichend Halt bieten. Im Inneren finden RC-Anlage und Tank Platz, und schließlich sollte er ausreichend stark sein, um den auftretenden Kräften während des Flugs und bei der Landung zu widerstehen.

Wie bereits gesagt, es hat keinen Zweck, „bombenfeste" Konstruktionen zu entwerfen. Der Vorteil des Leichtbaus ist offensichtlich: Je leichter das Modell, um so niedriger sind die auf das Modell wirkenden Kräfte!

Es gibt für Rümpfe von Scale-Modellen fünf verschiedene Bauweisen, die wir hier einmal kurz ansprechen möchten.

Erst einmal die einfachste Variante, die bei Leichtflugzeugen der 30er Jahre wie *Miles Magister*, *Focke-Wulf Stieglitz* und den *Klemm*-Maschinen Anwendung fand. Hier wird eine Gitterkonstruktion an ihrer Außenseite durch eine dünne Beplankung versteift, die gleichzeitig die äußere Kontur des Modells bildet (Abbildung 6.3). Diese Konstruktionsweise gab es auch im bemannten Flugzeugbau, die britischen Miles-Werke bauten die Unterteile ihrer Rümpfe in dieser Technik sogar auf Lager; der Kunde konnte sich dann auch noch in einem späteren Stadium für ein bestimmtes Muster, sprich Rumpfrücken, entscheiden. Mit Konstruktionen nach Abbildung 6.3 sind aber keine Rümpfe mit elliptischen Rumpfquerschnitten nachzubauen, da die Seiten hier immer gerade Flächen sind. Doch bleiben wir noch beim „normalen" Kasten, die später aufgesetzten Halbspanten können mit einem 2-mm-Balsabrett beplankt werden, damit man nicht immer das ganze Zirkusprogramm der Streifen-Beplankung durchspielen muß.

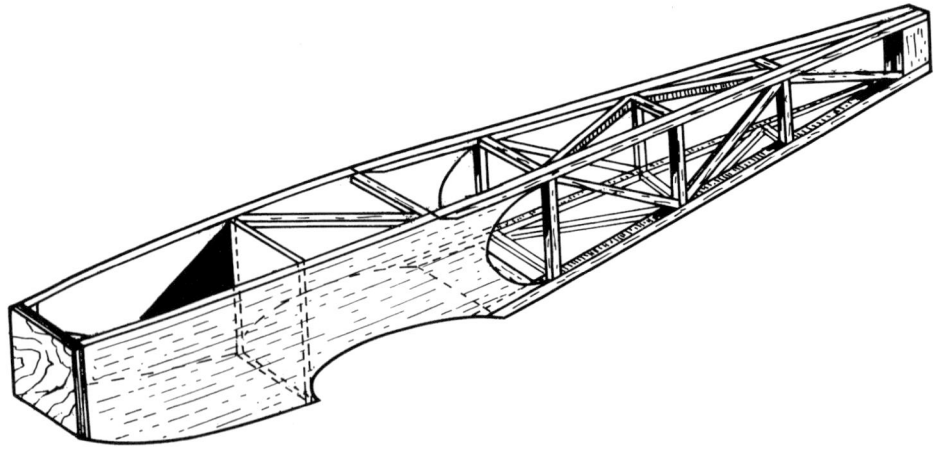

Abb. 6.3
Die einfachste Form der Rumpfkonstruktion ist ein Kasten, teilweise auch mit einem Gitterkonstrukt versehen, auf das anschließend eine dünne Beplankung aus Balsa oder Sperrholz aufgebracht wird

Bei jedem Rumpf – besonders bei solchen in Gitterbauweise – ist immer darauf zu achten, Problemzonen zu vermeiden. Plötzliche Übergänge, wie in Abbildung 6.4 gezeigt, sind erstklassige Bruchstellen. Es ist nach gleicher Abbildung daher für einen „weichen" Übergang zu sorgen, mittels dreieckiger Verstärkung oder Streifen aus dünnem Sperrholz. Fassen wir einmal die Vor- und Nachteile dieser Bauweise zusammen:

Vorteil: einfach und leicht zu bauen.

Nachteil: nur etwas für Rümpfe mit eckigen Querschnitten.

Die zweite Methode verkörpert ebenfalls eine eckige Gitterkonstruktion, die dann aber später mittels Halbspanten die endgültige Rumpfform erhält. Die meisten Modelle sind nach dieser Methode zu entwerfen, und die Basis ist weiterhin ein einfach zu bauender Kastenrumpf, in dem genügend Platz für Motor, Kraftstofftank und die RC-Anlage ist. Diese Konstruktion ist meistens freitragend, daher dient die äußere Beplankung mehr der Optik denn der Stabilität. Deswegen ist diese Bauweise auch besonders gut für Nachbauten geeignet, die mit Folie überzogen werden. Ich denke da an die meisten Doppeldecker und viele Leichtflugzeuge. Bei kleineren Modellen wird man auf die Diagonalverstärkungen verzichten, um zusätzlich ein wenig Gewicht zu sparen. Diese Bauweise ermöglicht – im Gegensatz zur erstgenannten Methode – auch die Herstellung von Rümpfen mit elliptischen Querschnitten. Fast jedes Jagdflugzeug läßt sich so nachbauen.

Nachteilig ist, daß die Gitterkonstruktion im Inneren später beim Ausbau des Kabineninterieurs im Weg sein kann. Deswegen findet sich die Gitterbauweise oft in Kombination mit der herkömmlichen Spantbauweise. Alles, was hinter der Kabine liegt, ist dann mittels Gitter konstruiert, davor herkömmlich mit Spanten. Abbildung 6.5 zeigt verschiedene Beispiele. Deutlich zu erkennen ist auch die

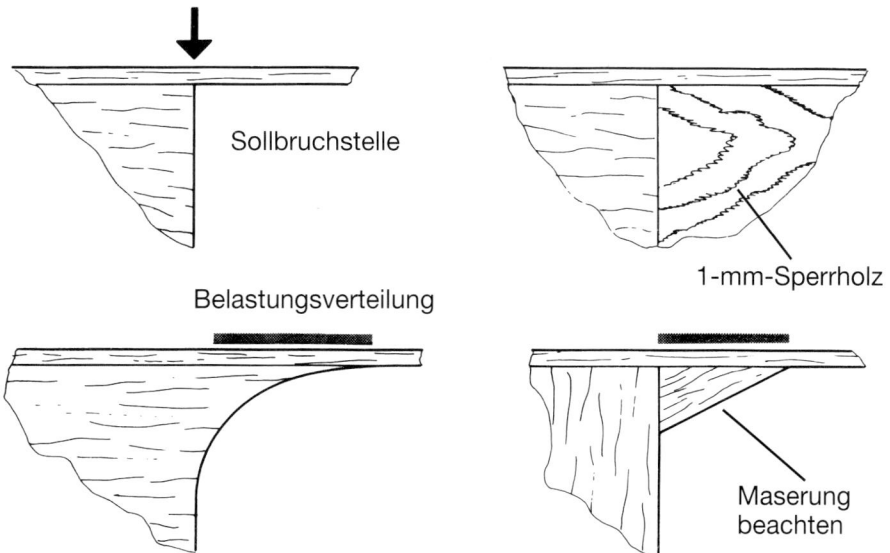

Abb. 6.4
Bei jeder Konstruktion, aber ganz besonders bei Gitterrümpfen, sind Festigkeitssprünge zu vermeiden. Die hier vorgestellten Lösungen verteilen die auftretenden Belastungen über eine längere Strecke, wodurch sie höher belastbar wird

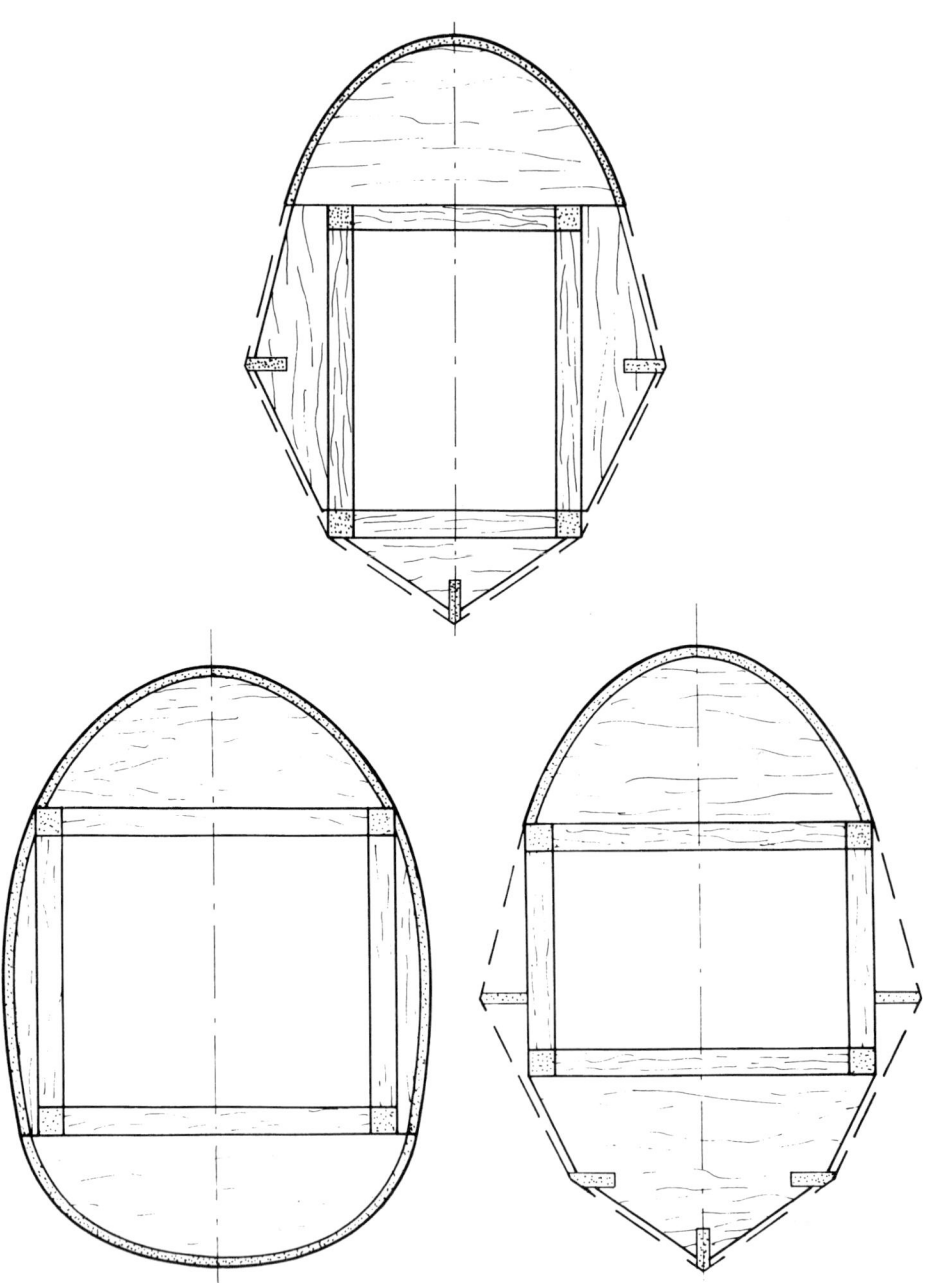

Abb. 6.5
Verschiedene Varianten der Halbspantenbauweise: Zunächst ein völlig beplankter Rumpf, bei dem die Gitterkonstruktion im Inneren so groß wie möglich gehalten wird, um Gewicht zu sparen und im Rumpfinneren genügend Platz zu behalten. Als zweites und drittes sind noch teilweise bespannte Rümpfe gezeichnet. Hier haben wir die Wahl, ob wir das Gitter „hoch" oder „weit" konstruieren wollen. Die hoch konstruierte Variante hat ein höheres Biegewiderstandsmoment als Vorteil, die breitere ermöglicht einen besseren Ausbau des Kabinenbereichs

Möglichkeit, eine Kombination von bespannter und beplankter Oberfläche aus-zuführen, da, wie bereits gesagt, das Gitter die erforderliche Stabilität bringt. Dabei ist nicht außer acht zu lassen, daß je nach verwendetem Material die Bespannung auch noch Torsionssteifigkeit bringt.

Fazit

Vorteil: Fast jeder Rumpfquerschnitt ist zu konstruieren. Leicht und recht einfach zu bauen.

Nachteil: großer Arbeitsaufwand.

Als drittes sollten wir nun die klassische Spantenbauweise betrachten, da diese immer noch in vielen Fällen eine sehr gute Lösung ist, besonders bei Modellen mit sich stark verjüngenden Rümpfen. Meistens werden diese aus Pappel- oder Birkensperrholz gefertigt und dann nach Abbildung 6.7 teilweise mit einer tra-genden Beplankung versehen. Durch das etwas kompliziertere Aufstellen des Rohbaus in einer Rumpfhelling wird sie heutzutage nur noch in Ausnahmefällen angewendet.

Vorteil: im Prinzip für jede Rumpfform verwendbar.

Nachteil: schwieriger aufzubauen, Helling erforderlich.

Als vierte Methode sei nun die Schalenbauweise erläutert. Hierbei wird ein Rumpf entlang einer dazu geeigneten Ebene geteilt und z.B. als Ober- und Unterteil getrennt mittels Halbspanten und Gurten aufgebaut. Abbildung 6.8 zeigt diese Möglichkeit, sie eignet sich vor allem bei Modellen mit elliptischen Rumpfquerschnitten, wie z.B. einer *De Havilland Chipmunk*, *He-18* oder *Spitfire*. Selbstverständlich ist diese Bauweise auch bei Rümpfen mit „einfacheren" Querschnitten zu verwenden, besonders dann, wenn es gilt, sehr leichte Konstruktionen aufzustellen. Abbildung 6.9 zeigt den Rumpfrücken einer *Miles Sparrowhawk* im Maßstab 1:6, wobei die Rumpfseitenwände nur aus 2-mm-Balsa bestehen. Hier wird die Sache sogar umgekehrt: Die Rumpfoberseite wird

Abb. 6.6
Typisches Beispiel einer Gitterkonstruktion mit Halbspanten, hier aber nicht mit anschlie-ßender Beplankung, sondern fertig fürs Folienfinish. Die Aussparungen in den Seiten sind in diesem Fall beim Original Luken, um Arbeiten im Rumpfinneren zu erleichtern. Sie sind deswegen beim Nachbau separat herzustellen

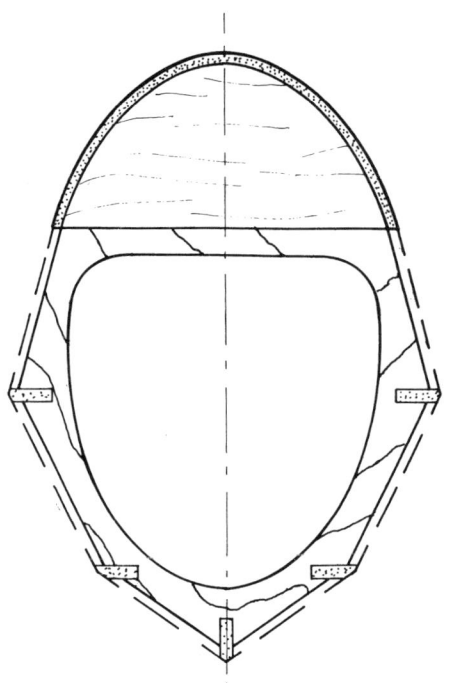

Abb. 6.7
Querschnitt einer klassischen Spantbauweise, die heute aber immer weniger verwendet wird. Für bestimmte Rumpfformen, so wie die hier gezeigte, ist sie aber immer noch die beste Vorgehensweise

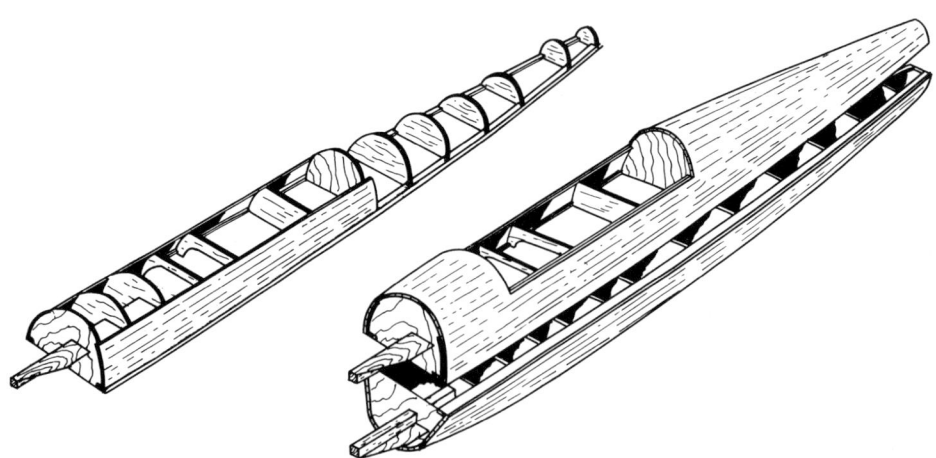

Abb. 6.8
Rümpfe mit elliptischen Querschnitten in Schalenbauweise herstellen. Hier sind beide Hälften horizontal geteilt. Das Balsabrett im oberen Teil der Zeichnung ist um die Aussparung herum, in die später die Fläche zu liegen kommt, etwas weiter zu verstärken

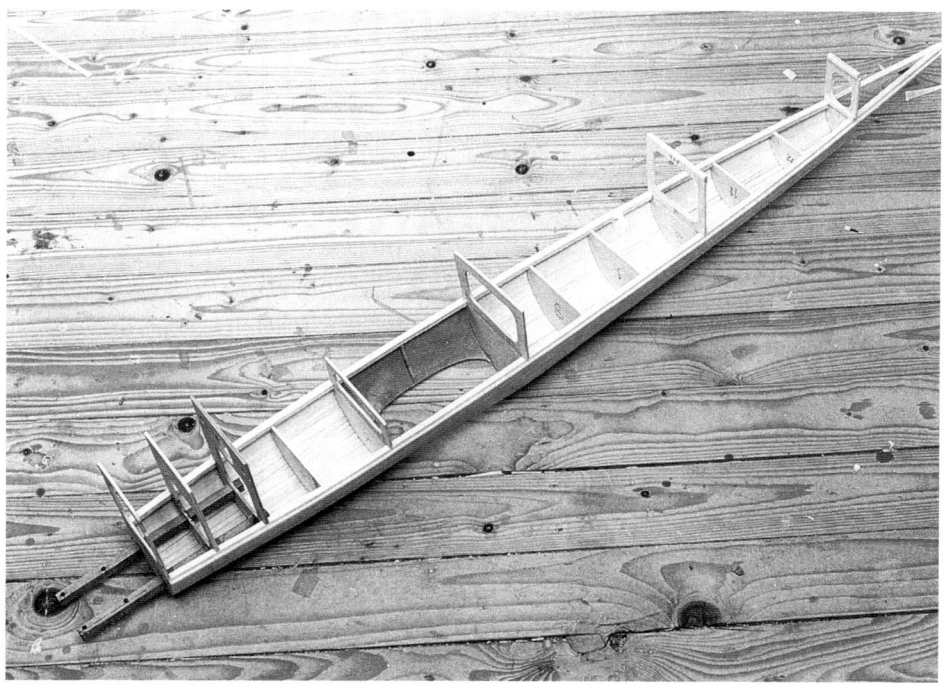

Abb. 6.9
Mischbauweise: Die Oberseite dieses Sparrowhawk-Rumpfs entstand in Schalenbauweise, erst dann wurden die Spanten aufgeklebt und später mit Balsa-Seitenwänden versehen

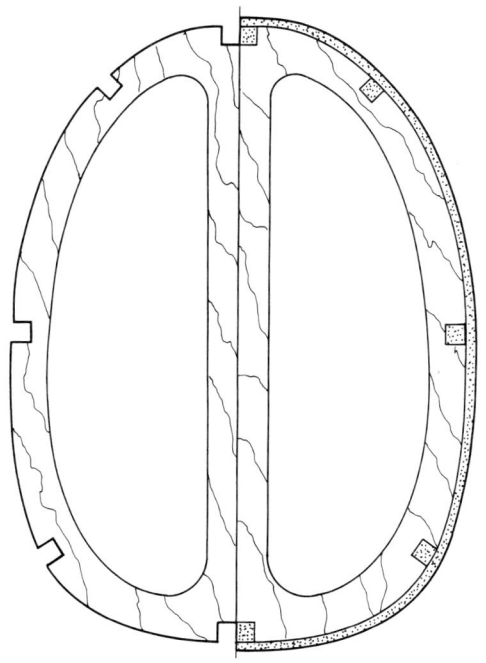

Abb. 6.10
Für Nachbauten beispielsweise einer
He-111 oder einer Mosquito ist es
einfacher, die Trennung der beiden
Rumpfschalen in der Vertikalen vorzusehen. Präzises Bauen ist aber dennoch erforderlich

zunächst als tragende Schale gebaut, an der dann die leichten Seitenwände verklebt werden. Besitzen die Rumpfseiten hingegen ausreichende Stabilität, wird
selbstverständlich die Methode mit dem Kastenrumpf und den Halbspanten verwendet.

Eine Variante der Schalenbauweise ist die Längstrennung des Rumpfs entlang
der Mittellinie nach Abbildung 6.10. Besonders geeignet für Nachbauten von
ziemlich „schwierigen" Rumpfformen wie sie bei *Mosquito*, *Heinkel He 111* und
manchen Zivilmustern zu finden sind. Diese Bauweise ermöglicht es, auch ohne
den Einsatz einer Helling Rümpfe verzugsfrei aufzubauen.

*Vorteil: Aufbau von Rümpfen mit elliptischen Querschnitten ohne Schwierigkei-
ten.*

Nachteil: hohe Baupräzision erforderlich, besonders bei senkrechter Trennebene.

Zu guter Letzt und als fünfte Variante, Teile der Rumpfseiten als Basis zu nutzen.
Nach Abbildung 6.12 beweist diese Bauweise oft ihre Nützlichkeit, z.B. an einer
P-51 Mustang oder *Brewster Buffalo*. Beide, meist aus 6-mm-Balsa mit dünnem
Sperrholz verstärkte Rumpfflanken, werden zusammen mit den Spanten zu ei-
nem Rumpf aufgestellt.

Erst durch Halbspanten entsteht die eigentliche Rumpfform, wobei dann der
Überstand an den Flanken nach Abbildung 6.12 abzutragen ist.

*Vorteile: Die tragende Rumpfeinheit ist einfach zu bauen. Es besteht ausreichend
Platz für den Kabinenausbau und die RC-Anlage.*

*Nachteil: großer Arbeitsaufwand, besonders beim Beplanken der beiden Halb-
spanten.*

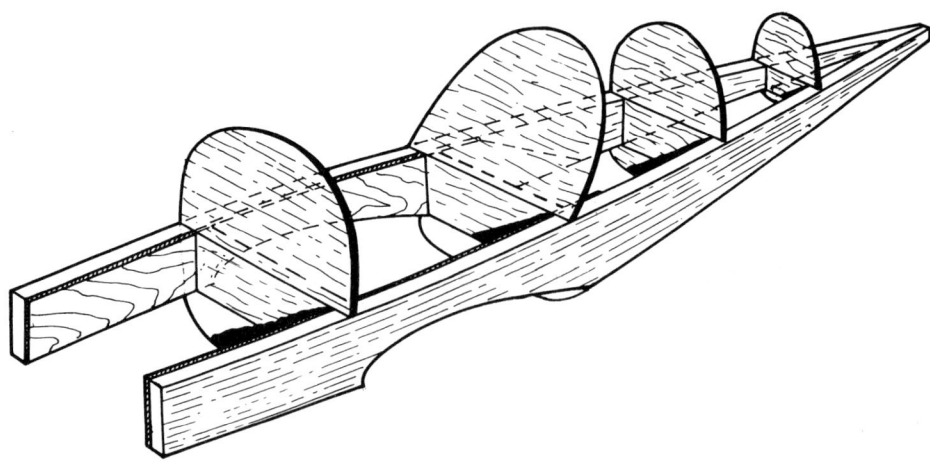

Abb. 6.11
*Ideal für den Nachbau von Rümpfen, die an den Seiten nur leicht gewölbt sind, ist diese
Bauweise. Hier dient ein Teil der Grundkonstruktion bereits als Rumpf. Viele Warbirds las-
sen sich so nachbauen*

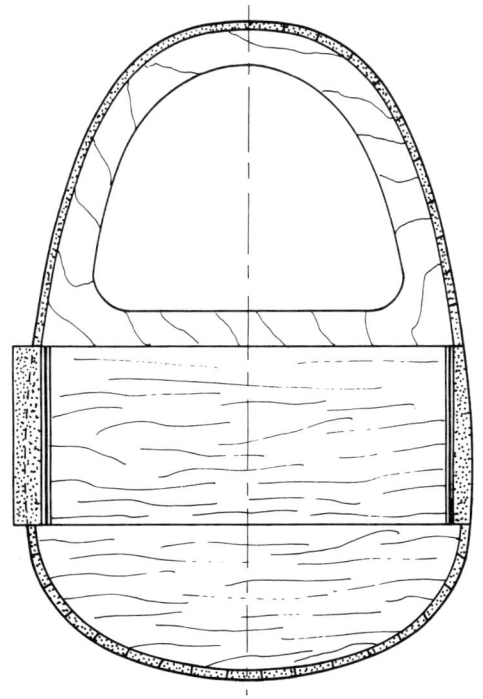

Abb. 6.12
Hier ein Querschnitt durch die in Abb. 6.11 beschriebene Bauweise. Die linke Hälfte ist noch im Rohbau gezeichnet, rechts nach dem Feinschliff

6.3 Flächen

Im Gegensatz zum Rumpfbau gibt es bei den Flächen nicht allzuviele Möglichkeiten, im Prinzip nur die bespannte und vollbeplankte Version bzw. Kombinationen aus beiden.

Jede Fläche hat bestimmte Teile, die immer wieder anzutreffen sind. Rippen, Holme und Leisten sind, zusammen mit dem Randbogen, in jeder Tragfläche vorhanden. Um eine ordentliche Fläche zu konstruieren, ist es notwendig, erst einmal abzuklären, welche Möglichkeiten es gibt, denn hier verlangt jedes Modell nach seiner eigenen Lösung. Der Bau eines bespannten, mit Spanndrähten versehenen Doppeldecker-Flächenpaars bedarf einer ganz anderen Konstruktion als eine vollbeplankte, freitragende Fläche eines Jagdflugzeugs, das dann auch noch mit Klappen und Einziehfahrwerk ausgestattet ist.

Holme sind die Basis für jede Fläche, und bei deren Dimensionierung bzw. Materialauswahl muß unbedingt auf Qualität geachtet werden. Wenn wir uns Abbildungen von Originalflächen ansehen, werden wir feststellen, daß die Lage des Haupthoms fast immer an der Stelle der höchsten Profildicke liegt, meist also bei 30% der Profiltiefe.

Wie schon oft selbt erfahren, ist ein Brett – egal aus welchem Material – liegend einfacher zu biegen als stehend. Diese Eigenschaft wird auch Biegewiderstandsmoment genannt und ist von ganz schlauen Menschen bereits vor Jahren als Formel festgehalten worden:

$$\mathrm{Wb} = \tfrac{1}{6}\,\mathrm{Breite} \times \mathrm{H\ddot{o}he}^3$$

Ohne jetzt tiefer in den mathematischen Aspekt des Modellbaus einzutauchen, ist aus dieser Formel ersichtlich, daß der Einfluß der Profilhöhe erheblich ist. Das Resümee lautet: Je dicker das Profil, um so mehr Bauhöhe steht zur Verfügung und um so biegesteifer wird der Flügel.

Als Beispiel sei Abbildung 6.13 gedacht, einige Aufbauvarianten für verschiedene Holme mit deren relativen Biegemomenten sind dort zu sehen. Hier wird ebenfalls deutlich, wie wichtig es ist, die Verkastung zwischen den beiden Holmen sauber zu verkleben, da sie das Biegemoment weitgehend aufnimmt.

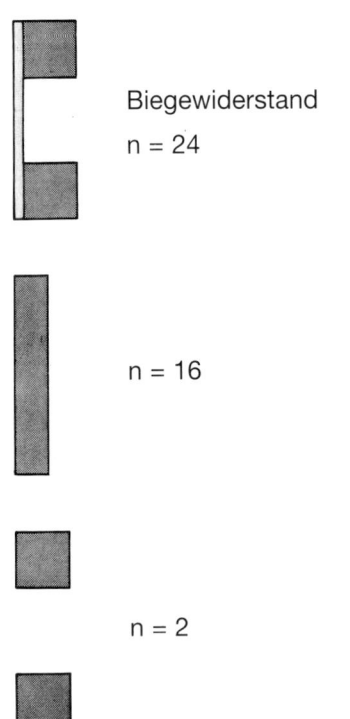

Biegewiderstand

n = 24

n = 16

n = 2

Abb. 6.13
Einige Hauptholm-Varianten mit ihren Widerstandsmomenten. Hier zeigt sich deutlich, wie wichtig es ist, eine sorgfältige Verleimung der Verkastung vorzunehmen

Bei Tragflächen mit geringen Profildicken, z.B. bei Doppeldeckern, reicht oft die Profildicke nicht aus, um die beiden Holmgurte ausreichend weit auseinander zu bringen, deswegen wird hier oft, vor allem bei größeren Modellen, eine funktionelle Verspannung verwendet. In diesem Fall darf sogar auf die Verkastung zwischen den Holmgurten verzichtet werden, auch aus Gewichtsgründen lohnt sich das. Als Beispiel dazu sei ein Modell mit 150 cm Spannweite und einer Holmhöhe von 30 mm genannt. Insgesamt gibt das 9 dm² Balsastreifen, hier aus 1,5 mm starkem Material gefertigt. Das sind rund 24 Gramm Mehrgewicht, ohne Klebstoff. Das ist das halbe Gewicht eines Standardservos!

Es ist auch aus dem Aspekt der Statik heraus sogar sinnvoll, eine Fläche mit Litze zu verspannen. Ein Nachteil ist aber der große Widerstand, den dieses ganze Spinngewebe mit sich bringt. Bei kleineren Modellen – bis etwa 150 cm Spannweite – kommt oft noch ein Hilfsholm aus Vollbalsa zum Einsatz, auf den die Rippen dann einfach aufgeschoben werden. So ist die Fläche selbsttragend und die Verspannung kann auch aus Kunststoff oder ähnlichem Material angefertigt werden. Der Widerstand der Litzen bleibt aber gleich, ob sie nun funktionell ausgeführt sind oder nicht.

Holme sind normalerweise aus hartem Balsaholz oder Kiefer zu fertigen, je nachdem, welches Material der Modellbauer bevorzugt. Bei besonders beanspruchten Modellen ist es sinnvoll, die beiden Hauptholme mit einem Streifen Kohlefaser zu belegen, der mittels Epoxidharz aufgetragen wird.

Falls wir eine Fläche mit stark gewölbtem Profil bauen, erreicht der Holm oft nicht auf seiner ganzen Breite die Ober- bzw. Unterseite der Rippe und kann deswegen später nicht großflächig mit einer eventuellen Beplankung verklebt werden. In diesem Fall benutzen wir nach Abbildung 6.14 einen zweiten Holm, der während der Bauphase auch als Auflage für den unteren Holm dient und später mittels Hobel und Schleiflatte auf die Kontur der Rippen gebracht wird.

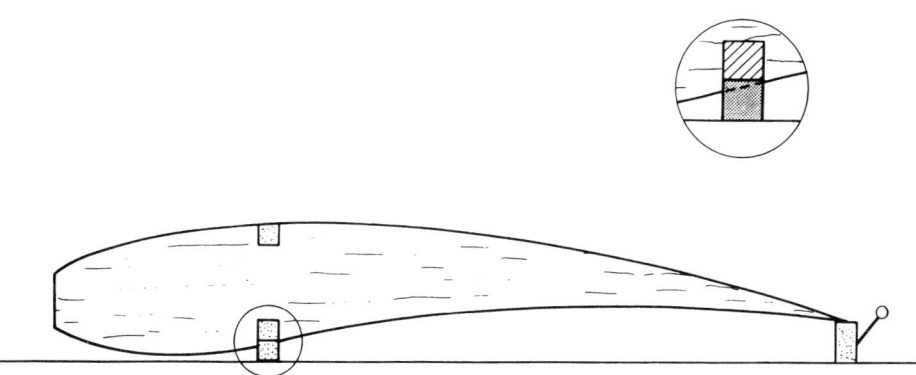

Abb. 6.14
Bei stark gewölbten Profilen bildet sich nach Einbringen von rechteckigen Holmen ein Spalt zur Rippenkontur. Hier kleben wir zwei Holme aufeinander. Ein härteres Exemplar direkt in die Fläche und ein weicheres darauf, das nach Verschleifen mit der Rippenkontur später den Kontakt zur Beplankung herstellt. Auf keinen Fall auf diese Auffütterung verzichten!

Während des Flugs werden übrigens Ober- und Untergurt einer Fläche abhängig von der Fluglage auf Druck und Zug belastet, Abbildung 6.15 zeigt dies. Um einem Bruch der Holme vorzubeugen, ist eine Verbindung zwischen diesen beiden notwendig, meist eine Verkastung aus 1,5-mm-Balsa, mit der Maserung rechtwinklig zu den Holmen. Eine Alternative für Großmodelle wäre an dieser Stelle 0,4- oder 0,6-mm-Sperrholz. Wie in Abbildung 6.13 bereits klar wurde, nimmt das Biegemoment bei guter Verklebung der beiden Holme um Faktor 12 zu!

Die Spannweite des Modells hat einen direkten Einfluß auf die benötigte Holm- und Beplankungsstärke, denn hier ist auch die Biegung durch das Eigengewicht der Fläche einzubeziehen. Glücklicherweise haben wir im Modellbau keine allzu großen Probleme damit, da die von uns ausgesuchten Holme und Beplankungsstärken immer noch ausreichen. Besonders bei Großmodellen ist aber auf einen ausreichend dimensionierten Aufbau zu achten. Dennoch ist es besser – wie bei

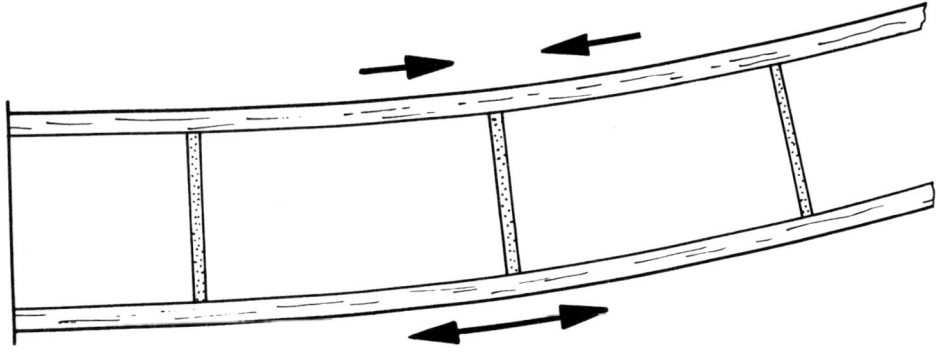

Abb. 6.15
Im Flug werden Ober- und Untergurt einer Tragfläche ganz unterschiedlich belastet. Oben
haben wir es mit Druck-, unten mit Zugkräften zu tun

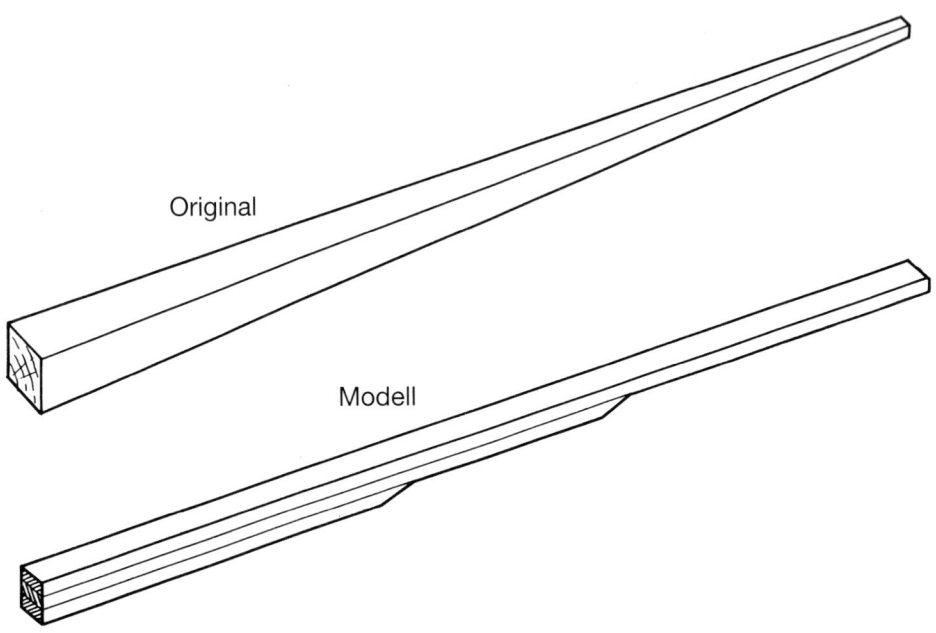

Abb. 6.16
Holme sind die wichtigsten Teile einer Fläche. Hier ein typischer, konisch verlaufender Ori-
ginalholm mit seinem Modelläquivalent. Zu beachten sind die angeschrägten Enden der
einzelnen Holmgurte, wodurch Belastungsspitzen vermieden werden

jeder Konstruktion – Problemzonen von vornherein zu vermeiden, und Abbildung 6.16 zeigt eine Variante des Holmaufbaus, die als Ersatz für konische Holme der Originale im Modellbau Verwendung findet.

Nicht von minderer Bedeutung für die Flächenkonstruktion ist die Geschwindigkeit des Modells. Es ist einfach zu verstehen, daß z.B. ein langsam fliegender Doppeldecker oder ein Leichtflugzeug eine andere Konstruktionsweise verlangen als ein Rennflugzeug. Also, keine 10 mm x 5 mm-Kiefernholme in einer *Sopwith Camel* mit 1400 mm Spannweite und keinen 5 mm x 5 mm-Balsaholm in einer *Fw 190* im Maßstab 1:4!

Kommen wir nun zu den Rippen einer Tragfläche, deren Hauptaufgabe es ist, „Form" zu geben. Dazu brauchen sie nicht unbedingt besonders stark zu sein, aber sie sollten dennoch ausreichende Materialstärke haben, um verklebt werden zu können. Die zuvor beschriebenen Biegekräfte werden ja vom Holm aufgenommen, Rippen können hier fast nichts dazu beitragen. Mit Ausnahme von Großseglern und Modellen, sagen wir einmal mit mehr als 3 Metern Spannweite, bei denen oft sogenannte Stäbchenrippen verwendet werden, kommen herkömmliche Rippen aus 2- bis 3-mm-Balsaholz zum Einsatz. Abhängig von der Dicke der zugepaßten Beplankung ist ein Abstand von etwa 6 bis 7,5 Zentimeter zu wählen, um ein Einfallen der Beplankung zu vermeiden. Wir wollen ja schließlich am Ende kein Modell haben, das aussieht wie ein krankes, abgemagertes Pferd! Wenn die Flächen einteilig sind, bringt es Vorteile mit sich, die Rippen im Auflagebereich des Rumpfs aus 5- oder 6-mm-Balsaholz zu fertigen, um an dieser Stelle etwas mehr Festigkeit zu bieten.

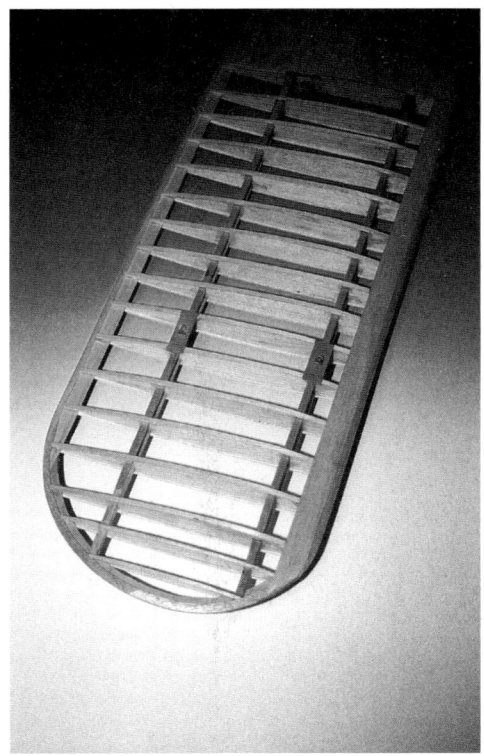

Abb. 6.17
Beispiel einer filigranen Bauweise: Zwei nicht profilhohe Holme, fast keine Beplankung und jede Menge Rippen. Zweifellos eine Fläche, die ohne Verspannung brechen würde. Ein Beispiel für eine Doppeldeckerfläche

Bei Flächen mit kontinuierlichem Profilverlauf ist es ohne weiteres möglich, die Rippen im Block herzustellen. Dazu zwei Musterrippen aus Sperrholz, Metall oder Kunststoff herstellen, die wir mittels zweier Gewindestifte verbinden. Wenn hier nun die gewünschte Anzahl Balsabrettchen zwischen den Musterrippen liegt, können wir alle auf einmal im Block mit Hilfe von Hobel und Schleifplatte herstellen. Für sich stark verjüngende Tragflächen gibt es aber nur eine einzige Methode, und die verlangt, die Rippen jeweils pro Paar anzufertigen, eine für die linke, eine für die rechte Flächenhälfte.

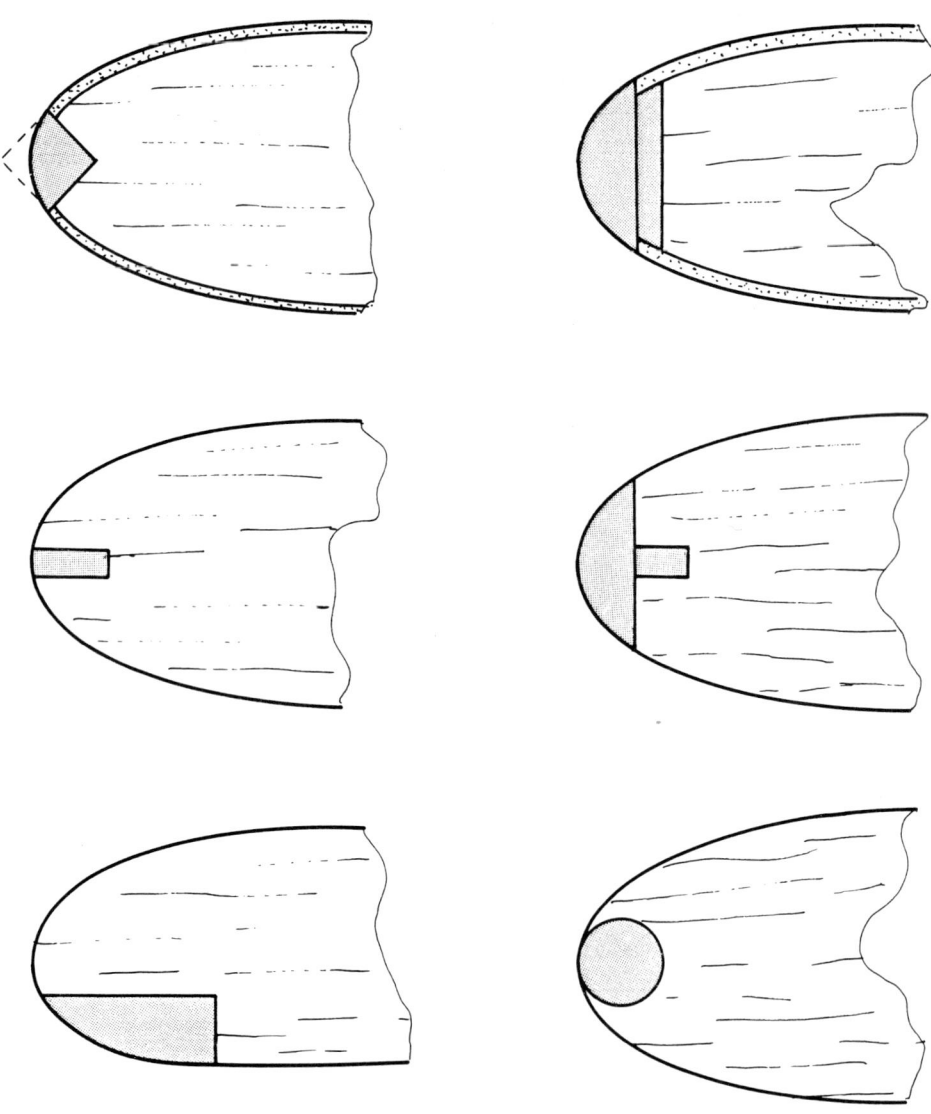

Abb. 6.18
Die Qual der Wahl: sechs verschiedene Möglichkeiten zum Aufbau der Nase

Auch die Nasen- und Endleisten tragen nur unwesentlich zur Erhöhung der Biegefestigkeit einer Fläche bei, und sie dienen in der Regel nur als Formgeber. Es gibt verschiedene Methoden, Nasenleisten aufzubauen, hier unterscheidet sich der Scale-Modellbau vom „normalen" natürlich nicht. Abbildung 6.18 zeigt einige Beispiele.

Endleisten sind hingegen eine andere Geschichte, da sie sich im Scale-Modellbau deutlich vom Üblichen abheben. Hier wollen wir versuchen, die Endleiste so dünn wie möglich zu halten, ohne dabei auf Festigkeit zu verzichten. Abbildung 6.19 zeigt einige der am meisten verwendeten Arten. Eine oft angewandte Bauform ist die in Abbildung 6.19 B gezeigte, hier wird ein Streifen aus 0,4-mm-Sperrholz mit Epoxidkleber auf die untere Beplankung geklebt. An dieser Stelle wird Epoxid aus dem Grund verwendet, da sich dieses anschließend besser schleifen läßt als Weißleim und nach dem Aushärten weniger „elastisch" ist.

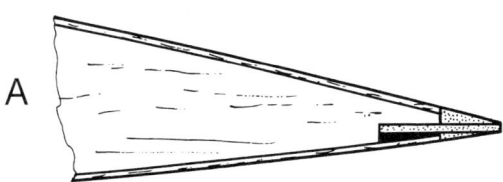

A

Abb. 6.19
Was die Endleistenkonstruktion betrifft, unterscheidet sich der Scale-Modellbau vom „normalen" erheblich, weil eine dünne Endleiste eben mehr dem Original entspricht

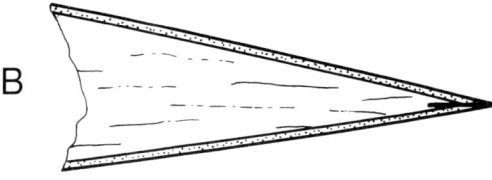

B

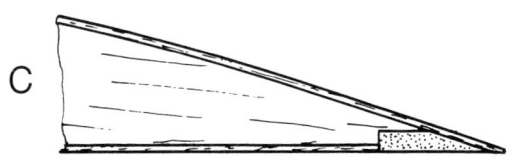

C

Ein ganz besonderer Fall sind eingezogene Endleisten, so wie z.B. an Anthony Fokkers berühmtem *Dr-1*. Um den Aufbau nicht unnötig kompliziert zu machen, sind sie am besten aus dünnem Sperrholz oder hartem Balsa zu schneiden, und – wie Abbildung 6.21 zeigt – zu verkleben. Da diese Bauweise nicht 100% scale ist, empfiehlt es sich aus bautechnischen Gründen, die Leiste an der Unterseite mit den Rippen zu verkleben. Nach dem Bügeln ist die Abweichung gegenüber dem Original kaum sichtbar.

Ein sehr wichtiger Teil der Tragfläche ist der Wurzelbereich, da hier beide Hälften verbunden werden. Weil in diesem Bereich die größten Biegekräfte auftreten, ist

Abb. 6.20
Um dieser filigranen Konstruktion zusätzliche Stabilität zu geben, ist die Endleiste aus einem Streifen hartem 1,5-mm-Balsaholz geformt

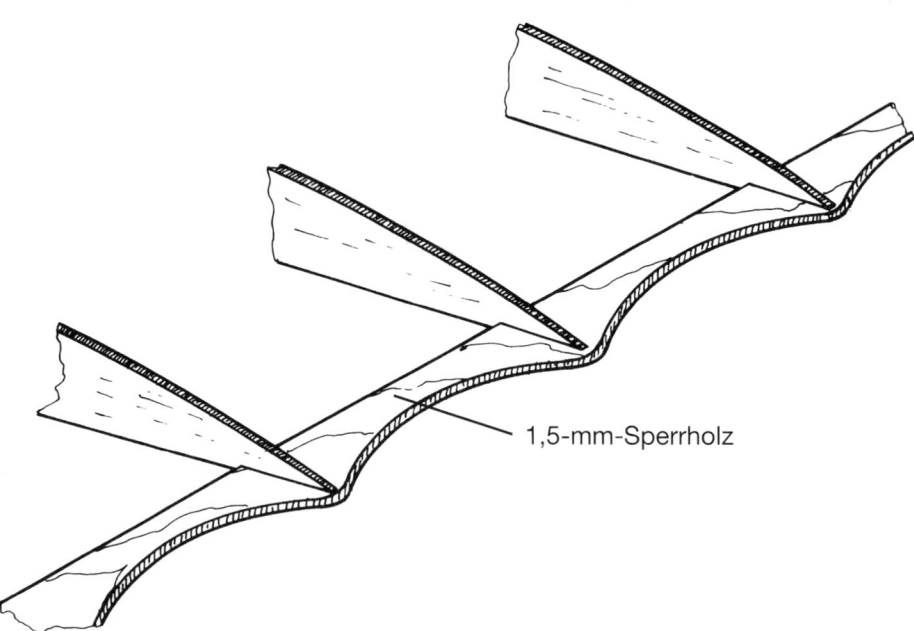

1,5-mm-Sperrholz

Abb. 6.21
Die Fokker-Lösung: Die Endleiste eines Dr-1 ist so einfach und sicher nachzubilden. Wenn die Flächen bespannt sind, ist das Resultat vom Original kaum zu unterscheiden

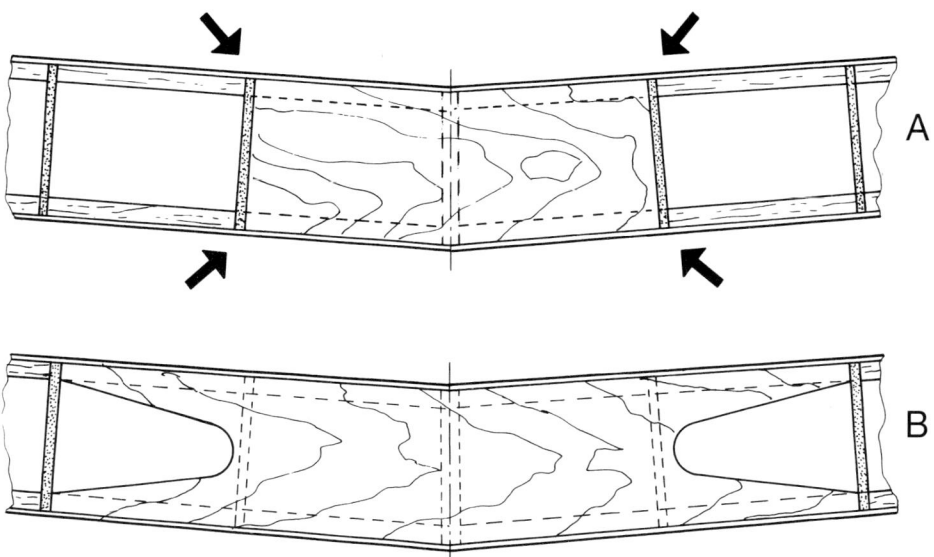

A

B

Abb. 6.22
Ungewollte Sollbruchstelle: Die auf die Flächenwurzel wirkenden Biegekräfte sind nicht zu unterschätzen. Deswegen sollte man sich über deren Einleitung in die Flächenverbinder Gedanken machen. Sogenannte Schwalbenschwänze verhindern „Knackpunkte". Nach Wahl kann beidseitig des Hauptholms die Materialstärke variiert werden

ein gleichmäßiger Verlauf der Konstruktion besonders wichtig. Problemzonen können bei falscher Vorgehensweise gemäß Abbildung 6.22 A entstehen, und zwar durch Einkleben eines falsch gestalteten Verbinders. Es ist viel besser, diesen um ein oder zwei Rippenfelder von der Mitte her gesehen zu verlängern und gemäß Abbildung 6.22 B zu formen. Als Material für die Verbinder benutzen viele Konstrukteure hartes 3-mm-Balsa, und dieses reicht meist auch aus. Um ein sicheres Fliegen zu gewährleisten, ist aber Sperrholz gleicher Dicke zu empfehlen. Bei Flächen mit durchgehenden Holmen können wir auch beidseitig des Hauptholms 2-mm-Sperrholz aufkleben. Ganz wichtig ist es aber, den Raum zwischen den Holmen, unabhängig vom verwendeten Verbinder, mit hartem Balsaholz aufzufüllen.

Bei Flächen mit Rückpfeilung – so wie sie bei vielen Jagdflugzeugen vorkommt – verlaufen die Holme im Flächenmittelstück und den Außenteilen nicht parallel zueinander. Deswegen sollte der hier entstehende Spalt mit hartem Balsa aufgefüllt werden, Abbildung 6.24 zeigt das Vorgehen und als Alternative einen verbreiterten Holm im Flächenmittelteil, der im Bereich des Übergangs dann angeschliffen werden kann.

Bei den Randbögen gibt es wie bei den Flächenformen ein ganzes Spektrum an Möglichkeiten, deren Form hat ebenfalls Einfluß auf die aerodynamischen „Eigenschaften" der Fläche. Da dieser aber gegenüber der Gesamtfläche verhältnismäßig gering ist und wir die Form der Randbögen sowieso nicht ändern können, wollen wir hier die aerodynamische Seite nicht weiter beschreiben und beschränken uns auf verschiedene Konstruktionsmöglichkeiten. Gerade und

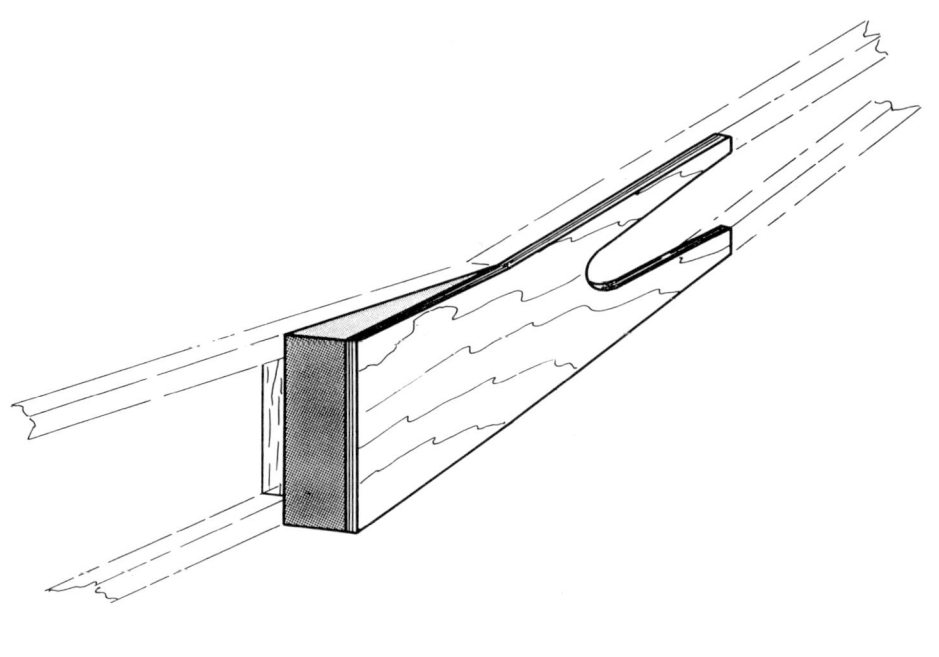

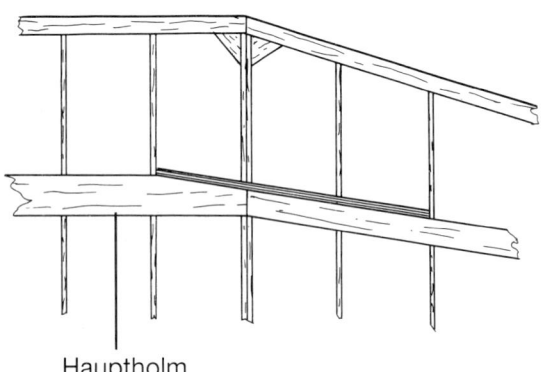

Hauptholm

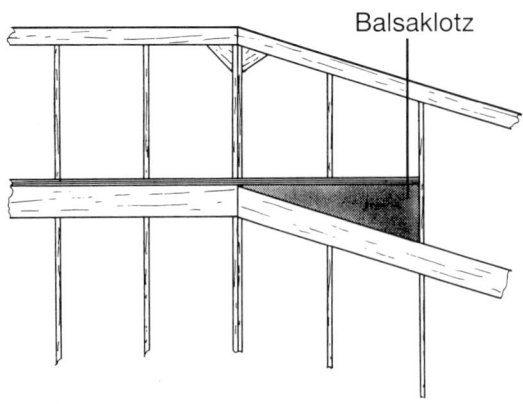

Balsaklotz

Abb. 6.23
Zwei mögliche Bauweisen einer Fläche mit Rückpfeilung des Holms. Der Raum zwischen beiden Holmen ist mit Balsa auszufüllen, wobei wir aber darauf achten sollten, daß die Maserung rechtwinklig zum Holm steht!

leicht gewölbte Randbögen sind am einfachsten aus Vollbalsa zu fertigen. Falls sie aber einen Scharnierpunkt verbergen sollen, sind sie ebenfalls aus tiefgezogenem ABS oder GfK anzufertigen. Siehe auch Abb. 6.25.

Für den Aufbau von gekrümmten Randbögen, viele Doppeldecker und Typen aus den 30er Jahren weisen solche auf, gibt es mehrere Möglichkeiten. Wenn das Modell nicht allzugroß ist und die Flächen nicht mit durchscheinender Bespannung versehen sind, ist die äußere Kontur des Randbogens aus leichtem Sperrholz herauszusägen, welches dann anschließend sogar noch mit einigen Löchern oder Bohrungen versehen werden kann, um hier noch einige Gramm Gewicht zu sparen.

Für größere Modelle ist der Umriß des Randbogens aus 1,5 mm dickem Sperrholz herauszuarbeiten, so daß sich am Ende ein ca. 12 mm breiter Sperrholzstreifen ergibt. Der ist eventuell nach Wunsch noch mit Balsa zu verkleiden. Die Flächenholme dienen zusammen mit einigen Dreiecken nach Abbildung 6.24 zur Unterstützung dieser Konstruktion – hier übrigens an einer *Hawker Fury*.

Eine weitere Möglichkeit ist ein Laminat aus mehreren Streifen Balsa. Diese Bauweise ist zwar aufwendiger, aber dafür auch um so stabiler. Hierzu fertigen wir eine Negativschablone aus hartem Material, in die wir das Laminat einlegen können. Bei geringer Wölbung fertigen wir den Randbogen in einer Nagelschablone, die wir direkt auf dem Bauplan einrichten. Abbildung 6.26 zeigt uns, wie das bei einer *Rollason Turbulent* aussehen kann. Als Holz kommt hier 1- oder 1,5-mm-Balsa zum Einsatz, das durch leichtes Wässern biegsamer gemacht wurde. Ein Laminat aus Balsa und Sperrholz ist ebenfalls möglich, meist aber gar nicht notwendig, da Balsa alleine durch die Form und Verklebung sehr stabil ist. Das Aneinanderfügen der einzelnen Streifen erfolgt am besten mit Weißleim.

Diese Bauweise ist übrigens nicht nur auf Randbögen beschränkt; Ruder, komplette Leitwerke und Spanten für Kabinenausbauten sind so einfach herzustellen.

Abb. 6.24
Ein Randbogenaufbau aus 1,5-mm-Sperrholz – hier an einer Hawker Fury – ist einfach und schützt gleichzeitig dieses empfindliche Teil

Abb. 6.25
Falls die Querruder bis an den Randbogen reichen, kann letzterer auch aus GfK oder Kunststoff angefertigt werden, bei Hohlkehlen läßt sich darin auch gleich die äußere QR-Lagerung unsichtbar verstecken

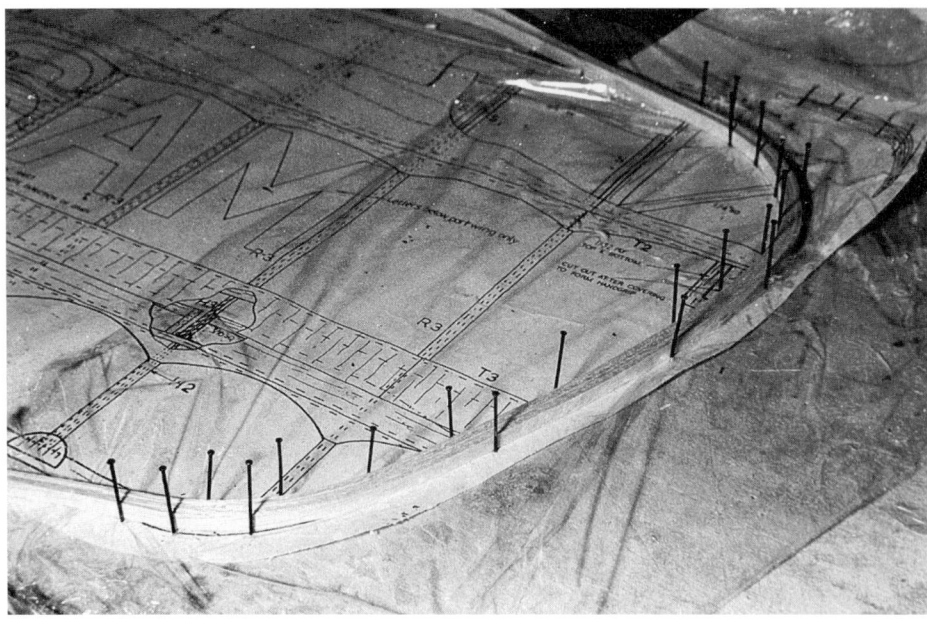

Abb. 6.26
Für stark gewölbte Randbögen ist der Aufbau aus mehreren Lagen dünnem Balsa in einer Nagelschablone immer noch die stabilste und einfachste Lösung. Hier der Randbogen einer Rollason Turbulent

6.4 Geometrische Schränkung

Sollten wir uns für sie entschieden haben, ist nun deren Verlauf so zeitig wie möglich beim Aufbau zu berücksichtigen. Beim Aufstellen des eigentlichen Flächenkonstrukts, bestehend aus Holm und Rippen, müssen wir letztere so unter-

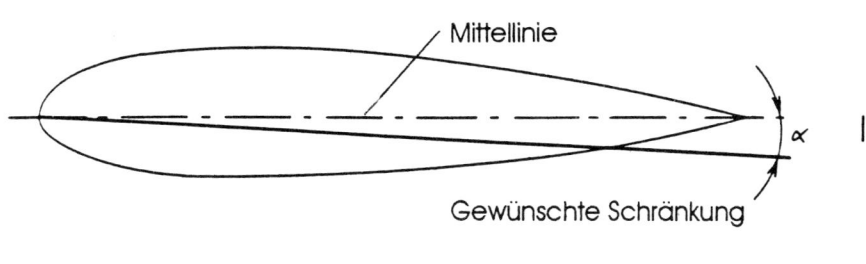

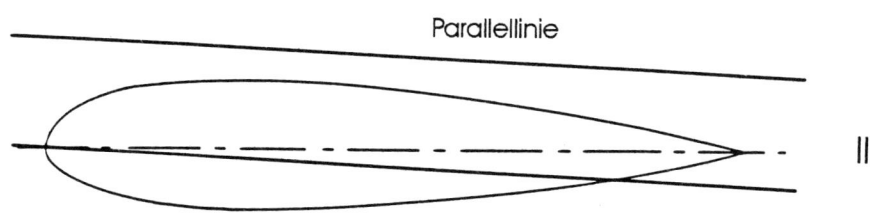

Abb. 6.27
Die Herstellung einer Negativschablone zum Aufbringen der Beplankung beginnt mit dieser Zeichnung. Zunächst wird die gewünschte geometrische Schränkung der jeweiligen Rippe eingezeichnet – falls diese nicht bereits aus dem Bauplan hervorgeht. Dazu messen wir diese am vorderen Ende der Mittellinie ab und zeichnen sie ein (I). Als nächstes zwei parallele Linien einzeichnen, etwa 10 mm über dem höchsten Punkt der Rippenoberseite (II). Das in III markierte Teil ist dann die Schablone, in die wir die Fläche umgekehrt einlegen und unterstützen

stützen, daß die gewünschte geometrische Schränkung erreicht wird. Noch auf dem Baubrett stehend, erhält die Fläche die obere Beplankung. Die Probleme entstehen aber eigentlich erst dann, wenn wir die Fläche umdrehen und die Unterseite beplanken wollen. Um nun sicher zu gehen, daß unsere Fläche auch in dieser Lage richtig unterstützt wird, sind Negativschablonen notwendig. Eine im Bereich der Randbogenrippe, eine weitere an der Flächenwurzel. Hierzu brauchen wir unseren Bauplan oder die Konstruktionszeichnung, in der die einzelnen Rippen bereits unter dem richtigen Einstellwinkel gezeichnet sind. Zunächst zeichnen wir eine Linie an der Unterseite der betreffenden Rippen, dann parallel dazu eine zweite, etwa 10 mm über den Rippen. Die so entstandene Negativschablone auf dem Papier übertragen wir auf hartes 6-mm-Balsaholz, auf dem wir dann die Flächenhälfte, auf dem Kopf liegend, plazieren können. So entsteht eine Schablone, die uns die Sicherheit gibt, beim Beplanken der Unterseite zwei korrekte und gleichmäßig geschränkte Flächenhälften zu bauen. Nachdem nun auch die Unterseite beplankt ist, kann eigentlich nichts mehr passieren, die Fläche sollte in sich verdrehsteif sein. Abbildung 6.27 zeigt noch einmal schematisch diese Vorgehensweise.

6.5 Querruder und Klappen

Obwohl nicht unbedingt notwendig, hat es Vorteile, die Querruder beim Aufbau der Flächenkonstruktion gleich mitzubauen und sie erst später von der Fläche zu trennen. Besonders bei Tragflächen mit geometrischer Schränkung (siehe oben) ist dies zu empfehlen, denn so befindet sich gleich die richtige Schränkung auch in den Querrudern und sie passen sauber zur Fläche (Abbildung 6.29). Zusätzlich ist noch der Querschnitt durch ein Frise-Querruder gezeichnet; obwohl dies ein wenig aufwendiger in der Herstellung ist. Unter dem Aspekt Scale lohnt es sich aber, sie gemäß dem Original zu fertigen.

Falls wir unser Modell mit Vollbalsa-Querruder ausstatten müssen, bedienen wir uns aber einer ganz anderen Lösung. Als erstes wird dazu der Umriß des Querruders auf 0,4-mm-Sperrholz übertragen, herausgearbeitet und anschließend beidseitig mit ausreichend dickem Balsa aufgedoppelt. Der Trick liegt nun darin, im gleichen Verfahren wie beim Flächenbau gemäß Abbildung 6.27 zwei Schablonen mit Hilfe zweier Parallellinien herzustellen. Jetzt aber nur bei der ersten und letzten Rippe des Querruders. Die zwei Rippen aus 1-mm-Sperrholz mit den Parallellinien ganz genau an der sperrhölzernen „Mittellinie" des Querruders aufkleben (Abbildung 6.31). Jetzt wird das überstehende Balsa zwischen den beiden Rippen mit Hobel und Schleiflatte abgearbeitet, am Ende liegt uns ein Querruder mit passender Schränkung zur Fläche vor.

Klappen sind – wie gesagt – eine große Hilfe beim Start und besonders bei der Landung. Sie brauchen aber ausreichend Torsionssteifigkeit, um nicht Spielball der anströmenden Luft zu werden. Ein Problem ist es dabei, daß die Profildicke der Fläche im Bereich der Klappe oft zu gering ist, um eine recht starre Konstruktion zu ermöglichen. Manchmal sind wir daher gezwungen, mit einem Kompromiß zu leben.

Klappen sind – falls es die Flächendicke erlaubt – am besten als Balsakasten aufzubauen, da so höchste Stabilität mit niedrigstem Gewicht einhergeht. Ebenfalls ist ein Laminat aus 1,5-mm-Balsa zusammen mit 0,4-mm-Sperrholz verwendbar, was höchste Steifigkeit bringt. Falls wir eine sehr dünne Fläche vorliegen haben, ist die beste Lösung ein Laminat aus dünnem Sperrholz mit Aluminiumblech – übrigens hervorragend mit Kontaktkleber zusammenzufügen. Als Torsionsverstärkung dient ein 6-mm-GfK- oder Alurohr in der Nasenleiste der Klappe. Ein Vorteil eines Alurohrs ist der, daß diese Konstruktion leicht gebogen werden kann, was sich bei der gewölbten Rumpfunterseite z.B. an einer *Spitfire* auszahlt. Außerdem besteht die Möglichkeit, kleine Baufehler zu kaschieren.

Als zweite Variante – wobei die Klappen ein Teil der Fläche sind – können sie auf gleiche Art und Weise wie die Querruder aufgebaut werden. Die Aufnahme der Scharniere oder Ruderhörner sollte aber in ausreichend festen Gegenlagern erfolgen, da die hier auftretenden Kräfte größer sind.

Falls wir eine Fläche bauen, bei der es nicht möglich ist, die Klappen zusammen mit der Tragfläche aufzustellen, bedienen wir uns eines Tricks, der in der Abbildungsreihe 6.32 bis 6.37 erklärt ist. Solche Klappen sind beispielsweise bei einer *P-51 Mustang* anzutreffen.

Als Kleber ist Epoxi zu empfehlen, da dies nach dem Abbinden wesentlich unempfindlicher gegen Feuchtigkeit und Temperaturunterschiede ist als Weißleim.

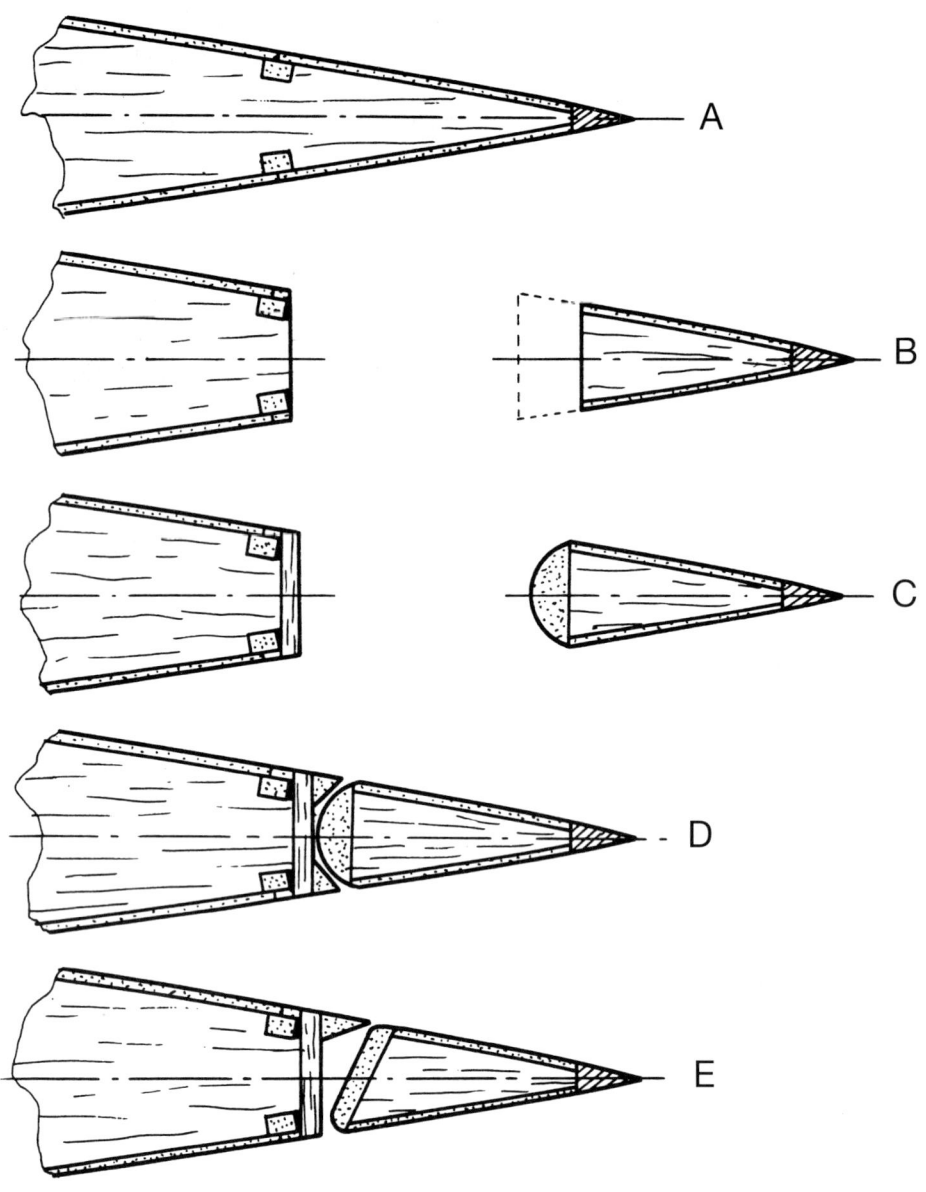

Abb. 6.29
Wenn Querruder erst nach dem Rohbau der Fläche herausgetrennt werden, ist wie folgt
vorzugehen: Nachdem die Flächen ganz beplankt worden sind, das Teil direkt an den Hilfs-
holmen abschneiden und die Überhänge am Querruder entfernen (A und B). Der stumpfe
Abschluß der Fläche wird dann mit einer Beplankung versehen (B), das Querruder erhält
eine Nasenleiste. Schließlich gemäß C diese verschleifen und die Fläche noch mit Abdeckungen versehen (D), schon ist die Sache fertig. Zeichnung E zeigt dann eine Alternative, den Querschnitt eines Frise-Querruders. Der Arbeitsgang ist gleich, nur die Form
des Ruders unterschiedlich

76

Abb. 6.30
Aufbau eines Querruders, hier am Beispiel einer Spitfire. Deutlich zu erkennen ist der
0,4-mm-Sperrholzstreifen im Bereich der Endleiste. Nur so ist diese auf die richtige Scale-
stärke zu bringen

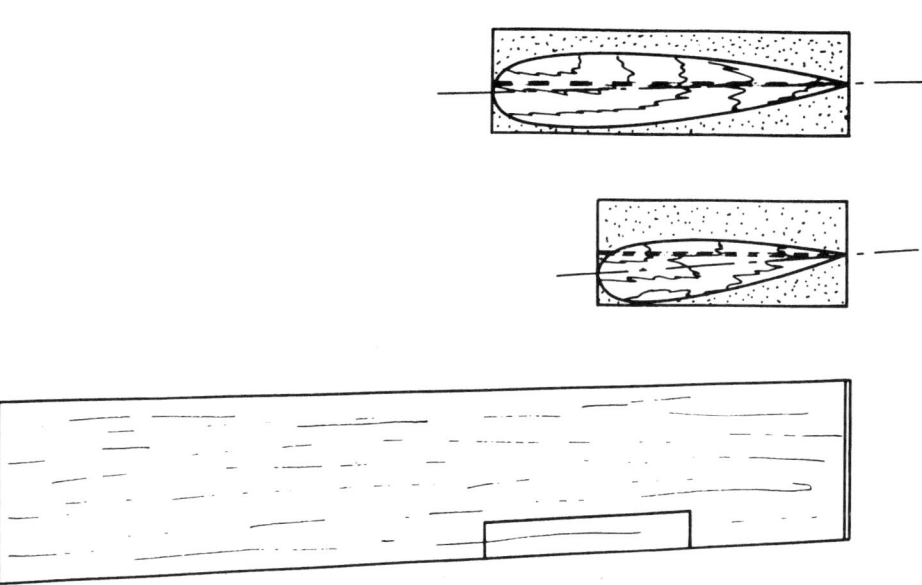

Abb. 6.31
Zwei Ansichten eines Vollbalsa-Querruders. Da die beiden stumpf vorgeklebten Endrip-
pen-Schablonen bereits die richtige Schränkung haben, erhält das Ruder während des
Zurechthobelns und Schleifens die gewünschte geometrische Schränkung

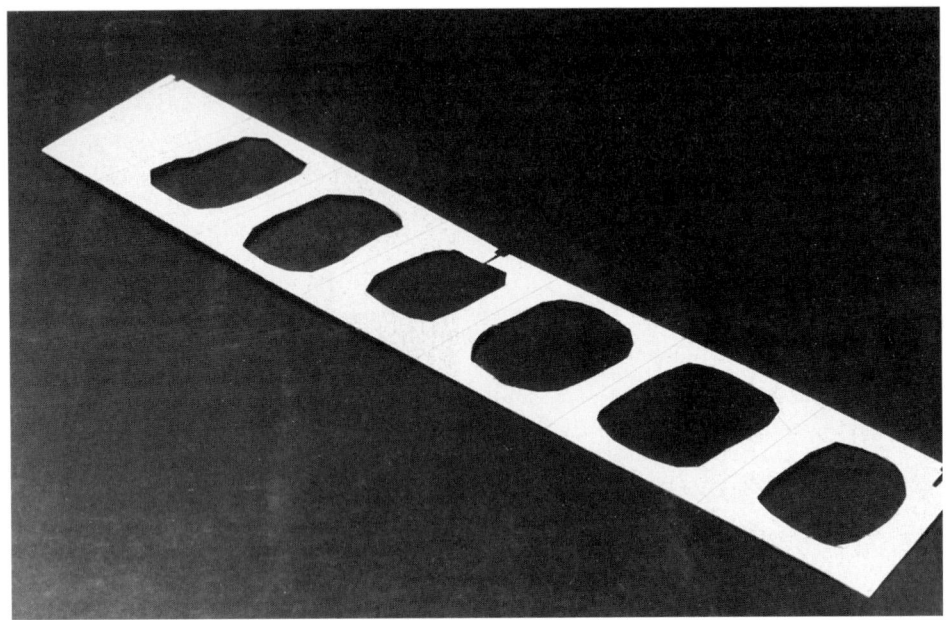

Abb. 6.32
Arbeitsbeginn für den Bau torsionssteifer Landeklappen und Querruder. Wir fangen mit einem Mittenbrett aus 0,4-mm-Sperrholz an, zugeschnitten gemäß obiger Abbildung

Abb. 6.33
Beim zweiten Arbeitsgang auf eine Seite die Halbrippen aufkleben

 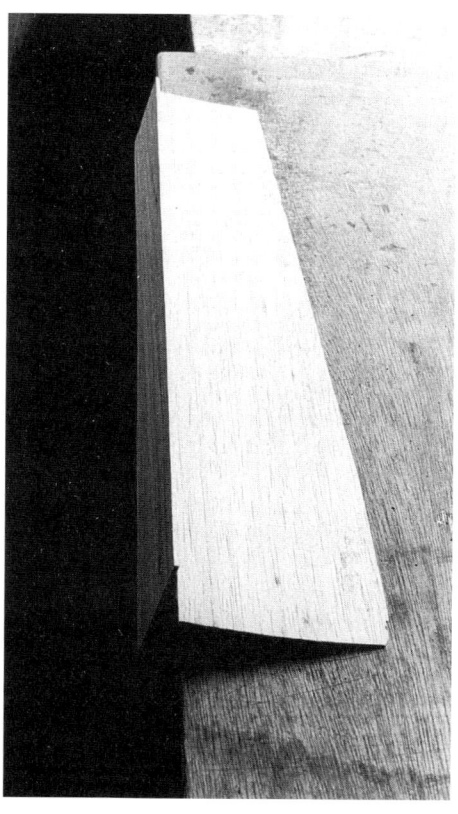

Abb. 6.34
Der wichtigste Bauabschnitt ist das Anbringen der Nasenleiste. Das Balsabrett sollte absolut gerade sein, ebenso der Untergrund, auf dem die Grundkonstruktion festgeheftet wird – oftmals mittels einiger Tropfen Sekundenkleber

Abb. 6.35
Hier wird nun auf die eine Seite die Beplankung geklebt. Im hinteren Bereich ist sie an der Unterseite schräg angeschliffen, um sauber auf der 0,4-mm-Sperrholzgrundplatte aufzuliegen

Abb. 6.36
Nun die Endleiste des Ruders auf dem Baubrett fixieren, entweder wie hier gezeigt mit Nadeln oder mittels doppelseitigem Klebeband. Ganz wichtig ist auch das Fixieren der Nase. Wir werden schnell feststellen, daß das Ruder den Hang zum Verdrehen hat, aber das darf es nicht!

Abb. 6.37
Mit Aufbringen der zweiten Beplankung sollte endgültig Schluß mit ungewollten Verzügen sein

6.6 Vorflügel

Es steht die Frage im Raum, ob bei Modellen wie den unsrigen die Verwendung von Vorflügeln überhaupt sinnvoll ist. Bei einem Nachbau im Maßstab 1:4 sind die Abmessungen oft so gering, daß die Luftströmung gar nicht in der Lage ist, den vorgegebenen, engen „Kurven" zu folgen, um eine gute Wirkung zu zeigen. Wahrscheinlich ist es viel besser, uns für eine bestimmte Konfiguration zu entscheiden und es dabei zu belassen. Liebhaber eines *Storch* oder einer *Lysander* bauen ein solches Modell nach, weil es unheimlich gute Langsamflugeigenschaften hat. Wir sollten die Vorflügel daher in ausgefahrener Position nachbilden. Auf der anderen Seite steht z.B. eine *Me 163*, die in der Regel nicht gebaut wird, um in aller Ruhe Kreise zu fliegen. Deswegen ist es besser, die Fläche ohne Vorflügel zu planen oder sie gemäß Abbildung 6.38 nur anzudeuten.

Die Berücksichtigung von Slots ist dagegen eine ganz andere Sache, denn die sind fest eingebaut und kommen nur an langsam fliegenden Originalen vor. Abbildung 6.39 zeigt ein Beispiel. Aber auch hier gilt: Je größer das Modell, um so besser die aerodynamische Wirkung, denn schließlich bleiben Luftmoleküle gleich groß und verkleinern sich nicht mit dem Maßstab.

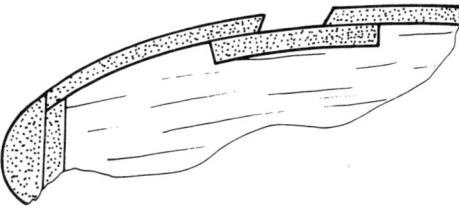

Abb. 6.38
Vorflügel haben bei unseren relativ kleinen Modellen zumeist wenig Wirkung. Um das Scale-Aussehen aber nicht einzuschränken, ist eine eingefahrene Variante meist noch die beste Lösung

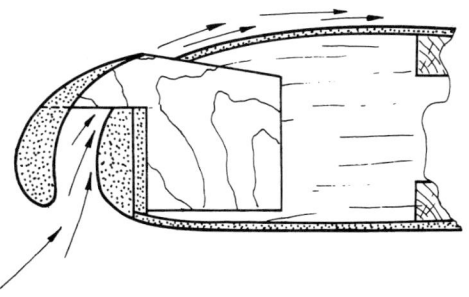

Abb. 6.39
Der Aufbau eines Slots: Die Luft wird im Durchgang Vorflügel-Fläche durch eine Abnahme des Querschnitts komprimiert und verbessert so die Strömung entlang des Profils, oft nur im Bereich des Randbogens

Falls wir es dennoch wünschen, es ist selbstverständlich möglich, Modelle mit ausfahrbaren Vorflügeln zu versehen. Abbildung 6.40 zeigt das Prinzip von Aufbau und Anlenkung. Wichtig ist hierbei die Ausführung der beiden Scharnierarme, damit wir nicht plötzlich während des Flugs von spontan öffnenden Vorflügeln überrascht werden. Als extra Sicherheit ist sogar noch eine Verriegelung zu empfehlen, um einseitiges Öffnen der Vorflügel zu verhindern.

Abb. 6.40
Bei der Tiger Moth bieten Vorflügel dem Original nur eine Geschwindigkeitsverringerung von ca. 5 km/h; beim Modell wäre die Wirkung fast nicht mehr zu messen. Für diejenigen, die es aber gern mal versuchen wollen, hier die mögliche Ansteuer-Mimik

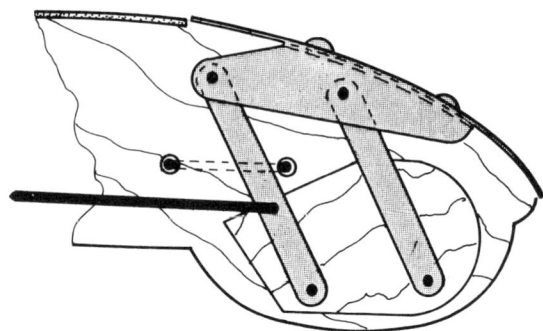

Verriegelung Bowdenzughülle Stahldraht

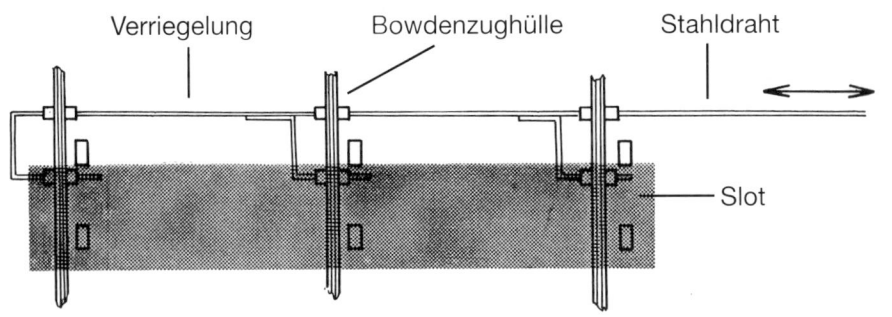

Slot

6.7 Flächenbefestigung

Es sollte klar sein, daß wir beim Bau eines Scale-Modells die Flächen nicht mehr mit Gummibändern befestigen. Im Gegenteil, die Arretierung sollte sogar gänzlich unsichtbar sein, oder zumindest getarnt werden, da sie das Aussehen unseres Modells nicht gerade verbessert. Meistens werden wir zur Arretierung der Flächen am Rumpf auf Plastikschrauben – oft in Kombination mit Holzdübeln – zurückgreifen. Die Methoden sind weitgehend gleich wie bei Sportmodellen, aber auf einige Dinge ist doch zu achten. Zunächst ist es wichtig, daß das Sperrholzgegenlager in der Fläche ausreichend stabil ist, d.h. unter Belastung nicht durchbiegen oder brechen kann. Gleiches gilt rumpfseitig. Alle Teile, die Kräfte aufnehmen, sollten ausreichend fest an den Rumpfseiten verklebt werden. Zwei Beispiele sind in Abbildung 6.41 gezeigt.

Oftmals halten wir es für selbstverständlich, daß der Rumpf die Einschlagmuttern aufnimmt und die Schrauben durch die Fläche geführt werden. Es hat sich aber bei Modellen mit offenem Cockpit oder schiebbarer Kabinenhaube als Vorteil erwiesen, diese Anordnung zu wechseln und hier einfach die Schrauben durch das Kabineninterieur erreichbar zu plazieren und so eine möglichst unsichtbare Verbindung zu konstruieren (Abbildung 6.42).

Viele Vorbilder haben – zumindest bei Tiefdecker-Konfigurationen – auf der Unterseite der Fläche Klappen, um an die Bolzen zur Arretierung der Flächenhälften zu gelangen. Es ist nun ganz einfach, auch beim Nachbau genau diese Abdeckungen für den gleichen Zweck zu nutzen. Gefertigt aus ABS, GfK oder sogar Holz, bieten sie eine einfache und ebenfalls unsichtbare Lösung des Schraubenproblems (Abbildung 6.43).

Ist beides nicht möglich, bringt es bereits eine Verbesserung der Optik, die Schrauben wenigstens in der Fläche zu versenken, damit sie nicht nach außen überstehen und den Umriß des Modells stören. Wenn wir uns die Mehrseitenansichten des Originals anschauen, gibt es oftmals doch noch irgendwo die Möglichkeit, sie unter einer Luke zu verstecken. Wie solche Scale-Luken herzustellen sind, folgt in Kapitel 11.

Bei Doppeldeckern ist es oft so, daß die Schrauben zur Befestigung der unteren Fläche gleichzeitig das Fahrwerk arretieren. Nicht ganz scale, aber sehr praxisfreundlich.

Die obere Tragfläche verlangt nach einer ganz eigenen Lösung, denn hier sind Schrauben meist nicht ideal. Abbildung 6.44 zeigt daher einige Beispiele. Bei Doppeldeckern sollten wir uns aber zuvor entscheiden, ob wir eine unsichtbare Befestigung der Flächen mit der dabei anfallenden Arbeit angehen wollen oder ob uns eine kleine Mutter oder ein Schraubenkopf nicht stören. Abhängig von dieser Entscheidung, schlagen wir einen der hier vorgestellten Wege ein.

Ein weiteres Sorgenkind bei Doppeldeckern sind die Streben zwischen den Flächen. Die Lösungen sind natürlich auch hier davon abhängig, ob sie bei der entsprechenden Flächenkonstruktion funktionell sein sollen oder nicht. Meistens sind sie aber willkommen, um zusätzliche Stabilität einzubringen, und daher werden wir sie in der Regel auch „tragend" gestalten. Abhängig von der Konstruktion und unserem persönlichen Geschmack, gibt es auch hier viele Wege, die nach Rom führen. Eine Möglichkeit ist es, sie aus dünnem Sperrholz zu fertigen und beidseitig mit Balsaholz zu versehen. Eine weitere sieht vor, Alu- oder Kunststoff-

Abb. 6.41
Eine Flächenbefestigung mittels Nylonschrauben bewährt sich schon seit Jahrzehnten –
hier zwei von vielen Möglichkeiten

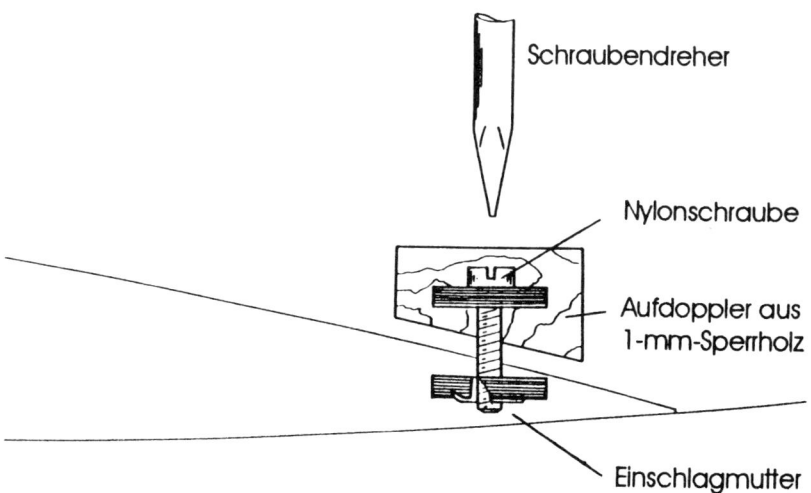

Schraubendreher

Nylonschraube

Aufdoppler aus
1-mm-Sperrholz

Einschlagmutter

Abb. 6.42
Wenn möglich, die Muttern nicht in den Rumpf, sondern in die Fläche einbauen. Falls die
Kabine des Modells zu öffnen ist oder das Modell sogar ein offenes Cockpit hat, ist so kein
häßliches Loch auf der Flächenunterseite zu sehen

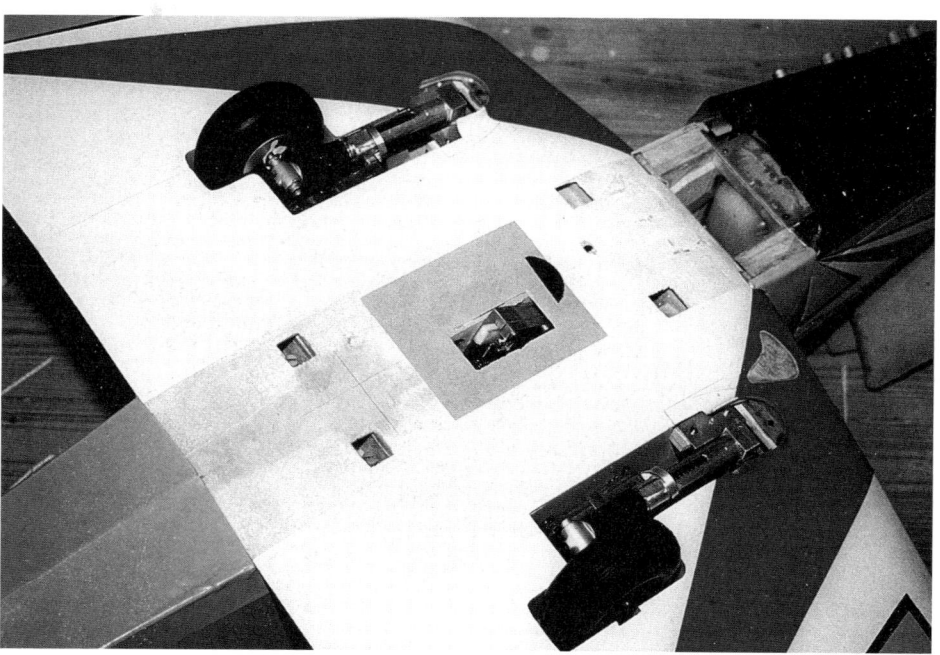

Abb. 6.43
Falls eine Verschraubung der Fläche unbedingt von der Unterseite her erfolgen muß, gibt
es immer noch die Möglichkeit, sie mittels einer Luke zu verdecken, wie hier am Beispiel
einer Zlín. Solche Lösungen empfehlen sich nicht nur für Wettbewerbsmodelle

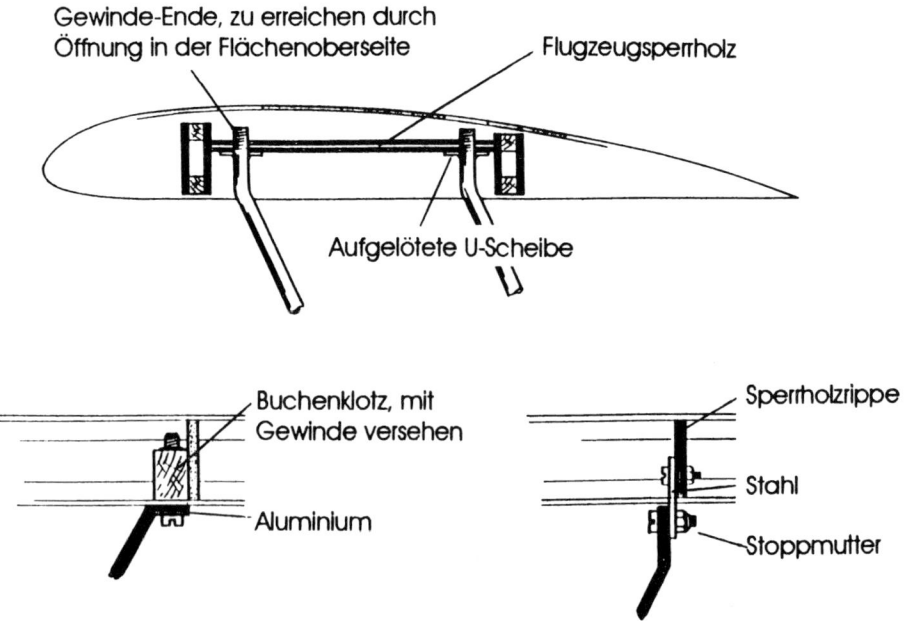

Gewinde-Ende, zu erreichen durch
Öffnung in der Flächenoberseite

Flugzeugsperrholz

Aufgelötete U-Scheibe

Buchenklotz, mit
Gewinde versehen

Aluminium

Sperrholzrippe

Stahl

Stoppmutter

Abb. 6.44
Für die Befestigung von Streben an der Tragfläche gibt es zahlreiche Varianten, hier drei der geläufigsten

Abb. 6.45
Die Befestigung von Spanndrähten an der Fläche muß nicht immer High-Tech sein. Eine Messing- oder Kupferplatte auf dem Hauptholm verklebt, mit Rovings umwickelt und mit Sekundenkleber bzw. Epoxi verklebt hält bombenfest

röhrchen zu verwenden und sie mittels Balsaformteilen zu profilieren. Bei Modellen wie einer *Pitts Special* oder *Fokker Dr-1* ist es hingegen einfacher; hier genügen einfache Sperrholzteile. Im Falle der bekannten „N"-Streben sind beide Teile mit einem Messing- oder Stahldraht zu verbinden, der gleichzeitig zur Flächenbefestigung dienen kann.

Die Arretierung an der Fläche ist aber ebenso wichtig, wie die eigentliche Strebe, denn falls die Verbindung nichts aushält, bringt auch der ganze Aufwand nichts.

Es gibt Hersteller, unter anderem die amerikanische Firma Proctor Enterprises, die Messingteile produzieren, die wir einfach auf die Fläche schrauben. Sie sind aber auch ohne viel Aufwand selbst anzufertigen (Abbildung 6.45). Es ist unbedingt darauf zu achten, daß die Räume zwischen den beiden Hauptholmen im Bereich der Streben mit hartem Füllholz versehen sind. Als Alternative zur Verschraubung sind die Beschläge auch zu verkleben, aber zusätzlich mit Eisendraht oder Kohlefaserrovings nach Abbildung 6.45 zu umwickeln. Falls die Flächen nicht nur mit Streben, sondern auch mit Spannlitzen versehen sind, brauchen wir diesen Aufwand nicht zu treiben, denn die gesamte Verspannung zieht auch die obere und untere Flächenhälfte aneinander.

Die Verbindungen zwischen Streben und Flächen sollten wohl überlegt sein, denn keiner opfert gerne jedesmal zwei Stunden für Auf- und Abbau. Wir sollten daher auch hier versuchen, es uns so einfach wie möglich zu machen. Wie gesagt, bei Doppeldeckern mit Streben und mit Spannlitze geben letztere bereits ausreichend Sicherheit. Die Streben brauchen nur in die Fläche gesteckt zu werden. Wenn das nicht ausreichen sollte, die Streben noch zusätzlich mit der Fläche verschrauben.

Unter anderem fallen mir in diesem Zusammenhang die von Goldberg erhältlichen Deckelverschlüsse ein, denn die sind hier sehr gut einsetzbar.

Zum Schluß noch ein Hinweis: Eine Verspannung aus Litze dient nur dazu, die beiden Flächen im Belastungsfall zu halten. Es hat keinen Zweck, sie so weit vorzuspannen, bis wir darauf Gitarrenübungen machen können!

6.8 Leitwerke und Ruder

Im manntragenden Flugzeugbau finden sich in den frühen Jahren viele Leitwerke in der Auslegung als unprofiliertes Brett, oft hinein bis in die 30er Jahre! Im Scale-Modellbau, meist aber bei Semi-Scale-Modellen, ist diese Bauweise zwar ebenfalls im Gebrauch, meist haben die Leitwerke aber ein Profil, und die Konstruktionsmethode ist davon abhängig, ob es sich um ein beplanktes oder ein bespanntes Leitwerk handelt.

Basis für jedes bespannte Leitwerk ist ein Kernbrett aus 1,5- oder 2-mm-Balsa, auf dem beidseitig Halbrippen aufgeklebt werden, die das Leitwerk formen. Ein typisches Beispiel dafür ist in Abbildung 6.46 zu sehen. Oft bekommen wir bei größeren Leitwerken, so ab ca. 60 cm Spannweite, Probleme mit dem Platz für den Holm, der ja nicht sichtbar sein darf. Da die zusätzliche Stabilität einer Beplankung fehlt, brauchen wir an dieser Stelle einige Hilfe. Darum bauen wir bei ca. 30% der Profiltiefe einen versenkten Holm ein, er reicht also nicht bis an die äußere Kontur der Rippen heran. Nachdem ein solches Leitwerk bespannt ist, hat es mehr als ausreichend Stabilität.

Beplankte Leitwerke am besten ebenfalls mit Hilfe von Halbrippen aufbauen, hier fehlt dann das Kernbrett. Die Bauweise mit Halbschalen hat den großen Vorteil, daß beide Hälften einfach auf einem ebenen Baubrett aufgestellt werden können. Nach dem Zusammenkleben sind sie immer gerade. Ein Schnitt durch ein solches Leitwerk ist in Abbildung 6.47 gezeichnet. Bei beplankten Leitwerken sind nicht unbedingt Holme notwendig, da die Beplankung der Konstruktion ausreichend Festigkeit verleiht.

Ruder werden, wenn sie in Rippenbauweise herzustellen sind, auf gleiche Weise gebaut. Um eine scalemäßige Dicke der Endleiste zu ermöglichen, ist der 1,5-mm-Balsakern eventuell durch ein 0,4-mm-Sperrholzbrettchen zu ersetzen.

Ausnahme sind Ruder, die im Original aus bespanntem Aluminium oder Holz aufgebaut sind. Sie werden in gleicher Technik gefertigt, aber dann beidseitig mit Balsaholz beschichtet. Wenn sie nicht allzu groß sind, besteht auch hier der Kern aus einem 0,4-mm-Sperrholz, beidseitig mit einem Balsabrett aufgedoppelt, aus dem bereits die entsprechenden Löcher nach Abbildung 6.49 herausgearbeitet sind. Die Zeichnung zeigt übrigens ein Höhenruder einer *Fw 190*, eben nach diesem Prinzip aufgebaut.

Es ist natürlich auch möglich, aus Gewichtsgründen die Ruder mit Erleichterungs-Bohrungen zu versehen. Es hat sich aber gezeigt, daß die Gewichtseinsparung durch diese recht aufwendige Arbeit nur minimal ist. Dagegen besteht die Gefahr, daß die Ruder an der Endleiste zu schwach werden und sich gar verziehen!

Das Höhenleitwerk wird meistens in ein 6 bis 10 mm breites Gegenlager aus Balsaholz in den Rumpf eingeklebt, Abbildung 6.50 zeigt diesen Einbau schematisch. Bei Flugzeugen mit hochgesetztem Leitwerk, wie beispielsweise einer *Henschel He 126* und *Messerschmitt Bf 109*, brauchen wir hingegen eine andere Lösung. Wahlweise werden wir in der Seitenflosse beidseitig Träger aus dünnem Sperrholz einkleben, in denen dann das Höhenleitwerk sitzt. Bei sehr kleinen Seitenleitwerksflossen, wie beispielsweise der *Bf 109*, können sie massiv gestaltet und in das Höhenleitwerk einige Sperrholz-T-Stückchen eingeklebt werden. Beide Methoden sind in Abbildung 6.51 skizziert.

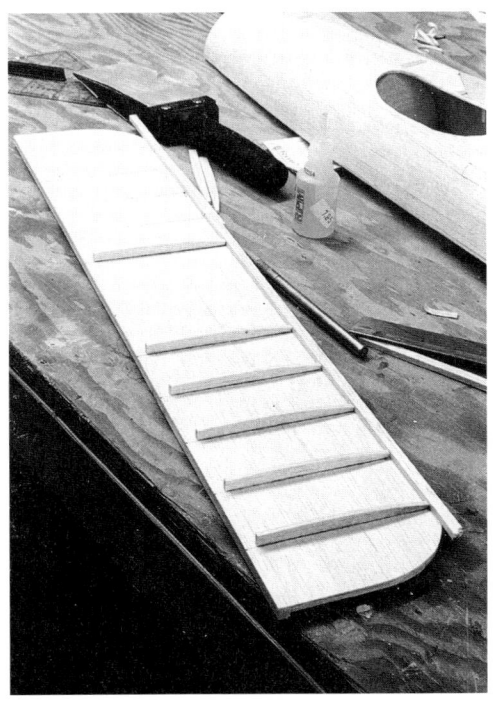

Abb. 6.46
Am Anfang des Leitwerksbaus steht eine Grundplatte aus Balsa, beidseitig mit Halbrippen versehen. Dazu kommen noch vorne eine Nasen- und hinten eine Endleiste. Das ist alles andere als Geheimniskrämerei

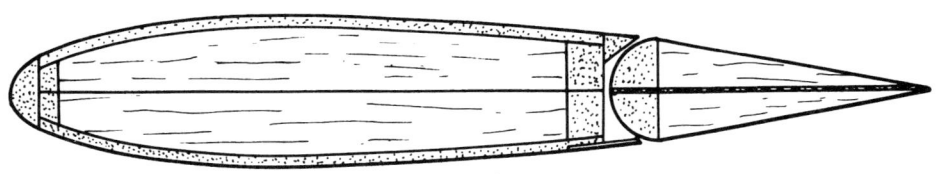

Abb. 6.47
Querschnitt eines in Schalenbauweise aufgestellten Leitwerks; bei der Dämpfungsfläche wurde sogar auf ein Trägerbrett verzichtet

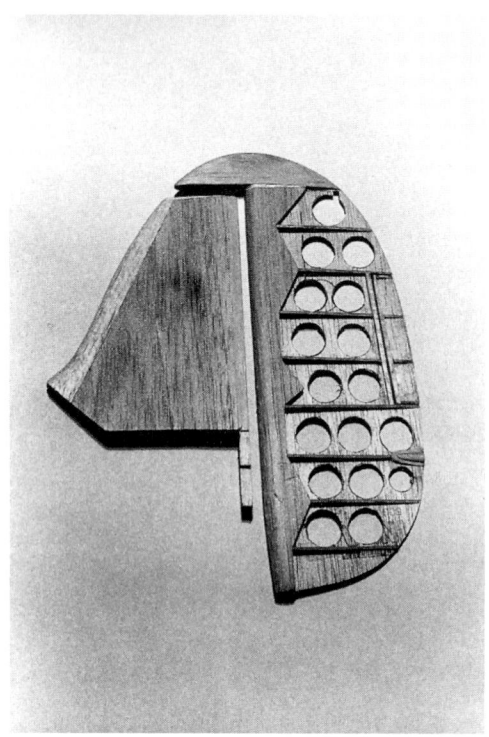

Abb. 6.48
Mischbauweise am Beispiel eines Spitfire-Leitwerks

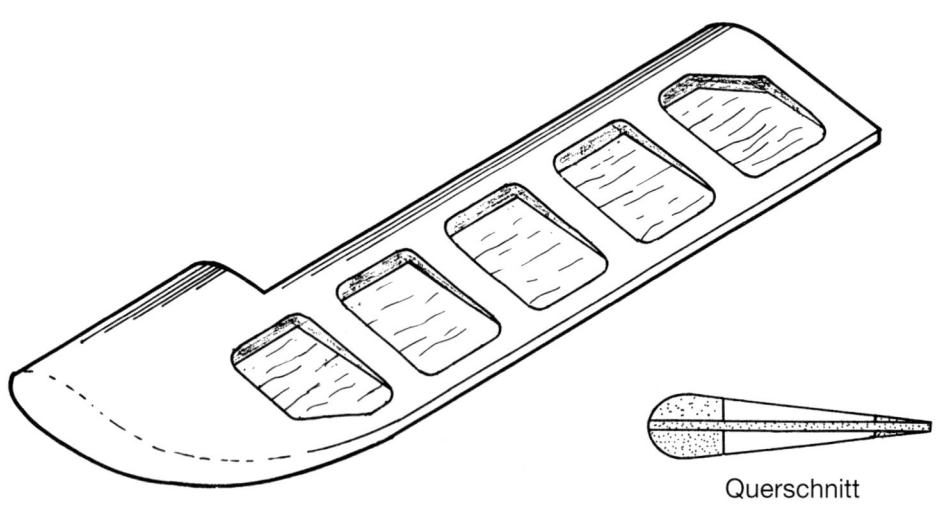

Querschnitt

Abb. 6.49
Für kleinere Ruderflächen empfiehlt sich oft eine Anfertigung aus Vollbalsa. Die Aussparungen entsprechen den Räumen zwischen den Rippen beim Original

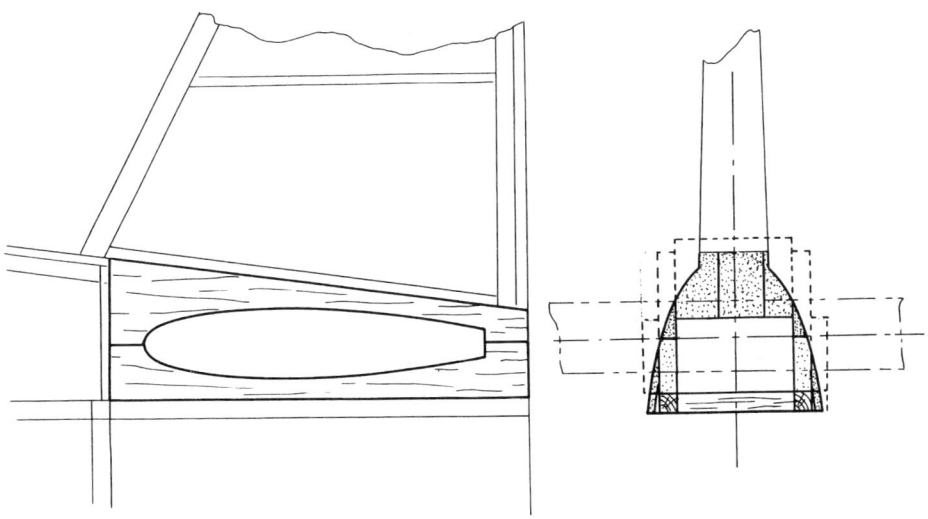

Abb. 6.50
Eine sichere Befestigung des Höhenleitwerks ist für das Modell lebenswichtig. Ein Sattel aus 6- oder 8-mm-Balsa bietet in den meisten Fällen ausreichenden Halt

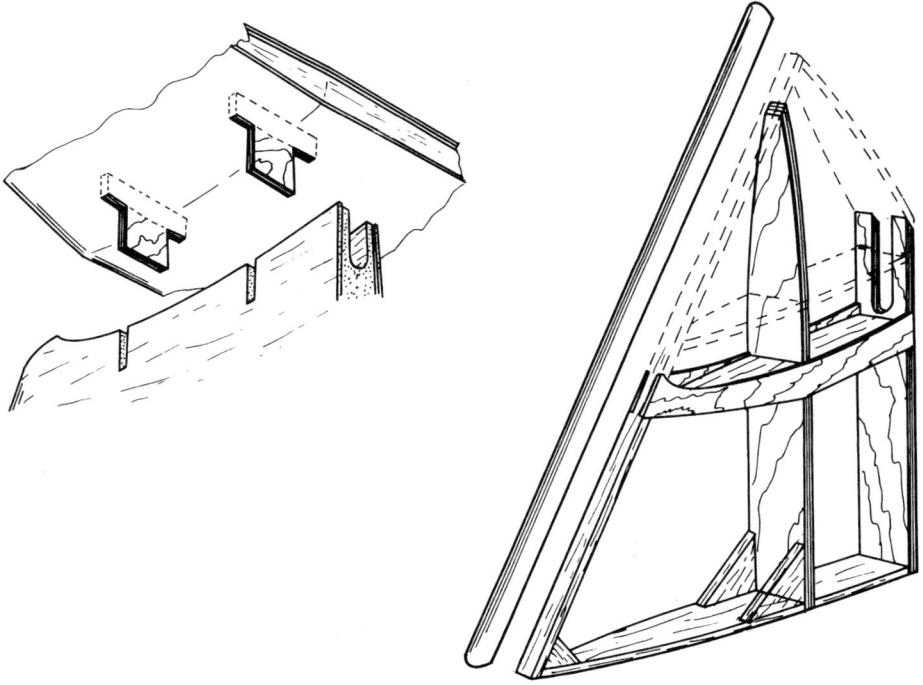

Abb. 6.51
Wie immer, gibt es auch bei der Höhenleitwerks-Aufnahme Ausnahmen. Z. B. dann, wenn wir nur ein kleines Seitenleitwerk – wie z.B. bei einer Bf 109 – haben. Hier lohnt es sich, dieses massiv zu gestalten und das Höhenleitwerk mittels einiger T-Verbinder einzukleben. Eine zweite Lösung ist jene, einen Sattel aus zwei Sperrholzstreifen anzufertigen und den Zwischenraum mit Balsa auszufüllen

6.9 Motorhauben

Abhängig von der Art unseres Modells sind Motorhauben aus Holz, Metall oder GfK herzustellen. Holz bietet bei bestimmten Formen Vorteile, beispielsweise dort, wo wir es mit kreisförmigen Hauben zu tun haben. Auf einigen Spanten verklebt und mit einer Balsanase versehen, sind so ohne großen Zeitaufwand Einzelanfertigungen möglich. Man kann hier Balsa oder dünnes Sperrholz für die Seiten verwenden, letzteres bleibt oft besser in Form. Einige Beispiele sind auf Abbildung 6.52 zu sehen. Bei beiden Techniken ist es notwendig, die Innenseite der Haube mit Epoxidharz oder mehreren Schichten DDS- oder Spannlack einzustreichen, um sie kraftstoffbeständig zu machen.

Bei Hauben für eine *Tiger Moth* oder ähnliche Maschinen ist es auch möglich, das obere und die beiden Seitenpaneele aus dünnem Sperrholz zu gestalten und nur für die Nase einen Balsaklotz zu verwenden. Selbstverständlich ist auch hier eine Kombination aus Metall und Holz denkbar, besonders, wenn die Seiten als Öffnungsluken gestaltet und an Scharnieren aufgehängt sind. Im Baumarkt sind oft kleine, sogenannte Pianoscharniere erhältlich, an die wir mittels Niete die Seitenpaneele aus dünnem Blech oder Aluminium befestigen können (Abbildung 6.53).

Ein vorderer Abschluß der Haube aus Balsa hat meist den Nachteil, daß er oft so weit ausgehöhlt werden muß, daß er eigentlich zu schwach wird. Wir können hier aber auch ohne weiteres ein Kunststoffteil verwenden, das sich einfach selbst herstellen läßt. Als Grundlage nehmen wir einen Balsa- oder Hartschaumklotz, den wir am Modell auf Kontur schleifen und dann mit einigen Schichten Glasgewebe überziehen. Wenn wir Hartschaum benutzen, Epoxidharz verwenden. An dieser Stelle ein kleiner Hinweis am Rande: Harz bindet nur unter dem korrekten Mischungsverhältnis, peilen mit dem Daumen hilft nichts, nur eine Briefwaage ist das richtige Meßzeug.

Für so eine Haube reicht uns ein Laminat von etwa 1 bis 1,5 mm Dicke. Nun ist es aber schwer, die Dicke eines Laminats während des Auflegens zu messen, daher die folgendeTabelle, sie ist eine Basis, auf der wir arbeiten können.

Gewebe	25 g/m²	40 g/m²	130 g/m²	160 g/m²	280 g/m²	400 g/m²	
1. Lage	0,08	0,08	0,4	0,4	0,6	0,8	mm
2. Lage	0,1	0,1	0,75	8	1,2	1,4	mm
3. Lage	–	–	1,1	1,2	1,8	2	mm

Nachdem das Laminat ausgehärtet ist, wird der innere Schaumkern mit wenig Aceton übergossen oder das Balsaformteil mit einem scharfen Messer sorgfältig herausgeschält. Danach die Außenseite mit Spachtel überziehen und so lange schleifen, bis die gewünschte Oberflächenqualität erreicht ist.

Eine Frage steht nun aber noch im Raum: Wo trennen wir solche Hauben? Die Antwort ist gar nicht so schwierig, natürlich immer an einer scalegerechten Stelle. In der Vergangenheit haben viele Hersteller Modellhauben hergestellt, die irgendwo in der Mitte getrennt sind, meistens um die Kosten zu drücken. Dies sieht aber nicht vorbildgetreu aus und soll bei einem Scale-Nachbau, sogar auch

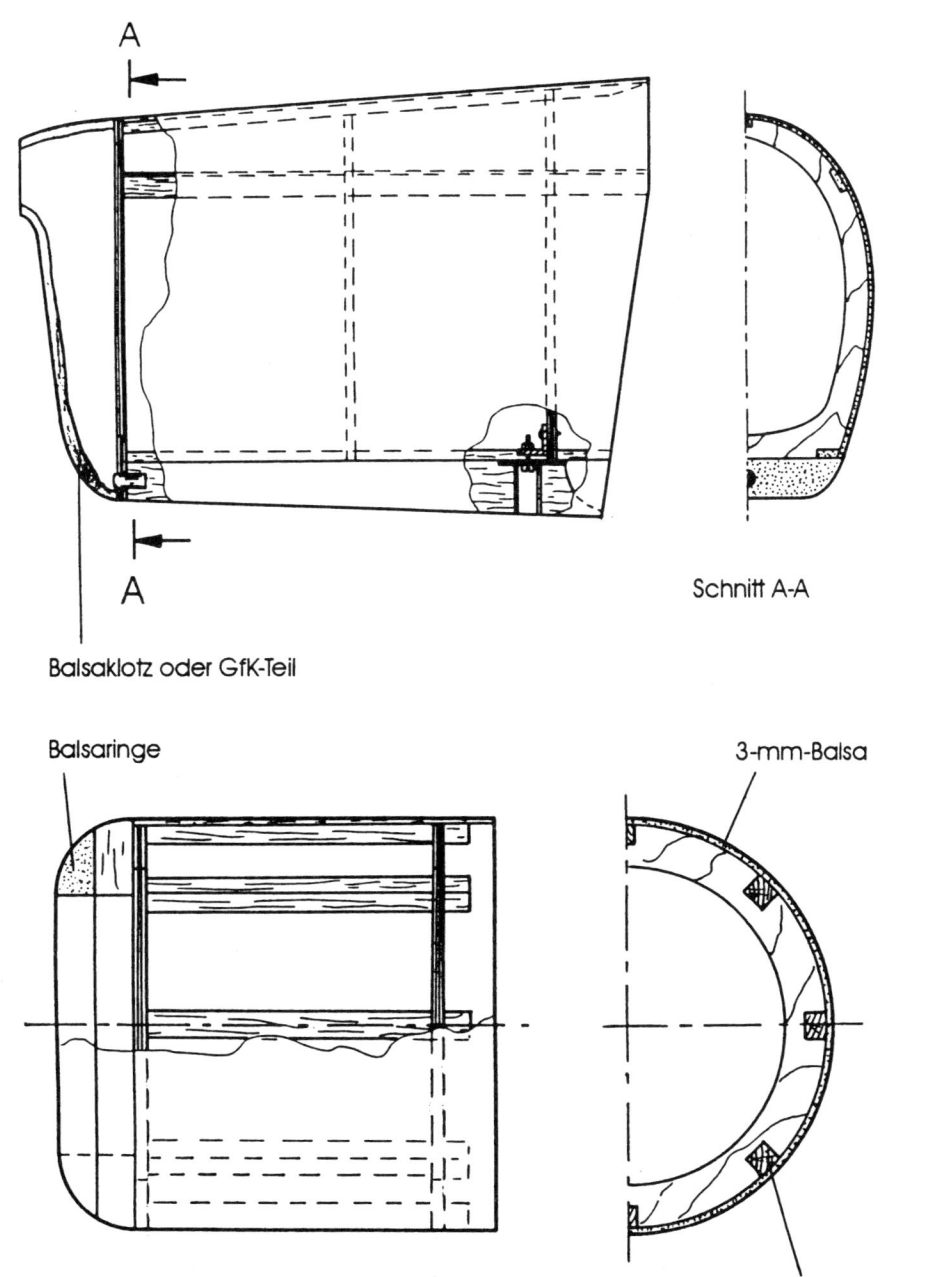

A

A

Schnitt A-A

Balsaklotz oder GfK-Teil

Balsaringe

3-mm-Balsa

5 mm x 5 mm Kiefer

Abb. 6.52
*Motorhauben sind ohne großen Aufwand auch aus Holz anzufertigen, hier ein möglicher
Aufbau für Hauben vom Typ Tiger Moth, Corsair oder andere*

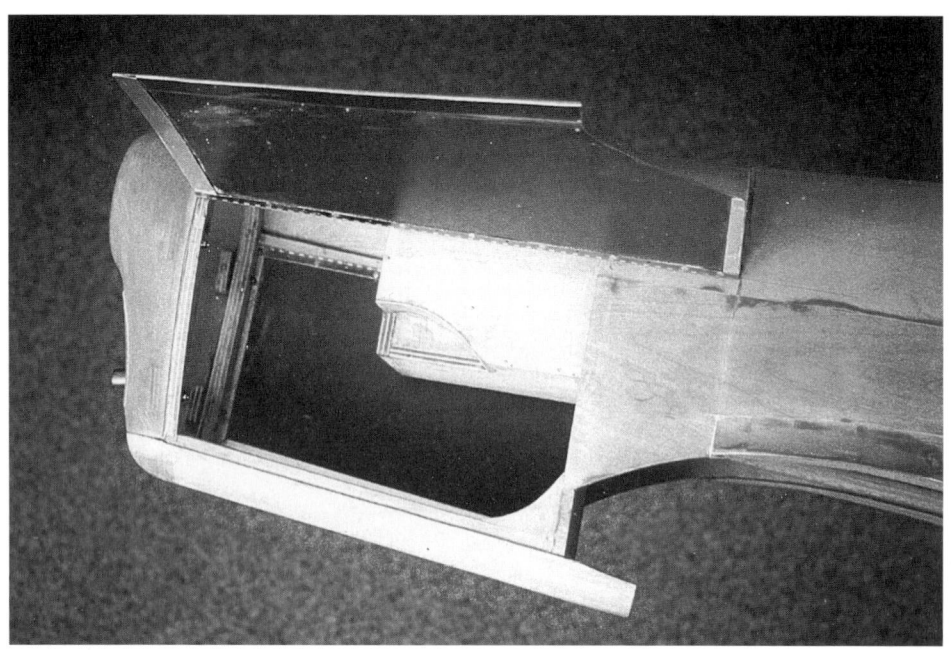

Abb. 6.53
Für „faule" Modellbauer: Die Motorhaube dieser Hawk Speed Six ist zum größten Teil aus Holz gebaut. Die Aluminiumbleche sind an den Seiten mit Pianoscharnieren angeschlagen

Abb. 6.54
Der Bau eines Urmodells für eine GfK-Form ist auf vielfältige Weise möglich. Hier ein Trägerbrett aus 3-mm-Sperrholz, auf dem Halbspanten die äußere Kontur vorgeben. 5 mm x 5 mm-Kieferngurte verbinden diese miteinander

bei einem Semi-Scale-Modell, vermieden werden. Viele Hauben haben irgendwo eine „natürliche Trennlinie", und die sollten wir nutzen. Falls es keine gibt, dann bleibt uns nichts anderes übrig, als die ganze Haube aus GfK zu bauen, was nun auch wieder nicht so schwierig ist, wie es auf den ersten Blick scheint.

Ganz aus GfK gefertigte Hauben haben einige Vorteile. Sie sind in jeder erdenklichen Form herzustellen, sehr stabil und bieten im Inneren den meisten Platz für den Motor und das notwendige Drumherum. Bevor wir uns aber mit GfK auseinandersetzen, ist es notwendig, ein sehr glattes Urmodell zu erstellen. Als Beispiel wollen wir hier das Urmodell einer *Zlín Z-526 AS*-Haube vorstellen, eine seltene Ausführung der bekannten tschechischen Kunstflugmaschine. Als Material für das Urmodell können Holz, Balsa, Styropor oder andere Materialien zum Einsatz kommen. In diesem Fall diente ein 3 mm dickes Sperrholzbrett der Seitenansicht als Grundplatte und Halbspanten für die Formgebung. Die Dicke des Mittelbretts ist natürlich beim Zeichnen der Spanten zu berücksichtigen, dann erfolgt das Einziehen von Gurten und in diesem Fall einer Balsa-Dreikantleiste, um ein Positiv der Haube zu erstellen.

Wir brauchen nicht unbedingt ein separates Urmodell zu fertigen, da es durchaus möglich ist, den vorderen Teil des Rumpfs mit zu nutzen. Abbildung 6.57 zeigt das am Nachbau einer *Hawker Fury*. Abbildung 6.58 zeigt hingegen die Schnauze einer *Miles Sparrowhawk*, eine englische Rennmaschine aus dem Jahre 1935, deren Haube gemäß Plan aus Alu und einer GfK-Nase besteht. Auch hier erfolgte zuerst der Aufbau des Rumpfs, der dann später ein Teil des Urmodells war. Selbstverständlich sind alle weiteren Arbeitsgänge gleich, als ob man ein normales, separates Urmodell hätte. Die Herstellung von einigen GfK-Teilen ist entgegen ihrem Ruf nicht besonders schwer. Folgen wir daher einmal dem roten Faden durch den gesamten Prozeß.

Wichtigster Punkt als Vorbereitung ist das Herstellen einer sehr glatten Oberfläche am Urmodell. Das Beschichten mit Glasgewebe und DDS-Lack oder Epoxidharz ist eine Möglichkeit, in diesem Fall wurde zu Papier und Spannlack gegriffen. Mehrmaliges, nachträgliches Lackieren und Schleifen ist unabdingbar. So lange, bis eine absolut glatte Fläche vorliegt. Kleine Details, wie z.B. Niete, Linien und Scharniere, sind erst jetzt anzubringen. Sie sollten ruhig etwas größer ausfallen, da sie sonst nach dem Abformen kaum zu sehen sind. Am Ende sollte man sich in der Haube „spiegeln" können! Eine große Hilfe ist hier die Verwendung einer Polierscheibe, die, in Zusammenarbeit mit einer Polierpaste, für recht professionelle Resultate sorgt. Solche Scheiben finden sich im Autozubehör oder beim GfK-Lieferanten.

Im Falle der *Zlín Z-526* haben wir noch ein kleines Problem mit der Motorhaube, eine zweiteilige Form ist nicht zu verwirklichen, da ein großer Lufteinlaß an der Kopfseite vorhanden ist. Eine solche Form wäre nicht mehr zu öffnen, daher brauchen wir hier eine dreiteilige Variante. Die im weiteren beschriebene *Fury*-Haube ist hingegen in zwei Teilen herzustellen.

Für die erste Trennebene ist aus einer kunststoffbeschichteten Spanplatte der Ausschnitt für die Haube zu schaffen, wobei dieser ca. 3 bis 4 mm größer als die äußere Kontur der Haube ausfallen sollte. Das Urmodell dann mit Trennmittel behandeln, welches drei- bis viermal, nach jeweiligem Zwischenpolieren, aufgetragen wird. Wenn die Oberfläche makellos glänzt, ist genügend gewachst worden, als Abschluß wird dann noch ein wasserlösliches Folientrennmittel aufge-

Abb. 6.55
Anschließend alles mit 3-mm-Balsa beschichten und für eine bessere Oberflächenqualität das Urmodell mit Papier und Porenfüller oder alternativ mit Glasgewebe und Epoxidharz belegen. Als Abschluß das Urmodell mit Spritzspachtel oder -füller versehen, Details anbringen, glattschleifen und anschließend polieren

Abb. 6.56

Abb. 6.57
Es ist nicht immer notwendig, ein separates Urmodell anzufertigen. Hier besteht es aus dem vorderen Teil des Holzrumpfs und einer zum Plan lieferbaren GfK-Nase

Abb. 6.58
Ähnlich wie in der vorherigen Abbildung sollte bei dieser Sparrowhawk die Haube laut Plan aus dünnem Sperrholz gefertigt werden. Sie diente hier aber als Grundlage für eine Negativ-Form

strichen. Es sieht aus wie dickes Wasser, trocknet aber als dünner Film ab und ist dann etwas matt. Anschließend das Urmodell in dem ausgesägten Brett fixieren und den Spalt zwischen Brett und Urmodell mit Polyesterspachtel auffüllen.

Nach dem Härten des Spachtels das Urmodell noch einmal aus der Trennebene vorsichtig herauslösen und den Spachtelrand mit der Oberseite des Holzbretts plan schleifen. Das Urmodell von möglichen Spachtelresten reinigen und erneut ins Brett einpassen. Jetzt sollte es sich saugend einfügen. Die gesamte Einheit samt Trennbrett noch einmal komplett mit Wachs und Folientrennmittel behandeln. Da es unbedingt notwendig ist, eine saubere Passung der beiden späteren Negativschalen zu erhalten, sind im Brett Paßstifte eingelassen. Anschließend Haube samt Brett mit zwei Schichten Oberflächenharz einstreichen. Dies ermöglicht später das Polieren der Formoberfläche und verhindert das Durchdrücken der Gewebestruktur. Es ist notwendig, hier wirklich Formenharz zu verwenden und kein Gelcoat!

Glasgewebe ist bekannterweise nicht um enge Radien zu legen, so daß es notwendig ist, zuvor alle Kanten zu „entschärfen". Dies geschieht am besten mit einer Mischung aus Epoxidharz, Baumwollflocken und Glasfaser-Schnipseln. Sie ist aufzubringen, solange das Formenharz noch nicht ganz abgebunden hat. Erst anschließend die gesamte Form mit Glasgewebe belegen. Um sicher zu gehen, daß später in der Form wirklich keine Gewebestruktur sichtbar wird, zunächst eine Lage dünnes Gewebe (25 g/m²) auflegen und dann im Anschluß zwei Schichten 160 g/m²- oder 240 g/m²-Gewebe. Es empfiehlt sich hier die Verwendung von Köper-Gewebe, da es sich besser in die verschiedenen Richtungen ziehen läßt.

Wenn die eine Formhälfte komplett ausgehärtet ist, muß die Trennebene entfernt werden. Vorsichtige Schläge mit einem Gummihammer helfen, die beiden Teile voneinander zu lösen. Jetzt ist dann gleich die andere Seite dran, ohne das Urmodell aus der einen Formhälfte herauszunehmen. Das Trennbrett ist weg, daher ist die glatte Kante der einen Formenhälfte unsere neue Trennebene. Im Prinzip wiederholt sich aber das Spiel von vorne.

Wenn so nun beide Negativformen fertig sind, wird das Urmodell entnommen, die Formen gründlich gereinigt, erneut zusammengeschraubt, mit Wachs und Trennmittel behandelt und dann mit zwei Schichten Gelcoat versehen. Jetzt ist das Ziel fast schon erreicht, nur die Haube selber ist noch zu laminieren, doch das ist nichts anderes als die Wiederholung des ersten Arbeitsgangs. Für diese Haube würden außer der erstgenannten Einlage aus dünnem Gewebe zwei weitere Schichten 160 g/m²- und eine weitere 240 g/m²-Glasgewebe ausreichen. Es sollte aber klar sein, daß die hier beschriebene Methode sich nicht für die Anfertigung einer einzelnen Haube lohnt. Wer jedoch drei oder mehr braucht, sollte den Aufwand ruhig auf sich nehmen.

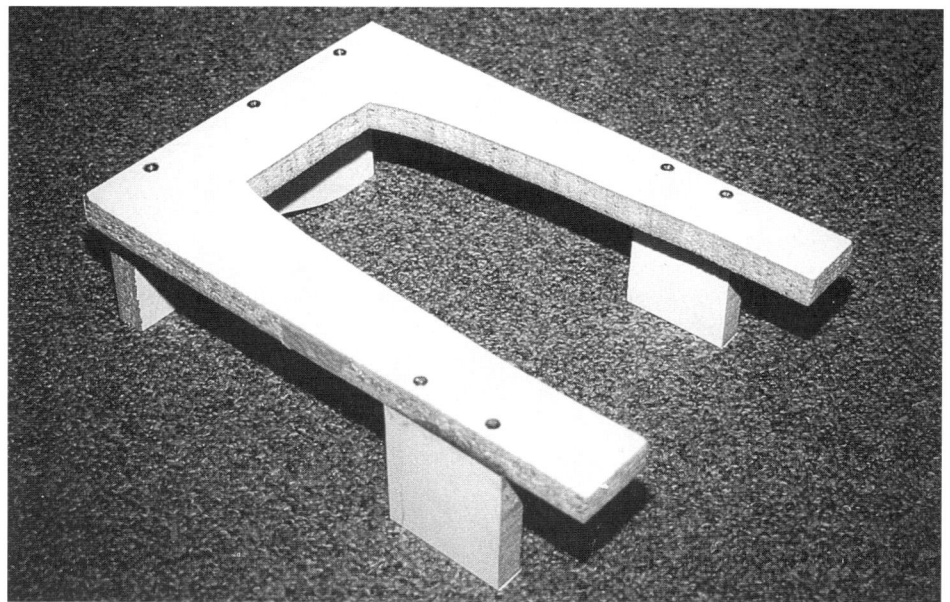

Abb. 6.59
Beim Aufbau einer mehrteiligen Form ist eine Trennebene notwendig, am besten eignet sich dafür ein Stück beschichtete Spanplatte

Abb. 6.60
Die Trennebene sollte mit einem max. Spalt von 3 bis 5 mm um unsere Haube herumlaufen. Die genaue Passung erreichen wir erst durch Zuspachteln des Spalts. Dazu muß aber zuvor das Urmodell gründlich mit Trennmittel behandelt und in der Trennebene fest fixiert sein. Zum Schließen des Spalts eignet sich vorzüglich Polyesterspachtel. Nach Aushärten des Spachtels wird das Urmodell aus der Trennebene genommen, diese an der Oberfläche glattgeschliffen, und dann haben wir das vorliegen, was auf dem Foto zu sehen ist

Abb. 6.61
Hier wird gerade die erste Schicht Formenharz aufgetragen

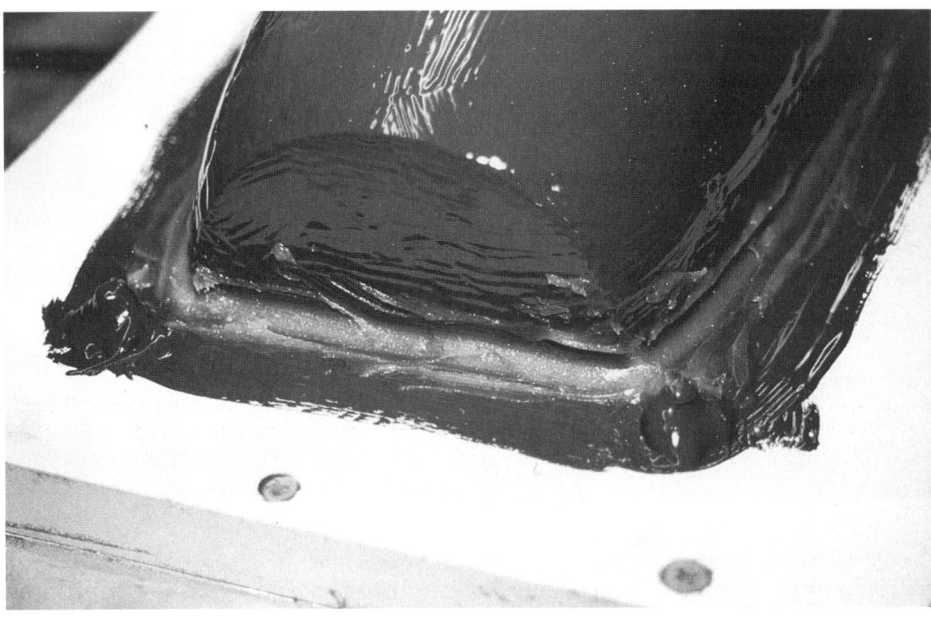

Abb. 6.62
Da sich Glasgewebe nicht um scharfe Ecken legen läßt, werden solche Stellen mit eingedicktem Harz entschärft. Ebenfalls sind bereits zwei Fixierstifte abgedeckt

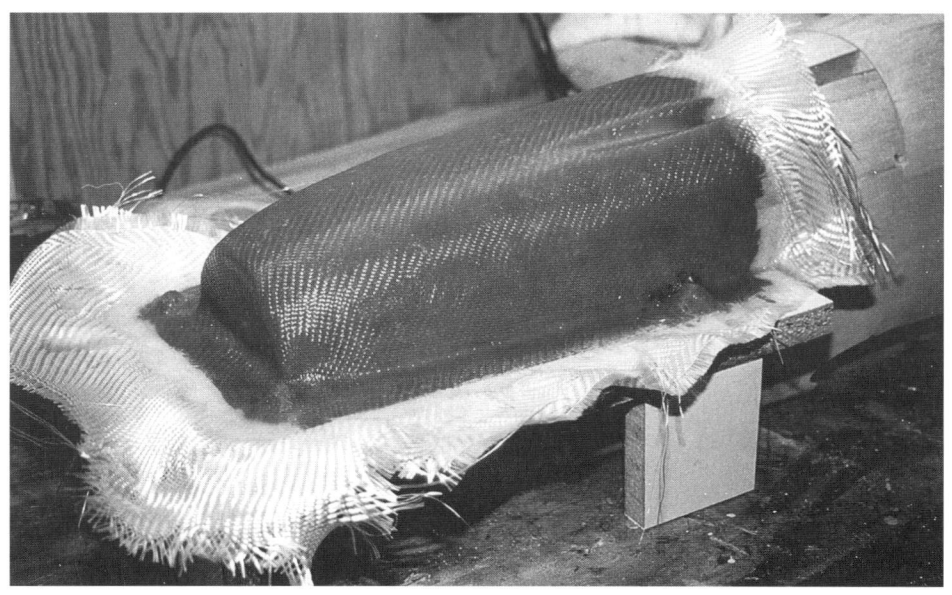

Abb. 6.63
Mit Auflegen mehrerer Lagen dicken Glasgewebes ist das Laminieren der ersten Negativschale abgeschlossen, jetzt müssen wir nur noch geduldig (!) warten, bis sie ausgehärtet
ist

Abb. 6.64
Die Trennebene ist entfernt, die Ränder
der Form beschnitten und zum Erstellen
der zweiten Formhälfte wieder an den
Rumpf angelegt. Es ist auch möglich,
diese erste Formhälfte nicht zu entfernen und gleich darauf die zweite zu
laminieren. Die spätere Öffnung für den
Zylinderkopf und die Fixierstifte sind
hier noch einmal deutlich zu sehen. Der
Rumpf selber ist übrigens zum Schutz
vor Beschädigungen auf kleine Sand-
beutel gelegt

Abb. 6.65
Beim Aufbau der zweiten Formhälfte wiederholt sich der zuvor gezeigte Arbeitsablauf noch einmal

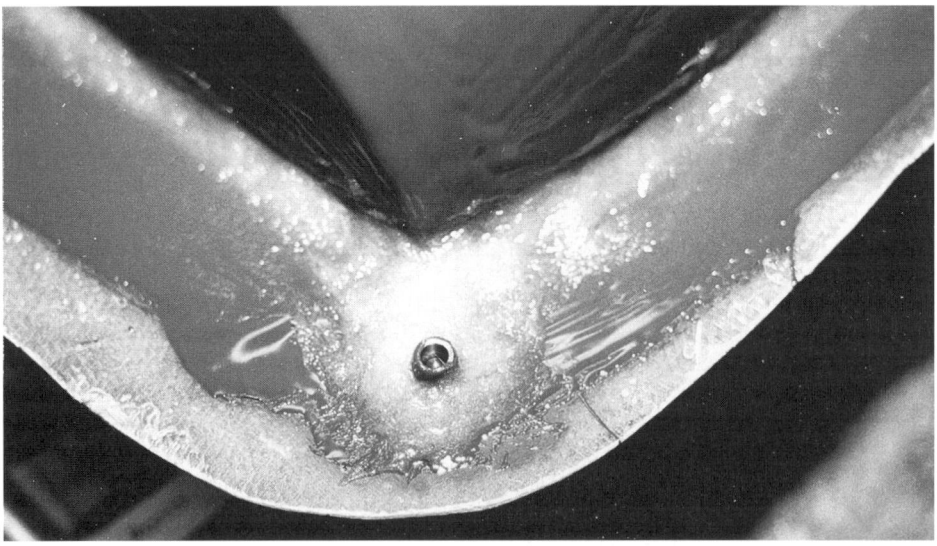

Abb. 6.66
Detailaufnahme des Gegenstücks, in dem der Fixierstift steckt; er ist in eingedicktes Harz zu betten, bevor das Gewebe aufgelegt wird

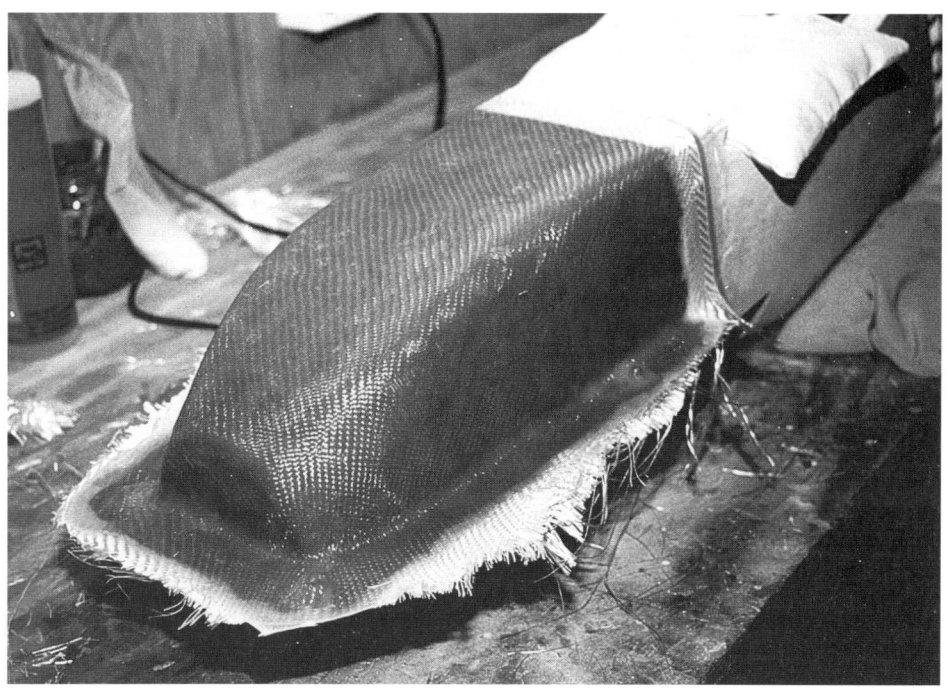

Abb. 6.67
Nach Aufbringen verschiedener Lagen Gewebe braucht nun auch die zweite Formhälfte
Zeit zum Aushärten

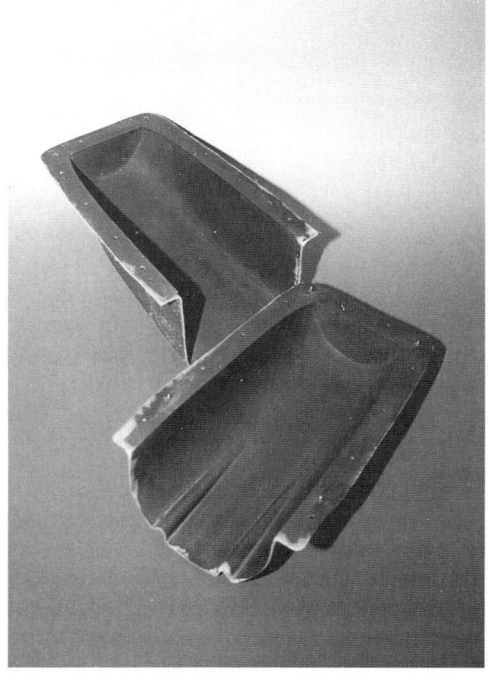

Abb. 6.68
Fix und fertig präsentiert sich hier die
Form. Hier zwei Negativschalen einer
Hawker-Fury-Haube

Abb. 6.69
Nach Aufbringen von Trennmittel wird die Innenseite der Negativform erstmal mit zwei Schichten Schwabbellack versehen. Erst wenn dieser getrocknet ist, erfolgt das Auflegen der einzelnen Gewebelagen

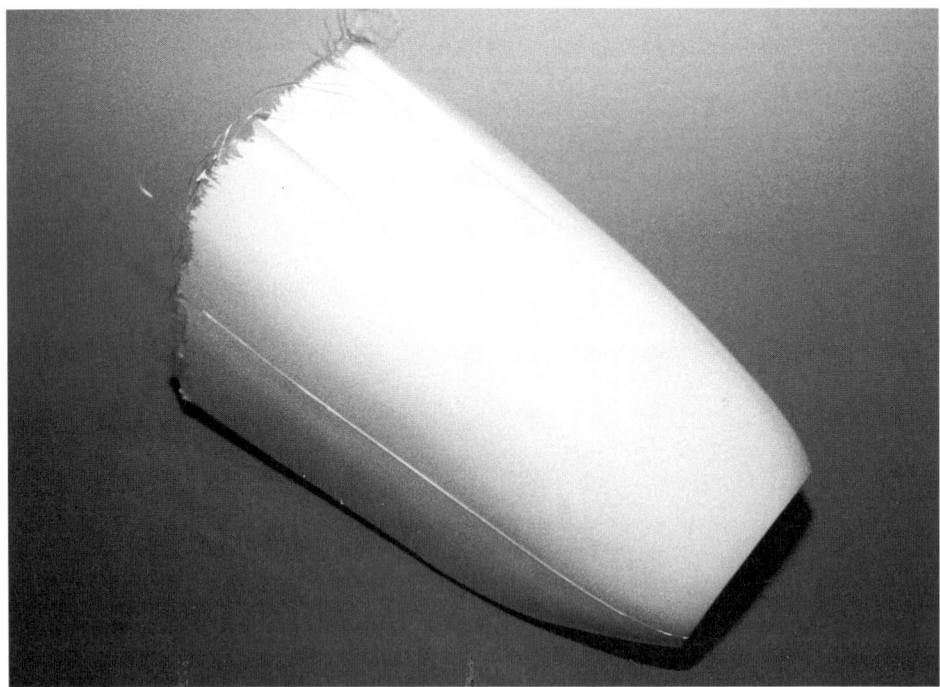

Abb. 6.70
Und endlich, nach all dem großen Aufwand, liegt unsere erste Haube vor. Die Anfertigung weiterer Exemplare ist jetzt sehr einfach und verlangt nur noch nach einem Teil der Zeit, den die Herstellung einer Holzhaube kosten würde

Abb. 6.71
Die Haube für dieses Modell ist mit dünnem Aluminiumblech versehen. Es ist kaum zu vermuten, daß es ursprünglich einmal eine GfK-Version war

6.10 Motorträger

Obwohl für viele Motortypen im Fachhandel Motorträger lieferbar sind, hat es manchmal Vorteile, sich einen selbst anzufertigen. Erstens sind wir dadurch nicht mehr abhängig von Standardträgerweiten, und zweitens gibt es Modelle, bei denen eine sich stark verjüngende Rumpfkontur es unmöglich macht, fertige Träger zu verwenden.

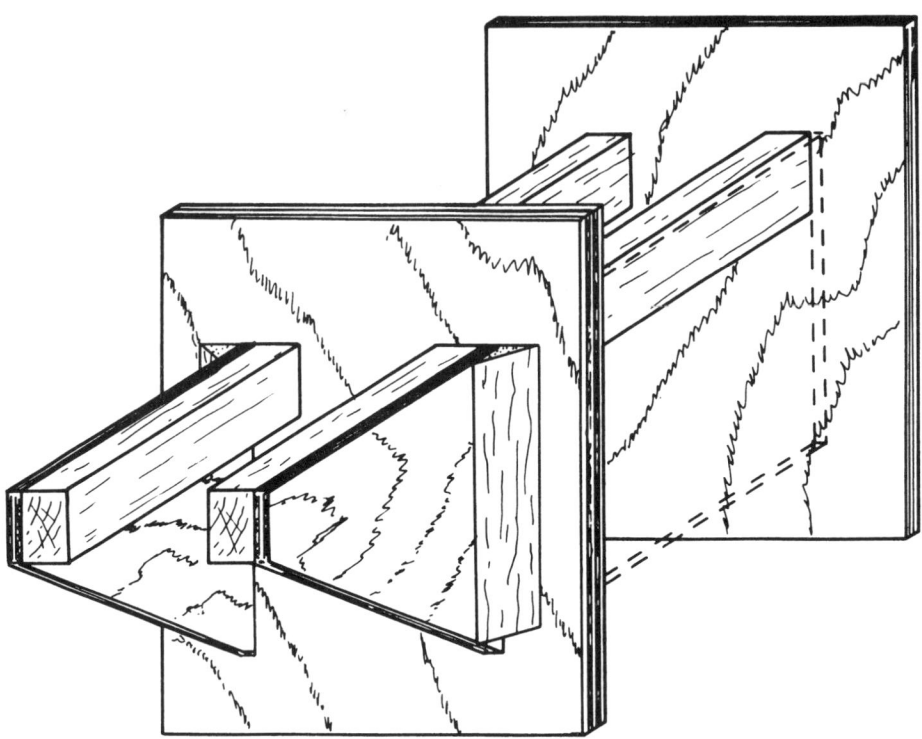

Abb. 6.72
Standardaufbau eines hölzernen Motorträgers – abhängig von Modell- und Motorgröße ist die Sperrholzplatte eventuell bis zum zweiten Spant durchzuziehen

Am besten hat sich Buchenholz für den Eigenbau von Motorträgern bewährt, da es eine feste Struktur aufweist. Für Motoren mit kleinem Hubraum bis etwa 6,5 cm³ reicht die Montage auf zwei Buchen-Vierkanthölzern, für größere ist hingegen eine Sperrholzplatte beidseitig der Träger notwendig, um auftretende Vibrationen abzufangen. Abbildung 6.72 zeigt die Standard-Bauweise für solche Träger.

Die Maße der Buchenholme sind selbstverständlich vom Motor abhängig, bis 10 cm³ sind aber solche mit 10 mm x 10 mm ausreichend, bis etwa 15 cm³ dann 12 mm x 12 mm bzw. 10 mm x 15 mm und bei Motoren bis 25 cm³ welche mit den Abmessungen 15 mm x 20 mm. Als Sperrholz reicht solches der Dicke 3 mm, wenn es von guter Qualität ist.

6.11 Kabinenhauben

Mit Ausnahme von älteren Doppeldeckern, die nur mit einer kleinen Windschutzscheibe versehen waren, brauchen wir für jedes Modell eine Kabinenhaube. Bei einem Bausatz wird üblicherweise ein Exemplar mitgeliefert, wenn beim Bau aber was schiefgeht oder wir einmal im Rückenflug auf der Hartbahn Striche ziehen, haben wir ein Riesenproblem. Denn Zubehör ist oft nicht nur schwer lieferbar, sondern auch unheimlich teuer.

Verleger von Bauplänen richten sich hier oft mehr nach Kundenwünschen, und es lohnt sich unbedingt, erst einmal zu schauen, ob auf diesem Weg eine passende Lösung zu finden ist.

Beim Selbstbau sind wir schlußendlich sowieso auf unser eigenes Können angewiesen, aber auch das sollte keine Probleme in sich bergen.

Im wesentlichen gibt es zwei Arten von Kabinenhauben. Die einfacheren können wir auf ein ebenes Stück transparentes Plastik aufzeichnen, herausschneiden und biegen. Sogar für recht schwierige Formen ist diese Methode nutzbar, aber diese Technik beschränkt sich oft auf einfachere Modelle.

Für kompliziertere Formen brauchen wir als Grundlage zunächst eine Form, über die wir das Haubenmaterial tiefziehen können. Abhängig von der von uns gewünschten Qualität und Seriengröße müssen wir uns für unterschiedliche Materialien des Formklotzes entscheiden.

Für ein einziges Exemplar reicht ein gut geschliffener Balsaklotz, aber bei größeren Stückzahlen oder gar einer ganzen Serie gelten andere Regeln. Hier kommt als Basis nur Gips oder Kunststoff in Frage.

Welches Material wir nun auch verwenden, Basis bleibt selbstverständlich die Form. Auf fast jeder Mehrseitenansicht sind ein oder mehrere Querschnitte der Kabinenhaube zu sehen, die uns ausreichen. Eine Kontrolle der Genauigkeit und exaktes Vorgehen bei der Vergrößerung sind ganz besonders wichtig, da eine nicht stimmige Haube sehr auffällt.

Fangen wir zunächst mit einem Balsa- oder Sperrholzbrett an, auf dem wir die Seitenansicht aufzeichnen. Hierzu reicht einfaches, billiges Sperrholz, da es beim Schleifen die Kontur immer noch besser beibehält als Balsa. Wer sehr vorsichtig arbeitet, kann auch hartes Balsa verwenden. Dabei kommen dann auch endlich die viel zu schweren Brettchen zum Einsatz, die wir von vornherein eigentlich überhaupt nicht hätten kaufen sollen. Da Kunststoff beim Tiefziehen am Übergang zwischen Form und Trägerbrett (auf dem es positioniert ist) einen Radius formt, sollten wir die Kontur unseres Formklotzes unbedingt um ca. 10 mm in alle Richtungen verlängern. Das Maß ist abhängig von Temperatur, verwendetem Material und der Tiefziehvorrichtung, aber mit 10 mm sind wir eigentlich immer auf der sicheren Seite.

Ein weiterer wichtiger Punkt ist der Übergang von Rumpf zu Haube. An dieser Stelle entsteht immer eine Kreisform, die zeichnerisch konstruierbar ist, aber das würde in unserem Fall einfach zu weit führen. Am einfachsten bauen wir daher die Teile des Rumpfs, an dem die Haube anschließt, an unseren Formklotz mit an. Im Falle des gezeigten Beispiels sind die Spanten des entsprechenden Rumpfabschnitts der Außenkontur nach herausgearbeitet und einfach mit

Abb. 6.73
Der Aufbau eines Formenklotzes zum Tiefziehen von Kabinenhauben beginnt mit einem Trägerbrett, auf dem beidseitig Halbspanten aufgeklebt werden. Die Rumpf-Halbspanten im vorderen Bereich sind nur in Ausnahmefällen notwendig, wenn der Anschluß der Haube an den Rumpf Schwierigkeiten bereiten könnte

Abb. 6.74
Alle paar Zentimeter einen Halbspant aufkleben, damit der Formklotz so genau wie möglich wird. Kabinenhauben sind eines der wichtigsten Teile am Scale-Modell, deswegen diese Arbeit so akkurat wie möglich ausführen

0,4-mm-Sperrholz beplankt, um die notwendige Arbeit auf das Minimum zu reduzieren. Diese 0,4 mm Übermaß gegenüber der wirklichen Rumpfform sind vernachlässigbar.

Wie zwischen zwei vorgegebenen Querschnitten ein dritter, eventuell am vorderen oder hinteren Kabinenhaubenrand liegender Querschnitt konstruiert wird, ist bereits in Kapitel 5 nachzulesen.

Beim weiteren Aufbau des Positiv-Formklotzes berücksichtigen wir alle 50 bis 70 mm auf der aus Sperrholz herausgearbeiteten Seitenansicht Halbspanten. Nicht vergessen: Die Breite der Spanten ist um die Häfte des Trägerbretts zu reduzieren, sonst wird die Haube womöglich zu breit! Die Räume zwischen den Halbspanten nun mit Balsa auffüllen und konturgetreu verschleifen.

Wenn alles fertig geschliffen ist, empfiehlt es sich, den kompletten Formklotz mit dünnem Glasgewebe und Harz bzw. DDS-Lack zu überziehen und anschließend zu schleifen.

Für diejenigen, die jetzt nur ein einzelnes Exemplar benötigen, ist die Form dann bereits fertig. Wenn wir uns aber für etwas richtig Schickes entschieden haben, geht's noch weiter.

Zunächst haben wir die Qual der Wahl: Es ist möglich, bereits jetzt eine Haube ziehen zu lassen und diese als Negativform für die weiteren Arbeiten zu verwenden, oder wir machen uns selbst eine aus GfK, so wie zuvor bei der Herstellung von Motorhauben gezeigt. Die Vor- und Nachteile präsentieren sich wie folgt:

Die tiefgezogene Negativform ist zwar einfacher in der Herstellung, muß aber für die weitere Verarbeitung ausreichend unterstützt werden, z.B. in einem mit Sand aufgefüllten Rahmen, um ihr jede Verwindungsmöglichkeit zu nehmen.

Die Herstellung einer GfK-Negativform ist wesentlich aufwendiger, aber anschließend haben wir ein freitragendes Teil vorliegen.

Eines haben beide Techniken aber gemeinsam, in dem so entstandenen Negativ wird anschließend die Endform gefertigt. Hierzu streichen wir mindestens drei Schichten Formenharz auf die zuvor eingewachste Negativform und füllen alles mit einer Mischung aus Sand, Microballons oder jeder anderen Art von Füllmittel, versetzt mit Epoxid- oder Polyesterharz, aus. Nachdem die Füllung ausgehärtet ist, wird diese endgültige Positivform aus dem Negativ entfernt und anschließend mit 400er-Naßschleifpapier nachgeschliffen. Es hat keinen Zweck, hier mit ganz feinem, z.B. 1200er-Naßschleifpapier zu arbeiten, da sonst später das letzte Quentchen Luft zwischen Tiefziehmaterial und Form nicht entweichen kann. Der so erstellte Formklotz reicht jetzt aus, um allen auftretenden Kräften beim Tiefziehen zu widerstehen. Da eine solche Form aber keine Verstärkung in Form von Glasfaser enthält, ist sie an der Oberfläche sehr empfindlich gegen Beschädigungen. Der Grund, nach Einbringen des Formharzes kein Gewebe einzulegen, ist jener, daß jedes Gewebe, so fein die Struktur auch sein mag, im späteren Abzug immer zu sehen sein wird! Der größte Feind bei der Herstellung von Kabinenhauben ist jedoch Staub. Deswegen ist es unbedingt notwendig, unmittelbar vor dem Ziehen das letzte Staubkorn mittels Druckluft zu verscheuchen.

An Kabinen mit scharfen Ecken, oder gewölbten Hinterseiten wie an der Haube eines *Fieseler Storch* oder einer *Ju 87*, hilft es, an den Rändern und direkt an den Wölbungen kleine Bohrungen von etwa 1 mm Durchmesser zu setzen, damit die Luft hier noch besser abgesaugt wird und diese Details scharf ausfallen.

Abb. 6.75
Nach Anbringen aller Spanten die Zwischenräume mit Balsa ausfüllen und mit Hobel und
Schleifpapier auf die richtige Form bringen. Danach wäre der Klotz fertig zum Abformen

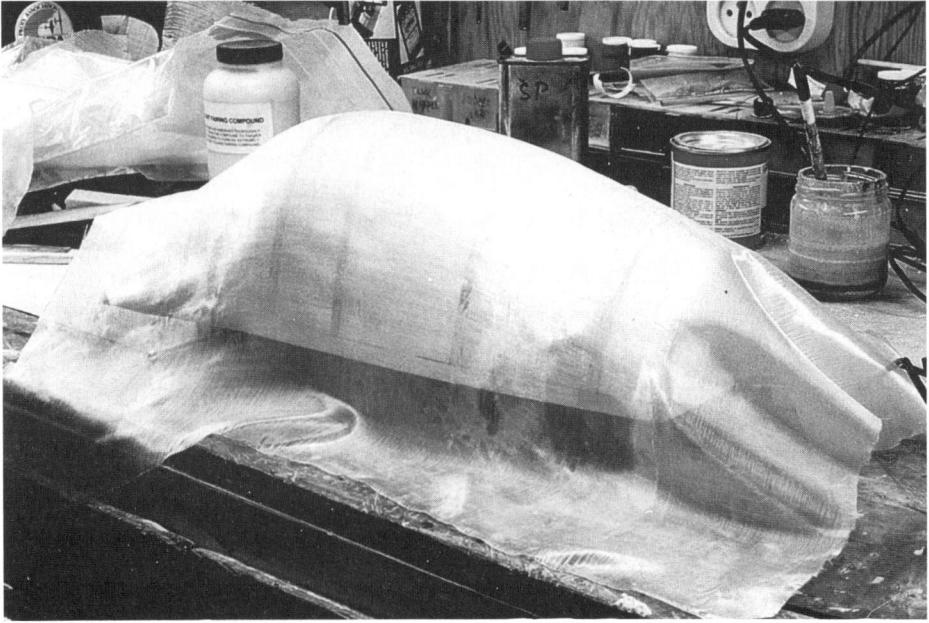

Abb. 6.76
Falls wir eine richtig professionelle Haube haben möchten, ist unser Formklotz als erstes
mit Glasgewebe und Epoxidharz zu beschichten, damit sich dieser aus der später herzu-
stellenden Negativform einfacher herausnehmen läßt

110

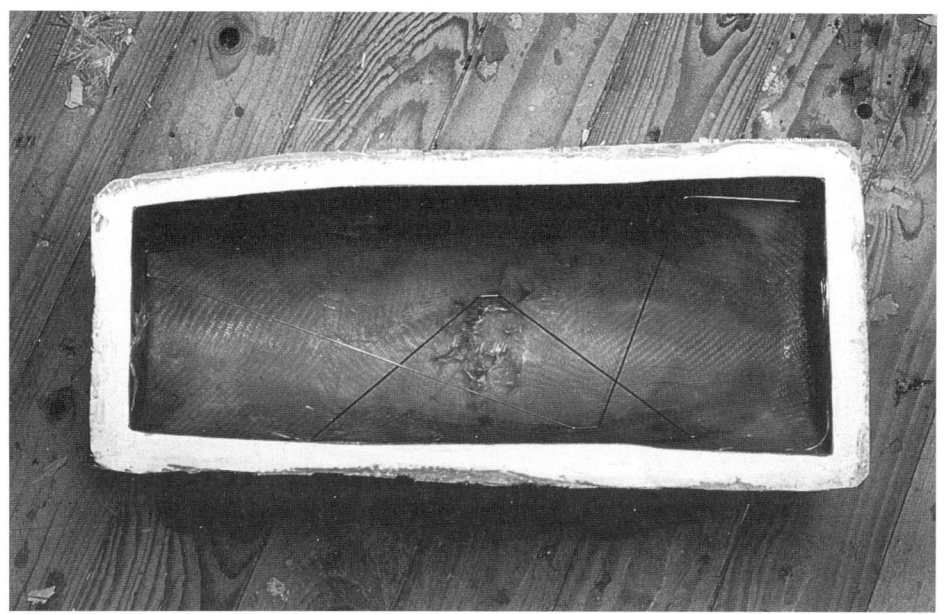

Abb. 6.77
GfK-Negativ, vom Positiv abgenommen. Die querverspannten Drähte dienen dem besseren Halt der Quarzsand-Polyester-Mischung, die jetzt eingefüllt wird. Ist diese Mixtur hart, wird entformt, wir haben unser endgültiges Hauben-Tiefzieh-Positiv, das allerbeste Ergebnisse bringt.

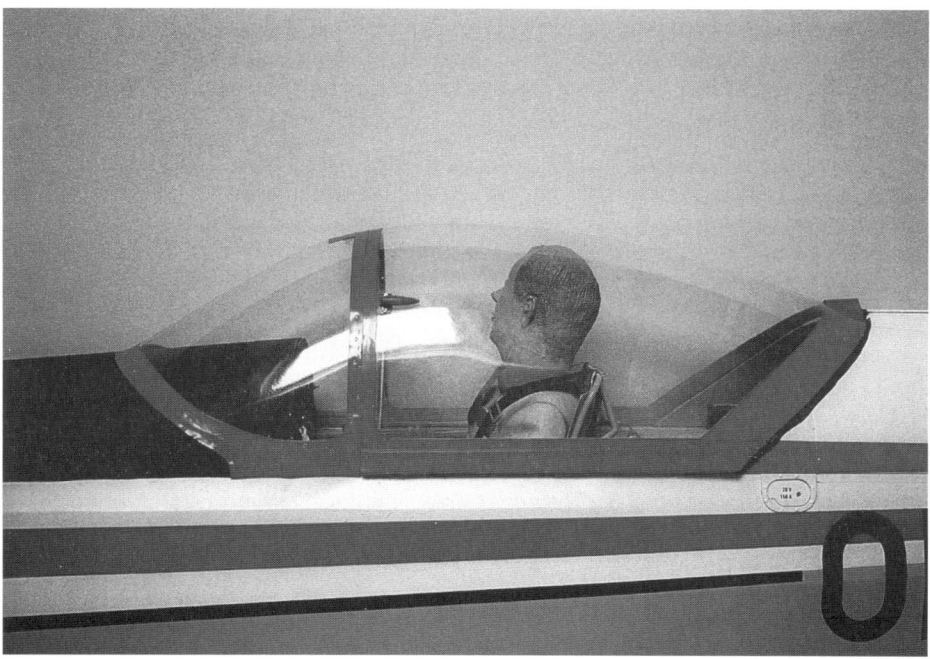

Abb. 6.78
Die fertige Kabinenhaube, mit dünnem Aluminiumblech verkleidet und detailliert

Als Material für Tiefziehhauben gibt es verschiedene Qualitäten, variierend von weniger gut und billig bis hin zu perfekt und schrecklich teuer. Eines der meistverwendeten ist aber zweifelsohne PVC (Poly-Vinyl-Chlorid), das sich gut strecken läßt und verhältnismäßig preiswert ist. Dabei hat die transparente Ausführung aber einen leichten, blauen Schimmer und verfärbt sich nach längerer Sonneneinwirkung gelb oder weißlich. Die Durchsichtigkeit ist zudem nicht außergewöhnlich gut.

Viel besser ist dies bei Polyesterfolie, die dann aber schwieriger zu strecken ist. Wenn wir über eine gute Tiefzieheinrichtung verfügen, dürfte das aber kein Problem sein. Selbstverständlich ist der Preis für das Grundmaterial bedeutend höher.

Von beiden Materialien gibt es etliche Varianten, mit Beschichtungen gegen Kratzer, UV-Schutz und vieles mehr. Die Preise sind dann aber oft so astronomisch, daß solche Materialien für unsere Zwecke überhaupt nicht in Frage kommen.

Da Kabinenhauben keinen Beitrag zur Stabilität eines Modells liefern, sie meist vorbildgetreu zu öffnen sind und deswegen eine Innenverstrebung brauchen, ist es empfehlenswert, sie so dünn wie möglich zu halten. Bei Hauben von 150 mm Länge sollte daher 0,6-mm-Tiefziehmaterial zum Einsatz kommen, bei Hauben bis 250 mm solches der Stärke 0,8 mm und für alles Größere reicht 1,0 mm.

Das Tiefziehen beschränkt sich aber nicht nur auf Kabinenhauben, auch Randbögen, Abwurftanks, Pylone, Kabineninterieur oder andere Teile sind so ebenfalls herzustellen.

Doch zurück zu unseren Windschutzscheiben bzw. Hauben: Bei zuerst genannten hat sich gezeigt, daß sich die vorbildgetreue Befestigungsmethode auch im Modellbau bewährt hat. Hierzu wird die transparente Scheibe mit einem Rahmen aus dünnem Alu- oder Messingblech fixiert und die gesamte Konstruktion mit kleinen Schrauben an den Rumpf geschraubt, der selbstverständlich in diesem Bereich mit Sperrholz verstärkt ist.

Falls wir eine breit umrandete Windschutzscheibe benötigen, lohnt es sich meistens, diese Rundung ebenfalls zur Befestigung der Scheibe am Rumpf zu nutzen. Wir können nach der Lackierung des Modells den Rumpfbereich und die Scheibe selber abkleben und die Scheibe provisorisch am Rumpf befestigen. Die Scheibe im Klebebereich gut anrauhen und mit Uhu plus endfest 300 festkleben und nach Aushärten mit Füller eine schöne Umrandung formen.

Kabinenhaubenmaterial ist schwer zu kleben, denn oft halten die dafür vorgesehenen Spezialkleber nicht am Rumpf. Die meisten Sekundenkleber sorgen dagegen für ordentlichen Halt, lassen jedoch einen weißen Nebel auf der Haube zurück und sind immer noch so dünnflüssig, daß unser Klarsichtteil nach wenigen Sekunden mit Fingerabdrücken übersät ist, weil in verzweifelten Versuchen noch retten zu wollen, was zu retten ist überall auf die Haube gegriffen wurde.

Es gibt sogenannten „fog-free" Sekundenkleber, speziell für Kabinenhauben. Der ist oft eine gute Lösung, da er keinen weißen Schleier auf dem Material hinterläßt. Es ist aber wichtig, die zu verklebenden Stellen zuvor anzuschleifen.

Ein selten verwendeter „Kleber" ist Silikonmasse, so wie sie im Baumarkt für ein paar Mark aus der Tube zu erhalten ist. Darauf achten, daß wir eine säurefreie Sorte finden. Aber dann gilt: anbringen, aufkleben und fertig.

Eine andere Lösung findet sich im Teppichzubehör, denn dort gibt es sehr dünnes, doppelseitiges Klebeband. Wenn wir unsere Kabine damit versehen und diese am Rumpf angebracht haben, hält die Sache wirklich bombenfest. Solches Klebeband haftet selbstverständlich nicht auf rohem Holz, eine Vorbehandlung mit Porenfüller oder ähnlichem Haftgrund ist zwingend notwendig.

6.12 Kabinenhauben zum Öffnen

Die einfachste Art, vorbildgetreue Kabinenhauben zum Öffnen und Verschließen herzustellen, sind die aufklappbaren, wie zum Beispiel bei der *Bf 109* und manch anderen Jagdflugzeugen. Hierzu verwenden wir einfach eine Stahl- oder Kunststofflitze, die sich in einem passenden Plastikrohr (z.B. Bowdenzughülle) dreht.

Für schiebbare Kabinenhauben gibt es hingegen mehrere Möglichkeiten. Als Basis benutzen wir kleine Messingprofile, und zwar aus dem Zubehörprogramm für den Eisenbahnmodellbau. Abbildung 6.79 A zeigt diese Variante, die im Original bei der *Spitfire* Anwendung fand. Hier wird das mit einem Schlitz versehene Quadratprofil (3 mm x 3 mm-Vierkant reicht aus) in die Rumpfseiten verleimt und ein Gegenstück als H-Profil an der Kabine. Hierzu Epoxi oder Stabilit-Expreß benutzen, eine Verschraubung ist nicht notwendig.

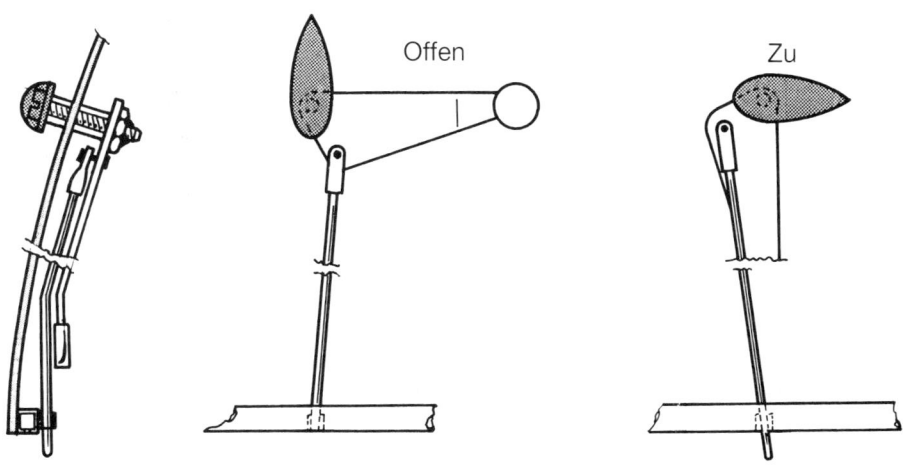

Abb. 6.79
Auch der Kabinenhaubenverschluß darf scale sein. Hier das Prinzip einer Verriegelung an einer Zlín-Haube. Auch im Modell funktioniert das tadellos

Variante B zeigt eine Lösung, wie sie bei manchen Sport- und Reiseflugzeugen zu finden ist. Die Wirkung ist gleich wie bei Variante A, aber die ganze Geschichte ist an der Außenhaut des Flugzeugmodells nicht sichtbar und deswegen auch wesentlich weniger empfindlich gegen Beschädigungen.

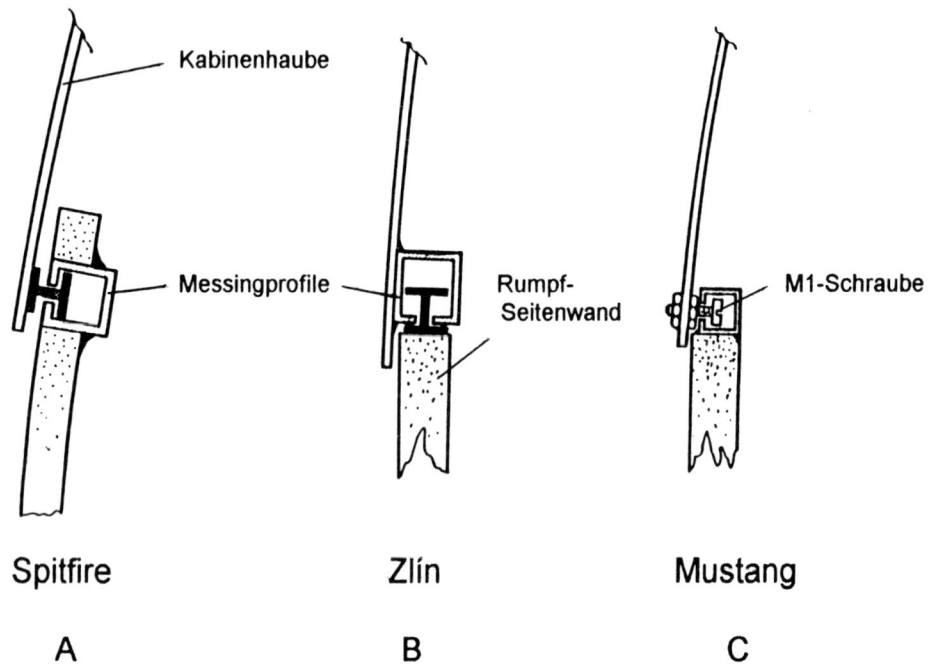

Spitfire   Zlín   Mustang

A   B   C

Abb. 6.80
*Jede schiebbare Kabinenhaube fragt nach ihrer eigenen, speziellen Lösung. Die drei
meistverwendeten sind hier einmal schematisch dargestellt*

Die bei C gezeichnete Lösung ist eine für die Kabine einer *P-51 Mustang*. Die
Haube schiebt sich nicht nur nach hinten, sie kippt dabei noch. Die Schrauben,
in diesem Fall solche der Größe M1, sind an ihrem Kopf auf zwei Seiten ein wenig
abgefeilt, damit sie sich im Quadratprofil nicht drehen können. Mit Ausnahme
von einigen Details funktioniert das übrigens an der Originalmaschine genau so.

Schiebbare Kabinenhauben an unseren Modellen können ruhig schwergängig
sein, Verschlüsse sind dennoch notwendig. Bei einem der ersten Modelle, die der
Verfasser mit einer schiebbaren Kabinenhaube versehen hatte, wurde darauf verzichtet, weil sie so schwer lief, daß nicht einmal der Luftschraube zugetraut wurde, die Kabine „aufzublasen". Beim ersten Mal Vollgasgeben lag sie dann aber
ca. 5 Meter vom Modell und dem erstaunten Piloten entfernt!

Abbildung 6.80 zeigt daher das Prinzip eines Verschlusses, hier bei einer *Zlín*-
Haube, der dem Original nachempfunden ist. Das funktioniert gut. Eine weitere
Lösung wäre es z.B., zwei kleine Hartholzklötze an der Innenseite der Kabine zu
verkleben, an denen dann die Haube mit kleinen Schrauben gesichert ist.

6.13 Flächenübergänge

Am Rumpf-Flächenübergang finden sich bei vielen Flugzeugen sogenannte
Fairings oder Fillets. Diese haben die Aufgabe, die während des Flugs entstehenden Turbulenzen zu mindern. Bei unseren Modellen sind sie hingegen häufig

Grund für Ärger, denn oft passen sie nicht genau und haben einen häßlichen Spalt zur Fläche. Wenn wir uns darüber aber ein paar Gedanken machen, ist das alles nicht so schwer.

Als Grundplatte für Fairings findet oft dünnes Sperrholz Verwendung. Für die Wettbewerbsklasse Scale ist eine Materialstärke von 0,4 mm gerade richtig. Wer aber ein bißchen mehr „Fleisch" haben möchte, kann hier 0,6er oder gar 0,8er verwenden. Es ist aber auch möglich, an dieser Stelle GfK zu verarbeiten. Dabei haben wir den Vorteil, daß es sich perfekt an die Fläche anlegt. Hierzu wird der Flügel im Mittelteil mit Haushaltsfolie abgedeckt oder mit Oracover überzogen. Letztere aus dem Grund, weil sie sich nachträglich wieder wunderbar „abbügeln" läßt. Nachdem nun Trennwachs aufgetragen ist, zwei Lagen 160 g/m^2-Glasgewebe mit Epoxid- oder Polyesterharz auf die Fläche laminieren und die ganze Sache aushärten lassen.

Nach Trocknen das Laminat von der Haushaltsfolie lösen, das Flächenmittelstück erneut mit Klarsichtfolie überziehen und das GfK-Laminat mit einigen Tröpfchen Kleber wieder daran sichern.

Für kleinere Flächen-Rumpfübergänge – wie z.B. bei einer *Fw 190* – ist es besser, einige Balsastreifen aufzudoppeln, sie auf unsere „fixierte" GfK-Bodenplatte zu kleben und mittels Klinge, Rundfeile und Schleifpapier auf Form zu bringen.

Für Modelle mit größeren Übergängen – *Spitfire* oder *Zlín 50* – fertigen wir etwa alle 50 mm einen Spant an, auf den wir schmale Streifen aus 3-mm-Balsa kleben. Abbildung 6.81 zeigt dieses Vorgehen. Wenn – wie bei vielen Originalflugzeugen – der obere Abschluß des Übergangs eine kleine Stufe zum Rumpf hin besitzt, gelingt das am besten mittels eines schmalen Streifens 0,4- bis 0,6-mm-Sperrholz, dieser wird nämlich bei den später noch notwendigen Schleifarbeiten nicht so leicht beschädigt.

Das große Geheimnis eines schönen Flächenübergangs zeigt sich aber erst im Finish. Was wir bestimmt nicht machen sollten, ist, den Flächenübergang einfach nur mit Spannlack und Porenfüller zu behandeln, da genau dadurch Probleme entstehen. Diese Lacke schrumpfen und können den Flächenübergang verformen.

Die Oberfläche daher nach Feinschliff und allen notwendigen Spachtelarbeiten mit einer dünnen Lage Glasgewebe (40 bis 100 g/m^2) versehen und anschließend feinschleifen. Wenn wir als Flächenauflage ein dünnes Sperrholz verwenden, ist es sinnvoll, dieses ebenfalls auf der Unterseite mit einer dünnen Lage Glagewebe zu überziehen. So entsteht ein stabiler, recht „scaliger" Flächenübergang.

Der Übergang von Rumpf und Leitwerk ist eine andere Sache, und in der Regel einfacher als der an der Fläche. Eine Methode, die sich in der Praxis gut bewährt hat, ist die folgende:

Die Ränder der Übergänge werden aus dünnem Sperrholz geschnitten und nach Abbildung 6.83 an den entsprechenden Stellen aufgeklebt. Die Breite der Ränder variiert, abhängig vom Original. Mindestens 6 mm sind aber einzuhalten. Die noch offenen Teile werden nun mit einem Spachtel aus Spannlack oder Harz, angedickt mit Talkumpulver, Microballons oder auch einem Ultra-Leicht-Fertigfiller aufgefüllt. Für Modelle mit recht großen Leitwerkfairings kann aber auch Balsaholz zur Anwendung kommen, dann aber mit Filler nachbehandelt.

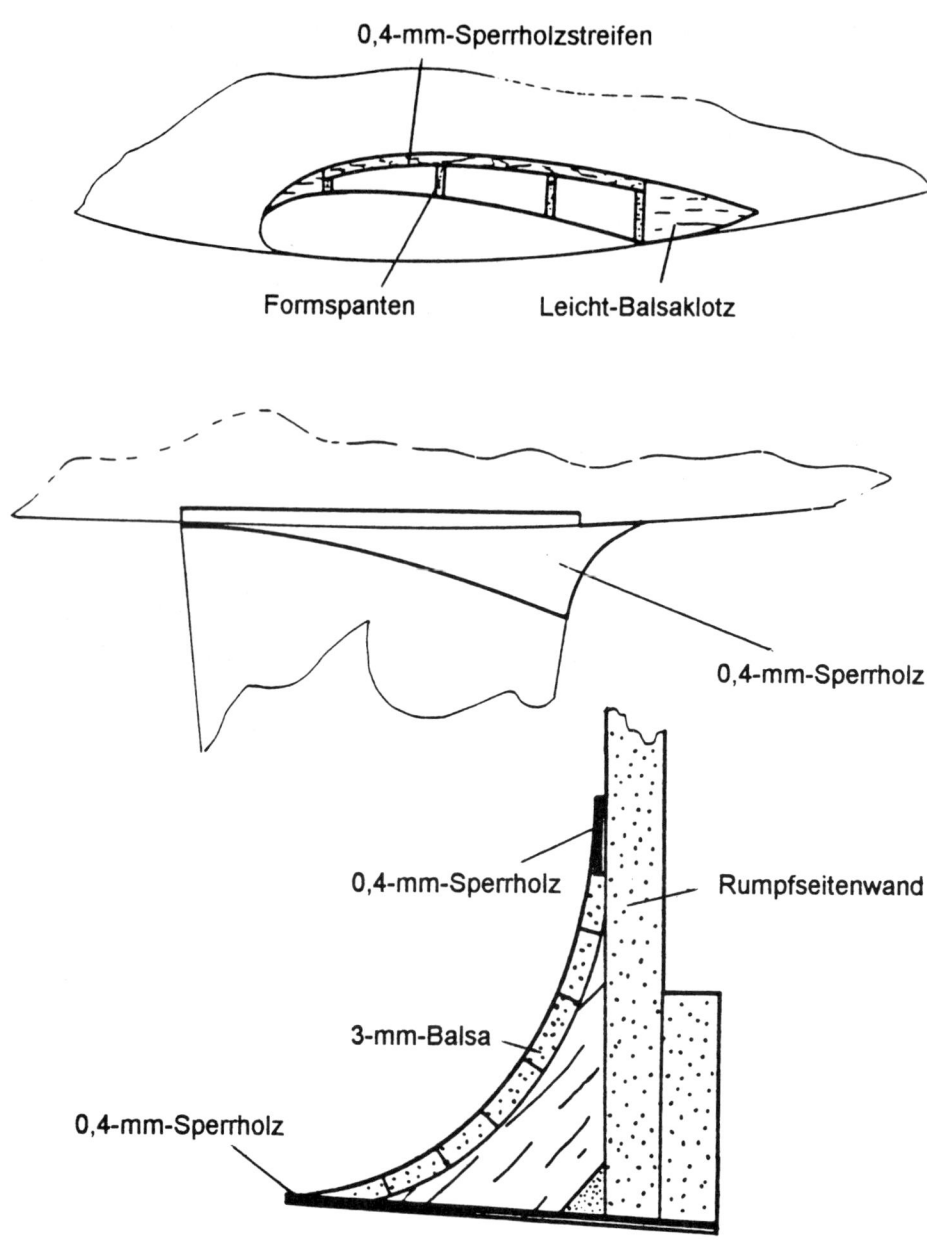

0,4-mm-Sperrholzstreifen

Formspanten   Leicht-Balsaklotz

0,4-mm-Sperrholz

0,4-mm-Sperrholz   Rumpfseitenwand

3-mm-Balsa

0,4-mm-Sperrholz

Abb. 6.81
Übergänge zwischen Rumpf und Fläche können Grund zum Ärger sein, falls sie nicht mit Sorgfalt gebaut und mit einem Finish versehen sind wie im Text beschrieben

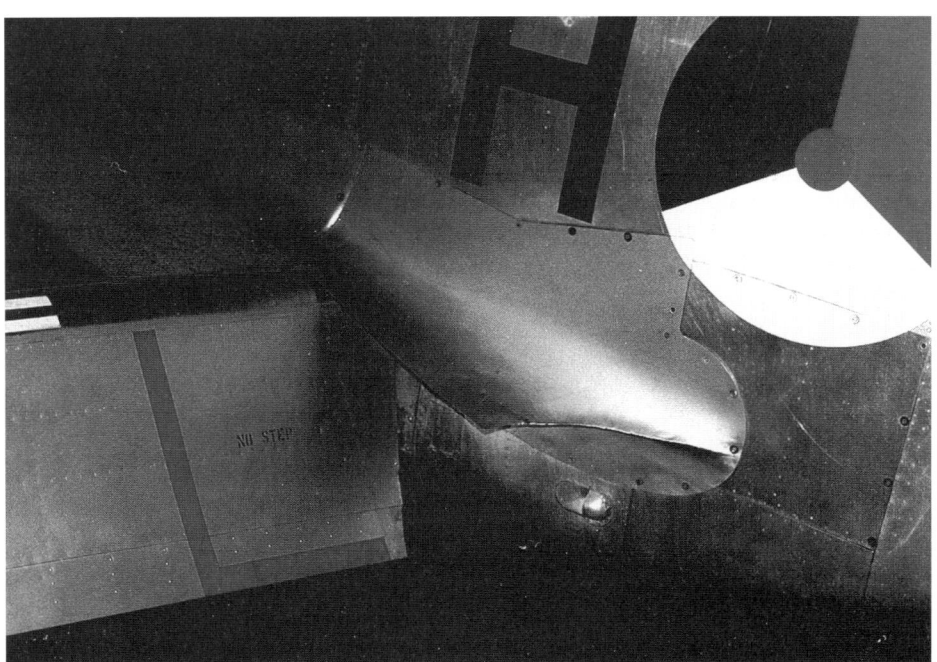

Abb. 6.82
Aufbau eines Original-Fairing, hier an einer P-51 Mustang. Deutlich zu erkennen sind die sehr dünnen Ausläufe und ein enger Spalt zwischen Landeklappe und Flügel

Abb. 6.83
Vorbereitende Arbeit zum Aufbau eines Fairing zum Leitwerk an einer Miles Sparrowhawk. Der Platz zwischen den Sperrholzteilen wird später mit Spachtel bzw. Füller aufgefüllt. Bei größeren Modellen sind sie aber aus Gewichtsgründen zunächst mit Balsa auszufüllen

6.14 Spinner

Obwohl es viele verschiedene Spinner aus dem Modellbauzubehör gibt, verlangen unsere Nachbauten oft nach Formen, die wir eben nicht käuflich erwerben können. Der Selbstbau von Spinnern ist gar nicht mal so schwierig, erfordert aber eine Drehbank und ein wenig Erfahrung. Die Rückplatte besteht aus Stahl, Aluminium oder ähnlichem Material. Da der Konus sauber passen sollte, ist ein Querschnitt gemäß Abbildung 6.84 zu empfehlen. Für die eigentliche Spinnerkappe fertigen wir ein Urmodell aus Holz, an dem wir alle gewünschten Details anbringen.

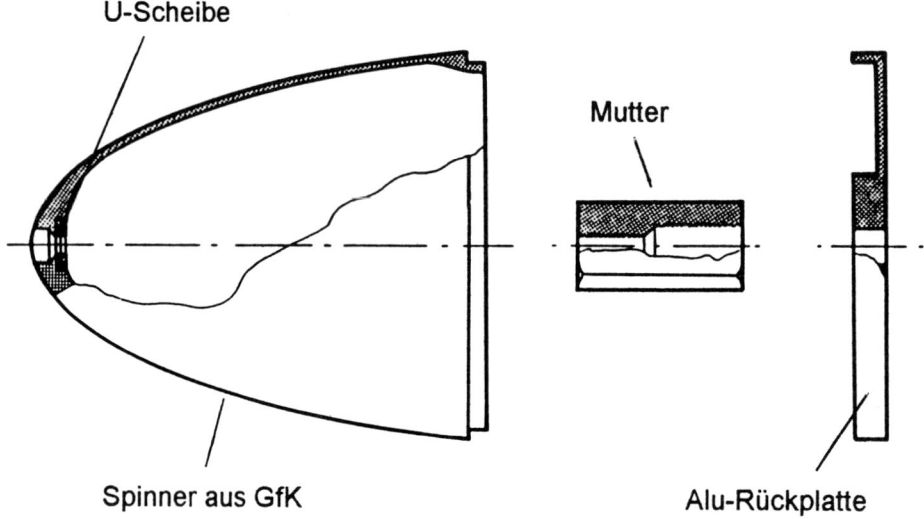

Abb. 6.84
Querschnitt eines Selbstbau-Spinners

In dieses bohren wir am Kopf ein Loch von ca. 4 mm Durchmesser, in das wir einen stählernen Stift stecken, der wiederum ca. 20 mm herausragt. Dieser Stift dient dem Zweck, später ein Loch in der Mitte des Spinnerkonus abzuformen, durch das dann die Befestigungsschraube geführt wird. Jetzt fertigen wir von diesem Spinner eine zweiteilige Negativform an (Abbildung 6.85), genauso wie bei unserer Motorhaube. Nachdem die beiden Negativschalen zum Abformen vorbereitet sind, wird der Stift wieder eingelegt und die gesamte Form samt Stift mit Trennmittel versehen und der Spinner dann laminiert. Zunächst am Spinnerkopf ein Flocken-Harz-Gemisch einlegen und dann einige U-Scheiben auf den Stift auffädeln, um ihn später beim Anziehen der Spinnerschraube nicht zu verformen. Weiterhin ist es wichtig, sorgfältig die Gewebeschichten im Spinner zu verteilen, um Unwucht von vornherein so niedrig wie möglich zu halten.

Nachdem der Spinner laminiert und das GfK ausgehärtet ist, werden die Negativschalen entfernt und die Abschlußplatte angeschraubt. Jetzt brauchen wir nur noch den Spinner auszuwuchten. Dies ist übrigens ein sehr wichtiger Abschnitt des Spinnerbaus und sollte auf keinen Fall vergessen werden!

Hierzu drehen wir zwei mit Spitzen versehene Stifte aus Metall und biegen uns einen Hilfsbock aus Blech, so wie in Abbildung 6.86 gezeigt. Mittels Bleikugeln oder anderer Massen ist die richtige Balance zu ermitteln.

Die Befestigung des Spinners am Motor erfolgt an der Kurbelwelle mittels Hut-Mutter, an deren Ende ein Gewinde eingeschnitten ist. Darin greift die Schraube ein, die die Spinnerkappe an der Rückplatte hält. Obwohl die Herstellung ziemlich zeitaufwendig ist, haben wir so die Möglichkeit, jeden Spinner mit gewünschter Form und Durchmesser zu fertigen, ohne uns auf das zu beschränken, was der Markt so bietet.

Für den Spinner einer *Albatros* z.B. ist es eine Lösung, ihn aus Aluminiumblech zu formen oder auf gleiche Weise wie Motorhauben zu „beschichten", so wie es in Kapitel 11 noch besprochen wird. Der Aluminiumkonus kann anschließend mit kleinen Schrauben an der Rückplatte aus Sperrholz befestigt werden.

Abb. 6.85
Hier die beiden Negativschalen für den GfK-Spinner. Der Ausschnitt an der Oberseite für den Stahlstift ist deutlich zu erkennen

Abb. 6.86
Der fertige Spinner in GfK-Bauweise mit Rückplatte beim Auswuchten. Im Selbstbau ist diese Vorrichtung für jeden Spinner anzufertigen

7. Motoren

7.1 Motoren und deren Einbau

Ein wichtiges Kapitel, denn viele Modelle fliegen ohne Antrieb nur sehr mäßig!

Heutzutage gibt es eine ganze Reihe von Triebwerken. Wohl wissend, daß eine ausführliche Beschreibung dieses Themas den Rahmen des Buchs sprengt, möchte ich auch nur die Scale-Aspekte an dieser Stelle ansprechen.

Zunächst gibt es natürlich die bereits seit Jahrzehnten bewährten Zweitakter. Sie finden aber immer weniger Anwendung – nicht zuletzt durch immer strikter werdende Lärmauflagen. Für Scale-Modelle haben sie aber den Vorteil der geringen Abmessungen, dank derer sie in Modelle mit schlanken Hauben immer noch gut einzubauen sind. Da die meisten Zweitakter aber verhältnismäßig große Dämpfer brauchen, um den Lärmnormen zu entsprechen, geht ihre Verwendung langsam zurück.

Für Großmodelle sind, ebenfalls seit langer Zeit, Benziner sehr beliebt. Die Hauptvorteile dieser Motoren liegen in einem preisgünstigeren Treibstoff und einem günstigeren Verbrauch. Nicht zu vergessen: der sehr realistische Sound! Dazu sind sie im allgemeinen sehr zuverlässig; wir werden nur selten einen Benziner beobachten können, der während des Flugs plötzlich stehenbleibt – leergeflogene Tanks einmal ausgenommen.

Waren es am Anfang oft noch umgerüstete Kettensägenmotoren, gibt es heutzutage eine ganze Reihe speziell für den Modellbau hergestellter Exemplare. Hersteller wie Tartan, 3W oder King bauen seit vielen Jahren kräftige und verhältnismäßig preiswerte Motoren.

Die meisten Scale-Modelle werden aber von Viertaktern angetrieben, und auch hier ist viel passiert, seitdem Enya und OS ihre ersten Exemplare auf den Markt brachten, das ist jetzt 18 Jahre her!

Die heutigen Viertakter sind, im Gegensatz zu den ersten Generationen, kräftige Antriebe, die damit einhergehend aber auch eine erhebliche Zunahme der Lärmemission zeigen. Ein Name soll im Scale-Bereich unbedingt genannt werden, und das sind die mittlerweile fast legendären britischen Laser-Motoren. Ihr Hersteller, Neil Tidey, hat von Anfang an versucht, die besten Viertakter herzustellen, egal, was es kostet. Im Gegensatz zu anderen Motoren sind die britischen Viertakter aus dem vollen gefräst, haben eine niedrigere Einbauhöhe als vergleichbare Konkurrenzprodukte und sind äußerst zuverlässig, auch ohne Zusatz von Nitromethan und Verwendung von teuren Viertaktkerzen. Es ist also kein Wunder, daß diese Motoren bei jedem Wettbewerb auf vorderen Plätzen zu finden sind.

Auch die Verwendung von E-Antrieben findet heutzutage immer mehr Anhänger, besonders bei Liebhabern von Mehrmots, oft kombiniert mit Impellern. Durch die geringen Einbaumaße und den heutzutage vorhandenen längeren Laufzeiten ist der Elektroantrieb sicher eine der besten Alternativen für die Zukunft. Nachteilig ist aber immer noch das hohe Gewicht der Akkus, aber auch hier bleibt die Technik bestimmt nicht stehen. Heute haben wir bereits NiCd-Akkus mit der doppel-

Abb. 7.1
Ein typischer Viertakter, hier ein Saito FA-80

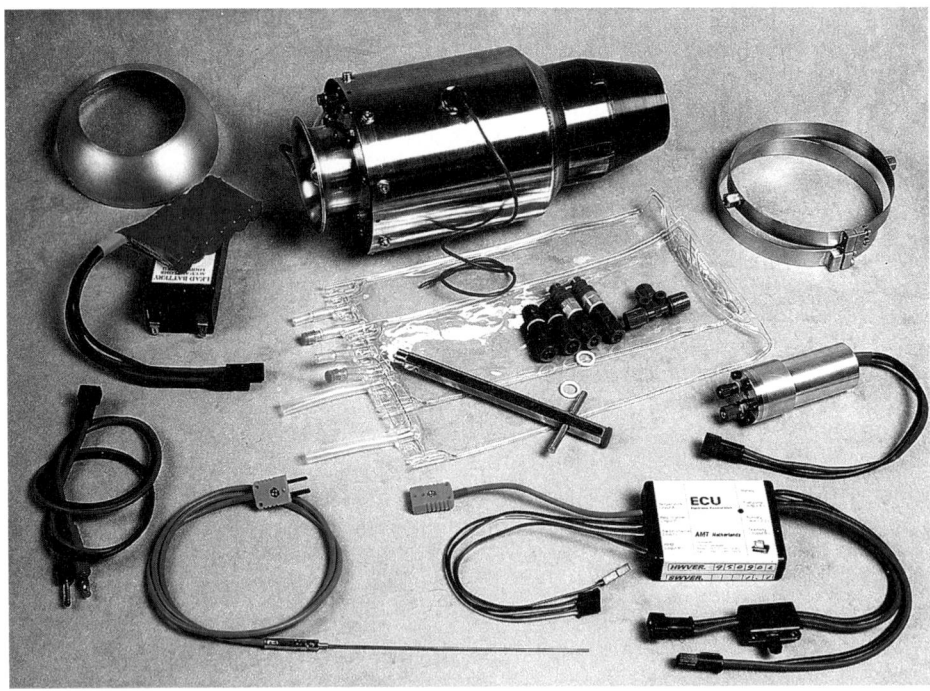

Abb. 7.2
Eine der weltbesten Gasturbinen kommt von AMT aus Holland. Die Pegasus besitzt einen
Standschub von ca. 7 kg und wird als Komplettsatz geliefert

ten Kapazität gleich großer Zellen von vor 5 Jahren. Wer weiß, was die nächsten Jahre noch bringen? Auch die neuen bürstenlosen Motoren stehen noch nicht am Ende ihrer Entwicklung!

Es gibt auch noch einen kleinen Anteil an Pulsorohren, doch durch die sehr hohen Lärmemissionen sind sie nur beschränkt einsetzbar und deswegen hier nicht weiter beschrieben.

Eine separate Klasse für sich sind aber Turbinen, die dank ihres äußerst leisen und kraftvollen Laufs wohl die größte Innovation der letzten Jahre verkörpern. Abbildung 7.3 zeigt einmal den Querschnitt durch eine solche Turbine, deren Arbeitsprinzip einmal kurz erklärt sei:

Die Basis ist eine durchgehende Welle, auf die zwei „Rotoren" montiert sind. Der vordere nennt sich Verdichter, saugt Luft an, komprimiert sie und bringt sie in die Verbrennungskammer. Dort wird Kraftstoff eingespritzt und das Kraftstoff-Luft-Gemisch entzündet. Dieses expandiert nun, strömt nach hinten ins Freie, sorgt für Schub und treibt gleichzeitig das hintere „Rad" an. Da dieses und der Verdichter auf einer Welle sitzen, sorgt die Verbrennung dafür, daß das Verdichterrad weitere, komprimierte Frischluft in die Brennkammer leitet und der Prozeß konstant weiterläuft. Durch die sehr hohen Drehzahlen, ca. 125 000 min^{-1}, ist die Herstellung von Modellturbinen eine Präzisionsarbeit, und die ist teuer. DM 6000,– für ein Exemplar mit ca. 7 kg Standschub sind nichts Außergewöhnliches. Durch den niedrigeren Lärmpegel sind sie jedoch der Ersatz für Impeller und auf Wettbewerben mehr und mehr auf vorderen Plätzen zu finden.

Da ein Großteil unserer Modelle heutzutage aber immer noch von Zwei- und Viertaktern angetrieben wird, werden wir uns hier auf deren Einbau und das Drumherum beschränken.

Im Gegensatz zu Zweckmodellen, wo fast alles darauf ausgelegt ist, den Motor gut erreichen zu können, versuchen wir bei Scale-Nachbauten so wenig wie möglich vom Motor herausragen zu lassen. Bei Modellen wie einer *Heinkel He-18, Hawker Tomtit* oder eines aus der *Avia BH*-Reihe gelingt es manchmal noch, einen der Originalzylinder gegen unseren Motor auszutauschen und den Antrieb so noch einigermaßen verbergen zu können. Bei einer *SE 5a* oder einer *Fokker D-VII* reicht es oft, den Motor direkt in die Attrappe einzubauen und das obere Teil abnehmbar zu gestalten, sollten wir denn an Scale-Wettbewerben teilnehmen wollen.

Die meisten Modelle sind aber mit einer verschlossenen Haube versehen, und um die wollen wir uns jetzt kümmern. Hier ist die Kühlung des Motors ohne Zweifel eine der größten Schwierigkeiten. Glücklicherweise sind diese Probleme nicht unüberwindbar, es gibt sogar verschiedene gute Lösungen. Meistens ist es gar nicht mal das Problem, ausreichend Luft in die Haube zu bekommen, sondern die erhitzte Luft wieder nach außen zu leiten! Bei Modellen mit *Tiger Moth*-ähnlichen Hauben sind da nur wenig Kompromisse notwendig. Wir haben es aber mit einem ganz anderen Problem zu tun: Die Öffnungen liegen auf der „falschen" Seite der Haube, da Modellmotoren in der umgekehrten Richtung gegenüber den Motoren in den Originalen drehen. Bei einer *Bf 109, Spitfire* oder *P-39* sieht es noch anders aus, denn diese Maschinen hatten eine völlig geschlossene Motorhaube, unter der das Triebwerk mit einem „Schuhanzieher" eingesetzt war. Also, keine Einlaßöffnung und fast kein Platz für den Schalldämpfer.

Fangen wir mit dem Lufteinlaß an, den brauchen wir ja unbedingt. Viele Modelle – auch in den oberen Regionen der F4C-Szene, haben einen Teil des Zylinder-

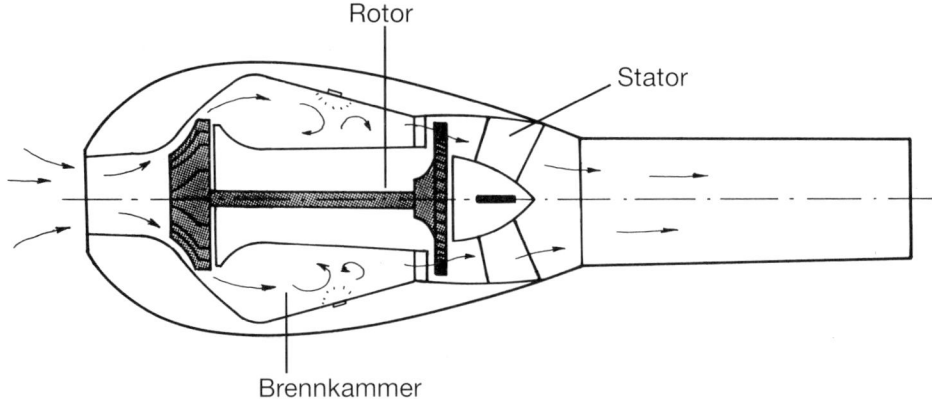

Abb. 7.3
Schematische Darstellung einer Gasturbine. Mit der heutigen Technologie läßt sie auch im Modellbau zuverlässiges Fliegen zu

kopfs im freien Luftstrom hängen und benutzen dazu einen einfachen Deckel, der während des Flugs nach innen geklappt wird. Nun kann der Motor mittels Luftleitblechen auf jeder Seite des Zylinders mit kühler Frischluft versorgt werden. Es ist wichtig, diese Leitbleche – meist aus Aluminium – schräg in die Haube zu kleben, damit dahinter Unterdruck entsteht und so die heiße Luft auch wieder entweichen kann. U-förmige Leitbleche sind zwecklos, da sie der heißen Luft keine Chance geben, sich vom Zylinderkopf auch wieder zu entfernen (Abbildung 7.4).

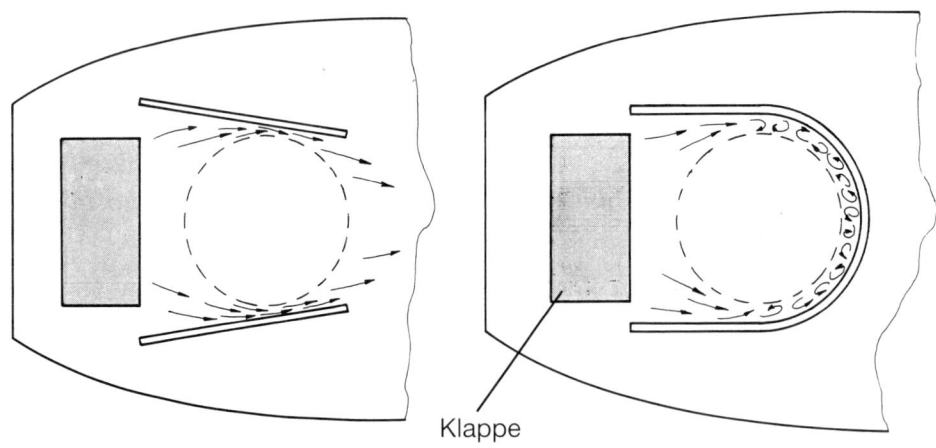

Abb. 7.4
Die Luftleitbleche sind immer schräg zu plazieren, dadurch entsteht ein Unterdruck nach Passieren des Zylinders und somit eine Saugwirkung. Größter Fehler aber sind U-förmige Bleche, sie schirmen den Motor ab, die erwärmte Luft kann nicht entweichen

124

Ein weitere Möglichkeit ist es, die Original-Lufteinlässe zu nutzen. Motoren in einer *Mustang*, *Hurricane*, *Hawker Fury* oder sogar – mit etwas mehr Zeitaufwand – einer *Bf 109* sind so zu kühlen. Nachteil ist hier der Umstand, daß wir eine ganze Konstruktion in den Rumpf bauen müssen, mit dem dazugehörigen Mehrgewicht (Abbildung 7.5). Auch ist es wichtig, Verwirbelungen zu minimieren, denn eine nichtlaminare Strömung bringt neben einer gewissen Erhöhung des Widerstands fast keine Kühlung des Motors!

Über die Größe des Auslasses sind viele Mythologien in die Welt gesetzt worden. Es ist nicht zwingend vorgeschrieben, daß die Auslaßseite unbedingt die 1,5fache oder doppelte Fläche der Einlaßseite haben muß, denn diese ist abhängig von verschiedenen Faktoren. Leider hat – soweit bekannt – hier noch keiner experimentiert, um die günstigsten Verhältnisse herauszufinden.

Außerdem ist mit den bereits beschriebenen Turbulenzen innerhalb der Haube zu rechnen. Je effektiver die Strömung, um so kleiner kann die Auslaßöffnung ausfallen.

Zweitens ist die Position entscheidend, an der die heißen Gase nach außen gelangen. Wenn dies an der Rückseite der Haube geschieht, sollten wir immer versuchen, den Auslaß so groß wie möglich zu halten.

Wenn der Auspuff hingegen auf der Unter- oder an einer der beiden Seiten der Haube herauskommt, eventuell sogar in einem Originalauspuffrohr – sieht die Sache schon anders aus.

Während des Flugs entsteht an den Rumpfseiten Unterdruck, den wir nutzen können. Um die Auspuffrohre herum nach Abbildung 7.6 ein paar Millimeter frei lassen und vielleicht zusätzlich an der Unterseite noch ein paar Bohrungen vorsehen. So wird die warme Luft in der Haube einfach nach außen gesaugt.

Wenn wir uns für eine gänzlich geschlossene Haube entschieden haben, ist eine gute Führung der Kühlluft für den Motor lebensnotwendig. Eine oft verwendete Lösung ist die sogenannte „umgekehrte" Kühlung. Hier dienen Einlässe des Originals für die Zufuhr von frischer Luft, und diese wird dann gegen die Flugrichtung durch ein Rohr auf den Zylinder geleitet. Da kein Auslaß für die erwärmte Luft vorhanden ist, ist es notwendig, zwischen Spinner-Rückplatte und vorderem Abschluß der Motorhaube einen 5 mm breiten Spalt freizuhalten. An die Rückseite des Spinners wird dann nach Abbildung 7.7 ein Radiallüfter montiert, der nun die warme Luft aus der Motorhaube nach außen befördert. Falls wir vorhaben, an einer Weltmeisterschaft mitzufliegen, lohnt sich das Mehrgewicht und der größere Aufwand vielleicht. Wenn nicht, dann ist einer der zuvor beschriebenen Wege empfehlenswerter. Es ist aber möglich, ein Modell mit völlig verschlossener Motorhaube zu fliegen – ohne Gefahr, den Motor dabei zu überhitzen.

Bei Schalldämpfern müssen wir oft Kompromisse eingehen, denn nicht immer erlaubt das Modell den Einbau einer kompletten Schalldämpferanlage unter der Haube. Wenn doch, dann ist die Kühlung des Dämpfers wieder eine heiße Sache.

Für Semi-Scale-Modelle reicht es meistens aus, die Unterseite der Haube mit einem Loch zu versehen und die Abgase hierdurch nach außen zu leiten. Eine weitere Möglichkeit besteht (besonders bei kleinen Modellen) darin, die Dämpfer außen am Rumpf zu plazieren. Besonders bei kleinen Viertaktern und deren Dämpfern stört das kaum. Dazu kommt, daß wir an erster Stelle Spaß an un-

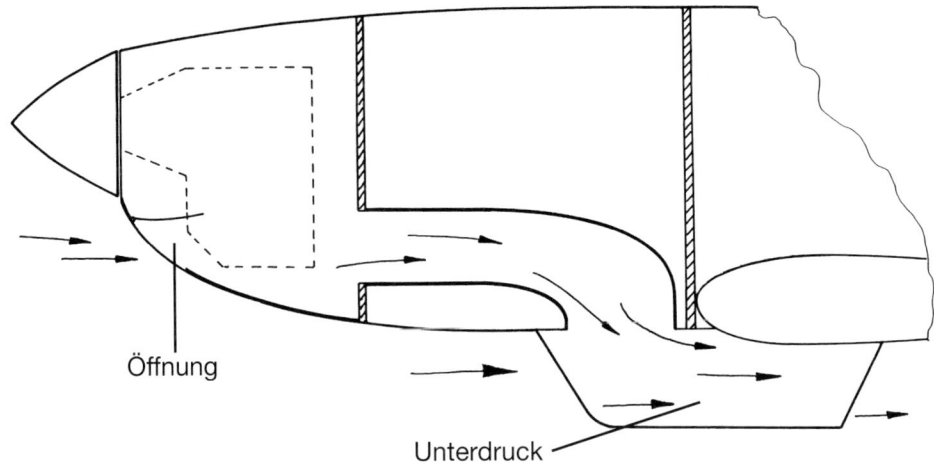

Öffnung

Unterdruck

Abb. 7.5
Wenn unser Vorbild nur mit Lufteinlässen aber nicht mit -auslässen versehen ist, kann diese Abluftführung eine Hilfe sein. Ein Einbaubeispiel an einer Maschine aus den 30er Jahren, aber auch bei Jägern des Zweiten Weltkriegs ist dieser Weg gangbar

Abb. 7.6
Ein weitere Hilfe zur Kühlung sind die Auspuffattrappen. Sie werden mit einem Spalt zwischen Haube und Auspuff montiert und an der Unterseite ausgehöhlt. Auch hier entsteht im Flug eine saugende Wirkung, die uns hilft, warme Luft aus der Haube zu führen

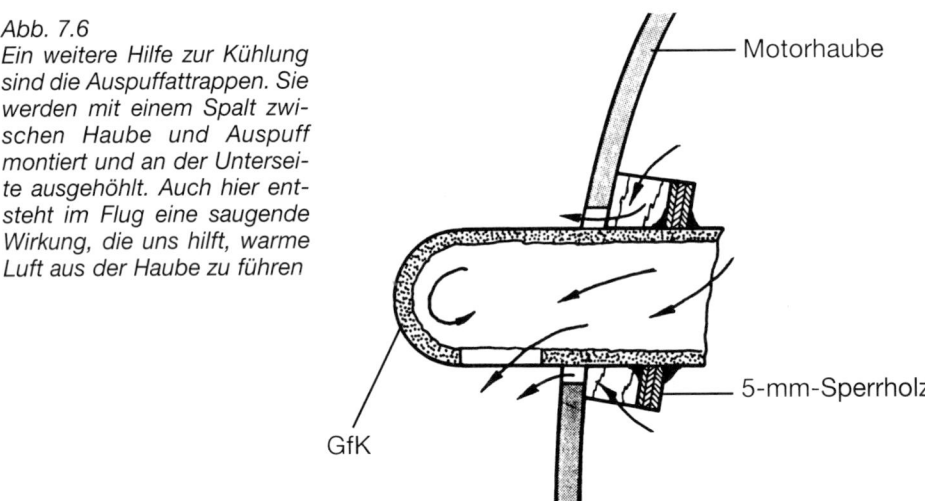

Motorhaube

5-mm-Sperrholz

GfK

serer Freizeitbeschäftigung haben wollen und der Schalldämpfereinbau in einer *Bf 109 G* mit einer Spannweite von 1400 mm alles andere als spaßig ist! Inwieweit der Dämpfer stört, muß natürlich jeder für sich selbst entscheiden.

Es gibt Hersteller, die für viele Einbauvarianten fix und fertige Lösungen anbieten. Abbildung 7.8 zeigt ein solches System. Hier werden an einen Universal-Adapter verschieden große Expansionsdämpfer angeschlossen. Oben genannte Abbildung zeigt den Einbau eines solchen Systems in einer Brian Taylor-*Spitfire 1A*, hier mit einem OS 61 FSR. Leider ist dieses System nur für Zweitakter lieferbar, aber sicherlich werden innovative Modellbauer es auch an Viertakter anpassen können.

Auch der Selbstbau von Schalldämpfern ist möglich und gar nicht so schwierig, wie es scheint. Manchmal bietet der Selbstbau sogar die bessere Lösung, da wir dadurch in der Lage sind, das System genau an die Form der Motorhaube anzupassen und das Auspuffrohr exakt an der richtigen Stelle zu positionieren.

Als Materialien haben sich hier Messing- oder Stahlblech bewährt, geformt aus alten Konserven oder Blechplatten. Große Materialstärken brauchen wir aber nicht. Nur so viel, daß sich die Teile gut hartlöten lassen. Abhängig von der gewünschten Größe ist die jeweilige Blechstärke auszuwählen. Aber aufpassen: Entweder wiegt die Sache hinterher so viel wie Blei oder ist mechanisch zu schwach. Da wir aber im Regelfall Gewicht in der Nase brauchen, ist die Masse des Eigenbaudämpfers oft von geringerer Bedeutung. Wir sollten aber nicht vergessen, daß durch die Vibration des Motors die Verbindungsteile zu einem schweren Dämpfer erheblich mehr belastet sind. Blech ist im Modellbaugeschäft zu erhalten, aber man sei vor den fast astronomischen Preisen gewarnt, die hier verlangt werden. Der Schalldämpfer-Eigenbau verlangt – wie gesagt – keine riesige Investition an Zeit, Geld oder Fachkenntnissen. Jeder, der mit Zinn/Blei löten kann, kann mit etwas Übung auch hartlöten. Beim Schalldämpferbau sind aber dennoch einige Dinge zu beachten, die Werner Frings bereits in seinem Buch „Modellmotoren in der Praxis" (erschienen im Neckar-Verlag) ausführlich beschrieben hat und die deshalb an dieser Stelle nur kurz ins Gedächtnis gerufen werden sollen.

Ebene Flächen in Dämpfern sollten gemieden werden, da der Schall sich sonst zwischen diesen „hin und her" bewegen kann und so eine weniger effektive Dämpfung erreicht wird.

Wenn die Gase in den Dämpfer einströmen, sollten sie expandieren können, sonst verursacht der Dämpfer Leistungsverluste, und gerade das wollen wir ja nicht. Deshalb also versuchen, das Innenvolumen so groß wie möglich zu halten. Hier setzen auch die mechanischen Eigenschaften des verwendeten Blechs Grenzen. Da wir bei fast allen Scale-Modellen ohnehin zu wenig Platz zur Verfügung haben, können wir diesen Aspekt ein wenig außer acht lassen.

Neben der Möglichkeit des Expandierens der Gase ist es notwendig, ihre Strömung zu beruhigen; Mehrkammerdämpfer oder die Verwendung eines mit kleinen Löchern versehenen Einlaßrohrs sind hier möglich.

Da der Schalldämpferbau für jedes Modell individuell ist, kann es hier nicht gelingen, fix und fertige Lösungen vorzustellen. Die Abbildungen und Bilder sollten aber ausreichen, die eigene Kreativität zu wecken.

Für Viertaktmotoren gibt es eigentlich nur zwei bewährte Verbindungen zwischen Motor und Dämpfer, nämlich mittels Teflon oder gasdichtem Metallschlauch. Verbindungen aus Silikon sind für Viertakter nicht nutzbar, da sie durch die hohen Abgas-Temperaturen verbrennen.

Es gibt auch Modellbauer, die Metallschlauch als Dämpfer verwenden; die *Sopwith Camel* von Mick Reeves ist ein Beispiel dafür. Sie hat nur zwei lange Rohre im Rumpf, und der V-Laser-Motor schafft damit sogar die 80 dB(A)-Grenze. Der gleiche Dämpfer an einem Laser-Einzylinder des Verfassers zeigte hingegen das Gegenteil: Sobald das Vergaserküken mehr als 30% offen war, machte sich *Stuka*-ähnlicher Lärm breit! Abbildung 7.9 zeigt den nachträglich gefertigten und montierten Dämpfer, mit dem der Lärm wieder in legale Bereiche gebracht werden konnte.

Abb. 7.7
Wenn die Haube unbedingt geschlossen sein muß, hilft nur ein Radialgebläse auf der Rückseite des Spinners. Dieses „schleudert" die warme Luft zwischen Spinner und Motorhaube ins Freie. Da diese Kühlung in „umgekehrter" Flugrichtung erfolgt, ist die Effizienz nicht besonders groß. Sorgfältig ausgeführt, funktioniert das aber ohne Probleme

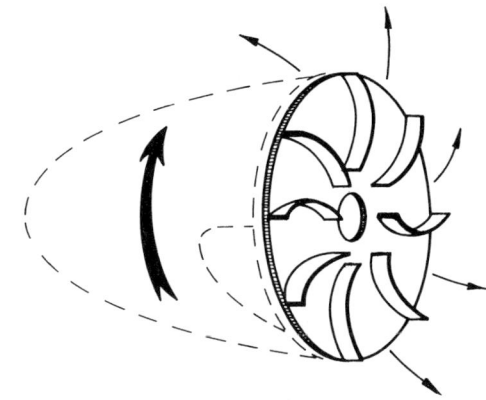

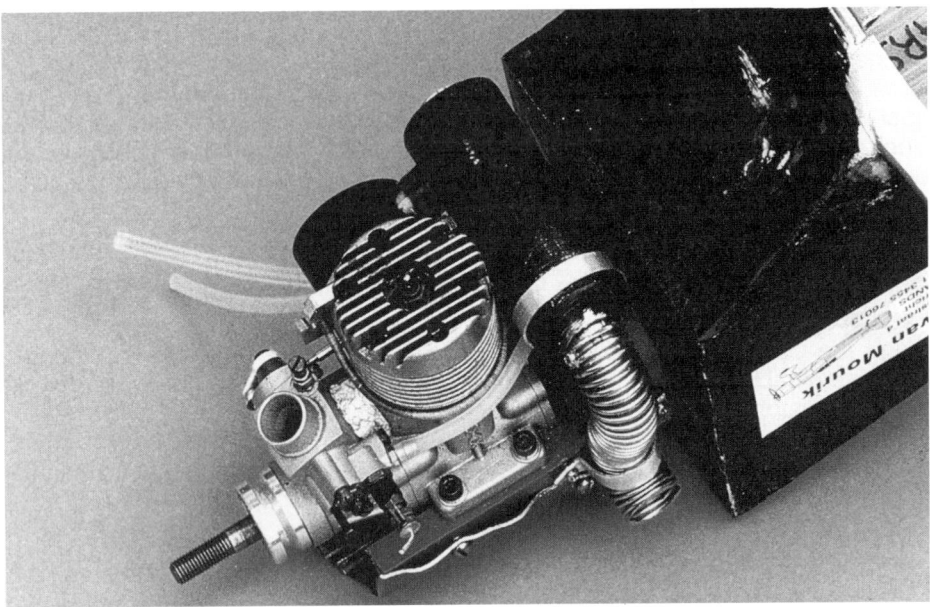

Abb. 7.8
Einbau eines 10er-Zweitakters in einer Spitfire. Der zweigeteilte Schalldämpfer ist gut zu erkennen. Der Wellschlauch führt zum „Originalauspuffrohr", damit kann der Motor gänzlich unter der Haube versteckt werden

Nicht nur mit Hilfe eines Dämpfers, sondern auch mit einer ordentlichen Aufhängung des Motors können wir von vornherein Lärm vermeiden. Bis heute hat die Scale-Szene dabei aber nur wenig Innovationsarbeit geleistet, denn die Motoren in Scale-Modellen laufen fast nie auf Maximaldrehzahl. Die Hauben, unter denen die Motoren gut versteckt sind, verringern den Lärm auch noch ein wenig. Wir sind jetzt jedoch an einem Punkt angelangt, an dem auch die Scale-Modellflieger um eine weitere Lärmreduktion nicht herumkommen werden.

Bis jetzt wurde für einen Großteil der Modelle die in Kapitel 6 beschriebenen Eigenbauträger aus Buchenholz verwendet. Mehr und mehr kommen aber auf Gummis aufgehängte Trägereinheiten zum Einsatz.

Abb. 7.9
Eigenbau-Schalldämpfer sind gar nicht so schwer zu realisieren und bieten oft eine Lösung für ganz spezifische Einbauprobleme. In der schmalen Haube dieser Zlín war zum Beispiel kein Platz für einen handelsüblichen Dämpfer. Ein Eigenbau brachte hier die Lösung. Das helle Material zwischen Schalldämpfer und Motorspant ist ein hitzereflektierendes Material aus dem Originalflugzeugbau

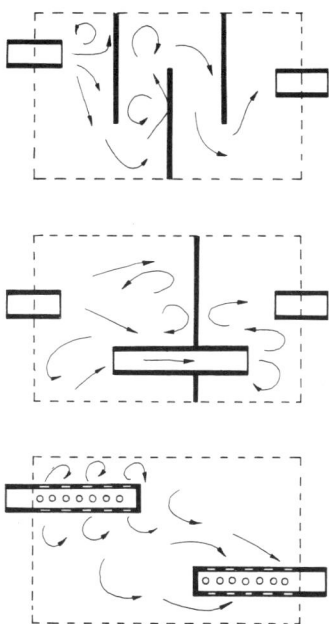

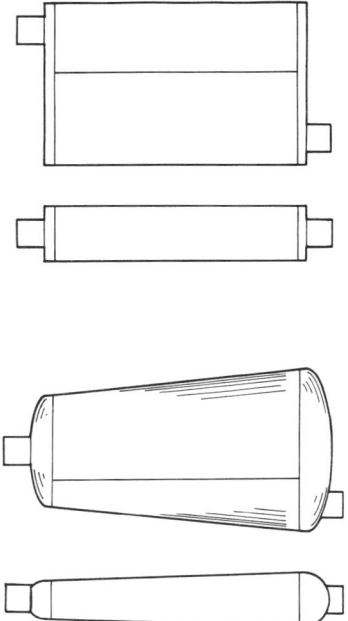

Abb. 7.10
Auch im Schalldämpferbau führen viele Wege zum Ziel. Einige sind hier als Schema dargestellt

Abb. 7.11
Ganz wichtig bei der Auslegung des Schalldämpfers ist es, winklige Ecken und parallele Strecken zu vermeiden, da hier der Lärm reflektieren kann

129

Abb. 7.12
Leise und kraftvoll ist machbar! Dieser Laser 120 in einer Thunderbolt von Top-Flite hat hinter dem Seriendämpfer noch einen Zweikammerdämpfer adaptiert bekommen. Das Modell ist damit äußerst leise, und das ist gerade in der heutigen Zeit besonders wichtig. Um dem Motor Kühlluft zuzuführen, ist die Zylinderattrappe aus Kunststoff ausgeschnitten. Dem Motor reichte das zur Kühlung, der Attrappe aber nicht, beim dritten Flug verschmorte sie

Abb. 7.13
Auch Benziner sind leise zu betreiben. Tony Clark bietet zum Beispiel ein Komplettset an, um einen Motor auf Schwinggummis aufzuhängen, rotatorische Bewegungen werden dabei durch kleine Stoßdämpfer gemindert, hier an einer Brewster Buffalo von Ed Pot

7.2 Antriebsvarianten

Fangen wir mit einem herkömmlichen Antrieb durch Luftschrauben an, deren Durchmesser zusammen mit der Steigung maßgebend für deren Effektivität ist. Bei Luftschrauben verhält es sich ähnlich wie bei Tragflächen, es gibt ganz unterschiedliche Formen, daraus resultierend auch unterschiedliche Leistungen. Hauptsächlich sorgt aber ein größerer Durchmesser für eine effizientere Umsetzung der Motorkraft. Zum einen, weil die „Randbögen" so weiter von der Mitte entfernt sind und dadurch Wirbelverluste weniger Einfluß haben. Zum anderen bedeutet eine geringe Vergrößerung des Luftschrauben-Durchmessers, daß gleich eine viel größere „Luftfläche" berührt wird. Nehmen wir als Beispiel eine 30-cm-Luftschraube. Sie hat eine Kreisfläche von 15^2 x 3,14 = 706,5 cm^2. Wenn wir jetzt eine Latte mit 5 cm mehr Durchmesser verwenden, ergibt sich daraus eine Oberfläche von ca. 961 dm^2. Bei einer Erhöhung des Durchmessers um 6% haben wir es also gleich mit 36% mehr Kreisfläche zu tun. Dabei bedingt eine größere Luftschraube auf dem gleichen Motor eine Verringerung der Maximaldrehzahl, was sich dann sowohl auf die Lärmemission als auch auf eine weitere Steigerung der Effektivität durch Verminderung von Randbogenturbulenzen bemerkbar macht.

Die von uns gewünschte Steigung der Luftschraube ist weitgehend abhängig vom Modell und den gewünschen Flugeigenschaften. Das Maß, meist in Zoll angegeben, sagt uns, wie weit sich eine Luftschraube bei einer kompletten Drehung durch die Luft nach vorne bewegt – vom Schlupf einmal abgesehen. Eine Luftschraube mit 12 Zoll Steigung zieht sich also um 12 Zoll, d.h. ca. 30 cm nach vorne. Die Auswahl der richtigen Steigung können wir zum besseren Verständnis mit dem Getriebe eines Autos vergleichen. Schalten wir vom Stand in den ersten Gang (vergleichbar mit einer geringen Steigung), fährt unser Auto zwar schnell an, erreicht aber keine große Geschwindigkeit. Schalten wir dagegen hoch in den

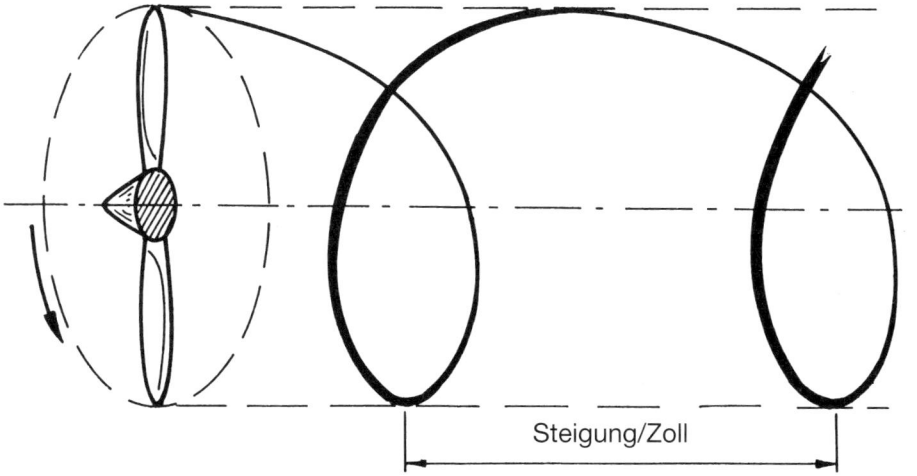

Steigung/Zoll

Abb. 7.14
Der älteste Antrieb von Flugzeugen, die Luftschraube: Der mögliche Vorschub ohne Schlupf nach einer kompletten Umdrehung nennt sich Steigung, meist in Zentimeter oder Zoll angegeben

dritten Gang (vergleichbar mit einer hohen Steigung), dauert es länger, bis wir die Höchstgeschwindigkeit erreichen, aber die ist dann auch deutlich größer. In der bemannten Luftfahrt hat man dieses Problem bereits seit vielen Jahrzehnten erkannt und verwendet daher Luftschrauben mit verstellbarer Steigung, um sie so an die entsprechende Fluggeschwindigkeit anzupassen. Im Modellbau müssen wir aber meistens mit weniger Luxus auskommen und verwenden daher Luftschrauben mit fester Steigung. Die Auswahl ist – wie gesagt – weitgehend abhängig von Modelltyp und Flugeigenschaften, aber auch die mögliche Motorleistung ist hier ein wesentlicher Faktor. Wir sollten uns an die von den Motorenherstellern vorgeschlagenen Größen halten, die meist eine Auswahl zwischen einer kleinen Luftschraube mit großer Steigung für schnelle Modelle und einer mit wenig Steigung und größerem Durchmesser für langsamere Modelle ist. Es sei hier noch gesagt, daß bei Einsatz von Viertaktern der „Einfluß" der Luftschraube viel größer ist als bei Zweitaktern. Es lohnt sich immer, einige Experimente mit verschiedenen Luftschrauben durchzuführen, um herauszufinden, welche Kombination die beste Leistung bringt.

Liebhaber von Jet-Modellen akzeptieren hingegen nicht, daß sich irgendwo an der Nase eine Luftschraube befindet. Von Anfang an haben daher engagierte Modellbauer Versuche gemacht, den gesamten Antrieb innerhalb des Modells zu installieren. Doch dabei gab es einige Schwierigkeiten.

Erstens ist es notwendig, bei einer kleinen, integrierten Luftschraube den Motor entsprechend zu belasten und am Ende dabei auch noch genügend Kraft zum Fliegen zu erzielen. Die Blattzahl war zu vergrößern, ihre Form zu ändern, und nach vielen Jahren der Experimente sehen heute fast alle Hersteller von Impellereinheiten fünfblättrige Rotoren als ideal an.

Zum anderen sind die höheren Geschwindigkeiten vom Jet-Modell ein Grund für weitere Überlegungen. Beim Impellerantrieb ist das Kraft-Gewicht-Verhältnis ganz wichtig, um ein solches Modell scaleähnlich fliegen zu können. Dieses sollte 1:0,9 bis 1:1 betragen. Das bedeutet, daß wir bei einem Modell mit 5000 g Abfluggewicht einen Antrieb benötigen, der zwischen 4500 g und 5500 g Schub entwickelt. Nur so ist es möglich, ein Modell großräumig zu fliegen, mit riesigen Loopings und langsamen Rollen!

Ebenfalls ist es notwendig, daß ein solches Modell ausreichend Geschwindigkeit aufbauen kann, um einen flüssigen Flugstil zu zeigen. Da hier weniger das Flächenprofil die Geschwindigkeit vorgibt, ist die Verwendung eines Rotors mit hoher Steigung die einzige Lösung. Wie auch bei Luftschrauben, ergibt eine hohe Steigung bei den Rotoren eine erhöhte Höchstgeschwindigkeit, aber auch einen deutlich niedrigeren Standschub.

Obwohl in den letzten Jahren mit E-Impeller-Modellen erfolgreich experimentiert wurde, finden sich heute als Antriebe fast immer noch ausschließlich Zweitakter mit 6,5 bis 15 cm³ Hubraum. Des weiteren betragen die Querschnitte des Impellerrohrs ca. 100 mm für die kleineren Hubräume und max. 150 mm für die 15er. Bei diesen Größen ist die Effizienz der Einheit optimal. Für unsere Modelle bedeutet das, daß erhebliche Abweichungen der Modellumrisse manchmal nicht zu vermeiden sind. Eine Me 262 ist daher als richtiges Scale-Modell mit maßgenauen Motorgondelquerschnitten als Impellermodell nicht zu realisieren.

Obwohl sehr bedeutend, ist der Durchmesser leider nicht die einzige Einschränkung. Die von einem Impeller zur Verfügung gestellte Kraft ist bei Scale-Modellen von vier Faktoren abhängig, die hier kurz erklärt seien.

1) Motorleistung

Jeder Impeller absorbiert – wie alles, was von einem Motor angetrieben wird – die Energie des Antriebs. Es ist wichtig, den ausgewählten Motor mit dem Impeller unserer Wahl sorgfältig zusammenzustellen, um nicht von vornherein einen zu starken Motor oder einen zu viel Leistung aufnehmenden Impeller miteinander zu verbinden. Oftmals finden sich in Fachzeitschriften Motorkennlinien, aus denen die Leistungsabgabe hervorgeht, und die Hersteller von Impellern sollten zu ihren Produkten eine Leistungsaufnahmekurve mitliefern, damit wir uns aus mehreren möglichen Kombinationen für die richtige entscheiden können. Viele Hersteller haben ihre Hausaufgaben aber bereits gemacht und empfehlen bestimmte Motortypen in den beiliegenden Anleitungen. Abbildung 7.15 zeigt verschiedene Möglichkeiten bei der Auswahl für eine Motor-Impeller-Kombination auf.

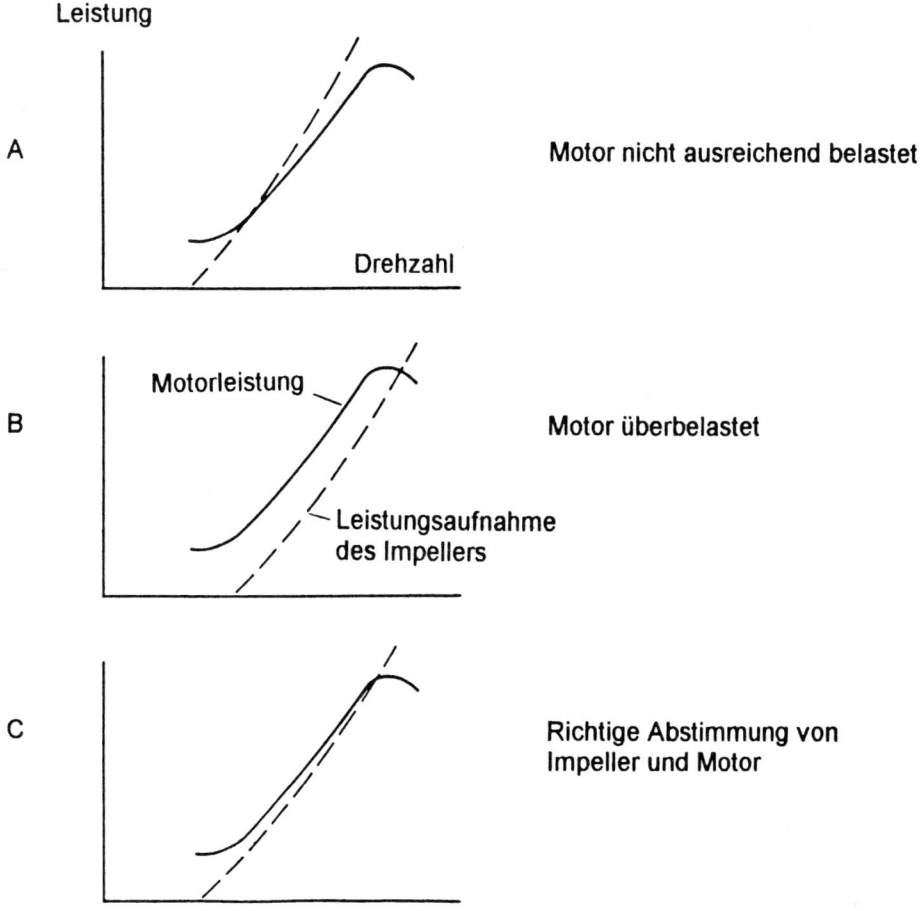

Abb. 7.15
Es ist äußerst wichtig, sorgfältig die richtige Motor-Impeller-Kombination auszuwählen. Die Leistungskurve des Motors muß mit dem Leistungsbedarf (ebenfalls als Kurve dargestellt) des Impellers übereinstimmen. Glücklicherweise bieten hier einige Hersteller Motor und Impeller als abgestimmtes Set an

2) Impellereffizienz

Im Vergleich zu Luftschrauben haben Impeller (noch) eine verhältnismäßig niedrige Effizienz. Gar nicht einmal der Rotor selbst, denn dieser ist fast so wirkungsvoll wie eine Luftschraube, aber die Gesamtkonfiguration. Hier haben wir, nebst den am Rotorblatt auftretenden Verlusten auch noch welche durch den Lufteinlaß (siehe auch Einlaßquerschnitt und -form), den Widerstand des Motors und Verluste durch die Statorform. Heutzutage sind Impeller mit einem Wirkungsgrad von etwa 85% am Markt verfügbar, und es sieht nicht unbedingt danach aus, daß weitere Verbesserungen kurzfristig möglich sind.

Weitere Verluste des Impellers entstehen am „Randbogen" des Rotors, denn die Blätter drehen sich ganz dicht an der Innenseite der Ummantelung, und dort entstehen Verluste durch Turbulenzen. Je größer der Abstand zwischen Rotor und Ummantelung ist, desto größer sind sie.

Am besten wäre es, den Durchmesser des Rotors zu vergrößern und damit die Turbulenzen am Randbogen weiter nach „außen" zu bringen. Leider sind wir an diesem Punkt aber von Scaleaussehen und Motorhubraum eingeschränkt.

Auch die Motoren – fast immer Zweitakter – ergeben Widerstandsverluste und damit einen Schubverlust der Impellereinheit. Um die Effizienz zu vergrößern, versuchen viele Hersteller sogenannte Konstant-Druck-Impeller zu fertigen, bei denen durch den Einbau von strömungsförmigen Verkleidungen hinter dem Zylinderkopf und Motorträger der Durchlaß des Impellers und damit die Druckunterschiede konstant bleiben.

Die Statoren bringen natürlich ebenfalls Widerstand, da sie die vom Rotor geformte Einlaßströmung „zurückbiegen" und parallel nach hinten ausrichten sollen. In diesem Bereich wurde ebenfalls viel experimentiert.

3) Einlaßquerschnitt

Um die Effizienz des Impellers nicht noch weiter zu verringern, ist es absolut notwendig, die Einlaßöffnung so zu gestalten, daß deren Oberfläche mindestens dem Querschnitt des Impellers entspricht. Da viele Jets verhältnismäßig kleine Einlaßöffnungen haben, bleibt nichts anderes übrig, als hier ein wenig zu schummeln oder eine extra Öffnung auf der Unterseite des Rumpfs zu schaffen – vielleicht sogar beides. Wenn der Einlaßquerschnitt unter dem 0,85fachen des Rotorquerschnitts liegt, wird die Impellereinheit überlastet.

4) Auslaßquerschnitt

Impeller erzeugen einen in einem Auslaßrohr laufenden Luftstrom. Wenn sich dessen Durchmesser verringert, ergibt das eine Drucksteigerung, die die Ausströmgeschwindigkeit vergrößert, den Standschub aber verkleinert. Das ist der Grund, weswegen bei Original-Jets der Auslaßquerschnitt verstellbar ist; so daß in jeder Fluglage die jeweils beste Leistung zur Verfügung steht. Bei unseren Modellen wird jedoch oft die Null-Konfiguration verwendet. D.h., die Fläche des Auslasses entspricht der des Impellers an der Einlaßseite des Rotors. Die Fläche des Rotor-Spinners wird hierbei übrigens nicht mitgerechnet, so erhalten wir einen Wert, der sich in der Praxis bewährt hat.

Dabei wird die Impellerleistung durch die Länge des Einlaßrohrs und die Form der Einläufe weiterhin beeinflußt. Die Verluste durch große Einlaßlängen sind erheblich, geben uns aber bereits im Vorfeld eine Vorstellung, wieviel unser Antrieb leisten wird.

Um die Leistungsverluste durch einen längeren Einlaß abschätzen zu können, gibt es folgende Formel:

$$\frac{\text{Länge des Einlaufkanals}}{\text{Rotorquerschnitt}} \times 1{,}3 = \%$$

Also, rechnen wir einmal nach: Bei einer Lauflänge vor dem Impeller von 40 cm und einem Durchmesser von 12,5 cm ergibt dies eine Verringerung von:

$$\frac{40}{12{,}5} \times 1{,}3 = 4{,}16\%$$

Die Form und der Radius der Einlauflippen sind nach Abbildung 7.16 auszubilden. Dies ist aber bei den wenigsten Scale-Modellen möglich, deswegen werden wir die Einlaßform des Originals im Nachbau nicht oder gar nicht ändern. Eine Hilfe ist es aber, dem Einlaß im Inneren eine Wölbung zu geben, um so die einströmende Luft etwas zu beruhigen. Die Fläche des Lufteinlasses (A) bleibt unverändert, also identisch mit der Rotoroberfläche.

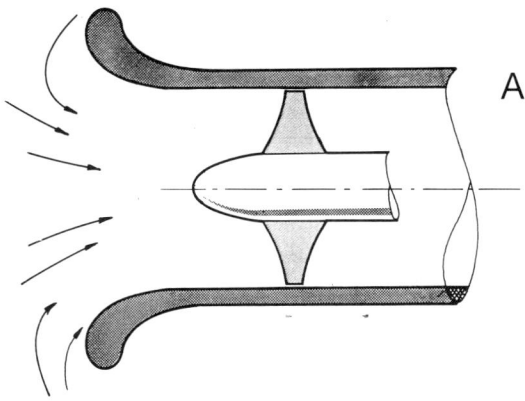

A

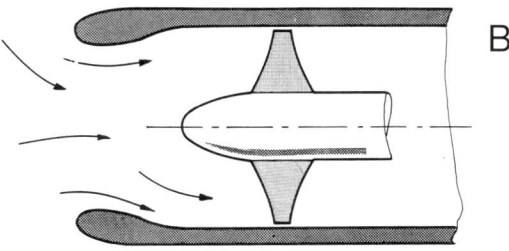

B

Abb. 7.16
Einer der wichtigsten Faktoren für eine gute Leistungsausbeute des Impellers ist die Form der Einlauflippe. Figur A zeigt den Idealfall, der aber nur selten am Modell umzusetzen ist. Figur B zeigt einen oft gewählten Kompromiß

135

7.3 Zweimotorige Flugmodelle

Mehrmotorige sind immer noch ein Stiefkind im Scale-Modellbau, werden doch meist fantastische Geschichten über sie verbreitet. Vergleichbar mit dem Thema Aerodynamik, sind auch hier viele Fehler auf Erfahrungsmangel und „Fliegerlatein" zurückzuführen.

Das Kritische an Zweimotorigen ist nicht die Tatsache, daß ein weiterer Motor mit dabei ist, denn das kann eigentlich nur von Vorteil sein. Was passiert aber, wenn einer der Motoren stehenbleibt? Wir kennen alle die Horror-Geschichten, aber verhält es sich wirklich so?

Sehen wir uns einmal an, was bei einer Zweimot passiert. Als erstes werden wir feststellen, daß solch ein Modell gegenüber einer Einmotorigen mit verhältnismäßig kleinen Motoren fliegt. Ein Zehnkubiker bringt aber weniger Leistung als zwei Fünfer. In den meisten Fällen wird eine Zweimotorige also ohne Probleme weiterfliegen, wenn nur die Leistung von einem Motor zur Verfügung steht, und in manchen Fällen wird sie sogar noch an Höhe gewinnen können. Noch mehr als bei einem einmotorigen Modell ist aber darauf zu achten, daß eine Zweimot über ausreichende Kraftreserven verfügt.

Stellen wir uns einmal folgenden Fall vor: Das Modell hebt gerade mit Vollgas, aber noch geringer Fluggeschwindigkeit ab. Jetzt bleibt der Motor auf der linken Seite stehen, der Schub fällt weg, und auf dieser Seite entsteht sogar noch ein zusätzlicher Widerstand durch die stehende Luftschraube. Die rechte Seite dagegen beschleunigt weiter und erzeugt mehr Auftrieb. Die erste Reaktion des Modellfliegers wird es sein, mit Querruder rechts gegenzusteuern, um die Fläche wieder in die Horizontale zu bringen. Was passiert? Das Modell schwingt und rollt nach links, übt noch ein wenig Rückenflug und liegt bereits in tausend Teilen auf dem Flugplatz, ehe sich's der Pilot versieht. Was ist bloß schiefgegangen? Wenn also der linke Motor stehenbleibt und das Modell einen Schlenzer nach links vollzieht, sollten wir mit dem Seitenruder korrigieren, nicht aber mit dem Querruder! Zeichnung 7.17 zeigt uns warum.

Wenn der linke Motor ausfällt, haben wir am rechten eine Zugkraft, in Abbildung 7.17 als „Z" eingezeichnet. Die stehende Luftschraube auf der linken Seite bringt Widerstand, hier als „W" bezeichnet. In der bemannten Luftfahrt ist man übrigens in der Lage, die Blätter einer Luftschraube in die sogenannte Segelstellung zu bringen, damit sie in einer solchen Situation so wenig wie möglich Widerstand erzeugen. Im Modellbau geht das leider nicht, und da der rechte Motor immer noch kräftig weiterzieht und der linke immer noch Widerstand verursacht, zeigt das Modell eine Drehung um die Hochachse nach links. Dies bedingt eine Auftriebszunahme an der voreilenden und eine Auftriebsabnahme an der zurückdrehenden Fläche. Genau das ist unsere beobachtete Rollbewegung um die Längsachse, die wir fälschlicherweise mit dem Querruder ausgleichen wollten.

Was passierte dann aber bei der Betätigung der Querruder? Das nach unten gehende Ruder bringt bekanntermaßen mehr Auftrieb, da sich dadurch der Anstellwinkel vergrößert. Damit einhergehend auch einen vergrößerten Widerstand, und genau der ist bei solch niedrigen Geschwindigkeiten oft größer als der erzeugte Auftrieb.

Die Größen der oben beschriebenen Effekte nach Stillstand eines Motors sind abhängig von der Zugkraft des noch drehenden Motors und seinem Abstand zur

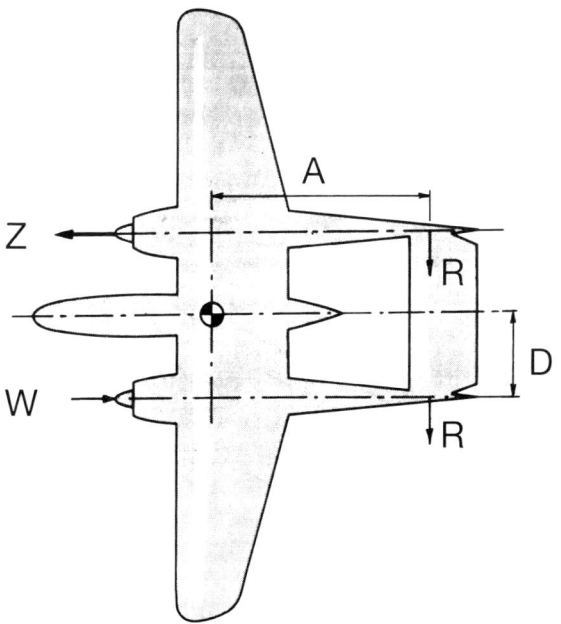

Abb. 7.17
Die Geheimformel für Zweimots!
Wie viele andere Sachen in der
Fliegerei, dreht sich alles um ein
Kräftegleichgewicht. Eine ausführ-
liche Erläuterung findet sich in
Kapitel 7.3

Rumpfmittelachse, das Maß „D" in Abbildung 7.17. Das Moment ist mit D x Z + D x W zu berechnen.

In der ersten Sekunde nach Ausfall des linken Motors sollten wir also versuchen, unsere „Probleme" etwas zu verkleinern. Da der Abstand „D" der Motoren zur Rumpfmittelachse nun mal nicht zu ändern ist, müssen wir bei der Zugkraft „Z" ansetzen. Das bedeutet, den noch laufenden Motor etwas zu drosseln. So ver- ringern wir die Auswirkung und haben bereits die erste Hürde genommen. Viele denken jetzt: „Also gut, jetzt ganz schnell nach unten und Hauptsache landen!" Ein verständlicher Gedanke, der wohl auch schon viele Modelle gerettet hat. Wenn unser Modell aber auch gut mit einem Motor fliegt, gibt es keinen Grund, warum wir nicht auch weiterfliegen können. Bei einem einmotorigen Modell haben wir natürlich keine Wahl, aber hier könnten wir doch eigentlich den Bonus in Form des zweiten Motors ausnutzen!?

Den zu beobachtenden Schlenzer des Modells nach Stillstand eines Motors also erst einmal mit dem Seitenruder ausgleichen. Besonders wichtig in diesem Zu- sammenhang ist die Länge des Hebelarms „A" nach Zeichnung 7.17, der Ab- stand zwischen Schwerpunkt und Mittellinie der Seitenflosse(n). Denn auch hier gilt: Je größer der Abstand ist, desto geringer kann die Oberfläche der Flosse sein. Flugzeuge mit doppeltem Seitenleitwerk haben außerdem den Vorteil, daß sie vom laufenden Motor direkt angeströmt werden, anders als bei einem zentral sitzenden Seitenleitwerk. Wer sich Originale daraufhin einmal näher ansieht, stellt hier deutliche Unterschiede in den Abmessungen bei den einzelnen Entwürfen fest.

Die Resultierende, um nun das Modell in bezug auf die Hochachse neutral zu hal- ten, ist das Äquivalent von: Z x D + W x D = R x A.

Da das Maß „A" viel größer ist als „D", ist es logisch, daß wir nur einen relativ geringen Ruderausschlag benötigen, um unser Modell wieder auf Kurs zu bringen. Die benötigte Seitenrudertrimmung ist selbstverständlich abhängig von der Drehzahl des Motors und ändert sich sofort mit ihr. Wenn es geht, sollten wir unser Modell jetzt mit Halbgas fliegen, um auf jeder Seite des Spektrums noch Reserven zu haben. Genau aus diesem Grund ist es eine große Hilfe, wenn das Modell im „Normalbetrieb" mit zwei Motoren etwas übermotorisiert ist.

Wenn möglich, immer in Verlängerung der Flugrichtung landen. Das wird aber nur in den seltensten Fällen klappen, und wir müssen daher eine Kurve fliegen.

Eine der bekanntesten Gruselgeschichten rund um Zweimotorige ist jene, daß es zwingend verboten sei, über den stehenden Motor zu kurven. Das spricht von wenig Sachverstand. Jeder, der mal an einem Großflugtag eine Demo z.B. mit einer *Fokker Friendship* beobachtet hat, wird vom Gegenteil mehr als überzeugt sein!

Wenn wir unser Modell für den einmotorigen Flug ausgetrimmt haben, gibt es jetzt keinen einzigen Grund mehr, warum wir nicht auch über den stehenden Motor kurven sollten. Selbstverständlich nur, solange wir die Fläche auf der Innenseite der Kurve nicht überziehen. Es ist ganz egal, in welche Richtung wir kurven, denn auch auf der Seite des drehenden Motors kann die Fläche überziehen, wenn die Kurve zu eng ist. Es ist also notwendig, die Fluggeschwindigkeit hoch genug zu halten, damit das Seitenruder in der Lage bleibt, die notwendigen Korrekturen der Fluglage auszusteuern, und genau das ist das Problem.

Zunächst nehmen wir Gas heraus, um die Auswirkungen des Einmot-Flugs zu verringern, eine unmittelbare Folge davon ist eine Verringerung der Fluggeschwindigkeit und Anströmung des Seitenruders. Bei Modellen mit kleinen Leitwerksflossen kann es daher passieren, daß dieses Ruder durch die verringerte Anströmgeschwindigkeit nicht mehr ausreichend Kompensation bietet. Dies soll uns aber keinen unnötigen Schrecken einjagen, denn es gibt sogar Zweimots, die auch mit einem Motor perfekt weiterfliegen und dabei sogar noch in der Lage sind, Rollen zu fliegen. Wenn wir uns zweimotorige Modelle näher anschauen, können wir feststellen, daß eine Lage der Motoren dicht an der Mittellinie des Rumpfs ebenso positiv ist wie lange Hebelarme zwischen Schwerpunkt und Seitenflosse. Eine große Oberfläche des Seitenleitwerks macht sich im Notfall ebenso gut bezahlt wie zwei Seitenleitwerke, jedes direkt im Luftstrom eines Motors.

Es sei daher betont, daß Mehrmots nicht gemieden werden brauchen, wir müssen uns nur vorher schon darüber klar sein, daß bei Ausfall eines Motors mehr Aufmerksamkeit beim Fliegen gefordert ist.

Weil es eng mit der Thematik Zweimotorige zusammenhängt, hier ein kleiner Exkurs in Sachen Zug und Sturz. Letzteren brauchen wir, um das nur selten anzutreffende Kräftegleichgewicht zwischen Motorschub und Flugzeugwiderstand auszugleichen. Dabei ist egal, ob wir es mit einem ein- oder mehrmotorigen Flugzeug zu tun haben.

Der Seitenzug an einer Zweimot ist aber deutlich unterschiedlich zu dem einer Einmotorigen. Bei dieser brauchen wir den Seitenzug (meist 1 bis 2 Grad), um jene leichte Drehung um die Hochachse auszugleichen, die durch den Aufprall des „verdrehten" Luftstroms des Propellers am Seitenleitwerk entsteht. Bei Zweimotorigen verhält sich das etwas anders, denn hier sind die Motoren nicht entlang der Mittellinie des Rumpfs plaziert. Während Start und Landung – wenn wir mit niedriger Geschwindigkeit fliegen – kann dieser verwirbelte Luftstrom demnach zum Problem werden.

Die einfachste Alternative ist es selbstverständlich, zwei gegensinnig laufende Motoren zu verwenden, wobei es sich bei dem Motor auf der rechten Seite um den Gegenläufer handelt. Meistens ist es aber nicht möglich, so ein Exemplar zu finden.

Wenn wir zwei gleichläufige Motoren verwenden, hilft es bei zwei Seitenleitwerken, sie unter einem kleinen Winkel, ca. 2 Grad, in Richtung Rumpfmitte anzustellen – so eine Art Vorspur der Seitenleitwerke. Wenn wir eine Zweimot mit Motoren mit gleicher und herkömmlicher Drehrichtung haben, gilt folgende Regel: Der rechte Motor braucht mehr Seitenzug, parallel zur Rumpfmittellinie gemessen ca. 2 bis 5 Grad, abhängig von der Distanz zur Rumpfmittellinie. An der linken Seite ist es genau umgekehrt; hier richten wir den Motor meist parallel zur Rumpfmittellinie aus und berücksichtigen keinen Seitenzug. Aber auch hier ist die Größe abhängig von der Position des Motors zur Rumpfmittellinie, null Grad oder sogar bis minus 2 Grad sind hier sichere Anhaltswerte.

Dabei gilt: Je weiter die Motoren von der Rumpfmitte entfernt sind, um so mehr Seitenzug benötigen sie. Bei einer Viermotorigen benötigen die beiden äußeren nach Abbildung 7.18 mehr Zug als die inneren.

Der günstigste Fall in Sachen Zug und Sturz ist natürlich eine Tandemanordnung der Motoren, so z.B. bei einer *Cessna Skymaster* oder *Dornier 355* mit beiden Motoren im Rumpf; hier stellt uns aber die Kühlung vor neue Probleme. Echter Scale-Modellbau ist eben von Kompromissen begleitet!

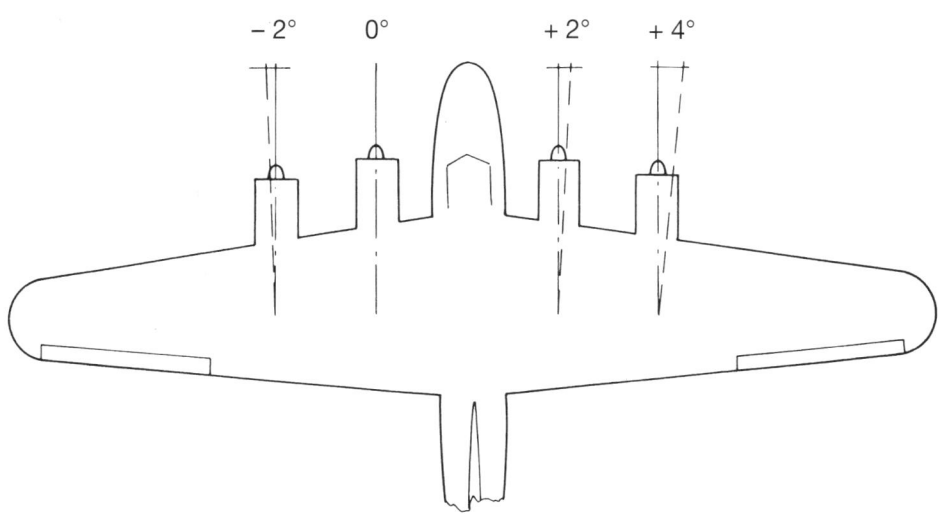

Abb. 7.18
Je weiter die Motoren von der Mittellinie des Rumpfs entfernt sind, um so weniger / mehr Seitenzug benötigen sie. Diese Abbildung zeigt eine B-17 mit vier linksläufigen Motoren

8. Die RC-Anlage

Viele haben von Scale-Modellen leider noch immer das (falsche) Bild eines über-
gewichtigen, untermotorisierten und schlecht fliegenden Modells, das beim Erstflug – begleitet von lauten Schreien über Störungen – zu Boden geht. Glücklicherweise ist das heutzutage nicht mehr so, und fast jedes Scale-Modell läßt
sich auch zuverlässig fliegen. Übergewicht und die Wahl der richtigen Motorisierung haben wir bereits angesprochen, nur die sogenannten Störungen sollten wir
uns noch einmal näher ansehen.

Sicher, Störungen gibt es, auch heutzutage noch, obwohl sehr zuverlässige Fernsteuerungen auf dem Markt sind. Meistens gehen unsere Modelle aber auch
durch ganz andere Probleme verloren, fehlende Akkupflege sei hier gleich als
erstes genannt.

8.1 Sicherheit

95% der Abstürze könnten durch etwas mehr Aufmerksamkeit – speziell auch in
Hinsicht auf unsere Akkus – vermieden werden!

Eigentlich ist die ganze Sache nicht so schwierig, denn luxuriöse Ladegeräte mit
Sommer-, Herbst-, Winter- und Frühlings-Pflegeprogramm sehen zwar exotisch
aus, sind aber keinesfalls Bedingung für die nötige Akkupflege. Ein Entladegerät
mit Kapazitätsmessung ist dennoch eine wertvolle Hilfe, die uns zeigt, wie es um
unseren Akku steht.

Bei vielen Scale-Modellen gibt es oft noch ganz andere Probleme: viele Servos
und lange Zuleitungen. Was die Servos angeht, so zieht ein Standard-Servo bei
Vollast ungefähr 200 mA. Wenn unser Modell dann, sagen wir mal mit sechs
Servos ausgerüstet ist, bedeutet das eine Minimal-Akkukapazität von 1200 mAh.
Selbstverständlich ist es möglich, auch andere Zellen gleicher Größe mit 1400
oder sogar 1800 mAh Kapazität zu verwenden, aber eins ist sicher: So ein Modell
mit einem 600er-Empfängerakku zu fliegen, ist mehr als riskant. Servos, die aufgrund ihres hohen Stromverbrauchs den Akku hoch belasten, sollten immer von
einem separaten Energiespeicher versorgt werden. Als Beispiel seien hier die
Servos von Einziehfahrwerken oder jeder Art von Klappen genannt. Wenn bei
diesen Funktionen etwas blockiert und das Servo permanent Strom aus dem
Akku zieht, ist es so immer noch möglich, ohne größere Probleme zu landen.

Als Sicherheits-Extra ist es möglich, zwei separate Akkus zu verwenden. Hierfür
gibt's selbstverständlich mehrere Lösungen, von sehr einfachen bis äußerst
komplizierten elektronischen Schaltungen. Wenn möglich, sollten wir immer versuchen, uns für die einfachste oder, besser gesagt, die betriebssicherste Lösung
zu entscheiden. Für Fernsteuerungen gilt dabei auch heute noch die Regel: Was
nicht eingebaut ist, kann auch nicht ausfallen.

Kommen wir zur ersten Lösung nach Abbildung 8.1. Statt eines großen, vierzel-
ligen Akkus verwenden wir zwei fünfzellige mit etwas geringerer Kapazität. Die
fünfte Zelle dient dazu, den zusätzlichen Widerstand der Diode zu korrigieren.
Wenn ein Akku in der Spannung abfällt, schaltet sich gleich der zweite Akku ein

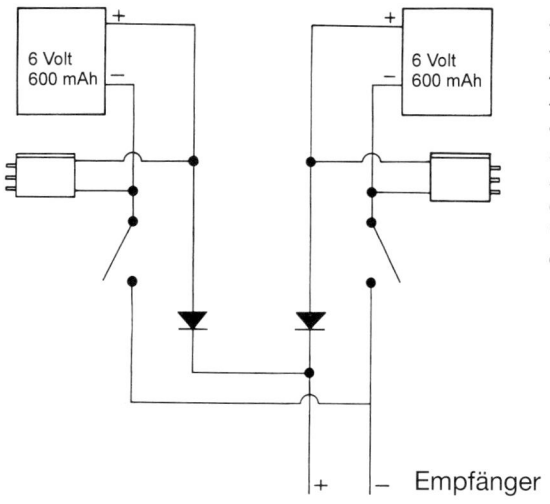

Abb. 8.1
Aus Sicherheitsgründen werden oft zwei Empfängerakkus verwendet, bei Ausfall des einen übernimmt der andere die Stromversorgung des Empfängers. Dazu werden beide Packs von einer Diode getrennt. Die dadurch entstehenden Spannungsverluste sind mittels einer zusätzlichen Zelle zu kompensieren

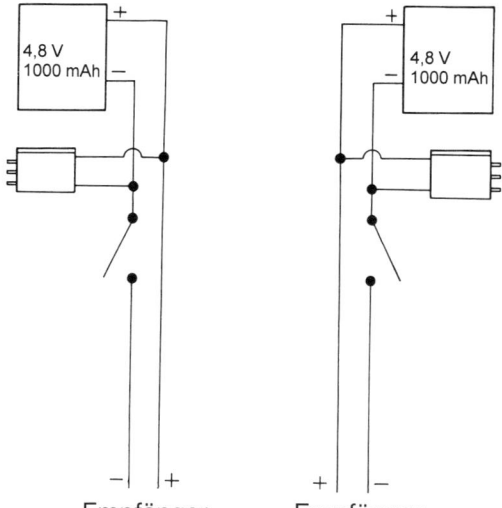

Abb. 8.2
Die Low-Cost-Version: Zwei Akkupacks samt Schalter, einfach parallel am Empfänger eingesteckt. Bei einem Wackelkontakt oder gar Schalterdefekt garantiert diese Schaltung mehr Sicherheit als ein einzelner Empfängerakku

und die Diode leuchtet. Die Akkus sollten bei dieser Schaltung immer separat geladen werden. Schwachpunkt ist hier die Diode, die selbstverständlich kein ewiges Leben hat.

In Abbildung 8.2 ist eine Low-Cost-Version zu sehen. Hier kommen zwei vierzellige Empfängerakkus zum Einsatz, die an zwei verschiedenen Empfängerausgängen angeschlossen sind. Bei vielen Empfängern ist das ohne weiteres möglich, wenn die Minus- und Plusleitung aller Ausgänge jeweils miteinander verbunden sind. Nachteil dieses Systems ist es, daß die Akkus den Empfänger gleichzeitig mit Strom versorgen und dadurch nicht kontrollierbar ist, in welcher konditionellen Verfassung der einzelne Stromspeicher ist. Aber dennoch, Sie kaufen doch sowieso alle drei bis vier Jahre neue Akkus und warten nicht so lange, bis die Trümmer eines Modells anzeigen, daß es mal wieder Zeit gewesen wäre?

Seit längerem sind am Markt auch sogenannte Akkuweichen erhältlich. Sie verbinden in der Regel zwei Akkus über zwei Schalterkabel mit dem Empfänger. Eine kleine Elektronik kontrolliert dabei die Spannungslagen der beiden Akkus und zieht sie wechselseitig zur Stromversorgung des Empfängers heran. Bricht einer der Akkus in seiner Spannung dramatisch zusammen oder kommt es gar zu einer Stromunterbrechung, so schaltet die Akkuweiche diesen Stromversorgungszweig ab.

Für Modelle mit mehreren Akkus oder solchen mit einer Kapazität größer als ca. 1000 mAh ist es empfehlenswert, nicht die Standardschalter zu verwenden, sondern die im Fachhandel erhältlichen großen Schiebeschalter mit (ja!) extra großem Kabelquerschnitt und größeren Kontakten. 10 Servos verlangen eben nach einem erheblich größeren Strom.

Was die Länge der Litzen angeht, ist es die beste Lösung, hier solche mit größeren Querschnitten zu verwenden, um so den Widerstand der Zuleitungen etwas zu verringern. Es führt zu weit, die ganzen Zusammenhänge zu erklären, aber die Erfahrung hat gezeigt, daß es immer reicht, Kabel mit 0,5 mm^2 Querschnitt für unsere Zwecke zu verwenden. Sorgfältig verlötet, immer mit Schrumpfschlauch überzogen und an den Enden nicht allzu großzügig abisoliert, gehören so die meisten Stromversorgungsprobleme rasch der Vergangenheit an.

Auch der Schaltereinbau ist wichtiger als man denkt, denn ein schlechter Kontakt kann ohne weiteres einen Absturz zur Folge haben. Die Grundregeln sollte man also nicht vergessen. Dazu gehört auch, daß der Lebensnerv Schalter nicht auf die Auspuffseite gehört und obendrein ordentlich zu befestigen ist.

Bei Scale-Modellen haben wir ausreichende Möglichkeiten, eine geschickte Position für den Schalter zu finden. Dort wo er nicht sichtbar ist und dennoch ohne Schwierigkeiten erreicht werden kann.

Was bei Zweckmodellen schon schrecklich aussieht, kommt bei Scale-Modellen überhaupt nicht in Frage: ein Schalter in der Rumpfseitenwand. An Modellen wie einer *Fw 190*, *Harvard*, *Corsair* oder anderen Mustern, die im Original einen Sternmotor besaßen, können die Schalter gleich hinter dem Motorspant montiert werden. Mittels Bowdenzug und Stahldraht wird eine Verlängerung bis an die Vorderseite der Motorhaube gelegt, über die dann die Bedienung des Schalters erfolgt. Gerade beim Ausschalten aber auf heiße Teile wie Motor oder Schalldämpfer achten, sonst verbrennt man sich schnell einmal die Finger! Bei Flugzeugmodellen mit offenem Cockpit ist vielleicht hinter dem Instrumentenbrett oder unter dem Arm der Pilotenpuppe noch etwas Raum für einen Schalter.

Bei vielen Scale-Modellen gibt es auch am Rumpf oft eine Möglichkeit, den Schalter und das dazugehörige Ladekabel zu verstecken. Oftmals sind das Klappen, die beim Original zur Aufnahme von Akkus oder Verbandskisten vorgesehen sind und von uns für diese Zwecke benutzt werden können. Ein Beispiel zeigt Abb. 8.3, eine Luke in der Motorhaube einer *P-51 Mustang*. Aus GfK (Schon wieder? Ja!) wird eine extra Klappe angefertigt, die in der Haube gelagert ist. Falls wir den Schalter an einer anderen Stelle des Rumpfs unterbringen wollen, ist es sinnvoll, zu überprüfen, ob es nicht dort auch eine Klappe gibt, die wir funktionell ausführen können. Bei der *Zlín 526 AS* des Verfassers finden die Akkus unmittelbar hinter der Kabine Platz, um einen Ausgleich für den schweren Motor in der langen Nase zu bilden. Hier hat die Originalmaschine glücklicherweise eine Klappe, die als Gepäckraum dient. Diese ist am Modell nun aus dünnem Aluminiumblech nachgebildet und mit Scharnieren versehen.

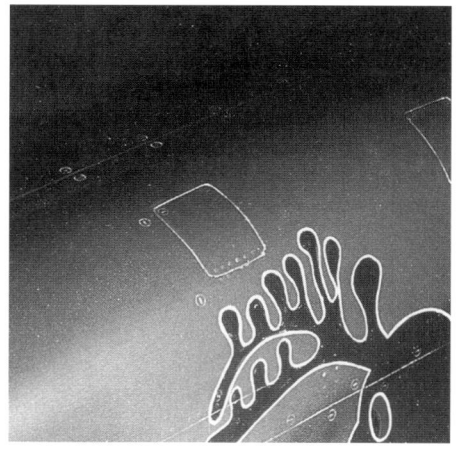

Abb. 8.3
Scale-Luken sind auch beim Modell zu nutzen, die Motorhaube dieser Mustang hat sogar zwei davon: Eine zum Verbergen der Schalter, die andere verdeckt die Kraftstoffschläuche

Eine weitere Möglichkeit ist es, die Schalter im Rumpfinneren zu montieren und eine Verlängerung anzufertigen, die dann irgendwo in einem Spalt zwischen Haube und Rumpf herausschaut. Kaum zu sehen und dennoch einfach zu bedienen.

Noch eine Lösung: Der Schalter wird quer im Rumpf auf ein Brettchen gesetzt, auf jeder Seite ist ein Stück Bowdenzugrohr angesetzt und bis zu den Rumpfseitenwänden geführt. Dort erlaubt ein kleines Loch von jeder Seite mittels eines Stifts (1,5- bis 2-mm-Stahldraht) den Schalter zu betätigen. Von rechts wird ein- und von links ausgeschaltet – oder anders herum.

Es gibt selbstverständlich noch mehr Mittel und Wege. Einige haben z.B. Reed-Kontakte erfolgreich verwendet, andere haben die Schalter im Flügel versteckt oder mit dem Scale-Tankverschluß gekoppelt. Die hier vorgeschlagenen Beispiele sollten jetzt aber ausreichend Inspirationen gegeben haben, damit jeder an seinem Modell eine praktische Lösung für den Schaltereinbau findet.

Kommen wir zu den Servos, und damit steht gleich die Frage im Raum: Brauchen Scale-Modelle besondere? Nein, denn an einem Scale-Modell treten keine größeren Ruderkräfte auf als bei jedem anderen auch. Was sich aber oft unterscheidet, ist die Befestigung der Rudermaschinen. Dies liegt oft daran, daß wir – beim vollständigen Ausbau des Kabineninneren – die Servos nicht einfach auf ein Brett in der Rumpfmitte plazieren können. Wir sollten uns auch immer vor Augen führen, daß jedes einzelne Teil unserer RC-Anlage, ebenso wie Tank und Motor, immer erreichbar bleiben müssen. Auch wenn das bedeutet, daß wir Abweichungen gegenüber dem Original in Kauf nehmen müßten.

Ein Bereich, in dem sich der Scale-Modellbau aber deutlich vom „normalen" Modellbau unterscheidet, ist die Verwendung bestimmter Scharniere. Wir könnten selbstverständlich einfache Plastikscharniere verwenden, aber die sollten eigentlich nur bei Semi-Scale-Modellen zum Einsatz kommen. Im Originalflugzeugbau variiert die Lage des Drehpunkts der einzelnen Ruder ziemlich stark. Bei älteren Flugzeugen gibt es meistens gar einen Spalt zwischen Leitwerk und Ruder, zum Teil bis zu 30 mm breit. Mit handelsüblichen Scharnieren sind wir

Abb. 8.4
Das Einsteigen in diese KLM-Maschine wird schwierig sein, ein schönes Kontrollpaneel verbirgt sich nämlich hinter dem Einstieg

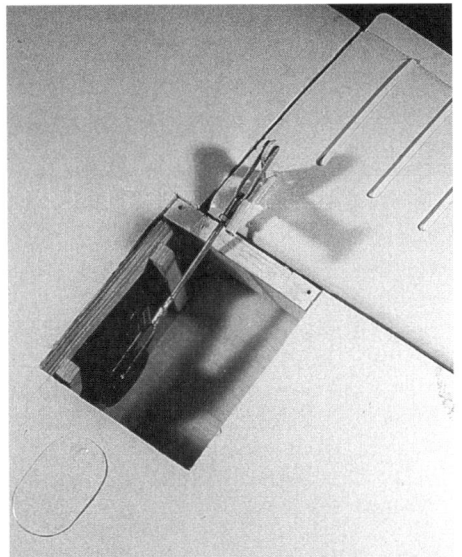 

Abb. 8.5
Der Servoeinbau von Servos direkt in der Fläche muß nicht immer mit optischen Kompromissen verbunden sein. Nach Schließen der Luke ist das Ganze fast unsichtbar. Nur zwei Schrauben verraten die Position. Bei vielen Jagdflugzeugen gibt es auch an der Unterseite der Flächen viele Luken, unter denen wir den Einbau der Servos vornehmen können

nicht in der Lage, den Drehpunkt an die richtige Stelle zu legen und dabei noch ausreichend Betriebssicherheit zu gewährleisten. In Abbildung 8.6 ist der Unterschied zwischen den einzelnen Scharnierarten aufgezeigt.

Besonders hervorzuheben ist daher, daß wir uns beim Scale-Modellbau mehr um die Lage des Drehpunkts eines einzelnen Ruders kümmern sollten, da sie großen Einfluß auf die Bewegung hat. Bei Modellen mit Hohlkehlen-Rudern ist die richtige Position des Drehpunkts kritisch, denn zu weit nach hinten gelegt, klemmt das Ruder in der Hohlkehle und zu weit vorne berührt es die Flanken. Darum sollten hier Stiftscharniere zum Einsatz kommen. Geeignet sind z.B. solche der amerikanischen Firma Robart, die es in verschiedenen Größen und Ausführungen gibt. Für die meisten Modelle reichen mittlere Scharniergrößen, jedoch sollten wir immer eine Ausführung mit Stahlstift als Achse wählen. Auch wenn sie ein paar Mark mehr kosten, bieten sie doch deutlich mehr Sicherheit als solche mit Kunststoffstift. Bei Stiftscharnieren ist es wie bei allen anderen Scharnieren wichtig, daß alle Drehpunkte auf einer gedachten Linie liegen. Bei vielen Zeichnungen und Mehrseitenansichten ist diese Linie bereits eingezeichnet; für uns eine große Hilfe. Eine weitere, sehr schöne Ausführung von Stiftscharnieren kommt übrigens aus dem Hause Graupner. Wie immer, ist auch hier zu beachten, daß beim Einsetzen der Scharniere auf keinen Fall Kleber an die beweglichen Teile kommen darf. Daher die entsprechenden Stellen vorher mit ein wenig Vaseline oder Öl behandeln.

Abhängig vom Material der Scharniere sind diese mit verschiedenen Klebern einzusetzen. Stiftscharniere lassen sich sehr gut mit Sekundenkleber mittlerer Viskosität an ihre Umgebung binden, oftmals sind aber auch Epoxidkleber eine gute Wahl. Bei „flachen" Scharnieren darauf achten, daß die beiden „Flügel" mit Löchern versehen sind, um dem Kleber genügend Halt zu bieten.

Für Querruder ist die beste Lösung von der Lage der Scharnierlinie abhängig. Für jene, die an der Oberseite angeschlagen sind, wäre es denkbar, einen Streifen Polytex, Solartex oder anderes Material als Folienscharnier zu verwenden. Das ist durchaus scale, da viele Flugzeuge eine Abdeckung aus Leinen über dem

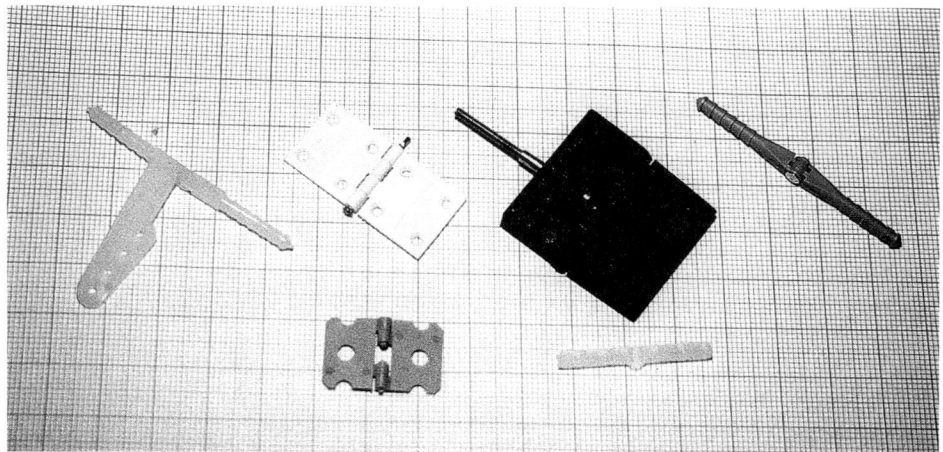

Abb. 8.6
Eine kleine Übersicht verschiedener Scharniertypen

Spalt zwischen Fläche und Querruder hatten. Solche Folienscharniere sind völlig ausreichend für die Belastungen im alltäglichen Flugbetrieb. Nur ist es wichtig, einen Haftgrund wie Balsarite aufzutragen. Abbildung 8.8 zeigt die Vorgehensweise.

Wenn die Lage der Scharnierlinie irgendwo in der Mitte des Ruders liegt oder wir es mit sogenannten Frise-Querrudern zu tun haben, ist es denkbar, diese auf einer 2-mm-Kohlefaserstange zu lagern, die sich in einem Messingrohr dreht. Selbstverständlich ist auch die Verwendung eines 2-mm-Stahldrahts möglich. Kohlefaser hat aber den Vorteil, daß es immer gerade bleibt und ein extrem niedriges Gewicht hat.

Auch der Selbstbau von Scharnieren ist möglich und sogar oft notwendig. Meistens reichen für unsere Zwecke einfache Exemplare aus Epoxiplatte, die wir mittels kleiner Gewindeschrauben miteinander verbinden. Obwohl wir auch für Ruderanlenkungen Selbstbau-Scharniere verwenden können, ist eine Anfertigung oft nur für Spezialzwecke wie Luken oder Türen notwendig. Abbildung 8.9 zeigt einmal ein Beispiel für Scharniere an einer Fahrwerksklappe oder Bombenluke.

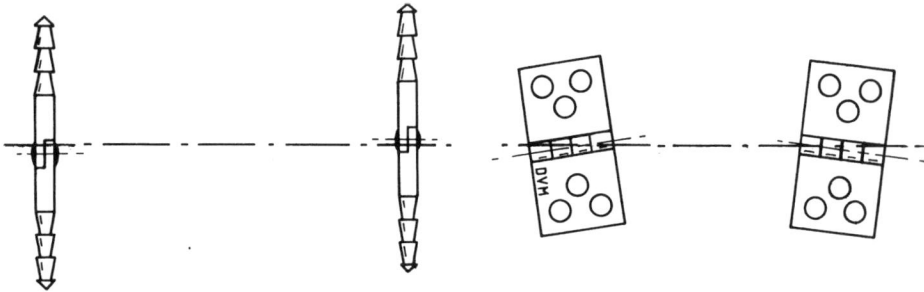

Abb. 8.7
Einer der häufigsten Fehler beim Einbau der Scharniere ist es, sie nicht entlang einer gedachten Linie zu montieren. Daraus resultiert dann ein zu schwergängiges Ruder

8.2 Ruderanlenkungen

An vielen Originalen – die wir uns als Vorbild heraussuchen – sind die Ruder mittels Stahllitze über eine „geschlossene Schleife" angelenkt. Es gibt keinen Grund, warum wir dieses System nicht auch im Modellbau verwenden sollten. Es ist fast spielfrei, preiswert und zuverlässig. Als Material hierfür kommt kunststoffummantelte Stahllitze aus der Sportfischerei zur Anwendung. Anschlüsse zum Gabelkopf fertigen wir uns aus einer M2-Schraube selber, indem wir sie erhitzen, an einem Ende flach quetschen und mit einem Loch versehen. Die Litze wird nun durch ein ca. 8 mm langes Messing- oder Alurohr gefädelt, dann durch das Loch in der M2-Schraube und erneut durch die Messing- oder Alurohrhülse. Letztere dann noch mit einer Flachzange quetschen und an mindestens drei Stellen mit einem Seitenschneider vorsichtig Kerben eindrücken. Diese bringen der Verbindung zusätzlichen Halt. Aber nicht zu fest zudrücken, sonst ist die Quetschhülse getrennt!

Leider ist dieses System meistens nur an den Seitenrudern zu finden, denn hier brauchen wir eine beidseitige Anlenkung des Ruders. Es ist aber durchaus möglich, mittels kleiner Änderungen dieses System auch für das Höhen- und Querruder zu verwenden. Besonders beim Höhenruder hat es den Vorteil, daß wir die Ruder immer auf Zug bedienen. Abbildung 8.11 zeigt eine mögliche Ausführung der geschlossenen Schleife zur Anlenkung einer Höhenruderklappe.

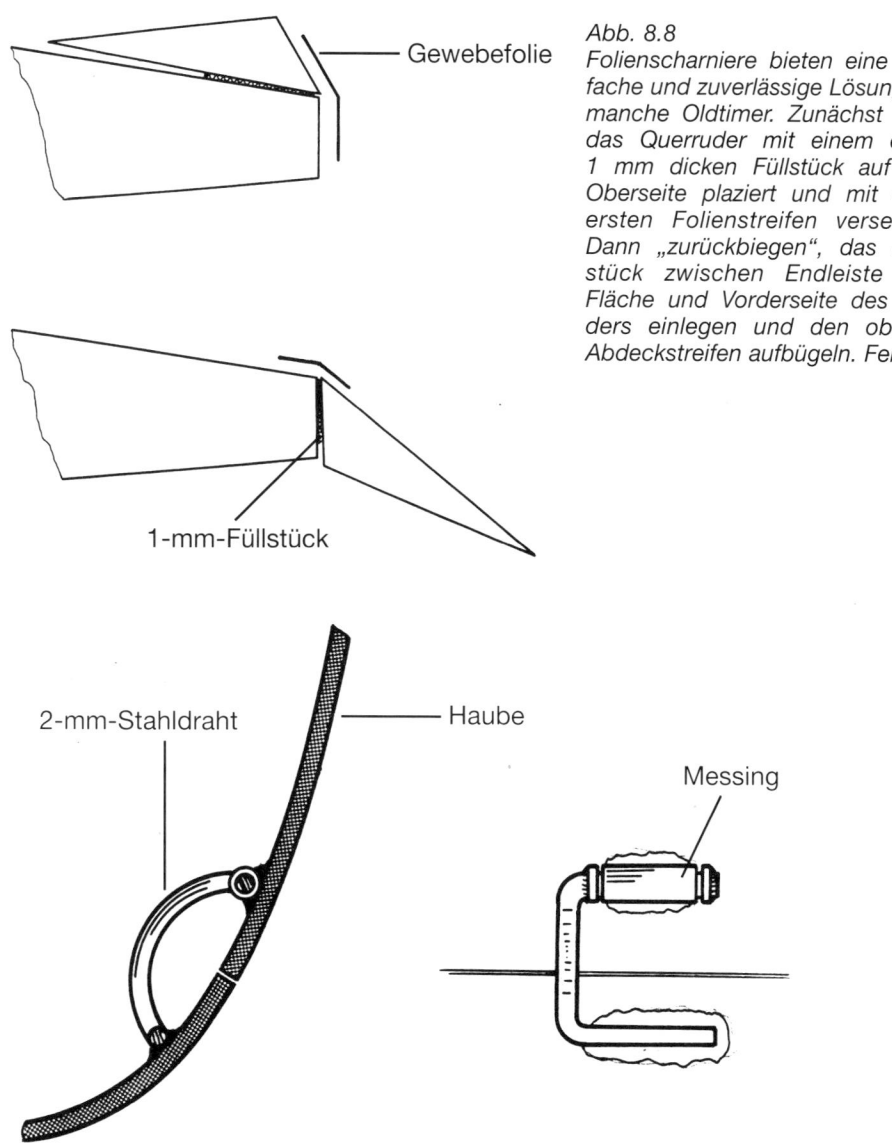

Gewebefolie

1-mm-Füllstück

2-mm-Stahldraht — Haube

Messing

Abb. 8.8
Folienscharniere bieten eine einfache und zuverlässige Lösung für manche Oldtimer. Zunächst wird das Querruder mit einem etwa 1 mm dicken Füllstück auf der Oberseite plaziert und mit dem ersten Folienstreifen versehen. Dann „zurückbiegen", das Füllstück zwischen Endleiste der Fläche und Vorderseite des Ruders einlegen und den oberen Abdeckstreifen aufbügeln. Fertig!

Abb. 8.9
Eigenbau-Lösung: Für Spezialzwecke, wie hier z.B. bei einer Bombenklappe, sind Scharniere aus Messing und 2-mm-Stahldraht anzufertigen

Weitere Möglichkeiten zur Ansteuerung der Ruder sind Bowdenzüge, Holzgestänge, GfK-Rohre oder andere, im Fachhandel erhältliche „Wunderlösungen". Prinzipiell ist alles verwendbar; nur ist jeweils auf einen sorgfältigen Einbau zu achten.

Einige Flugzeuge wie die *Tiger Moth* oder *Hawker Fury* hatten ihre Steuerlitzen ganz oder teilweise an den Außenseiten des Rumpfs geführt. Es ist möglich, sie auch im Modell funktionell auszuführen, sie sind dann aber empfindlich gegenüber Schmutz und Beschädigungen. Obwohl wir auf diese Details nicht verzichten sollten, hat es oft Vorteile, sie nicht funktionell auszuführen und die funktionsfähigen Gestänge im Rumpf zu führen.

Falls wir unser Modell mit komplettem Kabineninterieur bauen möchten, sind Bowdenzüge oft ein Ärgernis, denn sie laufen immer mitten durch die Kabine! Am einfachsten montieren wir daher die Servos hinter dem Kabinenbereich. Damit sind sie aber bei fast keinem Modell mehr zugänglich; außerdem zieht diese Einbaulage oft Probleme mit dem Balancepunkt nach sich.

In Flugzeugen ab Ende des Zweiten Weltkriegs findet sich ein Kabinenboden, unter den wir beim Nachbau die Bowdenzüge verlegen können und sie somit unsichtbar halten. Oft haben wir diese Möglichkeit aber nicht, da die Fläche diesen Platz beansprucht. Hier ist es eine Lösung, die Bowdenzüge doch durchs Cockpit zu führen, aber sie direkt an die Rumpfseitenwand zu kleben und sie später zusammen mit dem Kabineninterieur zu lackieren. So sind sie zum Beispiel als Rohr zu tarnen.

Bei offener oder Gitterbauweise die Züge am Rumpfkonstrukt entlangführen. Die Servos dabei so weit wie möglich an der Außenseite des Rumpfs plazieren. Bowdenzughüllen und darin laufende Stahldrähte (auf den letzten Zentimetern vor den Servos in einem leichten Bogen auf den Gabelkopf geführt) gewährleisten eine wirklich sauber stellende und unsichtbare Ansteuerung der Ruder.

Es gibt (wie immer!) auch hier die andere Seite der Medaille: Wie machen wir das nun am Ruder? Beim Höhenruder ist es gar nicht so tragisch, denn die meisten Ruderklappen sind mit einer Torsionsanlenkung versehen, die in den Rumpf hineinragt. Beim Seitenruder ist das aber schon eine ganz andere Sache.

Zunächst an dieser Stelle aber noch eine kurze Erklärung über das Spiel in Ruderanlenkungen. Nehmen wir nach Abbildung 8.12 ein Gestänge zwischen Servo und Ruder, komplett mit Ruderhorn und Gabelkopf.

Die Verbindung zwischen Gabelkopf und Ruderhorn hat meist ein wenig Spiel, sonst würde es sich ja nicht bewegen lassen. Wenn wir den Gabelkopf nun nahe am Scharnierkopf befestigen, wirkt sich das vorgegebene Spiel auf das Ruder viel größer aus, als wenn wir das Gestänge oder den Gabelkopf weiter weg vom Drehpunkt legen. Also, um das Spiel niedrig zu halten, sollte das Einhängen der Gabel- oder Kugelköpfe an den Ruderhörnern so weit wie möglich außen erfolgen. Dies hat aber Folgen: Je weiter wir nach außen gehen, um so weniger Ausschlag hat das Ruder bei gleichem Gestängeweg. Außerdem versuchen wir ja die Hebel so gut wie möglich zu verbergen, und das hier Vorgeschlagene ist dem bestimmt nicht förderlich!

Es ist klar, wenn es nicht 100% scale sein muß, am besten handelsübliche Ruderhörner verwenden, denn Sicherheit kommt immer noch an allererster Stelle. Dazu kommt, daß viele Originalflugzeuge im Prinzip auch solche Anlenkungen verwenden und die Chance ist groß, daß es keiner unserer Kollegen merkt.

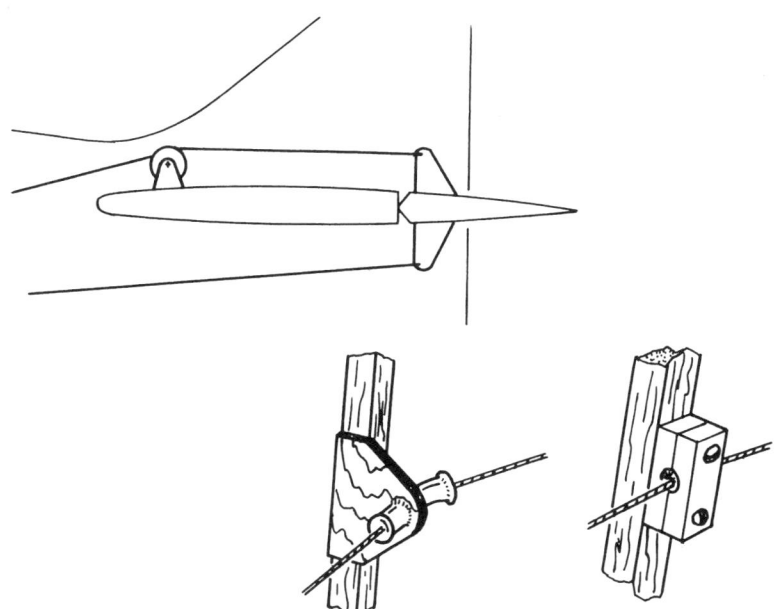

Abb. 8.10
Schematische Darstellung einer „Closed-Loop" (geschlossene Schleife) als Anlenkung fürs Höhenruder. Die Litze muß dabei nicht nur über Rollen geführt werden, sondern kann auch durch kurze Bowdenzug-Stückchen laufen, deren Enden aufgebördelt sind

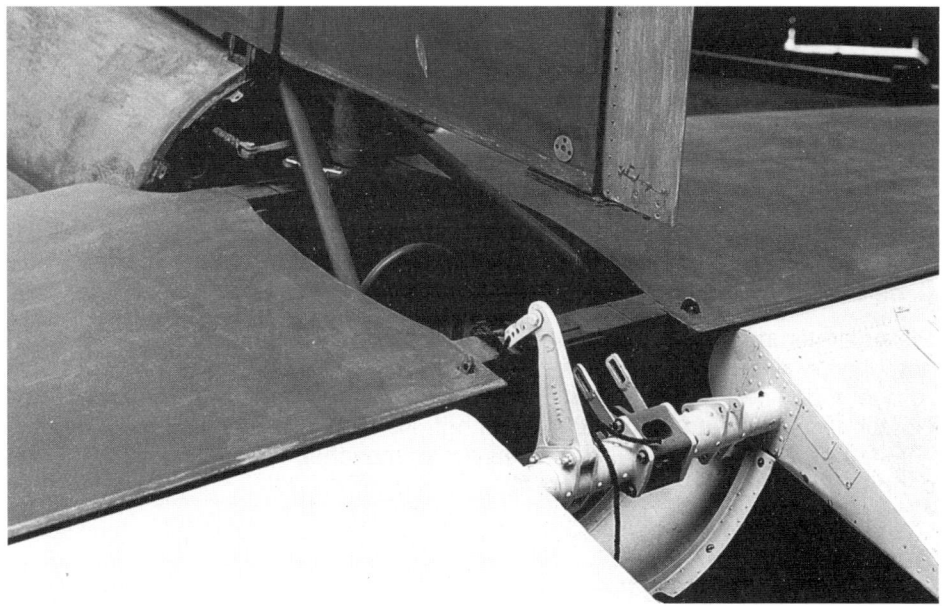

Abb. 8.11
Die Ansteuerung von Seiten- und Höhenruder über Hebel ist natürlich nicht nur auf den Modellbau beschränkt, so wie es dieses Foto einer Original De Havilland Mosquito zeigt, übrigens fotografiert im Imperial War Museum

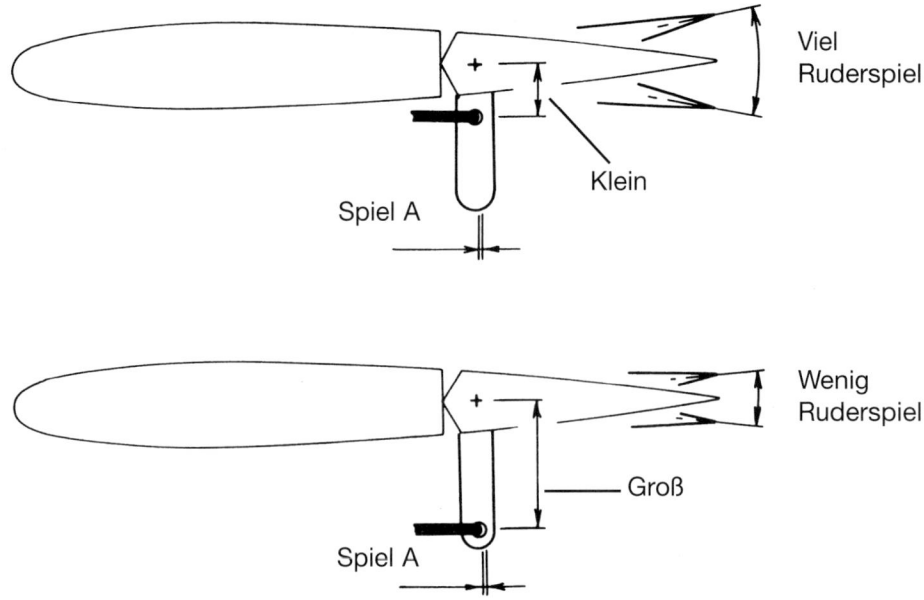

Abb. 8.12
Hebelspiel. Diese Zeichnung zeigt unser Problem bei „unsichtbaren" Anlenkungen, wie zum Beispiel am Seitenruder. Je weiter der Anlenkpunkt am Drehpunkt des Ruders ist, desto besser können wir die Anlenkung zwar verstecken, aber um so größer ist das Spiel, was dann im Flug zu Flattererscheinungen führen kann. Die Lösung? Dieses Risiko in Kauf nehmen oder besser einen normalen Hebel verwenden, der außen am Ruder befestigt ist

Falls wir Ruder mit großer Bauhöhe haben, und die Entfernung zwischen Scharnierlage und Gabelkopf in einem akzeptablen Rahmen liegt, besteht auch die Möglichkeit, die Ruderhörner in das Ruder zu integrieren.

Hierzu werden aus Epoxiplatten gefertigte Hebel eingeklebt. Die Anlenkung selber erfolgt dann mit der bereits beschriebenen kunststoffummantelten Stahllitze ohne Gabelkopf, denn hierfür haben wir keinen Platz. Die Feinabstimmung des Ruders wird dann auf der Servoseite vorgenommen.

Die Ansteuerungen von Querruder und Klappen sind normalerweise unkritisch, noch immer werden die vielfach bewährten Umlenkhebel benützt, obwohl heutzutage in den meisten Scale-Modellen ein Servo pro Querruder eingebaut wird. Obwohl diese Lösung mehr Gewicht bringt, ist die Zunahme an Betriebssicherheit und die Abnahme des Ruderspiels für so manchen Modellbauer ausschlaggebend (Abbildung 8.13).

Welche Einbauart wir auch wählen, sie sollte spielfrei ausgeführt sein, denn sonst bekommen wir Ärger!

Bei Verwendung von Umlenkhebeln sollten die Rippen, an denen Trägerbrettchen montiert sind, mit Balsa (Maserung rechtwinklig zueinander) aufgedoppelt oder mit 0,4-mm-Sperrholz verstärkt werden. Eine andere Lösung ist es, die Umlenkhebel zwischen zwei Sperrholzplatten zu montieren, um so die am Hebel wirkenden Kräfte aufzufangen. Abbildung 8.14 zeigt die Einbauweise.

Abb. 8.13
Das Beispiel eines Flächenservo-Einbaus in der Spitfire Mk 1A. An der Oberseite ist die
Beplankung mit einer Aufdoppelung aus 0,4-mm-Sperrholz versehen. Jenes Brettchen, in
dem das Servo montiert ist, ist an der noch offenen Seite so verschliffen, daß später bei
Aufbringen der oberen Beplankung die dort ebenfalls vorhandene Verstärkung aus 0,4-
mm-Sperrholz Kontakt mit dem Servobrettchen aufnimmt. Vor Beplanken noch einmal
alles kontrollieren, denn ein Problem mit der Anlenkung bedeutet später Flächenchirurgie

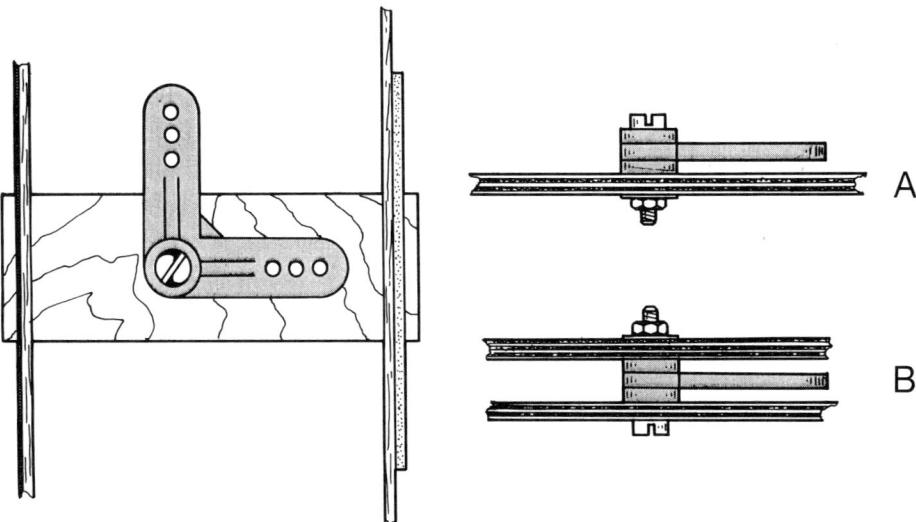

Abb. 8.14
Die klassische Umlenkung gehört noch immer zu den sicheren Anlenkungsformen, besonders bei kleineren Modellen. Zu beachten ist aber, daß jene Rippen, an denen die Träger-
platte für die Umlenkhebel befestigt ist, mit dünnem Sperrholz oder einem zusätzlichen
Balsastreifen aufgedoppelt ist (Maserung rechtwinklig zueinander), um einem Ausweichen
des Trägerbrettchens unter „Last" vorzubeugen. Obwohl die Hebel meistens auf ein einziges Sperrholz geschraubt werden, hat es Vorteile, sie nach Zeichnung (B) zwischen zwei
Sperrholzbrettchen zu lagern, der Hebel kann so nicht mehr tordieren

Nicht oft anzutreffen, aber keineswegs unzuverlässig sind sogenannte Torsions-
röhren. Eine Anlenkung, die auch im Originalflugzeugbau oft Verwendung findet.
Das Prinzip ist eigentlich mit dem vieler Trainermodelle zu vergleichen, nur auf
professionellerem Niveau. Meistens werden GfK- oder Kohlerohre verwendet,
aber auch dünnwandige Stahl- oder Aluröhrchen kommen in Frage. Sicherlich ist
dies eine attraktive Lösung, bei Flächen mit geringer Profildicke, die fast keine
Bauhöhe zum Einbau herkömmlicher Anlenkungen zur Verfügung stellt. Abbildung 8.15 zeigt einmal eine solche Anlenkung, hier an einem Rennflugzeug der
30er Jahre, bei dem auch die Landeklappen so angelenkt wurden.

Falls wir pro Ruder oder Klappe ein separates Servo verwenden, ist es eine gute
Lösung, die Servos direkt an einer der Rippen zu befestigen. Jene, an der wir den
Ausschnitt für das Servo vorsehen, sollte aber beidseitig mit 0,6-mm-Sperrholz
verstärkt werden. Da es in vielen Modellen fast unmöglich ist, die Schrauben bei
dieser Einbaulage fest anzuziehen, sollten wir uns mal wieder auf unsere Kreativität besinnen. Wenn wir ausreichend Platz haben, ist es z.B. möglich, ein Servo
mittels M2,5-Schraube und einer Hilfsklemme zu befestigen. Geht auch das
nicht, kleben wir die Klemme einfach direkt auf das Sperrholz.

Bei Doppeldeckern haben wir noch ein anderes Problem, denn wenn wir scale
bauen, haben wir in der Regel recht dünne Profile vorliegen und der Einbau der
Servos wird recht schwierig. Die bewährteste Lösung ist hier die Verwendung
von Mini-Servos, die heutzutage recht preiswert zu haben sind. So lohnen sich
die ganzen Umlenkhebeleien in einer Fläche nicht mehr. Die Servos werden einfach an einer mit Sperrholz verstärkten Rippe verschraubt. Servokabel zu der
oberen Tragfläche sind am besten in einer der Streben am Baldachin zu verlegen.
So sind sie gänzlich unsichtbar. Eine weitere Möglichkeit ist es, sie in einer Scale-
Benzinleitung zu verbergen, die vom Flächenkraftstofftank zum Motor führt. Na-

Abb. 8.15
*Auch im manntragenden Flugzeugbau wurden und werden Ruder mittels Torsionsrohren
angesteuert. Hier an einem Rennflugzeug die Anlenkung von Quer- und Landeklappen, bei
denen die geringe Profilhöhe keinen Einbau von Ruderhörnern ermöglichte. Der obere
Hebel bedient übrigens das Querruder, der untere die Landeklappen. Beide Rohre laufen
ineinander*

türlich nur dann, wenn das Original auch über eine solche Tankanlage verfügte! Falls wir einen Doppeldecker mit Querrudern in beiden Flächenpaaren bauen, ist es möglich, die beiden übereinanderliegenden Querruder jeweils mittels Gestänge miteinander zu verbinden. Bei langsameren Modellen ist dies kein Problem, wenn mit Sorgfalt – sprich Kugelköpfen – gearbeitet wird. Bei schnelleren Maschinen vom Schlage *Pitts Special* oder *Ultimate* sieht die Sache anders aus. Hier könnte das Spiel in den Gestängen zum Flattern der Ruder und somit zum Verlust des Modells führen. Eine bessere Lösung ist es hier, jedes Querruder mit einem eigenen Servo auszurüsten. Die Gestänge zwischen den Rudern können dann als Dummies ausgeführt werden.

Unabhängig von der Anzahl der Flächen, sollten wir uns aber immer klarmachen, daß lange Zuleitungen zu den Servos entstört werden müssen. Viele Anbieter haben dazu Entstörfilter im Programm; wir können aber auch selbst Servokabel um einen Ringkern wickeln.

Abb. 8.16
Der Einbau eines Schwenkscharniers in der Fläche, in diesem Fall an einer Mustang

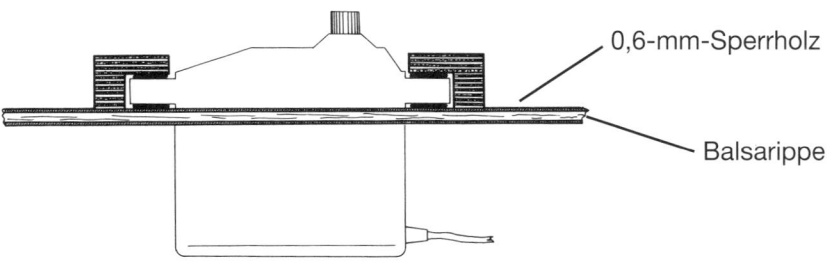

0,6-mm-Sperrholz

Balsarippe

Abb. 8.17
Beim Servoeinbau direkt in eine Flächenrippe ist auf einige Details zu achten. Erstens sollten die Rippen beidseitig mit Sperrholz aufgedoppelt werden, zweitens sollte der Ausschnitt in den Rippen etwas größer als das Servo ausfallen, um den Gummitüllen ausreichend Bewegungsfreiheit zu lassen. In dieser Ansicht sind die beiden Sperrholzklötze zur Befestigung gezeichnet – so wie im Text erklärt

153

8.3 Servoanschlüsse

Obwohl wir es vielleicht als ganz normal betrachten, sind Probleme nur eine Frage der Zeit, wenn wir bei jedem Aufbau fünf oder sogar noch mehr Servostecker in den Empfänger einstecken. Einmal abgesehen davon, daß jedes Stecker-Buchsen-Paar eines zuviel ist, gibt es sehr viele Möglichkeiten, hier etwas falsch zu machen. Für unsere Vereinskollegen kann es komisch aussehen, wenn die Klappen ausfahren, obwohl ihnen eigentlich ein Bombenabwurf versprochen wurde. Für den Piloten sieht die Sache aber ganz anders aus.

Es gibt im PC-Zubehör eine Riesenauswahl an Computersteckern, und die sind für unsere Zwecke ganz besonders geeignet. Aber bitte keinen billigen Jakob kaufen, sondern gute Qualität. Wenn die Litzen sorgfältig angelötet sind, „verschalen" wir den Stecker mit Tesakrepp und bringen Silikon ein. Nach Trocknen und Abziehen des Tesakrepp sitzt die Sache bombenfest, bleibt aber elastisch.

Man kann selbstverständlich beide Seiten der Steckverbindung an Teilen des Modells festschrauben. Eine ebenfalls bewährte Methode ist es, nur die Buchse festzuschrauben und das Gegenstück mittels einer Sicherung daran zu befestigen. Ist dies nicht möglich, zumindest Stecker oder Buchse. Da solche Stecker ziemlich gewichtig sind, sollten sie nicht frei im Raum herumschlagen können, sonst besteht Beschädigungsgefahr.

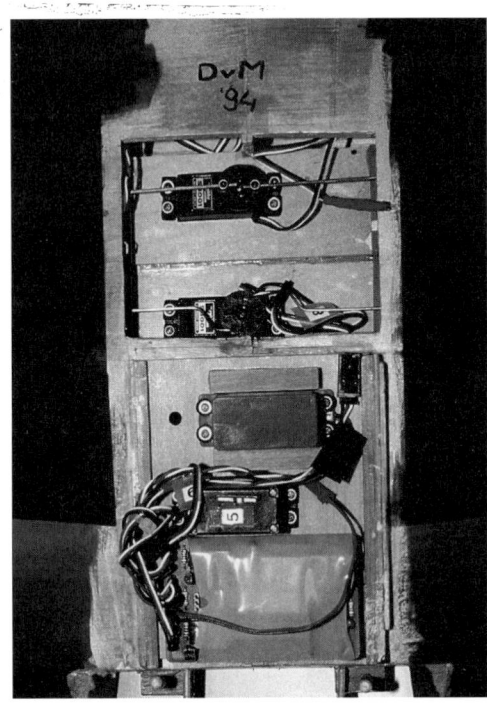

Abb. 8.18
Kabelsalat: So sollte das nicht aussehen! Insgesamt fünf verschiedene Servokabel und ein Akkuanschluß kommen aus der Wurzel dieser Fläche heraus und müssen jedesmal in den Empfänger eingesteckt werden. Da ist es nur eine Frage der Zeit bis zum Absturz

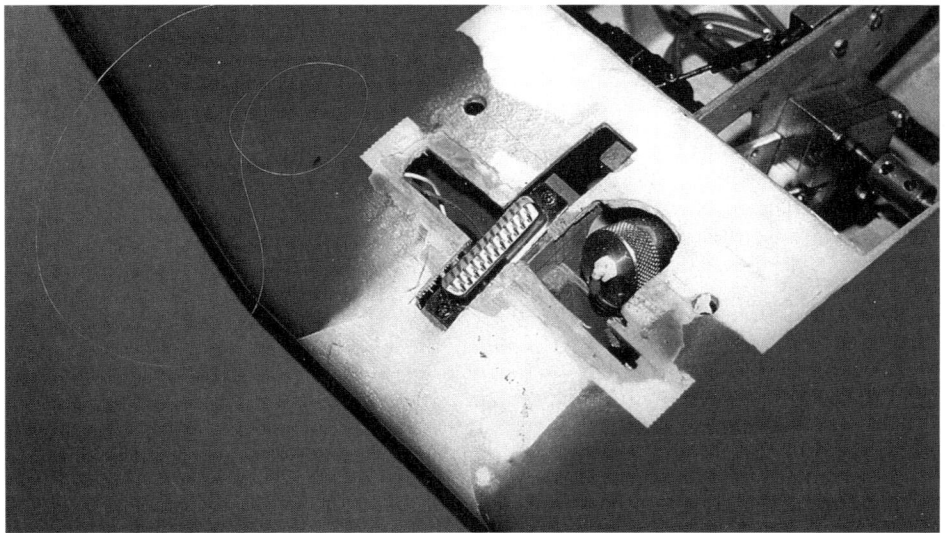

Abb. 8.19
So könnte es aussehen: Wenn mehrere Servos in der Fläche notwendig sind, gibt es nur eine Lösung, um sie zuverlässig mit der RC-Anlage im Rumpf zu verbinden: ein Computerstecker mit Goldkontakten. Einmalig löten, und von da an immer die richtige Verbindung haben

8.4 Empfängerantenne

Es ist immer wieder ein schrecklicher Job, diese bunte Litze quer über die Supertarnung zu spannen. Warum sie nicht einfach verstecken? Die Impulse finden ihren Weg auch durch Balsa und Kunststoffe, mit Ausnahme von Kohlefasern, denn die schirmen ab.

Am einfachsten ist es, die Antenne in einem Bowdenzugrohr im Rumpf zu verlegen, gänzlich unsichtbar, und versehentlich drauftreten kann man dann auch nicht mehr.

Oft ist aber zu beobachten, daß eine Lage der Antenne parallel zu stählernen Rudergestängen oder Steuerlitzen sich negativ auf die Reichweite auswirkt. Wenn dies so ist, einmal darüber nachdenken, ob es nicht möglich ist, das Bowdenzugröhrchen in der Fläche zu verlegen und die Litze bei jeder Montage einfach einzuschieben.

9. Fahrwerke

Während Trainer und die meisten anderen Zweckmodelle meist mit einem Bugfahrwerk ausgerüstet sind, haben viele Scale-Modelle ein sogenanntes Zweibeinfahrwerk. Es besteht aus zwei Hauptfahrwerksbeinen und einem Spornrad bzw. Schlitten am Rumpfende. Schauen wir uns kurz die wichtigsten Merkmale der beiden an.

Ein Dreibeinfahrwerk ist auf dem Boden recht einfach zu steuern und besitzt – einmal richtig eingestellt – einen guten Geradeauslauf. Dies im Gegensatz zu Zweibeinfahrwerken, die gerne die Modellnase in den Wind drehen. Diese Eigenschaft ist nach Abbildung 9.2 einfach zu erklären. Wenn wir davon ausgehen, daß ein Modell geradeaus rollt und der Wind von der Seite kommt, gilt folgendes: Durch das Seitenleitwerk hat das Modell die Neigung, die Nase in den Wind zu drehen, es wird aber vom Widerstand des Bugrads daran gehindert. Bei einem Flugzeug mit Spornrad ist dies anders, denn hier wirkt der größere Hebel C nach Abbildung 9.2. Die Nase des Modells dreht sich leichter in den Wind. Diese Eigenschaft ist aber lange nicht so problematisch, wie viele glauben; über 90% der Scale-Modelle sind mit einem Spornrad ausgerüstet und es gibt kaum Probleme damit.

Ein Manko der Spornradausführung ist und bleibt aber seine Ausbruchtendenz beim Start. Ebenfalls aus Abbildung 9.2 ersichtlich ist die Tatsache, daß die Distanz A des einen Rades zum Schwerpunkt kleiner ist als bei B. Falls sich nun die Richtung des Modells auf dem Boden plötzlich ändert – zum Beispiel durch eine Spurrille –, kommt das Modell vom Kurs ab und die Räder verursachen mehr Widerstand. Beim Bugfahrwerk bildet sich ein korrigierendes Kraftmoment. Bei unserem Spornradflugzeugmodell liegen die beiden Hauptfahrwerksbeine vor dem Schwerpunkt, und dadurch verhält es sich mit den Strecken A und B gerade andersrum. Hier wirkt keine stabilisierende Kraft, sondern die Sache verhält sich instabil, es vergrößert sich also die Neigung zum Ausbrechen.

Warum haben dann aber nicht alle Flugzeuge ein Bugfahrwerk? Zunächst einmal bringt das Bugfahrwerk Gewicht an einer Stelle, an der man es meist nicht brauchen kann. Dabei hat solch ein Fahrwerk einen viel größeren Luftwiderstand als ein kleines Spornrad, und wenn wir es einziehbar ausführen möchten, brauchen wir ausgerechnet auch noch an jener Stelle Platz, die bereits der Motor für sich beansprucht.

Es sei hier aber auch gesagt, daß sich die beschriebenen negativen Rolleigenschaften von Spornradflugzeugen nicht zwingend auf unsere Modelle übertragen. Wenn wir ein wenig Sorgfalt an den Tag legen, sind auch solche Modelle sicher zu starten und zu landen. Eine genauere Beschreibung folgt in Kapitel 12.

Leider sind es nicht nur die Zwei- und Dreibeinkonfigurationen, die uns Sorgen bei Fahrwerken machen, es gibt auch noch andere Punkte, auf die wir, besonders bei Einziehfahrwerken, achten sollten. Hier ein kurzer Überblick:

1) Position der Räder im Verhältnis zum Balancepunkt

2) Spurbreite

3) Länge der Fahrwerksbeine

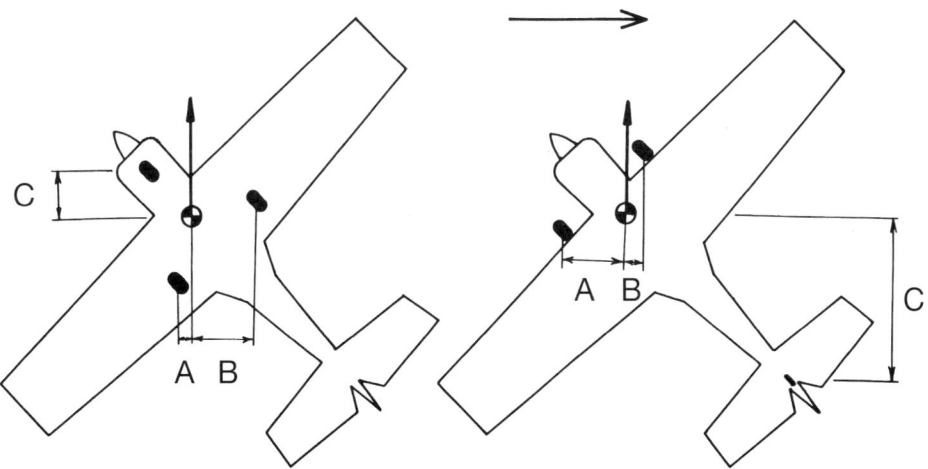

Abb. 9.2
Zwischen Zwei- und Dreibeinfahrwerken gibt es erhebliche Unterschiede im Rollverhalten
am Boden. Die vielfach Zweibeinfahrwerken zugeschriebenen Probleme sind aber bei weitem nicht so gravierend wie oft angenommen

9.1 Fahrwerksauslegung

Es gibt verschiedene Entwürfe von Originalflugzeugen, bei denen Fahrwerksmechanismen direkt an den Hauptholmen der Fläche eingebaut sind. Damit wird Gewicht gespart, obendrein entsteht eine stabile Konstruktion. Daß die Räder damit ganz nah am Ballancepunkt liegen, ist von geringerer Bedeutung. Bei stark motorisierten Konstruktionen, besonders bei Kunstflugmaschinen, sehen wir daher immer wieder ein weit nach vorne gelegtes Fahrwerk, was hier auch keine Schwierigkeiten bedeutet, weil es oft nicht einziehbar ist.

Bei vielen Semi-Scale-Modellen ist aus gleichem Grund ein viel zu weit nach vorne gebogenes Fahrwerk zu sehen, was das Erscheinungsbild beeinträchtigt. Wenn wir wirklich scale bauen und fliegen wollen, sollten wir die negativen Eigenschaften des Vorbilds in diesem Punkt einfach akzeptieren. Wenn uns das Rollverhalten einer *Bf 109* am Boden ärgert, sollten wir lieber eine *Fw 190* bauen. Es ist ein wesentlicher Teil der Scale-Fliegerei, die Vorbilder so genau wie möglich zu kopieren und nicht einfach den Weg des geringsten Widerstands zu gehen, wenn uns etwas nicht gefällt. Falls es aber notwendig ist, einen Hang zum Kopfstand zu verringern, gibt es noch eine andere Möglichkeit, und da diese Lösung mit der Balancepunktberechnung zusammenhängt, wird sie im nächsten Kapitel beschrieben.

Für Liebhaber von Warbirds gibt es die Möglichkeit, neben der hier bereits genannten *Fw 190* an eine *Hawker Hurricane*, *P-51 Mustang*, *Harvard*, *P-40*, *Hellcat* oder *Corsair* zu denken, obwohl sich bei letzterer das Fahrwerk beim Einziehen um 90 Grad dreht. Eine *Typhoon*, *Tempest*, *Valiant* oder *Zero* sind weitere Beispiele für Flugzeuge mit Fahrwerken, die uns auch im Scale-Nachbau keine Schwierigkeiten bereiten.

Ein weiteres Diskussionsthema ist die Spurbreite. In den frühen Jahren der Luftfahrt hatten die Flugzeuge mit nur wenigen Ausnahmen ein kleine Spurbreite, da die Flächen mit Stoff bespannt waren und es fast keine Möglichkeit gab, das Fahrwerk am Tragflügel zu befestigen. Aus der geringen Spurweite heraus ergaben sich bei vielen Flugzeugen Stabilitätsprobleme beim Rollen auf dem Boden, manche fliegende Kiste war gar mit einer schlittenförmigen Kufe unter dem Randbogen versehen, um Beschädigungen bei Start und Landung zu ver-

Abb. 9.3
Eine unsterbliche Konstruktion, aber am Boden nicht einfach zu rollen: die Se 5a, hier als Quarter-Scale-Modell

meiden. Ein Nachteil dieser Auslegung ist die starke Ausbrechtendenz während des Rollens. Glücklicherweise haben wir bei unseren Modellen nur selten Probleme damit, nur beim Ausrollen nach der Landung kann es mal Schwierigkeiten geben. Eine Lösung ist, beide Räder auf einer Achse – die durch ein Rohr geführt ist – starr miteinander zu verbinden.

Räder mit größerem Abstand voneinander lösen dieses Problem ebenfalls. Leider gibt es nur wenige fliegende Antiquitäten, die dieses Merkmal haben. Die *Bristol Boxkite* oder der *Avro Triplane* sind einige dieser seltenen Exemplare.

Die 30er Jahre haben hingegen aber viele schöne Maschinen hervorgebracht, die sich auch unter dem Aspekt Spurbreite gut zum Nachbau eignen.

Die Länge der Fahrwerksbeine ist im manntragenden Flugzeugbau weitgehend abhängig von dem verwendeten Motor und den dadurch bedingten Luftschraubendurchmessern. Bei unseren Nachbauten haben wir dieses Problem viel weniger. Wir sind aber oft gezwungen, diesem Punkt Rechnung zu tragen, da das Original eben darüber verfügte. Besonders bei Doppeldeckern sehen wir oft sehr lange Fahrwerksbeine, und die machen es uns nicht gerade einfacher. Der Grund liegt darin, daß die Länge der Fahrwerksbeine jenen Hebel vorgibt, an dem die Kräfte an der Aufnahme wirken können. Eine *Fw 190*, einmal nicht ganz sanft auf den Platz gesetzt, hat gute Chancen, sich das ganze Fahrwerk aus der Fläche zu reißen. Während beispielsweise eine *Aeronca* bei der gleichen Übung mit nur leichten Beschädigungen rechnen muß. Auch in der bemannten Luftfahrt gibt es dieses Problem, vor allem bei schweren Maschinen. Eine Lösung ist die Verwendung von mehrblättrigen Luftschrauben, um ihren Durchmesser zu reduzieren. Reicht das nicht aus, gilt es, nach anderen Lösun-gen Ausschau zu halten. Bei Flugzeugen wie der *Ju-87* und *Corsair* ist man einen sehr aufwendigen Weg gegangen: Hier wurde die Fläche nach unten geknickt, um bei kürzeren Fahrwerksbeinen dem Propeller die notwendige Bodenfreiheit zu geben.

Abb. 9.4
Die Focke-Wulf Fw 190 hatte sehr lange Fahrwerksbeine, was bei der Landung besondere Aufmerksamkeit erfordert, falls wir eine Flächenreparatur verhindern wollen

Ein weiteres Manko von langen Fahrwerksbeinen ist die Lage des Flugzeugs während Start und Landung. Beim Original sieht der Pilot nach vorn heraus nichts anderes als die Motorhaube. Dies ist auch der Grund, warum Originale dieser Couleur immer auf einem schlangenförmigen Kurs in Richtung Startstelle rollen. Beim Modellflug haben wir dieses Problem glücklicherweise nicht. Ein Nachteil, mit dem wir aber rechnen müssen, ist die Lage des Flugzeugs bei der Landung. Hier haben wir relativ wenig Geschwindigkeit und so manches Mal einen hohen Anstellwinkel der Tragfläche, die so nah an ihrem Überziehwinkel fliegt. Es passiert oft, daß das Modell in überzogener Lage noch einmal vom Boden abhebt, ohne aber dabei über die eigentlich notwendige Geschwindigkeit zu verfügen. Das Resultat läßt sich erraten. Wir sollten daher z.B. bei einem Nachbau des *Fieseler Storch*, bei dem das gefederte Fahrwerk in der Luft ganz „absackt", starre Fahrwerksbeine so ausführen, daß sie die Position des Flugzeugs am Boden haben.

Starr oder einziehbar, das wäre wohl die nächste Frage zu diesem Thema, und für viele Modellbauer bzw. -flieger sind Einziehfahrwerke ein Buch mit sieben Siegeln. Sie würden jede Menge Zeit beanspruchen, sind teuer, nicht zuverlässig usw., alles Argumente, die eigentlich gegen einen Einbau sprechen.

Einverstanden, ein Einziehfahrwerk bringt zusätzlichen Aufwand beim Bauen und Fliegen. Aber es ist auch wiederum nicht so, daß es nur Probleme mit sich bringt. Zunächst einmal verbessert sich das Flugbild enorm. Ein Jäger mit zwei 5-mm-Stahldrähten und je einem 100-mm-Rad kann nicht unbedingt beim schnellen Überflug als elegant bezeichnet werden. Zum zweiten sind Kunstflugfiguren – insbesondere Rollfiguren – einfacher und schöner zu fliegen, da das Gewicht der Fahrwerksbeine und vor allem das der Räder näher am Modellschwerpunkt liegt und deren Widerstand fehlt.

Wenn wir uns also für ein Modell entscheiden, das im Original ein Einziehfahrwerk hat, sollten wir unseren Nachbau ebenfalls damit ausrüsten. Sollte uns der Aufwand zu groß sein, wäre es wohl eine bessere Wahl, erst einmal ein Muster mit starrem Fahrwerk zu bauen. Es gibt etliche Vorbilder, unter denen wir auswählen können.

Fangen wir daher einmal mit starren Fahrwerken an, schließlich gibt es viele verschiedene Formen davon. Angefangen bei den mit etlichen Spanndrähten versehenen Fahrwerken der fliegenden Kisten bis hin zu völlig freitragenden Ausführungen, sehr häufig bei Sportflugzeugen zu sehen.

Im Gegensatz zu unseren großen Brüdern, bei denen während der Landung die Kräfte hauptsächlich durch das Gewicht des Flugzeugs entstehen, haben wir es bei unseren Modellen – oft durch „rücksichtslose" Landungen – auch mit nach hinten gerichteten Kräften zu tun. Wenn wir diese Zusammenhänge bereits beim Entwurf berücksichtigen, werden sich die Probleme in Grenzen halten und lösen lassen.

Weit verbreitet ist immer noch die Verwendung von Fahrwerken aus Stahldrähten, dagegen spricht auch nichts, wenn sie sorgfältig konstruiert sind. Es ist aber wichtig, auf einige Dinge zu achten. Im Handel sind zwei verschiedene Sorten von Fahrwerksdrähten erhältlich. Zunächst einmal ein sogenannter Pianodraht, ein ungehärteter Stahl. Dieser ist gut zu biegen, hat aber eine etwas geringere Festigkeit. An zweiter Stelle steht Federstahl. Dieser ist gehärtet und kann beim kalten Biegen schon einmal brechen.

Abb. 9.5
Vor Verlöten der Fahrwerksteile sind sie immer genau auszurichten, hier werden sie von winkligen Stahlklötzen gehalten

Für uns reicht die erste Sorte in der Regel aus, sie steht uns aber nicht immer zur Verfügung.

Wenn wir Stahl biegen, bringen wir Spannungen in das Material, die in fast allen Fällen als Härtung zu bemerken ist. Da Federstahl so manches Mal bereits nah an seiner Spannungsgrenze ist, kann er fast keine zusätzliche Biegung mehr aufnehmen; darum bricht er. Bei ungehärtetem Stahl ist das Biegen jedoch auch nicht ganz ohne Risiko, denn es können Sollbruchstellen entstehen – und die sollten wir immer meiden. Es ist daher immer notwendig, nach Biegen des Drahts diesen bis zu einer rot-orangefarbenen Färbung zu erhitzen und ihn anschließend an der Umgebungsluft abkühlen zu lassen.

Die Verwendung von Federstahl für Fahrwerke ist selbstverständlich möglich, hier sind aber die Biegestellen zuvor zu erhitzen und ebenfalls langsam abzukühlen. Nach Biegen des Materials das ganze Fahrwerk erneut erhitzen und dann wahlweise in der Umgebungsluft abkühlen lassen oder sofort in einen Eimer mit kaltem Wasser werfen. Im ersten Fall ist der Stahl elastisch, im zweiten ist das Material gehärtet und damit starrer.

Eine ganz andere Angelegenheit, die ebenfalls etwas mit Materialhärtung zu tun hat, ist das Verlöten einzelner Teile. Für Fahrwerke ist Hartlöten nicht immer die ideale Lösung, da hier durch hohe Temperaturen plötzliche und örtlich begrenzte Härtungen entstehen können.

Zwei Fahrwerksbeine, zuvor sorgfältig von Fettresten gereinigt, können mit Kupferdraht umwickelt und anschließend mit einer normalen Blei-Zinn-Mischung weichgelötet werden. Diese Verbindungen widerstehen selbst härtesten Landungen.

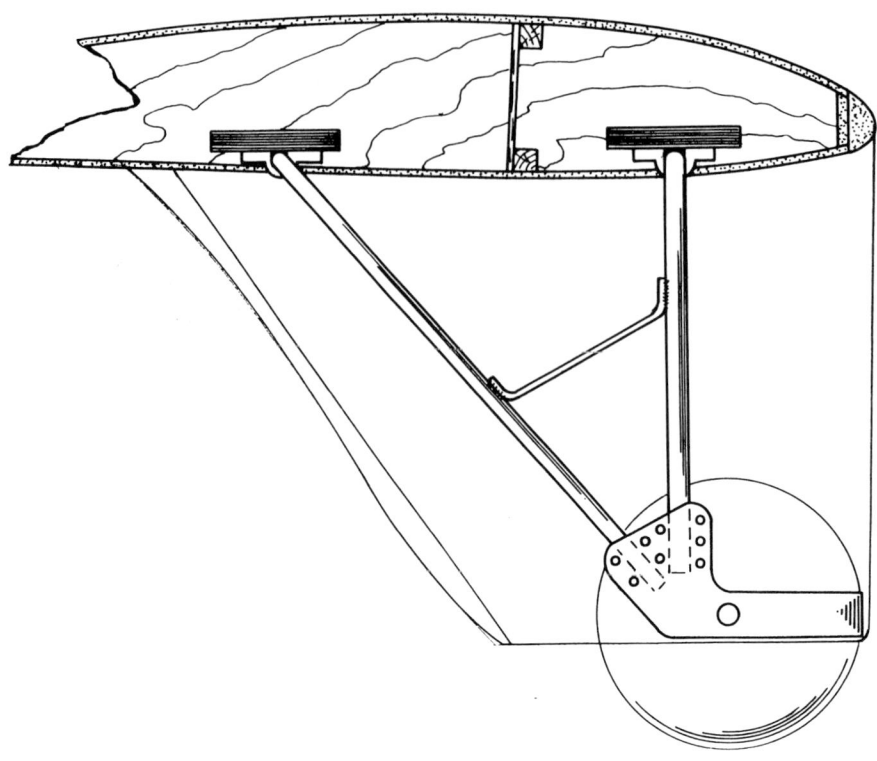

Abb. 9.6
Falls wir in der glücklichen Lage sind, ein vollverkleidetes Fahrwerk zu erstellen, haben wir ausreichend Spielraum für einen vernünftigen Fahrwerksaufbau

Eine ganze Reihe von Rennflugzeugen aus den 30er Jahren ist mit Radverkleidungen versehen, um den Widerstand der starren Fahrwerke zu verringern. Das hat für uns den großen Vorteil, daß wir inwendig ausreichend Platz zum vernünftigen Fahrwerksaufbau haben. Abbildung 9.6 zeigt ein solches Beispiel, hier eine *Miles Sparrowhawk*.

Modernere Fahrwerke, wie zum Beispiel das einer *Pitts Special*, *Zlín 50* oder vieler *Cessna*-Typen, sind einfach aus Duralstreifen oder Kohlefaser aufzubauen. Bei letzterem genügt es, ein einseitiges Negativ aus Holz anzufertigen, und dieses dann mit Kohlefaser auszulegen. Nach dem Aushärten wird es dem Negativ entnommen und auf Form geschliffen.

9.2 Einbau in Rumpf oder Fläche?

In Abhängigkeit von dem von uns gewünschten „Scalegrad" stehen wir hier oft vor der Qual der Wahl. Die einfachste Lösung ist es selbstverständlich, das Fahrwerk mit Schrauben und Schellen am Rumpf oder an der Fläche zu befestigen, gleich einem Trainermodell. Zunächst ist aber zu überprüfen, ob nicht eine Lösung gemäß dem Original gefunden werden kann. Abbildung 9.7 zeigt eine scalemäßige Befestigung des Hauptfahrwerks. Links eine *Zlín Z-50*, rechts eine *Z-XII*. Die notwendigen Anpassungen der Rumpfstruktur sind bereits eingezeichnet.

Wenn dies nicht möglich ist, sind wir wieder auf unsere eigene Kreativität angewiesen. Nur ein wenig aufwendiger als die Schraubbefestigung an der Fläche – dort sind die meisten Fahrwerke montiert – und viel attraktiver ist die Lösung, die Beine um etwa 5 mm zu verlängern und sie so in die Fläche hineinragen zu lassen. Die ganze Befestigung kann mit einer Luke aus dünnem Sperrholz, ABS oder GfK abgedeckt werden. Nicht nur bei starren Fahrwerken hat es Vorteile, wenn sie durch eine Luke erreichbar sind. Bei Einziehfahrwerken lohnt es sich

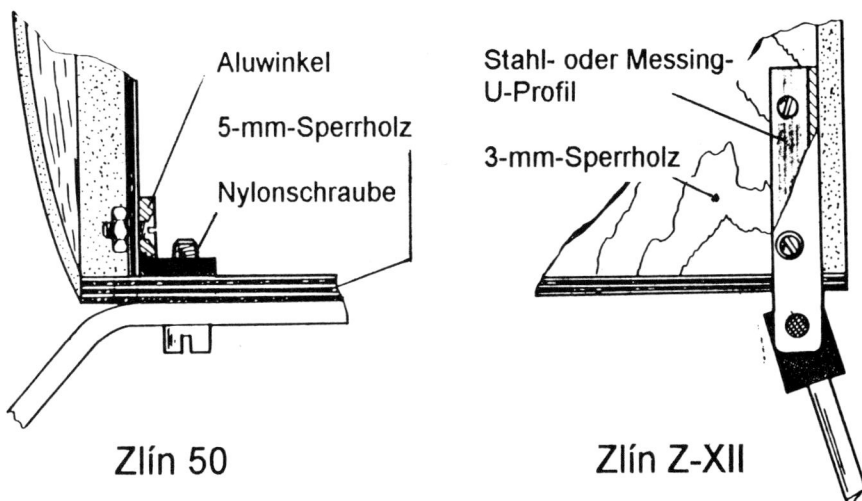

Abb. 9.7
Wenn möglich, bei der Konstruktion immer am Original orientieren. Hier zwei Beispiele: links die leicht vereinfachte Ausführung, rechts entsprechend dem Original

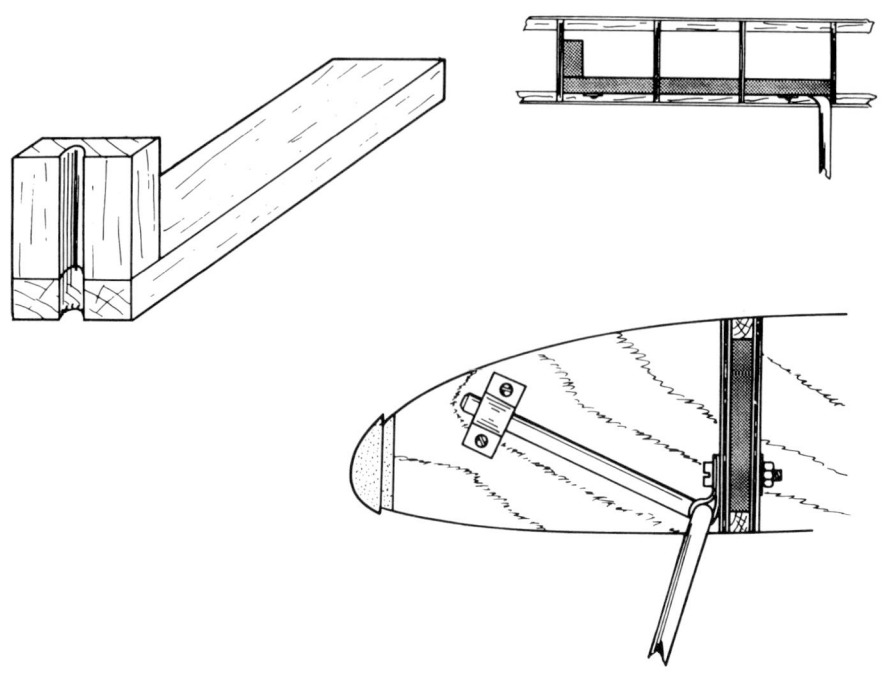

Abb. 9.8
Befestigungsmöglichkeit eines nicht einziehbaren Fahrwerks in der Fläche. Die Beine werden mittels Metall-Laschen auf 10 mm x 10 mm-Buchengurten verschraubt, die am Hauptholm festgeklebt sind. Ebenfalls zu beachten sind die Buchenklötze an der Wurzelrippe, diese ermöglichen ein genaues Ausrichten der einzelnen Beine. Der klassische Einbau eines Fahrwerks in die Fläche ist beim Scale-Modell ebenfalls möglich. Es ist jedoch schöner, die Gegenlager etwas tiefer in die Flächen zu kleben und sie an der Unterseite mittels Luke abzudecken

sogar ganz besonders. Ohne jetzt an dieser Stelle gleich schwarzmalen zu wollen, aber es ist davon auszugehen, daß wir bestimmt irgendwann einmal kleine Änderungen oder Arbeiten am Mechanismus vornehmen müssen.

Die Fahrwerksbefestigung ist weitgehend abhängig von dessen Beschaffenheit. Wenn wir uns zunächst an der Fläche befestigte Varianten näher ansehen, kommen wir mit einem L- oder Z-förmig gebogenen Stahldraht aus, der in der Nut einer Buchenleiste gelagert ist (Abbildung 9.8). Es gibt aber auch noch andere Alternativen, beispielsweise mit den in der gleichen Zeichnung dargestellten Klammern aus dünnem Stahl- oder Messingblech am Holm und der Rippe. Hier können wir das Gewicht der Buchenleiste sparen. Wenn wir so vorgehen, den Holm-Zwischenraum an dieser Stelle unbedingt mit hartem Balsa auffüllen und die Verkastung in diesem Bereich aus Sperrholz ausführen. Bei der Methode mit den Buchenklötzen ist das Fahrwerk nach Biegen in die Nut einzulegen und erst dann der Klotz nach genauem Ausrichten der Beine zu verkleben. Sorgfältig gearbeitet sind solche Fahrwerke in der Lage, auch härteste Landungen wegzustecken.

Falls das Fahrwerk so weit vorne positioniert ist, daß eine Befestigung am Hauptholm nicht mehr möglich ist, die Aufnahme direkt an den Rippen vornehmen. Abbildung 9.9 zeigt das. Hier sind aber mehrere Lagen Sperrholz an zwei Positionen zwischen Rippen eingebracht, die wiederum mit Sperrholzaufdopplern versehen sind. Auch diese Konstruktion hat sich im täglichen Einsatz bewährt.

Die direkt am Rumpf befestigten Fahrwerke kennen wir alle noch von unseren Trainermodellen, und die gleiche Befestigungsmethode können wir meistens auch im Scale-Modellbau anwenden, wenn auch mit einigen kleinen Änderungen. Wir wollen ja keine Gummibänder und Dübel an unseren Scale-Modellen

Abb. 9.9
Falls es nicht möglich ist, das Fahrwerk direkt am Hauptholm zu befestigen, ist eine Aufhängung in Sperrholzrippen ebenfalls denkbar

sehen! Abbildung 9.7 zeigte ja bereits einige Möglichkeiten, die Befestigung originalgetreu vorzunehmen, aber das geht leider nicht immer. Bei Vorbildern sind Fahrwerke oft Teile, die in den Rumpf geschoben und dort mit einigen Bolzen gesichert werden.

Diese Methode hat für uns keine Vorteile. Nicht nur unter dem Aspekt des Arbeitsaufwands, sondern auch unter dem der Praxistauglichkeit. Bei Cessna-ähnlichen Modellen zum Beispiel kommen wir aber nicht daran vorbei, das Fahrwerk mit einigen Schrauben zu befestigen. Sie sind aber meist gut zu verbergen, da sich am Original fast immer an der Rumpfunterseite in diesem Bereich eine Luke befindet. Wenn wir nun diese Luke bis zu einem der Scale-Blechstöße verlängern, ist die Befestigung und deren Abdeckung fast unsichtbar auszuführen. Die Befestigung an der Innenseite des Rumpfs kann nach verschiedenen Varianten erfolgen. Abbildung 9.10 zeigt einige der meist verwendeten.

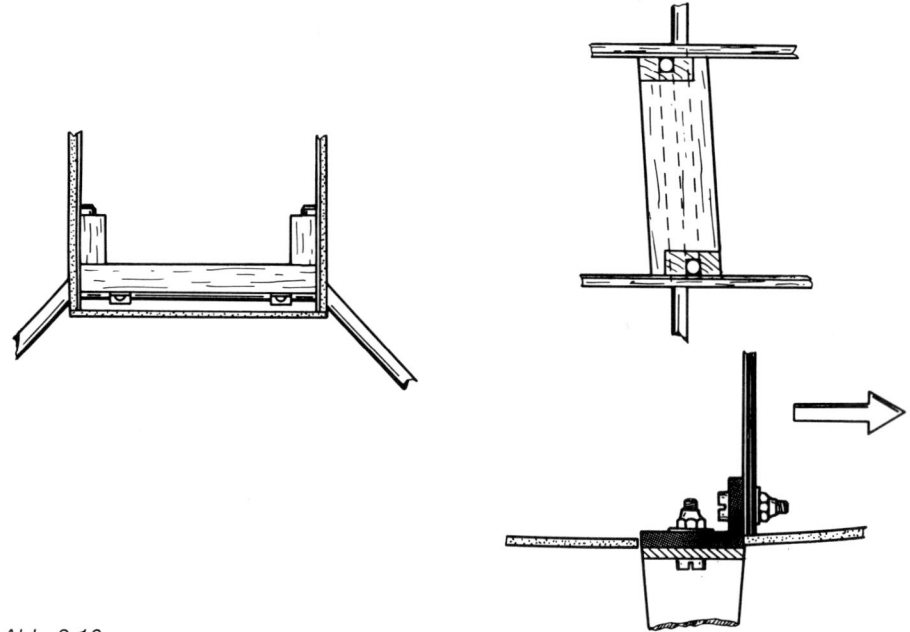

Abb. 9.10
Bezüglich der Befestigung des Fahrwerks im Rumpf gibt es verschiedene Möglichkeiten. Wie in den Anfangszeiten der Modellfliegerei ist die Torsionsstange auch hier eine taugliche Befestigungsmethode. Die Gurte werden schräg in den Rumpf eingebaut, um die beiden Beine beidseitig des Rumpfs an gleicher Stelle nach außen zu führen. Eine ebenfalls bewährte Methode ist die Verwendung eines Aluwinkels, so wie in der unteren Abbildung gezeichnet. Der Pfeil stellt die Flugrichtung dar

Wie oben bereits angeführt, wirken bei Originalen andere Kräfte während der Landung als bei den entsprechenden Modellen. Unsere Fahrwerke müssen in der Lage sein, nebst vertikalen Kräften auch horizontal wirkenden zu widerstehen. Das hat zunächst einmal damit zu tun, daß die Landegeschwindigkeit unserer Modelle fast nie – entgegen den Originalen – ganz nah an der Überziehgeschwindigkeit liegt. Von der Eleganz unserer Landungen wollen wir in diesem Zusammenhang lieber nicht sprechen.

Die Frage nach der Dämpfung eines Fahrwerks steht damit schnell im Raum; aber brauchen wir eine solche denn unbedingt? Für Nachbauten von Leicht- und Sportflugzeugen bis ca. 4000 Gramm ist eine Dämpfung nicht notwendig, da diese Gewichte keine allzu hohe Beanspruchung für das Fahrwerk bedeuten. Dabei sind die Räder ja meistens auch noch in der Lage, einen Teil der Kräfte aufzunehmen. Für Modelle oberhalb dieser Gewichtsgrenze ist eine Dämpfung jedoch zu empfehlen. Jagd- und Rennflugzeuge haben fast immer Vorteile durch gedämpfte Federbeine, da sie mit einer verhältnismäßig hohen Geschwindigkeit landen.

Sicherlich, gedämpfte Fahrwerke haben nicht nur ihre Vorteile und sehen schön aus, sie erfordern auch Zeit für die Anfertigung und bringen zusätzliches Gewicht mit ein. Dabei gilt aber immer das Kis-Prinzip: „Keep it simple" (halt es einfach). Wenn ein ungedämpftes Fahrwerk reicht, sollte es auch gebaut werden, und nichts anderes.

Falls wir uns aber für ein gedämpftes Fahrwerk entschieden haben, so gibt es heutzutage einige Hersteller, die fix und fertige Exemplare anbieten, und manchmal passen sie sogar ohne weiteres zu unserem Projekt. Wir können jedoch auch selbst ein gedämpftes Fahrwerk herstellen, falls die lieferbaren Größen nicht passen oder wir es einfach einmal selbst versuchen wollen. Mit einigen Rohren und einem Bohrständer sind wir dabei.

Zunächst sollten wir uns aber ansehen, wie es die Konstrukteure des Originals gemacht haben, um daraus für unser Modell lernen zu können.

Bei Doppeldeckern ist die Achse in der Regel in einem vertikalen Langloch geführt, wodurch sie ein wenig ausweichen kann. Die Dämpfung erfolgt dann mittels Gummibändern.

Die zweite Generation der Flugzeuge hatte oftmals bereits eine richtige Dämpfung und zusätzlich eine Verstrebung nach hinten, um in diese Richtung wirkende Kräfte abzufangen. Falls wir für unser Modell eine hohe Lebensdauer anstreben, ist die Aufhängung der Dämpferbeine gemäß Abbildung 9.11 vollkardanisch vorzunehmen. Bei leichten Modellen ist es möglich, auf dieses Doppelscharnier zu verzichten, da hier die Elastizität des Stahls meistens ausreicht. Bei Abfluggewichten ab ca. 4500 Gramm geht es aber einfach nicht mehr ohne.

Für Flugzeuge der späteren Ära gibt es dann noch weitere konstruktive Lösungen. Hier sind die Beine fast immer einzeln gedämpft. Mit Federn, Hydrauliköl oder – wie zum Beispiel bei der berühmten *Mosquito* – mit Hilfe von Gummiklötzen. Im Modellbau sprengt eine Öldämpfung aber den Rahmen. Deswegen wollen wir uns hier auf die Federdämpfung beschränken.

Abbildung 9.12 zeigt den Aufbau einer solchen. Grundlage sind zwei ineinander tauchende Rohre. Am inneren ist das Rad befestigt. Das äußere dient zur Befestigung an Fläche oder Rumpf. Am besten ist es, eine Drehbank zur Verfügung zu haben und damit alles aus einem Stück zu fertigen – mit Hilfe einiger Aluminiumstäbe des richtigen Durchmessers und einem guten 2-K-Kleber oder Loctite. Die Langlöcher als Führungen für den Stift im äußeren Rohr können wir natürlich herausfräsen oder wir setzen mit einem Bohrständer Loch an Loch und feilen den stehengebliebenen Rest mit einer Schlüsselfeile heraus. Selbstverständlich kann das Langloch – falls es nicht hinter der einen oder anderen Verkleidung versteckt werden kann – aus Scale-Gesichtspunkten auch am inneren

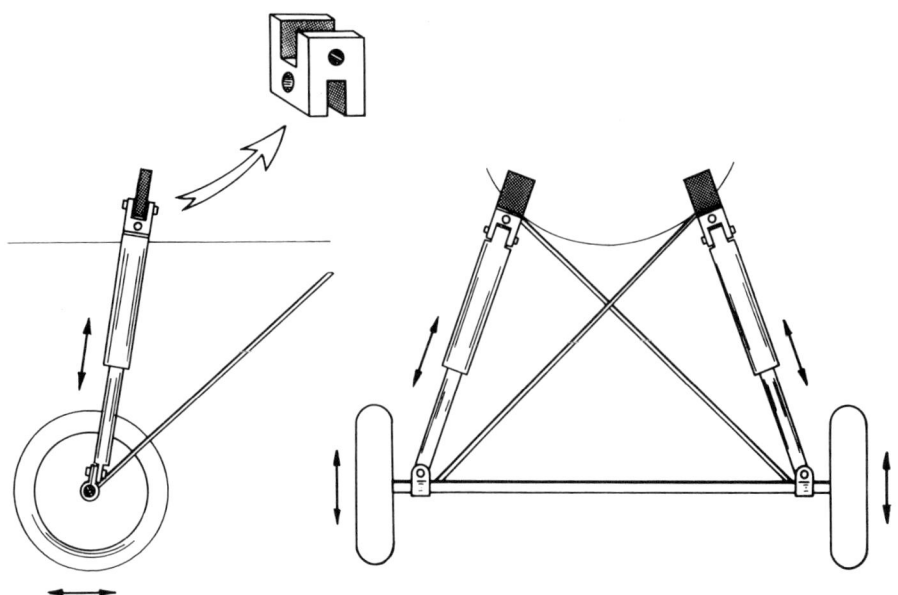

Abb. 9.11
Falls wir die Federbeine kardanisch aufhängen, ist die richtige Drehrichtung zu beachten.
Die Hauptkraft kommt noch immer vom Modellgewicht. Mehr als bei den Originalflugzeu-
gen sollten wir auch mit horizontalen Kräften rechnen. Bei leichten Modellen können die
Stahldrähte noch einiges auffangen, bei Modellen über 4500 Gramm ist die Anfertigung
eines Doppelgelenks – wie hier im Detail gezeigt – eine Notwendigkeit

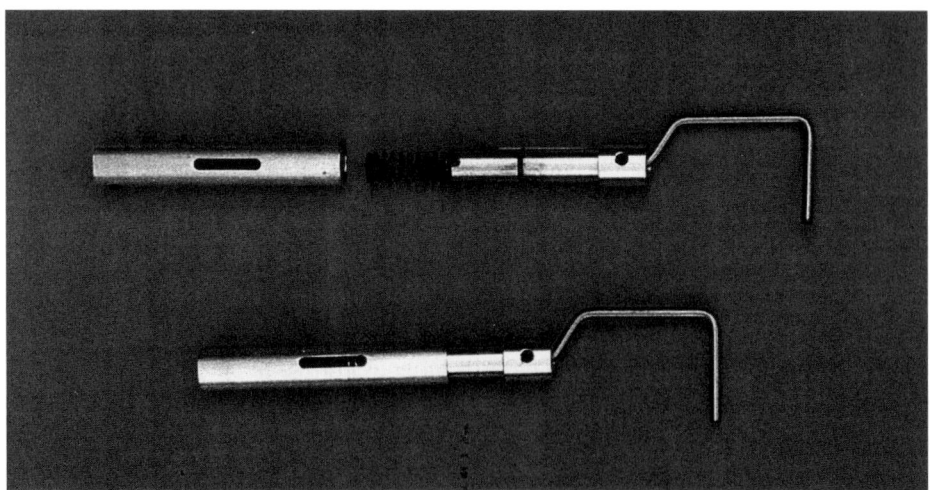

Abb. 9.12
Ansicht eines Federbeins mit einer einzelnen Feder. Es ist aber auch möglich, eine weiche
und eine harte zu verwenden, damit das erste Teil der Dämpfungsstrecke leicht geht und
das Modell scaleähnlich über die Piste wackelt. Die harte Feder wirkt dann bei härteren
Stößen

168

Bein vorgesehen werden. Der Stift wird dann nach Abbildung 9.13 gesichert. Als Federn kommen handelsübliche Druckfedern zum Einsatz. Wir können, falls es die Beinlänge zuläßt, auch zwei Federn unterschiedlicher Härte ins Rohr einlegen. Die erste ist weich und dient dazu, das Modell während der Rollstrecke so schön wackeln zu lassen – so wie das Original. Die zweite ist recht starr und hat die Aufgabe, Kräfte während der Landung zu dämpfen.

Wechseln wir nun zum Einziehfahrwerk und sprechen gleich den größten Fehler an. Viele Scaler versuchen beim erstmaligen Einbau eines Einziehfahrwerks die Sache so kostengünstig wie möglich auszuführen und rüsten ihr Modell mit irgendeinem Fahrwerk zum Dumping-Preis aus. Wenn das aber nicht klappt, erzählen sie jedem Vereinskollegen voller Ärger, daß der einzig richtige Platz für dieses blöde Einziehfahrwerk der Mülleimer sei.

Das ist in Wirklichkeit aber falsch, denn solche Einziehfahrwerke reichen für ihren Zweck völlig aus. Der Einsatz im Scale-Modell stellt aber ganz andere Ansprüche als in einem Sportmodell. Als Beispiel sei ein Einziehfahrwerk für ein Zweckmodell genannt, für ca. 3 bis 3,5 kg Gewicht, mit 90 Grad Einziehwinkel für Räder mit 60 mm Durchmesser und einer Beinlänge von höchstens 150 mm. Und was machen wir? Wir bauen diese Einheit in ein Scale-Modell mit 5 bis 6 kg Abfluggewicht ein, mit 250 mm langen Fahrwerksbeinen, schrauben Räder mit 100 mm Durchmesser dran und verlangen auch noch, daß es über exakt 82 Grad einzieht. Das ist doch ein wenig zu optimistisch, oder?

Als erstes sollten wir daher einmal einen Blick darauf werfen, was wir eigentlich von einem Scale-Fahrwerk verlangen. Die Hauptsache ist einmal, daß es in der Lage sein muß, das Gewicht des Modells bei der Landung zu tragen. Wenn wir davon ausgehen, daß unsere Landung ca. 2 bis 3 g auf das Fahrwerk bringen, so sollte es, bei einem Modellgewicht von ca. 6 kg, etwa 15 Kilogramm statische Belastung tragen können. Daher kommen Plastikteile als tragende Elemente überhaupt nicht mehr in Frage, da sie einfach zerbrechen. Selbst für Metall ist das eine schwere Aufgabe, aber hauptsächlich aus dem Grund, weil die Kräfte unregelmäßig und meistens auf einen Punkt treffen.

Für Modelle, sagen wir einmal über 4 kg, sind Federbeine notwendig, denn sie dämpfen den ersten Schlag, wenn das Modell den Boden berührt. Also Metall-Einziehfahrwerke und meistens mit einer Federung versehen!

Selten, nur sehr selten, haben Scale-Modelle einen Einziehwinkel am Fahrwerk von genau 90 Grad. Die *Mitsubishi Zero* ist eine der wenigen davon. Obwohl nicht weit entfernt von der Rechtwinkligkeit, variiert der Einziehwinkel im allgemeinen zwischen 80 und 100 Grad. Aber gerade das ist eines der großen Probleme vieler Fahrwerkshersteller, sie fertigen „rücksichtslos" ihre Produkte mit einem 90-Grad-Einziehwinkel und überlassen den Kunden dann die Lösung des Problems.

Da wir in unseren Flächen meistens nur genau jenen Platz zur Verfügung haben, den wir zum Einbau des Fahrwerks und der Räder auch benötigen, ist es notwendig, den genauen Fahrwinkel zu ermitteln, damit wir die Fahrwerke nicht tiefer in die Fläche einbauen, als absolut notwendig. Bei Scale-Modellen der *Mustang* oder *Harvard* kann es sogar notwendig sein, die Aufnahme für das Fahrwerksbein außerhalb der Einheit zu montieren, da das Flächenprofil einfach die benötigte Höhe nicht bietet (Abbildung 9.15).

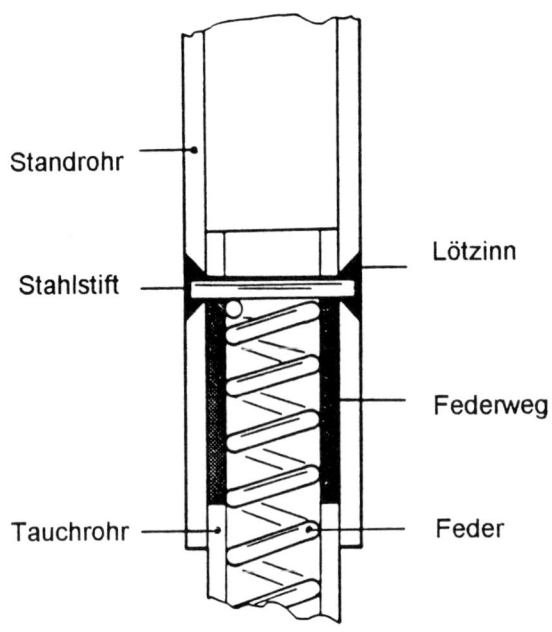

Standrohr

Stahlstift

Lötzinn

Federweg

Tauchrohr

Feder

Abb. 9.13
Sollten die Langlöcher als Führung für die Stifte im äußeren Rohr stören, sind sie auch im inneren denkbar. Die Sicherung geschieht dann mittels Lötzinn, das aber ausreichend Halt am Stahlstift finden muß

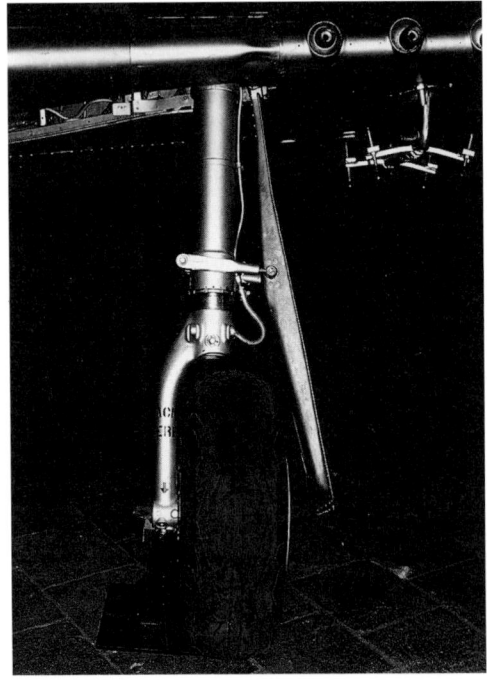

Abb. 9.14
Wenn ein Flugzeug am Boden steht, ist die Beinlänge durch das Gewicht der Maschine kürzer als im Flug. Bei dieser Mustang hat das Bein durch Ölverlust gar seinen ganzen Federweg verloren

Für „schräg" nach hinten oder vorne einziehende Fahrwerke ist es sogar notwendig, den Einziehwinkel um ein paar Grad zu vergrößern. Dieses Maß ist jedoch nicht ganz genau zu berechnen. Als goldene Regel gilt aber folgendes: Für jede 3 Grad, die die Beine nach vorne oder hinten schräger eingebaut sind, brauchen wir 1 Grad mehr Einziehwinkel.

Um die Winkel, unter denen die Fahrwerkseinheiten in die Fläche eingebaut werden müssen genau bestimmen zu können, kommen wir um etwas Rechnerei nicht herum. Abbildung 9.16 zeigt die genaue Vorgehensweise.

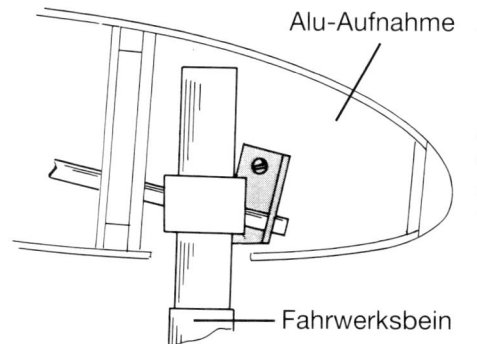

Alu-Aufnahme

Fahrwerksbein

Abb. 9.15
Bei einigen Maschinen, wie der Harvard oder Mustang, gibt es im Nasenbereich der Fläche nicht immer ausreichend Platz zum Einbau des Einziehmechanismus. In solchen Fällen wird die Drehachse verlängert und in einer weiteren Aluminiumaufnahme gelagert

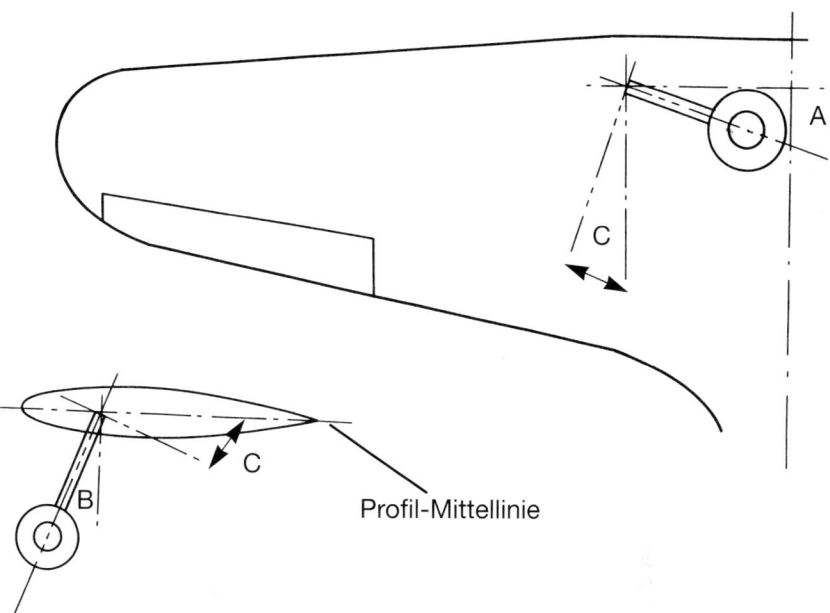

Profil-Mittellinie

Abb. 9.16
Um ein richtiges Einziehen des Fahrwerks zu ermöglichen, ist es notwendig, vorher einige Messungen vorzunehmen. Dazu ermitteln wir auf unserer Mehrseitenansicht die Winkel A und B. Diese addieren wir und teilen sie durch zwei. Der ermittelte Wert ist dann Winkel C, unter dem das Fahrwerk sowohl in der Drauf- als auch in der Seitenansicht eingebaut werden soll

9.3 Materialien für Einziehfahrwerke

Fast jedes handelsübliche Einziehfahrwerk ist aus glasfaserverstärktem Kunststoff gefertigt. Dies ist für kleine Scale-Modelle natürlich noch ausreichend, aber falls wir die 4-kg-Grenze überschreiten, können wir sie vergessen. Hier kommt nur Metall in Frage. Meistens ist das Aluminium oder Dural für die Seitenprofile und Stahl für den Hebel und die Fahrwerksaufnahme. In den vergangenen Jahren ist viel mit GfK oder Kohlefaser experimentiert worden: Es hat sich aber gezeigt, daß es – wenn wir die Arbeitszeit mit einrechnen – keine Alternative zu Metall gibt. Hier werden jetzt einige bestimmt Bedenken bezüglich des zu erwartenden Gewichts haben, aber für unsere Landungen können wir nicht immer perfekte Bodenverhältnisse erwarten, die verhältnismäßig hohe Landegeschwindigkeit sei auch nicht vergessen, und dann noch so manche unsanfte Bodenberührungen!

Fangen wir mit der Aufhängung des Fahrwerksmechanismus an. Diese sollte fest genug sein, aber auch nicht zu starr, ansonsten beschädigen wir bei einer harten Landung nicht nur das Fahrwerk, sondern reißen auch noch die Befestigungs- platte aus der Fläche. Es hat sich in der Praxis gezeigt, daß eine Aufnahme durch Buchenleisten zwischen zwei 3-mm-Sperrholzrippen oder auf einem Brettchen aus 6-mm-Flugzeugsperrholz völlig ausreicht. Als Verschraubung werden hier 2,5 mm starke, selbstschneidende Holzschrauben verwendet. So hat das Fahrwerk bei einer unsanften Landung immer noch die Chance, aus der Fläche zu brechen, ohne dabei viel Schaden anzurichten.

Bei Tragflächen mit Styrokern ist es oft die beste Lösung, ein ca. 5 mm dickes Sperrholzbrettchen mit einigen Dübeln zu versehen und alles zusammen mit Epoxidharz in die Fläche einzukleben, so wie in Abbildung 9.18 gezeigt.

Abb. 9.17
Hier der Einbau eines mechanischen Einziehfahrwerks in der Fläche einer P-51 D Mustang. Zu beachten ist die Aufhängung des Beins außerhalb des Einziehmechanismus und die Kompensationsfeder. Die Rippen, in denen die Buchenträger lagern, sind mit Sperrholz aufgedoppelt

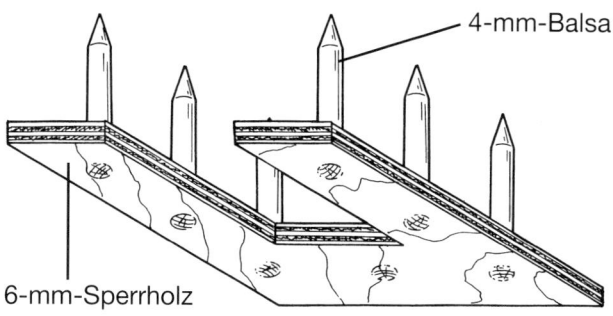

4-mm-Balsa

6-mm-Sperrholz

Abb. 9.18
Beim Einbau eines Einziehfahrwerks in eine Styroporfläche reicht es nicht aus, einfach eine Sperrholzplatte einzukleben. Die hier vorgestellte Variante ist daher mit Dübel versehen und bietet viel mehr Halt

9.4 Anlenkung

Einziehbare Fahrwerke teilen sich in drei Gruppen: mechanische, pneumatische und elektrische. Fangen wir mit der ersten Gruppe an.

Es gibt zwar sehr viele Arten von mechanischen Einziehfahrwerken, im Scale-Modellbau ist der Einsatz aber meist auf drei unterschiedliche Typen beschränkt, die ich alle in Abbildung 9.19 vorstellen möchte. Abbildung 9.19 A zeigt den einfachsten, bei dem das Aufnahmestück für das Fahrwerksbein von einem Hebel betätigt wird. Dieser Aufbau ermöglicht verschiedene Einziehwinkel, und zwar durch die Änderung des Drehpunkts und der Distanz zwischen dem Drehpunkt und jenem Stift, der das Kippen verursacht. Die Verriegelung erfolgt dann, wenn der Hebelarm seinen toten Winkel erreicht hat. Die meisten mechanischen Einziehfahrwerke funktionieren so.

Abbildung 9.19 B zeigt eine Variante, bei der ein Rohr mit 5 mm Durchmesser als Verriegelung verwendet wird. Hier gleitet bei Betätigung der Stift nach unten, dreht das Bein und verriegelt wieder in der anderen Endstellung. Der Einziehwinkel ist so an die jeweiligen Bedürfnisse anzupassen, der Aufbau recht einfach. Nachteil dieser Konstruktion ist aber die Bauhöhe, was den Einsatz auf Tragflächen mit dickeren Profilen beschränkt.

In Abbildung 9.19 C hingegen ist eine Methode zu sehen, die ebenfalls oft ausreicht. Der Aufnahmeblock für das Fahrwerksbein dreht sich, wenn der Arm betätigt wird, und verriegelt dann in ausgefahrener Position gegen die linke Seitenwand. Durch Anpassung der Seitenwand und/oder der Ausführung der Fahrwerksbeinaufnahme ist der Einziehwinkel variabel.

Alle dargestellten Arten sind mit einer Kompensationsfeder versehen, die das Gewicht von Fahrwerksbein und Rad beim Einziehen aufhebt, um so die auf das Servo wirkenden Kräfte zu verringern. Diese Federn sind aber in allen Zeichnungen nicht eingezeichnet!

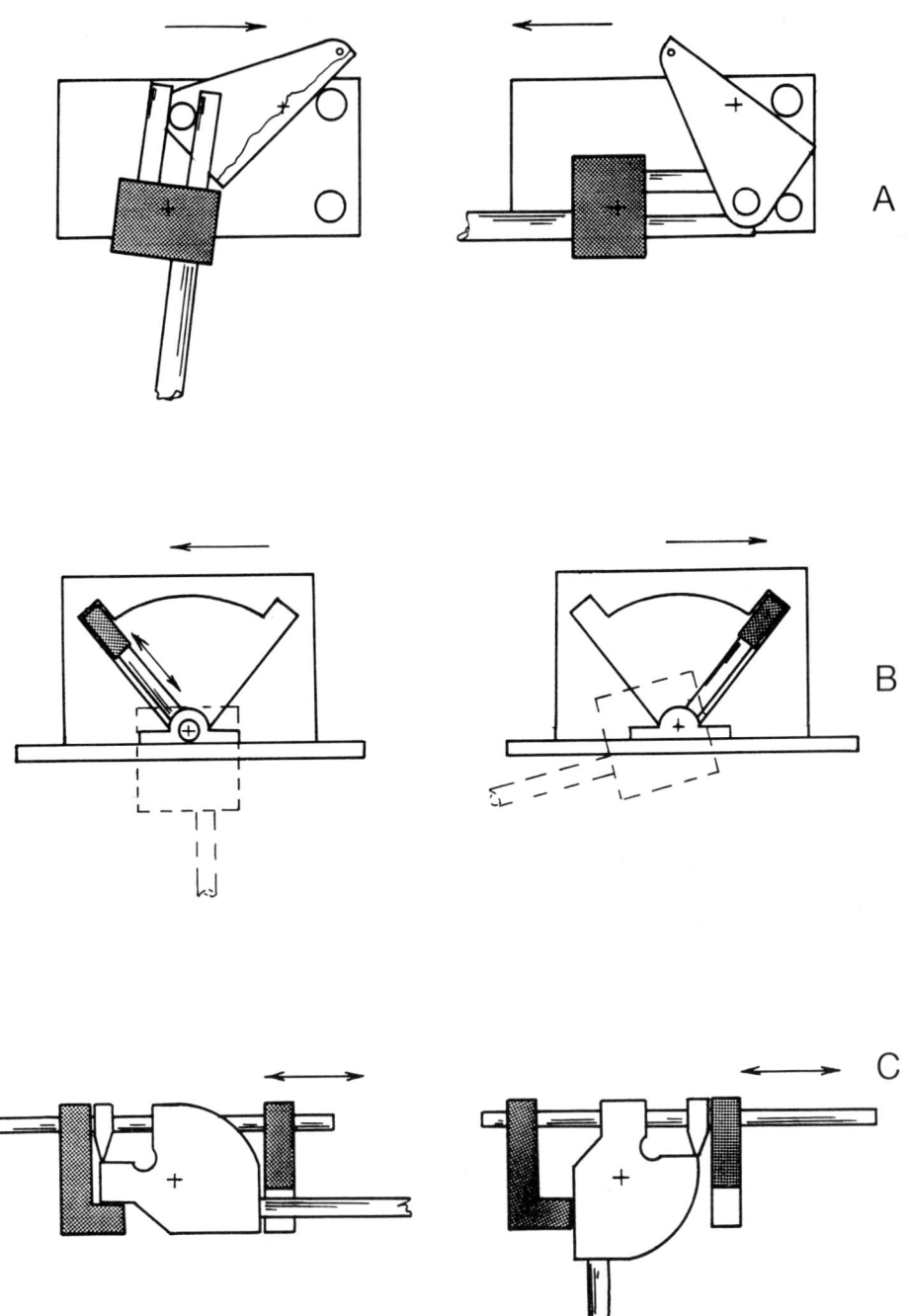

Abb. 9.19
Drei der meistverwendeten Systeme für mechanische Einziehfahrwerke

Während bei den hier vorgestellten Typen das Rad während des Einziehvorgangs in gleicher Position verharrt, gibt es Flugzeuge, bei denen es sich zwischen den beiden Endpositionen um 90 Grad dreht, so z.B. bei einer *P-40* oder *Corsair*. Hier wird zusätzlicher Aufwand notwendig. Eine Lösung ist es, ein Winkelgetriebe mit zwei Kegelzahnrädern zu verwenden, von denen das eine am Fahrwerksbein und das andere an der Innenseite des Fahrwerkskörpers befestigt ist (Abbildung 9.20).

Für leichtere Modelle ist es oft eine gute Lösung, zwei lenkbare Bugfahrwerke zu verwenden, bei denen die Drehbewegung nach Abbildung 9.22 mit Hilfe zweier Kugelköpfe und einem Gestänge kontrolliert wird. Wenn die Maße A und B gleich sind, dreht sich das Bein sofort mit Beginn des Einziehvorgangs und bleibt exakt bei 90 Grad stehen. Dies ist in den meisten Fällen auch notwendig. Sollte es einmal anders sein, können wir die Maße A und B variieren, um so den Drehwinkel zu ändern.

Die Anlenkung von mechanischen Einziehfahrwerken erfolgt mittels Spezialservo. Dieses dreht fast immer 180 Grad. Um die nötige Stellkraft für den Mechanismus zur Verfügung zu haben, weisen sie üppig dimensionierte Getriebe auf. Dabei schalten sie in den Endpositionen ab, was verhindert, daß sie während des Flugs unnötig hohe Ströme aus dem Akku ziehen. Solche Servos müssen an allererster Stelle gar nicht einmal superkräftig sein, etwa 3 bis 4 kg Stellkraft reichen aus. Die Stellscheiben müssen sich aber langsam drehen, um so das Fahrwerk gemäß dem Original einfahren zu können. Das Fahrwerk einer echten *Spitfire* braucht etwa 7 bis 10 Sekunden zum Ein- bzw. Ausfahren, abhängig vom montierten Pumpentyp. Die meisten Servos sind dafür aber zu schnell. Deswegen haben hier einige Firmen fix und fertige Lösungen in ihrem Programm.

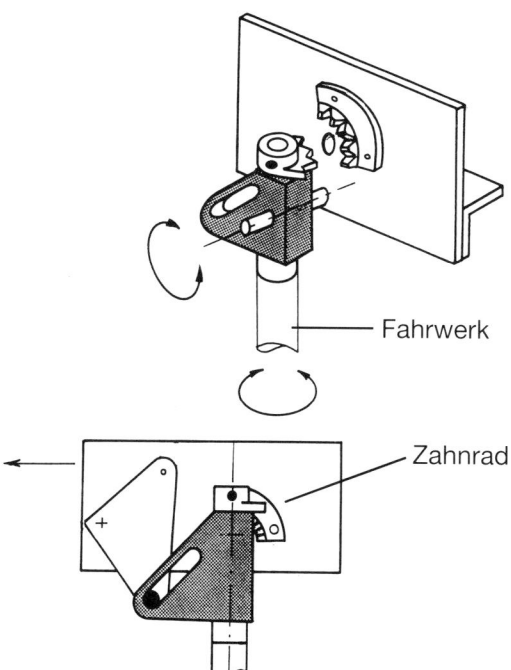

Fahrwerk

Zahnrad

Abb. 9.20
Für Fahrwerke, die sich während des Einziehens drehen, gibt es mehrere Lösungen. Die hier vorgestellte mit zwei rechtwinklig zueinander angeordneten Kegel-Zahnrädern ist eine der meistverwendeten

Abb. 9.21
Nicht nur Oldtimer haben sich drehende Einziehfahrwerke, diese Bilderreihe zeigt den Einziehvorgang eines F-15-Fahrwerks

Es gibt aber leider nur noch wenige Hersteller, die „echte" Fahrwerksservos im Programm haben. Futaba hatte zum Beispiel einmal ein kräftiges und langsames Servo im Programm. Die jüngste Version davon, jetzt bei robbe im Programm, hat auch den Vorteil einer niedrigeren Einbauhöhe, so daß bei Großmodellen pro Fahrwerksbein ein separates Servo eingebaut werden kann. Die Geschwindigkeit ist für Scale-Fahrwerke jedoch zu hoch.

Die amerikanische Firma Byron hat hingegen ein Spezial-Fahrwerksservo, das sich in der Praxis als untauglich herausgestellt hat. Auch andere Hersteller bieten Spezial-Einziehfahrwerksservos an, meist in Standard-Größe.

All diese Zusammenhänge sind auch vor dem Hintergrund zu sehen, daß derzeit ein Wechsel von mechanischen zu pneumatisch betriebenen Fahrwerken stattfindet, es daher immer weniger Nachfrage nach solchen Servos gibt, deren Herstellungskosten zudem auch noch hoch sind. Das Servo für die Fahrwerksbetätigung sollte zudem immer von einem separaten Akku versorgt werden. Wenn einmal – aus welchem Grund auch immer – das Fahrwerk blockiert, bleibt unser Modell auf jeden Fall beherrschbar und der Spannungsabfall durch den Stromverbrauch wirkt sich nicht auf die RC-Anlage aus.

Wechseln wir nun zu pneumatisch betätigten Fahrwerken. Sie unterscheiden sich grundsätzlich nicht von ihren mechanischen Brüdern, nur wird hier das Gestänge von einem Luftzylinder statt von einem Servo betätigt. Abhängig vom Einbau kann jeder Einziehfahrwerksmechanismus mit einem eigenen Zylinder versehen werden. Alternativ ist aber auch ein Zentralzylinder für beide Hauptfahrwerke möglich (Abbildung 9.23).

Nachteile eines pneumatischen Systems sind in allererster Linie der Platz, den der Lufttank beansprucht und zweitens die unrealistische Einziehgeschwindigkeit. Um diese einigermaßen akzeptabel auszuführen, ist ein zum System passender Druckminderer notwendig. Horrorgeschichten über platzende Luftschläuche gehören hingegen ins Reich der Fabeln. Ein gutes pneumatisches Einziehfahrwerk bietet auf jeden Fall die gleiche Zuverlässigkeit wie jedes andere.

Das Prinzip elektrischer Fahrwerke ist nicht komplexer als das der mechanischen.

Abbildung 9.24 zeigt den Querschnitt durch eine typische Fahrwerkseinheit. Hauptbestandteil ist ein Stahlklotz, an dem zwei Schenkel schwenkbar befestigt sind. Zwischen diesen beiden liegt ein Drehteil, mittig mit einem Gewinde versehen. Über dieses erfolgt mittels Gewindestange der Schwenkvorgang. Wird der Elektromotor des Fahrwerks über den Schaltkanal betätigt, läuft der Motor an und treibt mittels Zahnräder die Gewindestange an. Ein Stahlstift betätigt am Ende des Vorgangs einen Mikroschalter, welcher den Strom unterbricht, und somit auch den Ein- bzw. Ausziehvorgang.

Durch die Änderung der Getriebeuntersetzung kann die Einziehgeschwindigkeit variiert werden; mittels der Verschiebung der beiden Endschalter sind die Einfahr- und Ausfahrpositionen und auch der Winkel dazwischen zu bestimmen. Elektrische Fahrwerke haben den Vorteil, daß sie sich mit Scale-Geschwindigkeit bewegen und der Einziehwinkel sehr einfach zu ändern ist. Damit ist ein Satz für mehrere Modelle zu verwenden. Nachteilig ist jedoch ihr Gewicht, das im Verhältnis zum mechanischen oder pneumatischen Einziehfahrwerk relativ hoch ist.

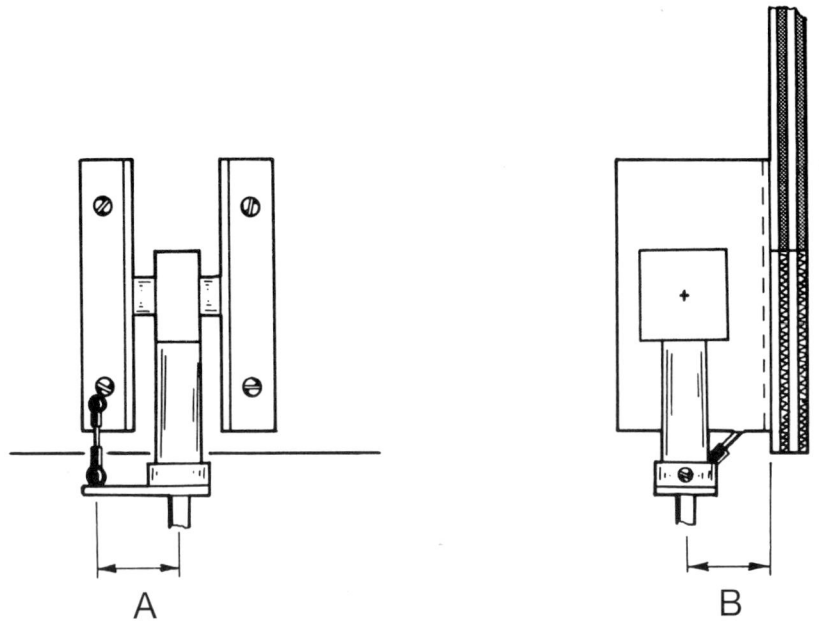

A   B

Abb. 9.22
Bei leichten Modellen kommen meist zwei einzieh- und steuerbare Bugfahrwerke als
Hauptfahrwerk zum Einsatz. Die beiden Maße A und B sollten gleich sein, um einen 90-
Grad-Drehwinkel zu erhalten. Hier ist Raum für Experimente!

Abb. 9.23
Es ist nicht immer zwingend notwendig, daß jedes Fahrwerksbein seinen eigenen Betä-
tigungs-Zylinder hat. Hier bedient ein zentraler im Mittelteil der Fläche über eine Welle beide Fahrwerksbeine gleichzeitig

Viele Modellbauer haben für ihre Eigenkonstruktionen eigene Lösungen für die Betätigung des Fahrwerks entwickelt: Hebelgestänge, Segelwinden mit Umlenkrollen und viele andere, ebenfalls clevere Lösungen sind im Laufe der Jahre aufgetaucht und eingebaut worden. Solche Konstruktionen sind aber äußerst individuell und deswegen in einem Buch kaum zu beschreiben.

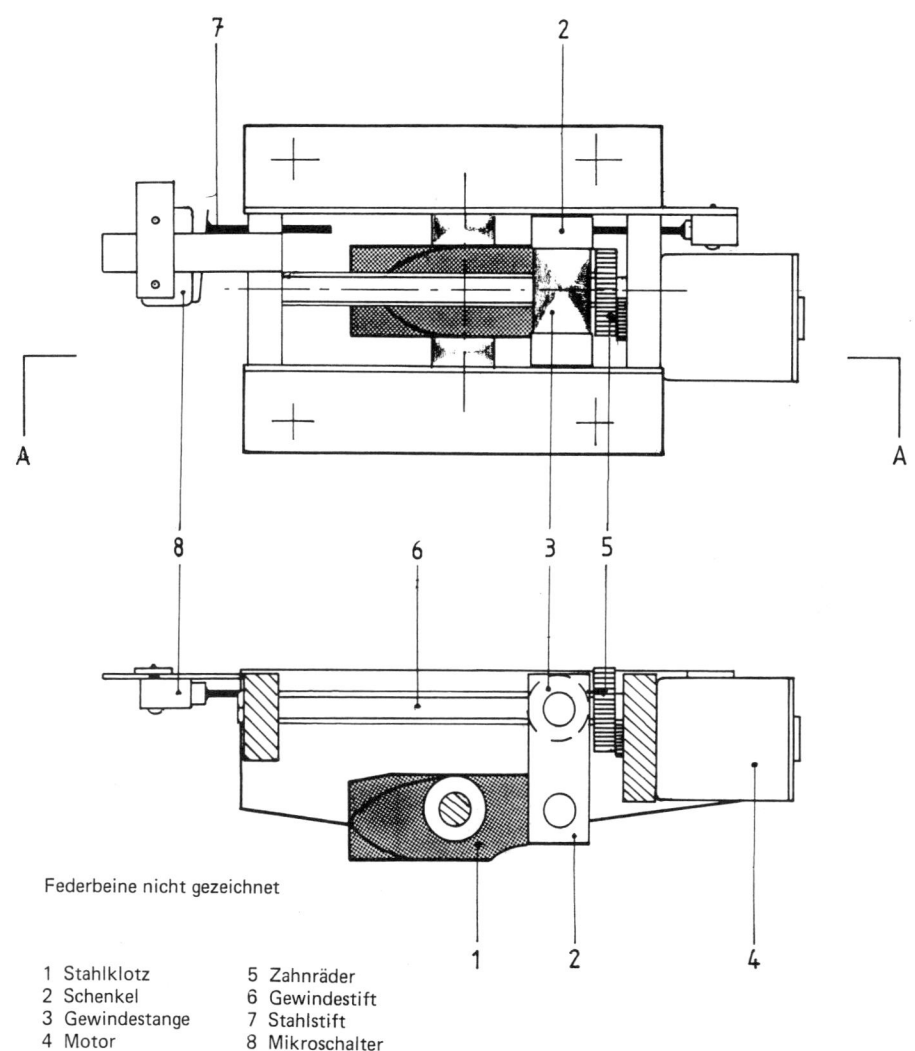

Federbeine nicht gezeichnet

1 Stahlklotz	5 Zahnräder
2 Schenkel	6 Gewindestift
3 Gewindestange	7 Stahlstift
4 Motor	8 Mikroschalter

Abb. 9.24
Der Elektromotor steuert über eine Gewindestange den Einziehvorgang

9.5 Spornräder

Im Unterschied zu Zweckmodellen, bei denen viele Exemplare mit Bugfahrwerk ausgerüstet sind, gibt es im Scale-Bereich die meisten Maschinen mit einem Spornfahrwerk.

Bei Originalen, besonders bei den stark motorisierten, von Luftschrauben angetriebenen Renn- und Jagdflugzeugen, fehlte es einfach am Platz zum Einbau (und Einziehen) des Bugfahrwerks.

Die Befestigung des Sporns am Rumpf sollte aus Gewichtsgründen nicht zu stabil erfolgen, was auch nicht nötig ist, weil die hier auftretenden Kräfte eher gering sind. Es reicht in der Regel ein Spant aus 3-mm-Flugzeugsperrholz im Rumpf, auf den der Stahldraht direkt oder das Messingrohr als Führung mittels Stabilit Express und Blumendrahtbindung befestigt wird. Das „Vernähen" mit Blumendraht durch einige Bohrungen im Spant hindurch ist nötig, da der Klebstoff bei Stoßbelastungen spontan zerbrechen kann und diese eingebaute Einheit später oft schlecht erreichbar ist.

Bis weit hinein in die 30er Jahre besaßen viele Flugzeuge, besonders jene der Leichtbaukategorie, statt eines Sporns einen Schlitten. Damals waren viele Flugplätze noch mit einem Startkreuz versehen und Seitenwind war unbekannt. Schlitten waren eine kostengünstige Lösung, oft waren sie auch sehr einfach aufgebaut. Es gab aber auch ganz vernünftige Varianten, komplett mit Dämpfung, so zum Beispiel an der *Tiger Moth*.

Die Anfertigung eines Spornschlittens erfolgt komplett in Eigenarbeit. Am einfachsten ist er aus 2-mm-Stahldraht zu biegen, um den mit Hilfe von Sperrholz, Spachtel und Füller herum ein realistischer Spornschlitten gebaut wird. Wenn wir es mit einem nach dem Blattfederprinzip gefederten Schlitten zu tun haben, hat es sich als praxistauglich erwiesen, aus Epoxidharz und Kohlefaser ein Exemplar anzufertigen. Dabei verwenden wir eine Negativform aus Silikon. Als erstes bauen wir, egal aus welchem Material, ein Urmodell des gewünschten Teils. Dieses braucht nicht einmal eine besonders glatte Oberfläche zu haben. Das Urmodell danach in einen Becher oder eine ähnliche Umrandung legen, danach ist es direkt mit dem Silikongummi einzustreichen, um die Bildung von Luftblasen zu vermeiden. Dann den ganzen Rahmen ausgießen. Silikongummi ist eine weiß eingefärbte Masse, die eine joghurtähnliche Viskosität besitzt und an nichts, mit Ausnahme an sich selbst, haftet. Sie ist nicht gerade billig, wird aber von uns nur in solch geringen Mengen verarbeitet, daß es sich durchaus lohnt, einmal eine Packung zu kaufen.

Wenn das Gummi ausgehärtet ist, kann das Urmodell ohne Schwierigkeiten entfernt werden. In der jetzt entstandenen Negativform wird mittels Kohlefaser und Epoxidharz ein Abzug laminiert, der nach dem Aushärten einfach an den Rumpf geschraubt werden kann. Schlitten aus Kohlefaser sind stabil und beim Laminieren in einer Silikonform sind dabei auch noch sehr detaillierte Abzüge möglich.

Silikon ist auch bei der Anfertigung von vielen Kleinteilen sehr hilfreich, als Beispiel sei hier die Spornradgabel der *Z-526* genannt. Wie zuvor beschrieben, wurde einfach ein Urmodell aus Sperrholz angefertigt und ein Kohlefaserteil in der Silikonform laminiert. Leichter, stabiler und mit viel weniger Aufwand herzustellen als ein verkleidetes „Stahlgerüst" (Abbildung 9.25).

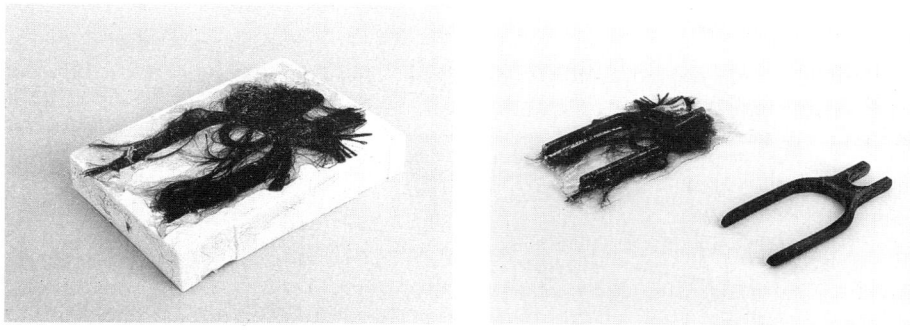

Abb. 9.25
Silikongummi und Kohlefaser-Epoxi-Mischung sind eine wunderbare Kombination. Links liegt eine Spornradgabel in ihrem Negativ zum Aushärten; rechts die Gabel tags darauf, so, wie sie aus der Silikonform kommt

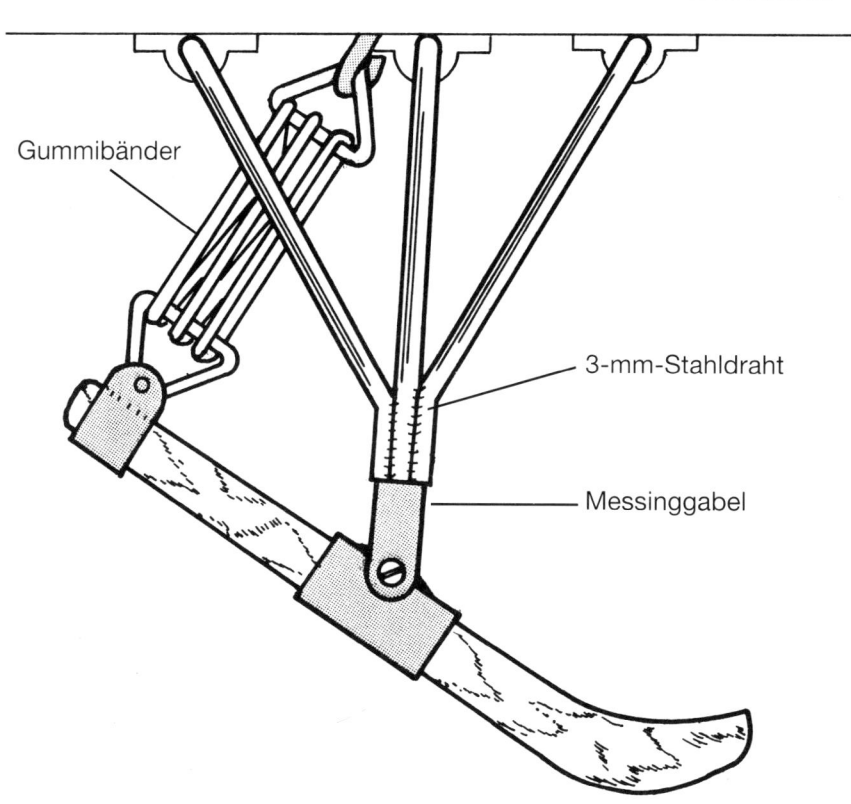

Gummibänder

3-mm-Stahldraht

Messinggabel

Abb. 9.26
Urzeit: Der Spornschlitten der Be 2e ist einfach und völlig scale aufzubauen. Für Piloten, die vorzugsweise von Hartbahnen starten, wäre ein kleines Stahlblech als Schutz auf der Unterseite zu empfehlen

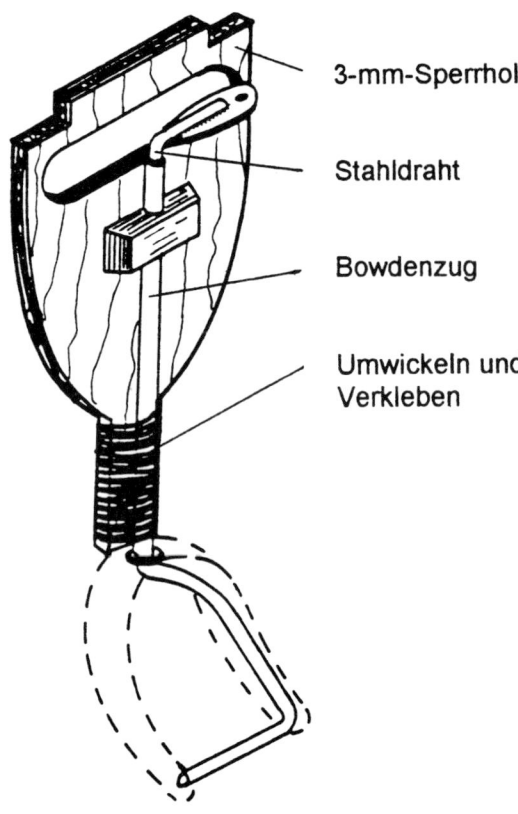

3-mm-Sperrholz

Stahldraht

Bowdenzug

Umwickeln und
Verkleben

Abb. 9.27
Aufbau eines lenkbaren Sporn-
rads, hier für eine He 126. Die
Drehung kann begrenzt sein;
15 Grad zu jeder Seite reichen
völlig

Abb. 9.28
Das Spornrad der Fw 190 ist nicht nur lenk-, sondern auch noch teilweise einziehbar

Abbildung 9.26 zeigt die andere Seite des Spektrums, den Aufbau eines Sporn-schlittens an einer *Be 2A*. Ganz aus Holz und Metall, mit einer Dämpfung aus Gummibändern versehen, ist diese Ausführung 100 Prozent scale und voll funktionsfähig. Welchen Schlitten wir auch wählen, seine Befestigung erfolgt immer richtungsstarr, da er nichts zum Steuern der Maschinen am Boden beitragen kann.

Durch die Zunahme kreuzförmig angelegter Startbahnen, auf denen die Startrichtung vorgeschrieben war, fehlte die Möglichkeit, immer gegen den Wind zu starten. Deshalb wurden die Flugzeuge vermehrt mit Spornrädern ausgerüstet. Diese verursachen nämlich viel mehr Widerstand am Boden als ein Schlitten. Aus diesem Grund ist die Tendenz der Maschine auch geringer, die Nase in den Wind zu drehen. Genau mit dieser Eigenschaft haben wir daher bei Spornschlitten im Modellbau zu rechnen. Ein Spornrad hingegen sollte niemals nur als Nachläufer ausgeführt sein, denn wie bei unseren großen Brüdern wird das Modell dann am Boden kaum beherrschbar sein. Es dreht die Nase unabhängig von Seitenruderbefehlen in den Wind und bleibt dort. Auch wenn es Spornräder als ungesteuerte Nachläufer in der manntragenden Luftfahrt gab, handelte es sich dabei nur um Maschinen, die am Boden „mit der Hand" dirigiert wurden. Während des Starts waren sie dann arretiert. Es ist sinnvoll, das Spornrad zusammen mit dem Seitenruder anzulenken, wobei es aber im kleineren Winkel, sagen wir einmal bis 15 Grad, dreht. Eine weitere Lösung ist es, das Spornrad einfach starr mit dem Rumpf zu verschrauben. Das Seitenruder ist in der Regel wirkungsvoll genug, um das Modell auch am Boden steuern zu können. Dabei ist ein starres Spornrad eine gute, stabilisierende Hilfe, um ein Ausbrechen des Modells beim Startvorgang zu verhindern.

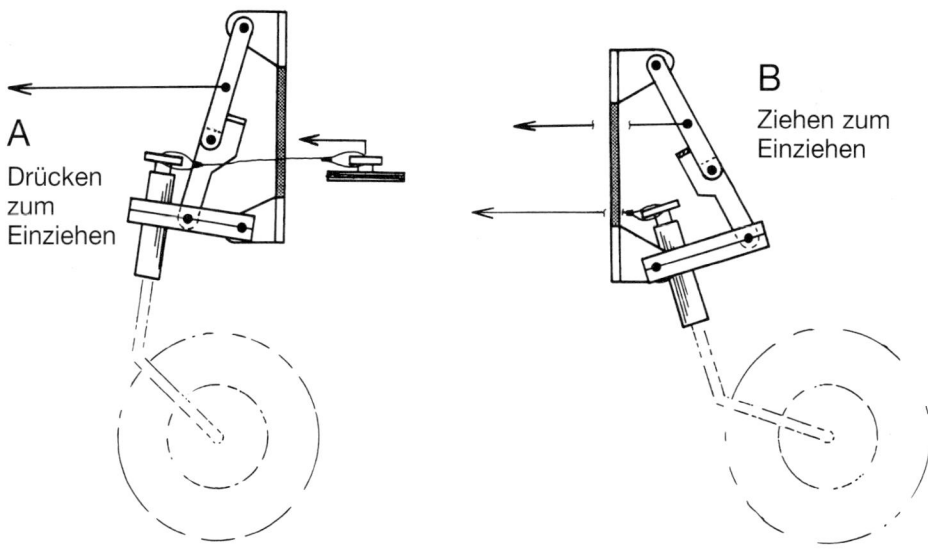

Abb. 9.29
Aufbaubeispiel für zwei einziehbare Spornräder. Abbildung A zeigt ein in Flugrichtung nach vorn einziehendes Exemplar, wie es bei einer Mustang oder Mosquito benötigt wird. Abbildung B stellt das nach hinten einziehende Gegenstück vor, im Original an späteren Ausführungen der Spitfire zu finden

183

Abbildung 9.27 zeigt den Aufbau eines typischen Spornrads aus Metall, in diesem Fall an einer *Henschel He 126*.

Viele Modelle haben teilweise oder vollständig einziehbare Spornräder, die abhängig von der Maschine, nach vorne oder hinten in den Rumpf eingezogen werden. Es gibt auch Flugzeuge, bei denen die Einheit rechtwinklig nach oben eingezogen wird, aber da dies sehr kompliziert ist, wird bei dieser Ausführung im Modell oft ein wenig geschummelt.

Abbildung 9.29 zeigt das Arbeitsprinzip eines nach vorne bzw. nach hinten einziehbaren Sporns.

9.6 Fahrwerksverkleidung

Da Räder und Fahrwerksbeine viel Turbulenzen bringen, haben Konstrukteure bereits von Anfang an versucht, diese Verluste durch Verkleidungen zu verringern. Während in den Vorkriegsjahren noch das gesamte Fahrwerk verkleidet wurde, beschränkte man sich später darauf, die Räder mit einer strömungsförmigen Schale zu verkleiden. Im Modellbau sind wir meistens weniger glücklich über solche Teile, denn bei der ersten Nicht-Bilderbuch-Landung können sie beschädigt oder sogar abgerissen werden. Bei Start und Landung auf einer Asphalt- oder einer Hartpiste haben wir selbstverständlich weniger Probleme – aber dennoch. Es gibt im großen und ganzen drei verschiedene Verkleidungen. Die erste ist eine feste, so wie z.B. an einer *Ju 87-A* oder an den Mustern der britischen Miles-Werke. Die zweite ist eine teilweise mit dem Fahrwerk verbundene Variante, so wie bei einer *Fokker D-21* oder bei der späteren Variante der *Ju 87*. Die dritte, „modernste" Radverkleidung, findet sich an vielen Leicht- und Kunstflugzeugen, ein Maßanzug fürs Rad und oft aus Kunststoff gefertigt.

Abb. 9.30
Vollverkleidungen kommen uns im Modellbau immer zu Hilfe, denn sie ermöglichen einen unsichtbaren (und damit weniger aufwendigen) Aufbau des Fahrwerks

Die „Totalverkleidung" ist nicht allzu schwierig nachzubilden, was mit GfK oder dünnem Aluminium erfolgen kann. Die Befestigung an der Fläche erfolgt mit kleinen Schrauben oder Gummibändern. Abbildung 9.30 zeigt die Verkleidung einer *Miles Sparrowhawk*, die dem Modell eine ganz individuelle Note gibt. Der Unterschied beim Fliegen mit oder ohne Verkleidung ist übrigens auch im Modell sehr ausgeprägt.

Die zweite Variante ist, falls wir sie funktionell ausführen möchten, eigentlich nur aus Kunststoff oder GfK herzustellen. Ein Querschnitt durch eine solche Verkleidung zeigt Abbildung 9.31. Das untere Teil der Fahrwerksverkleidung ist mittels Stahl- oder Alublech fest an der Radaufnahme befestigt, damit es vorbildgetreu einfedert.

Radverkleidungen sind aus Holz oder Kunststoff eigentlich einfach anzufertigen – aber die Befestigung! Im bemannten Flugzeugbau wird oft erst eine Platte an das Fahrwerksbein geschraubt, an der dann die eigentliche Radkappe befestigt wird (Abbildung 9.32). Auch im Modellbau ist das eine bewährte Befestigungsmethode. Falls das Modell Fahrwerksbeine aus Rundstahl hat, ist darauf relativ einfach ein Blech aufzulöten, an dem wiederum die Verkleidung angeschraubt werden kann.

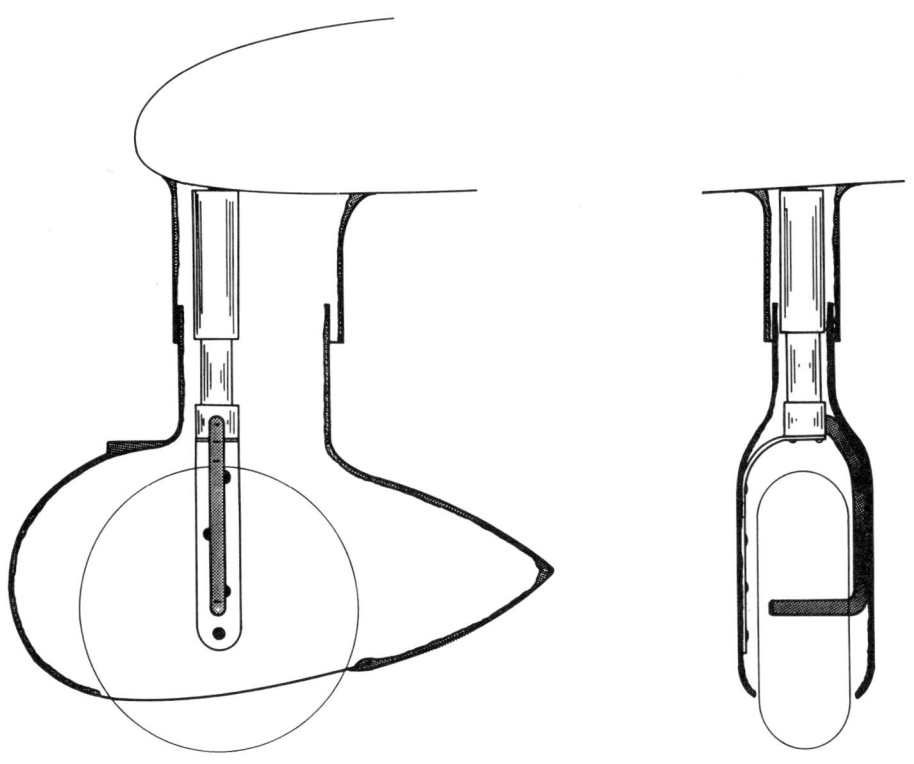

Abb. 9.31
Querschnitt durch eine Fokker D-21-Fahrwerksverkleidung. Das untere Teil des Federbeins ist mittels Stahl- oder Messingblech an der Kappe befestigt und geht mit hoch. Aufwendig, aber sehr eindrucksvoll

Abb. 9.32
Auch im Großflugzeugbau ist die Befestigung der Radkappe eine Besonderheit. Hier ist meist eine Aluplatte am Fahrwerksbein befestigt, an der dann die Radkappe festge-schraubt wird

10. Kritische Punkte

Einer der (falschen) Gründe, warum in manchen Vereinen Scale-Modelle einen zweifelhaften Ruf haben, ist jener, daß sie schwierig zu fliegen sein sollen. Ein sorgfältig gebautes Scale- oder Semi-Scale-Modell fliegt aber gleich gut wie so manches Zweckmodell. Jawohl!

Es ist aber auch so, daß viele, besonders Nachbauten von Jagdflugzeugen mit ihrer hohen Flächenbelastung und geringen Leitwerksinhalten, kritischer in der Abstimmung der Einstellwinkeldifferenz (EWD) und des Balancepunktes sind. Meistens ist es dann auch so, daß die Vereinskritiker selbst nicht über die Gewissenhaftigkeit verfügen, die eben erforderlich ist, um ein (Semi-)Scale-Modell erfolgreich zu bauen und zu fliegen.

10.1 Einstellwinkel

Da Flächenprofile bei variablen Geschwindigkeiten, Höhen und Temperaturen unterschiedlichen Auftrieb und damit „Downwash" produzieren, sollte eigentlich auch die EWD laufend geändert werden. Bereits in den frühen Jahre der Luftfahrt haben Konstrukteure deswegen variable Einstellwinkeldifferenzen vorgesehen. Bei modernen Jagdflugzeugen, wie z.B. einer *F-16*, verändert sich neben der EWD im Flug sogar das Profil der Fläche von Moment zu Moment.

Abb. 10.1
Splash! Um in der Luftwaffenterminologie zu sprechen: 99 Prozent Bruch. Ein Start mit kritischer Balancepunktlage beendete das kurze Leben dieser Spitfire

Wie gerade angesprochen, ist es äußerst wichtig, die genaue EWD zu beachten. Abhängig vom gewählten Profil, der Modellgröße und -art, variiert der Winkel zwischen 0 bis 5 Grad. Jede Profilart hat ihren eigenen Bereich, unter dem sich Profilwiderstand und Leistung die Waage halten. Es führt aber an dieser Stelle zu weit, dies ausführlicher zu beschreiben.

Mit Ausnahme von symmetrischen Profilen erzeugt jedes andere schon dann Auftrieb, wenn die Profilsehne parallel zur Mittellinie des Rumpfs liegt. Die Fläche ist fest mit dem Rumpf verbunden, meist unter einem kleinen Winkel, um so den Widerstand gering zu halten. Der Einstellwinkel des Höhenruders ist hingegen nicht immer fest. Der große Unterschied zwischen der Originalfliegerei und dem Modellbau liegt in der Trimmung. Wir trimmen mit dem gesamten Ruder, während Originalflugzeuge es nur mit einem kleinen Teil davon tun. Da dies meistens nicht für jede Fluglage ausreicht, sind viele Originalmaschinen noch zusätzlich mit einem einstellbaren Höhenleitwerk versehen.

Was uns aber interessiert, ist die Differenz zwischen dem Einstellwinkel der Fläche und dem Höhenleitwerk, kurz EWD genannt.

Diese ist abhängig von Geschwindigkeit, Fluggewicht und Balancepunktlage. Sie bewegt sich bei vielen Originalen in erheblichen Spannen, bei der *Bf 109* zum Beispiel gab es Werte zwischen plus 3 bis minus 8 Grad.

Da es für unsere Modelle meistens nicht lohnt, sie während der Flüge kontinuierlich zu trimmen und wir dabei kaum mit Gewichtsverschiebungen durch Kraftstoffverbrauch und Bombenabwurf zu rechnen haben, können wir Flugzeugmodelle mit einer durchschnittlichen EWD versehen, mit welcher sie sich in allen Fluglagen sicher beherrschen lassen.

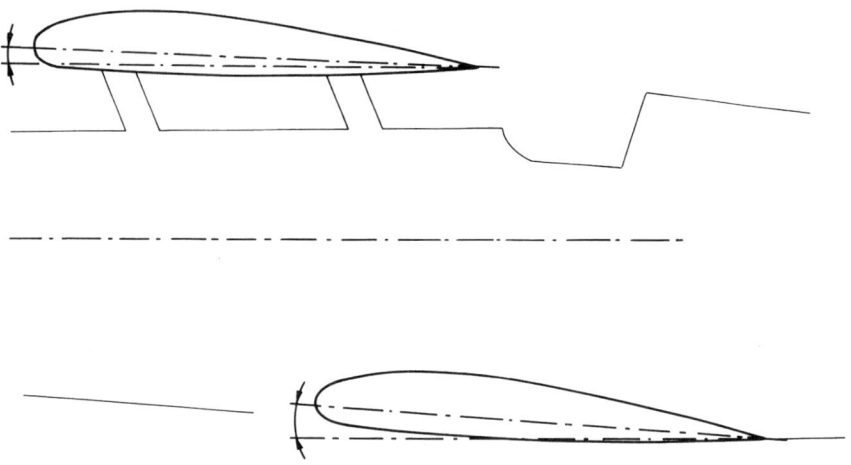

Abb. 10.2
Bei Doppeldeckern hat die obere Fläche manchmal einen geringeren Anstellwinkel als die untere. Diese Differenz, auch als „Decalage" bezeichnet, sorgt dafür, daß die obere Tragfläche auch dann noch Auftrieb erzeugt, wenn die untere bereits überzogen ist

Im Vergleich zur Großfliegerei sind unsere Einstellwinkeldifferenzen gering. Es gibt dort Werte bis zu plus 8 Grad. Größen, die im Modellbau nicht vorkommen.

Wir werden später in diesem Buch noch sehen, daß es in den meisten Fällen unmöglich ist, unsere Modelle mit Scale-Geschwindigkeit zu fliegen, sie sind einfach zu schnell. Hierdurch entsteht verhältnismäßig mehr Auftrieb als am Vorbild, und auch deswegen kommen wir mit einer geringeren EWD aus.

Als sicherer Wert sind Winkel zwischen 0 und 3 Grad zu nennen. Immer gemessen an der durchschnittlichen Profiltiefe! Gemeint sind damit Minimalwerte für schnelle, oft mit symmetrischen Profilen versehene Modelle und Maximalwerte für langsam fliegende Oldtimer. Ein Wert von 1,5 Grad ist oft eine gute Ausgangslage. Die Größe der EWD ist nicht besonders kritisch, aber wenn sie um mehr als 0,5 Grad abweicht, benötigt das Modell Höhenrudertrimm, und das sieht dann einfach nicht mehr gut aus.

Bei Doppeldeckern gibt es noch einen zusätzlichen Aspekt in Form einer zweiten Fläche. Hier ist die obere Fläche manchmal nicht exakt parallel zur unteren angeordnet, sondern unter einem Winkel. Hintergrund dieser Vorgehensweise ist, daß die Strömung bei Geschwindigkeiten nahe des Überziehens nicht gleichzeitig an beiden Tragflächen abreißt. Während die obere Fläche den Überziehwinkel noch nicht erreicht hat, kann die untere bereits überzogen sein. So ist die obere Tragfläche noch in der Lage, das Flugzeug zu stabilisieren, während an der unteren Tragfläche die Strömung bereits abgerissen ist, wir haben es hier mit einem „zweistufigen" Überziehverhalten zu tun.

Dieser Zusammenhang wurde bereits bei den ersten Doppeldeckern berücksichtigt. Es ist aber nicht unbedingt so, daß eine Vergrößerung dieses Winkels auch mehr bringt, da die obere Fläche weniger Ein- und Anstellwinkel hat und deswegen eine verringerte Effektivität besitzt. Um so größer der Winkel, desto weniger Auftrieb bringt die obere Fläche in Normalfluglage. Ein Unterschied von maximal 1 Grad ist hier obligatorisch. Abbildung 10.2 zeigt die schematische Darstellung.

Die Vermessung der EWD gelingt am besten mit einer EWD-Waage, so wie in Abbildung 10.3 gezeigt. Obwohl es kleine Ungenauigkeiten wegen des Nasenleisten-Radius gibt, ist die Meßmethode ausreichend. Die EWD-Waage ist ein Instrument, das in keiner Werkstatt eines ernsthaften Scale-Modellbauers fehlen darf!

Abb. 10.3
Die Einstellwinkelwaage ist ein Meßzeug, das keinem ernsthaften Scale-Modellbauer fehlen darf. Den Rumpf in Fluglage aufbocken, damit das Ablesen genau möglich ist

10.2 Balancepunkt

Einer der häufigsten Fehler beim Fliegen von Scale-Modellen ist die falsche Lage des Balancepunktes. Bevor wir uns aber näher damit beschäftigen, eine kleine Erklärung des Wortes. Ich unterscheide in diesem Kapitel klar zwischen Schwerpunkt und Balancepunkt. Der Schwerpunkt ist der Schnittpunkt aller drei Achsen, um die sich das Modell bewegen kann. Also nur ein theoretischer, der für unsere Berechnungen völlig zwecklos ist. Der Balancepunkt ist jener Punkt, an dem wir die Fläche zwecks Einwiegen unterstützen. Dieses häufig als Auswiegen des Schwerpunkts bezeichnete Verfahren ist zwar im folgenden beschrieben, aber es wird eben nun als Ermitteln des Balancepunkts bezeichnet.

Viel zu viele schöne Modelle sind beim Erstflug nach einigen, nicht zu beherrschenden Flugfiguren in Mutter Erde gerauscht, um sich dort wieder in einen Bausatz zu verwandeln.

In 99% der Fälle liegt das am Erbauer und Piloten! Viele sind der (falschen!) Meinung, daß ein nicht korrekt ausbalanciertes Modell während des Flugs noch ausgetrimmt werden kann.

Oft hat dies seinen Grund darin, daß beim Bau die „magische" Gewichtsgrenze des Herstellers deutlich überschritten wurde. Eigentlich hätten beim Auswiegen noch etwa 200 Gramm Blei in die Nase gehört, aber dann wurde doch damit gehadert, weil das Gesamtgewicht angestiegen wäre. In kleinen Grenzen kennen wir das alle, aber es ist grundsätzlich falsch, da es fast keinen Zusammenhang zwischen der Änderung der Einstellwinkeldifferenz (und das bewirkt eine Trimmung) und der Lage des Balancepunktes gibt. Es ist zwingend notwendig, unabhängig von der erforderlichen Ballastzugabe und dem daraus resultierenden Gesamtgewicht, unser Modell auf den vorgeschriebenen Punkt einzuwiegen.

Jedes Teil, ob es nun eine Tragfläche, Leitwerk oder in einigen Fällen sogar der Rumpf ist, liefert Auftrieb. Diesen können wir auch als Resultierende darstellen, die besser unter dem Namen Auftriebsmittelpunkt oder Druckpunkt bekannt ist. Windkanaltests haben gezeigt, daß dieser Auftriebspunkt variiert, abhängig vom Anstellwinkel des Profils. Je größer der Anstellwinkel, desto weiter nach vorne wandert er. Der weitest vorn mögliche Punkt liegt in der Regel bei 25% der Profiltiefe.

Wenn wir die Resultierende von jedem einzelnen Teil (Fläche und Leitwerk, evtl. auch Rumpf) zusammenfassen, entsteht wiederum eine Resultierende, besser bekannt unter der Bezeichnung Neutralpunkt. Auf diesen treffen alle Auftriebsresultierenden, ob negativ oder positiv, zusammen. Das zeigt auch Abbildung 10.4. Die Lage des Neutralpunkts ist, mit Ausnahme von symmetrischen und

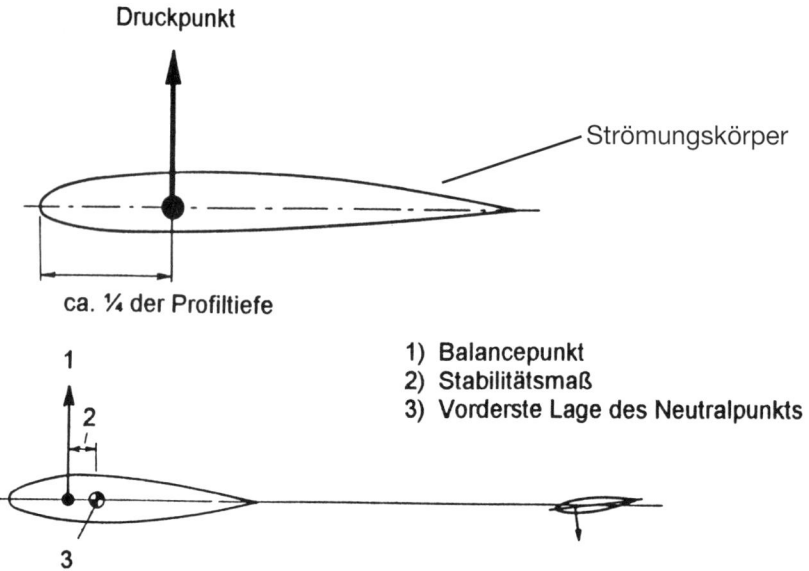

Druckpunkt

Strömungskörper

ca. ¼ der Profiltiefe

1) **Balancepunkt**
2) **Stabilitätsmaß**
3) **Vorderste Lage des Neutralpunkts**

1

2

3

Abb. 10.4
Der Balancepunkt: In der oberen Abbildung ist ein Körper gezeichnet, bei dem die weitest vordere Lage des Druckpunkts eingezeichnet ist. Wenn die Druckpunkte einzelner Körper (Fläche, Leitwerk, Rumpf oder sogar Radverkleidungen) zusammen betrachtet werden, bezeichnet man die daraus Resultierende als Neutralpunkt. Da wir beim Flugmodell ein gewisses Maß an Eigenstabilität wünschen, balancieren wir es auf einen Punkt aus, der vor dem Neutralpunkt liegt. Der Abstand zwischen Neutralpunkt und Balancepunkt wird auch als Stabilitätsmaß bezeichnet. Die Strecke steht (mit Ausnahme von S-Schlag- und symmetrischen Profilen) in Abhängigkeit von Geschwindigkeit, Höhe und Luftdruck

S-Schlagprofilen, wie die der einzelnen Auftriebsresultierenden, variabel. Sollten wir unser Modell auf diesen Punkt ausbalancieren, bekommen wir theoretisch ein völlig neutrales Modell, aber nur bei einer bestimmten Geschwindigkeit.

Wir brauchen für ein Flugmodell aber ein bestimmtes Maß an Eigenstabilität, und deswegen balancieren wir unser Modell auf einen Punkt aus, der vor der vordersten Lage des Neutralpunkts liegt. Dieser Punkt wird – wie zuvor bereits beschrieben – oftmals fälschlicherweise als Schwerpunkt bezeichnet.

Nun aber zurück zu unserem Neutralpunkt. Das gewünschte Flugverhalten steht in Abhängigkeit vom Abstand zwischen Balancepunkt und Neutralpunkt. Diese durchschnittliche Strecke, übrigens auch als Stabilitätsmaß bezeichnet, wird in Prozent der Flächentiefe angegeben. Flugzeuge, die für einen ganz bestimmten Zweck entworfen werden, nutzen diese Zusammenhänge. Maschinen aus der *Jak*-Reihe hatten ein nach hinten einziehbares Hauptfahrwerk, was eine erhebliche Verschiebung des Balancepunktes mit sich bringt. So entsteht die Situation, daß bei Start und Landung, also dort, wo wir die meiste Stabilität brauchen, das Stabilitätsmaß groß war, während im Flug, wo die Maschine wendig und weniger eigenstabil sein sollte, sich dieses Maß verringerte.

Nehmen wir jene Situation an, in der der Balancepunkt an der gleichen Stelle wie der Neutralpunkt liegt. Theoretisch gesehen ist das Modell jetzt völlig neutral.

In der Praxis ist dann aber mit verschiedenen, meistens destabilisierenden Effekten zu rechnen. Ein voluminöser Rumpf zum Beispiel hat eine destabilisierende Wirkung und bedingt einen weiter vorne liegenden Balancepunkt. Abbildung 10.5 zeigt den Unterschied zwischen zwei verschiedenen Flugzeugrümpfen, hier am Beispiel einer *P-51 Mustang* und einer *Phantom*. Die Verschiebung des Balancepunkts ist abhängig von Form und Breite des Rumpfs und kann 5 bis 10% betragen. Auch Zubehör wie Raketen und Abwurftanks sind destabilisierend, und deren Effekte sollten wir bei der Balancepunktberechnung nicht vergessen.

Um ein völlig neutral fliegendes Flugzeug zu erhalten, sollte die Lage des Balancepunkts relativ zum Neutralpunkt unverändert bleiben oder, anders ausgedrückt, er sollte sich während des Flugs mit verschieben! Obwohl innovative Modellbauer in der Vergangenheit damit experimentiert haben, ist so etwas bei unseren Modellen (noch) nicht üblich. Daher wählen wir als Kompromiß einen festen Punkt. Dazu kommt, daß ein ganz neutral fliegendes Flugzeug, sei es im Original oder im Modell, so empfindlich auf die Steuerkommandos reagiert, daß es nicht angenehm zu fliegen ist.

Im Gegensatz dazu stehen Maschinen, die im gesamten Flugbereich stabil sein sollten. Meistens denken wir hier an Bomber, aber auch Zivilflugzeuge gehören in diese Gruppe. Die Maschinen haben immer ein großes Leitwerk und große Hebellängen zur Fläche. Das ist natürlich kein Zufall.

Ein herkömmliches Flugzeug erhält seinen Auftrieb hauptsächlich von der Tragfläche. Eine Fläche hat die Tendenz, mit Ausnahme von symmetrischen Profilen, die Nase nach unten zu „kippen". Das liegt an den Druckunterschieden zwischen Ober- und Unterseite des Profils. Deswegen brauchen wir ein Höhenleitwerk, um diese Drehung um die Querachse stabilisieren zu können.

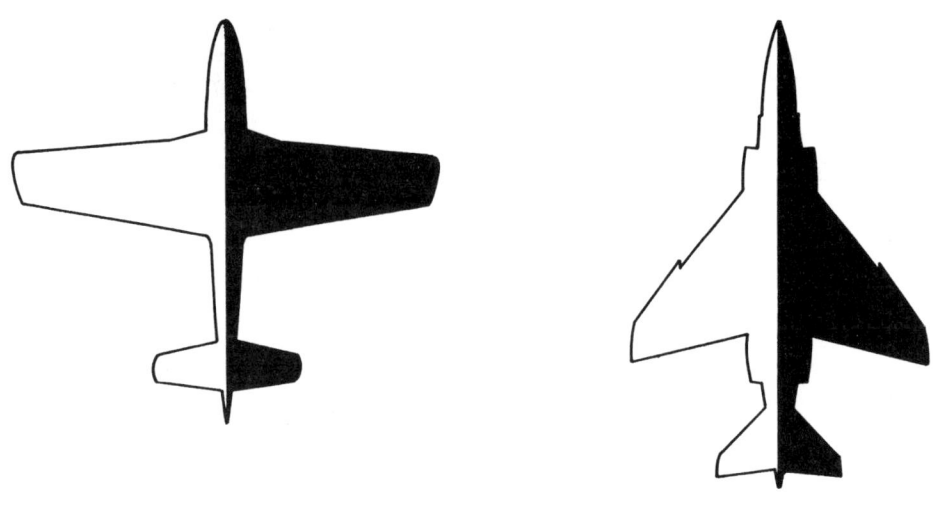

Abb. 10.5
Der Widerstand von Rumpf, Raketen, abwerfbaren Tanks usw. beeinflußt die Lage des Balancepunkts erheblich, oft bis 10%!

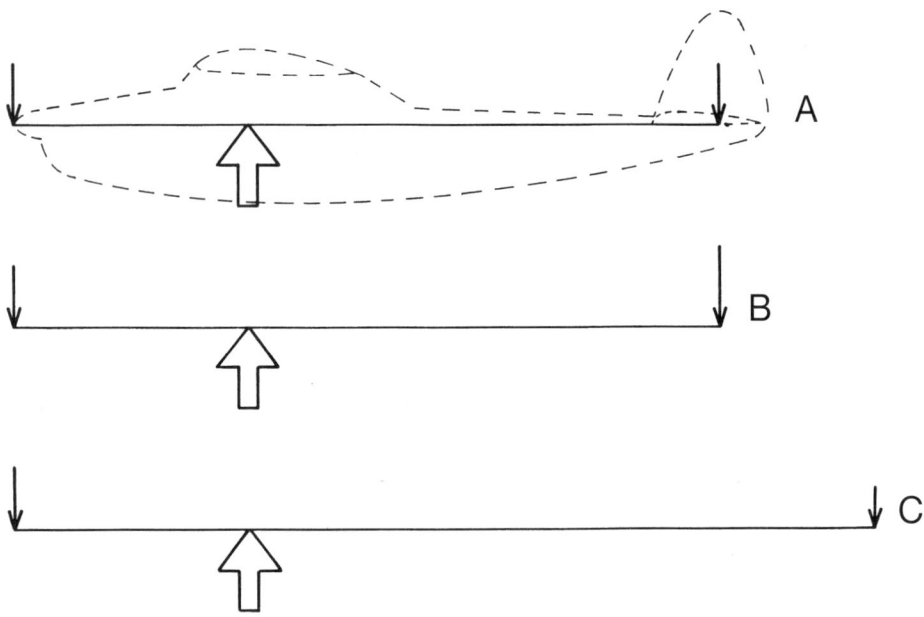

Abb. 10.6
Schematische Darstellung des Balanceausgleichs eines Modells (A). Falls die Stabilität nicht ausreicht, gibt es zwei Alternativen: Den Flächeninhalt des Höhenleitwerks vergrößern (B) oder es weiter nach hinten zu verschieben (C)

In Abbildung 10.6 A ist schematisch dargestellt, wie das aussieht. Bei gleichbleibender Größe des Höhenleitwerks ist die Länge zwischen Fläche und Leitwerk die Variable für die Stabilität des Flugzeugs oder anders ausgedrückt: Bei gleichbleibender Rumpflänge ist der Flächeninhalt des Leitwerks ausschlaggebend, Abbildung 10.6 (B). Es wird klar, daß es immer einen Zusammenhang zwischen diesen beiden Variablen gibt. Auch die Streckung der Fläche und der Rumpf an sich haben Einfluß, aber der ist geringer.

Bei einem „durchschnittlichen" Flugmodell, bei dem Rumpf und Fläche keine außergewöhnliche Geometrie besitzen, gehen wir von einem Stabilitätsmaß von 10% aus. Sehen wir uns in diesem Zusammenhang folgende Formel an.

$$BP = \frac{P_{du}}{7} + 3 \times A_l \times \frac{H_e}{8 \cdot A_{fl}}$$

Hierbei gilt: **BP**, die Balancepunktlage, in Prozent der durchschnittlichen Profiltiefe. Dieser Punkt kann zur Erleichterung beim Auswiegen bis zur Wurzel der Fläche verlängert werden.

P_{du} die durchschnittliche Profiltiefe. Diese ist einfach zu ermitteln. Bei einer Wurzelprofiltiefe von 400 mm und einer Randbogenprofiltiefe von 200 mm gilt: Die durchschnittliche Profiltiefe ist 400 + 200 : 2 = 300 mm.

Ein weitere Möglichkeit zur Berechnung der durchschnittlichen Profiltiefe ist es, den Flächeninhalt durch die Spannweite zu teilen.

Der einfachste Weg ist aber zweifelsohne die zeichnerische Ermittlung nach Abbildung 10.7.

Wir werden dabei feststellen, daß die Position der durchschnittlichen Profiltiefe etwas anders ist als die Profiltiefe an der Halbspannweite. Meistens liegt sie in der Nähe von 40% der Spannweite, gerechnet von der Flächenwurzel. Dieser Wert wird bei elliptischen Tragflächen wie zum Beispiel bei der berühmten *Spitfire*, *Thunderbolt* oder *Tempest* als Richtwert für weitere Berechnungen genommen, sollte der Flächeninhalt nicht bekannt sein.

Bei Doppeldeckern verhält sich die Sache nicht viel anders, nur ist hier noch zusätzlich mit der unterschiedlichen Pfeilung und Anordnung der beiden Tragflächen zu rechnen. Abbildung 10.8 zeigt die bekanntesten Varianten.

An dieser Stelle noch eine kurze Anmerkung: Bei Doppeldeckern haben wir es selbstverständlich mit einer geminderten Flügeleffektivität durch Turbulenzen zwischen den beiden Tragflächen zu tun. Es gibt genaue Formeln dafür, aber da die hier vorgestellten denen sehr nahe kommen, will ich sie an dieser Stelle nicht ausführlicher darstellen.

Die Bedeutung der Position der durchschnittlichen Profiltiefe zeigt sich vor allem bei Flugzeugen mit gepfeilten Tragflächen. Abbildung 10.9 zeigt den Unterschied der Balancepunktlage bei positiv und negativ gepfeilten Flächen.

A_l ist der Flächeninhalt des Höhenleitwerks. Dieser ist durch das Multiplizieren der Spannweite mit der durchschnittlichen Profiltiefe zu erhalten. Für die Ermittlung der Spannweite ist aber der rumpfdurchquerende Teil des Leitwerks mitzurechnen.

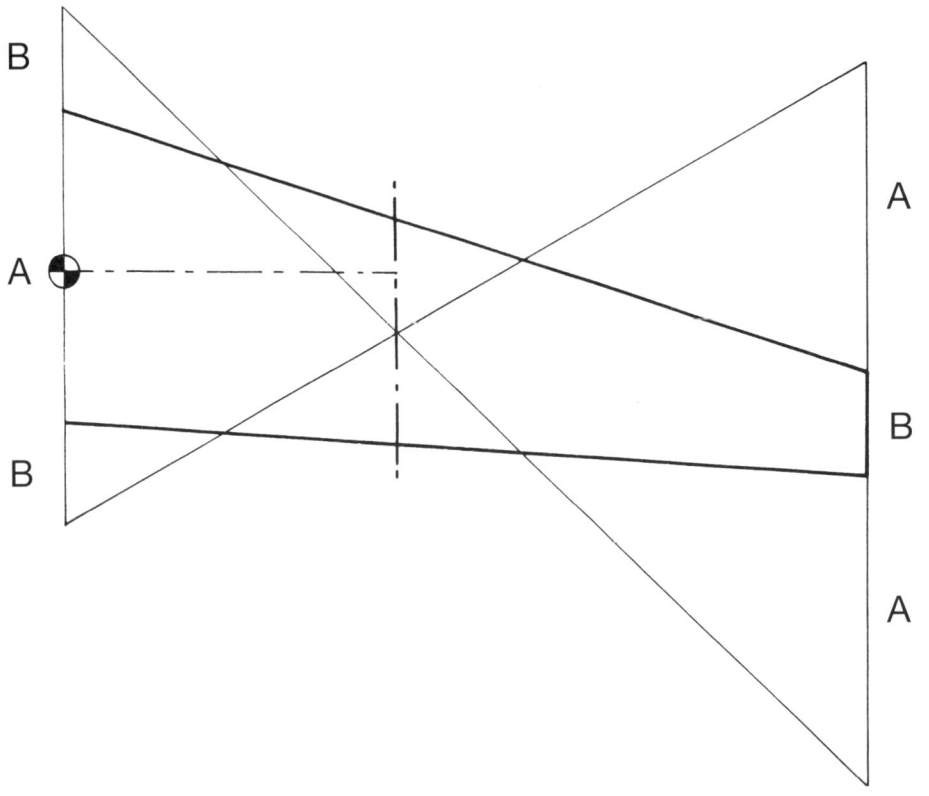

Abb. 10.7
Hier die grafische Methode zur Ermittlung der durchschnittlichen Flächentiefe. Die Maße A und B werden wie angegeben gezeichnet und die Endpunkte miteinander verbunden. Entlang dieser Strecke liegt der Balancepunkt meistens bei etwa 28% der Profiltiefe

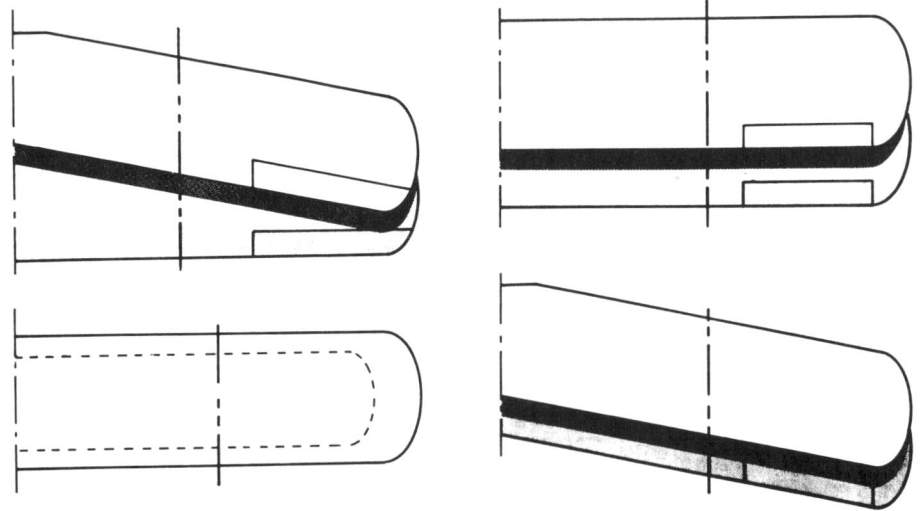

Abb. 10.8
Die verschiedenen, durchschnittlichen Flächentiefen bei Doppeldeckern sind einfach zu konstruieren, hier vier Beispiele

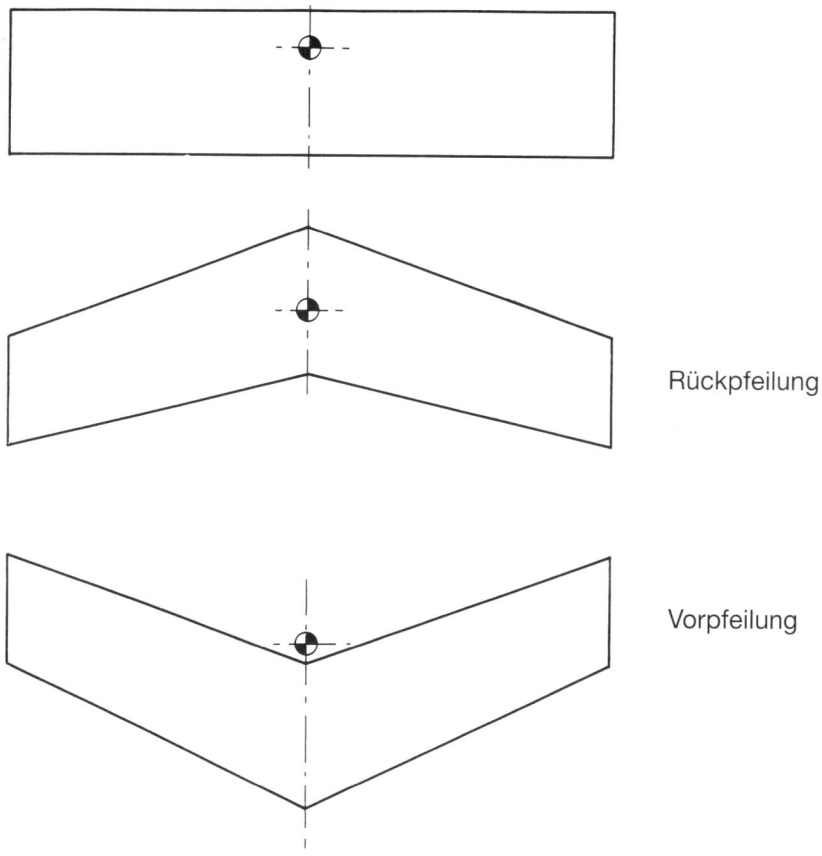

Rückpfeilung

Vorpfeilung

Abb. 10.9
Ausgehend von einem Balancepunkt bei ungefähr 25% an der durchschnittlichen Profil-
tiefe ist hier deutlich zu erkennen, welchen Einfluß die Pfeilung auf dessen Lage hat

H_e bedeutet die Länge des Hebelarms zwischen Fläche und Leitwerk. Wie auf Abbildung 10.10 angegeben, ist sie zwischen der durchschnittlichen Profiltiefe und der durchschnittlichen Leitwerksprofiltiefe zu messen. Man nimmt hier ¼ der beiden Profiltiefen.

A_{fl} gibt zum Schluß noch den Flächeninhalt an. Dieser ist auf gleiche Weise zu berechnen wie der Leitwerksinhalt. Bei Doppeldeckern ist es ein wenig anders, denn als A_{fl} bezeichnen wir hier den Inhalt beider Tragflächen und nicht jenen, den wir in der Draufsicht projizieren können. Die obere Fläche deckt nach Abbildung 10.8 ja meist einen Teil der unteren Fläche ab.

Sollte dieses Kapitel bis jetzt zu viel Mathematik enthalten, so legen wir an dieser Stelle eine Pause ein und führen eine Proberechnung durch. Als Beispiel dient eine *Zlín 526* im Maßstab 1:5, bei der folgende Daten vorliegen:

Spannweite Tragfläche	2120 mm
Durchschnittliche Flächentiefe	350 mm
Spannweite Höhenleitwerk	600 mm
Durchschnittliche Leitwerkstiefe	190 mm
Länge des Hebelarms	780 mm

Alle Maße sind in Millimeter angegeben. Es sind auch andere Einheiten denkbar, solange sie nur einander entsprechen.

Unter Orientierung an Abbildung 10.10 setzen wir die obigen Werte in die Formel ein und erhalten:

$$\frac{350}{7} + 3 \times 114000 \times \frac{780}{8 \cdot 742000} = 94,94 \approx 95 \text{ mm}$$

Das Ergebnis lautet also 95 mm. Das entspricht in diesem Fall etwas über 27% der durchschnittlichen Flächentiefe.

So wird gemäß der Formel die sichere Position des Balancepunkts gefunden. Das bedeutet: Wenn wir unser Modell nach obigem Wert auswiegen, besteht keine Gefahr, daß es beim Erstfug kaum zu steuern ist. Verschiebungen nach hinten können selbstverständlich immer noch vorgenommen werden, aber bitte vorsichtig und in kleinen Schritten.

Bei vielen Modellen liegt der Balancepunkt irgendwo bei Werten zwischen 25 und 30% der mittleren Flächentiefe. Meistens wird daher auch eine Lage von ca. 28%

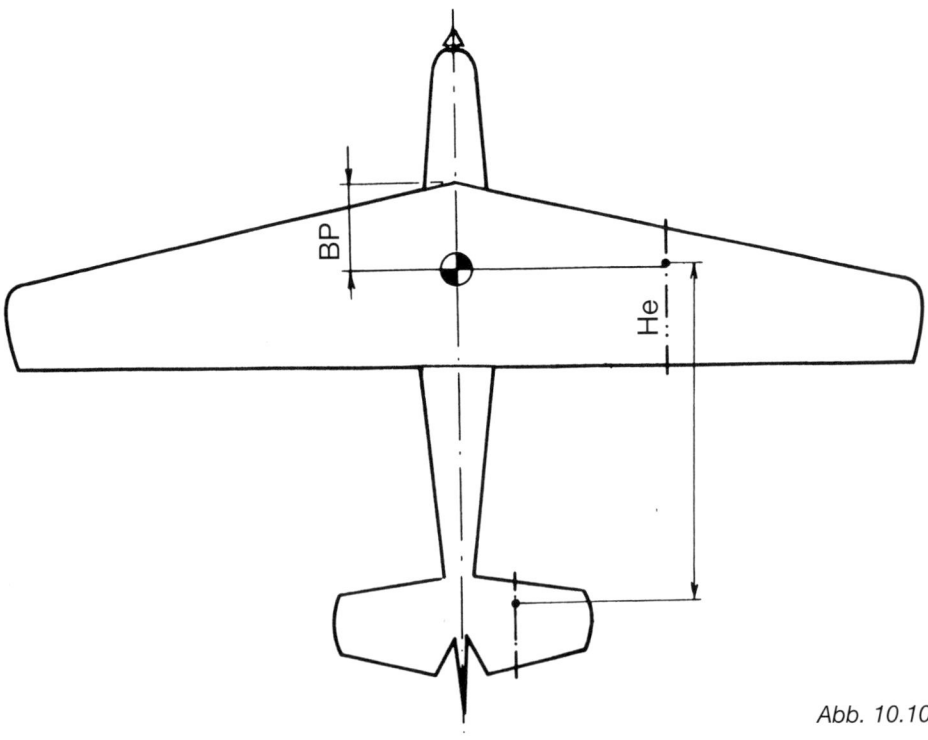

Abb. 10.10

für den Erstflug gewählt, abhängig von der Position der Leitwerke, Flächenform usw. Es ist jedoch zu empfehlen, die Lage trotzdem nachzurechnen. Das ist ja gar nicht so schwer, und es gibt ein beruhigendes Gefühl, einfach zu wissen, daß es klappt ...

Auch bei Tragflächen mit mehreren Trapezen ist der Balancepunkt zu berechnen und zu konstruieren. Als Beispiel dazu Abbildung 10.11, die *Blohm und Voss Bv-141*. Im wesentlichen – zumindest was die Geometrie der Tragfläche angeht – nichts anderes als die später vielfach gebauten *Cessna*-Typen, jedoch zum Illustrieren und zum besseren Verständnis an dieser Stelle etwas exotischer. Die folgende Methode ist grundsätzlich für jede Flächenform anwendbar, auch für Nachbauten eines *Stealth* oder anderer, mit extravaganten Flächengeometrien versehener Flugzeuge.

Wichtig ist es hier, als erstes die Lage der durchschnittlichen Flächentiefe zu ermitteln, denn entlang dieses Schnitts berechnen wir ja unseren Balancepunkt. Von dort aus wird er im rechten Winkel (zur Rumpfmittellinie) zur Flächenwurzel hin projiziert, um dort das Modell während des Auswiegens zu unterstützen.

Bei der Berechnung von Mehrfachtrapezflächen nach Abbildung 10.11 ist wie folgt vorzugehen:

1) Die Fläche zunächst in einzelne Trapeze unterteilen und jeweils die durchschnittliche Profiltiefe ermitteln, so wie in Abbildung 10.7 bereits gezeigt.

2) Darauf markieren wir jedesmal einen Punkt bei 28% ab Vorderkante Nasenleiste, so wie gerade besprochen. In diverser Literatur über Aerodynamik wird

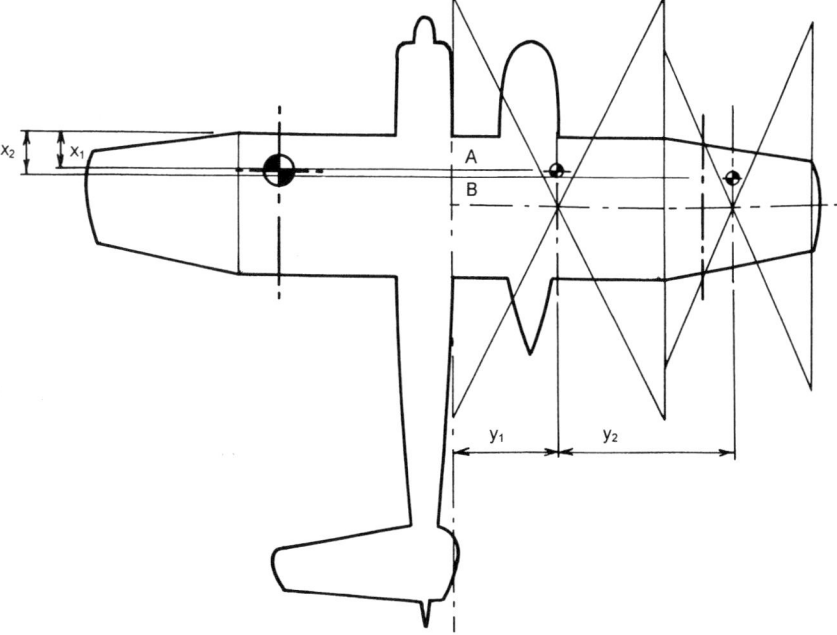

Abb. 10.11
Sieht zwar kompliziert aus, aber selbst die Schwerpunktermittlung an der Blohm und Voss Bv-141 ist nicht aufwendiger als bei einer Cessna oder irgendeinem anderen Muster mit zwei Trapezen

meist ein Wert von 25% genommen, Erfahrungen aus der Praxis haben aber gezeigt, daß dies eine zu hohe Stabilität für unsere Modelle bedeutet.

3) Nach Abbildung 10.11 haben wir eine Tragfläche mit zwei Trapezen, für die wir jetzt gerade einzeln den 28%-Punkt bei der jeweils mittleren Profiltiefe ermittelt haben. Der resultierende Balancepunkt der Tragfläche liegt selbstverständlich irgendwo zwischen den beiden Punkten A und B. Es ist aber von Form und Größe der beiden Trapeze abhängig, wo sich der resultierende Balancepunkt zwischen der Strecke A und B einstellt. Deswegen müssen wir noch herausfinden, wie groß der Einfluß der einzelnen Trapeze ist. Dazu ist es notwendig, die Resultierende der unterschiedlichen Flächen zu berechnen, sowohl in X- als auch Y-Richtung.

Betrachten wir weiterhin Abbildung 10.11 und nehmen folgende Formel zur Hand:

$$Y_{total} = (A_1 \times y_1) + (A_2 \times y_2) + (...)$$

In dieser Formel ist **A** = die Oberfläche des betreffenden Flächenteils, sprich Trapez, und Y_1 der Abstand der mittleren Flächentiefe bis zur Mittellinie und Y_2 der Abstand der beiden mittleren Flächentiefen zueinander.

Für die X-Richtung ist die Berechnung gleich, nur müssen wir uns hier noch für eine bestimmte Referenzlinie entscheiden. In unserem Fall ist das die Nasenleiste der Tragfläche. Für die Y-Richtung folgt daraus:

$$X_{total} = (A_1 \times x_1) + (A_2 \times x_2) + (...)$$

Y_{total} und X_{total} geben nun Auskunft über die Lage des durchschnittlichen Balancepunkts der gesamten Tragfläche.

Der ersten, oben beschriebenen Formel ist auch zu entnehmen, daß wir selbst weitgehend die Lage unseres Balancepunktes festlegen können. Eine besonders hilfreiche Methode bei kurznasigen Maschinen mit kritisch plazierten Fahrwerken wie zum Beispiel einer *Sopwith Camel*, *Fokker Dr-1* oder sogar *Spitfire* bzw. *Bf 109*. Auch bei Originalflugzeugen hat es das Problem gegeben; wir kennen ja alle die Fotos von Flugzeugen, die auf die Nase gegangen sind.

Die einfachste Lösung wäre es, das Fahrwerk, sagen wir einmal um 20 mm nach vorne zu verlegen. Das hätte aber erhebliche optische Mängel zur Folge und würde nur die Chancen auf ein Ausbrechen beim Start vergrößern. Auch ist es möglich, das Fahrwerk nur um 10 mm nach vorne zu bringen und den Schwerpunkt gleichzeitig um 10 mm nach hinten zu verlegen. Aber auch das ist keine Lösung, da es wohl Stabilität beim Rollen am Boden bringt, fliegerisch die Sache aber nur verschlechtert.

Ausgehend davon, daß der Inhalt des Höhenleitwerks keine weitere Verschiebung des Balancepunktes mehr erlaubt, können wir, wie bereits schematisch in Abb. 10.6 gezeigt worden ist, durch die Verlängerung des Rumpfteils zwischen

Fläche und Leitwerk oder Vergrößerung des Höhenleitwerksinhalts unseren Balancepunkt beeinflussen und ein Stück weiter nach hinten legen, ohne das Modell in der Luft kritischer zu machen. Der geringere optische Kompromiß ist die Vergrößerung des Leitwerksinhalts, da eine Änderung der Rumpflänge viel aufwendiger ist. Wir können nach Umstellen unserer Formel auch bei Vorgabe eines Balancepunktes den dazu notwendigen HLW-Flächen-inhalt berechnen.

$$\text{Benötigter Leitwerksinhalt} \quad A_1 = \frac{8 \cdot A_{fl}}{3 \cdot H_e} \times (BP - \frac{P_{du}}{7})$$

Hier ist der Balancepunkt (BP) der zuvor berechnete, und zwar ab Nasenleiste der durchschnittlichen Profiltiefe.

Gehen wir die Sache mal wieder konkret mit einem Beispiel an, hier eine *Westland Widgeon*, ein Reiseflugzeug der 20er Jahre (Abbildung 10.12).

Die bekannten Werte im Maßtab 1:6 lauten in cm:

A$_{fl}$ = 5270 cm^2

H$_e$= 65 cm

P$_{du}$ = 31 cm

A$_l$ = 611 cm^2

Wenn wir die Position des Balancepunkts mit der obigen Formel berechnen, liegt er bei 7,25 cm von der Nasenleiste entfernt. Wir vergrößern nun für dieses Beispiel das Maß um 1 cm nach hinten, um z.B. ein stabileres Rollverhalten am Boden zu erreichen. Wir ändern also einmal nicht die Position des Fahrwerks, sondern legen nur den Balancepunkt ein wenig weiter nach hinten. Das neue Maß ist also 8,25 cm.

Hieraus folgt:

$$A_1 = \frac{8 \times 5270}{3 \times 65} \times (8,25 - \frac{31}{7}) = 826,2 \text{ cm}^2$$

▷ Eine Oberflächenvergrößerung von $826,2 \text{ cm}^2 - 611 \text{ cm}^2 = 215,2 \text{ cm}^2$

Wenn wir also den Balancepunkt um 1 cm nach hinten verschieben möchten, müßten wir die Abmessungen des Höhenleitwerks in diesem Fall um 14,6 cm (Wurzel aus 215,2 cm^2) in der Längs- und Querrichtung vergrößern! Wahrscheinlich wäre es uns lieber, die Verhältnisse des Leitwerks etwas anders proportioniert zu verändern. Das ist kein Problem, solange wir (mindestens) das von uns errechnete Mehr an Leitwerksinhalt erreichen.

Wenn wir dieses Beispiel gedanklich weiterführen, kommen wir im extremen Fall auf eine Maschine mit zwei Tragflächen und weit hinten liegendem Balancepunkt. Dieses Konzept ist vom Franzosen Henri Mignet mit seiner *Himmellaus* erfolgreich ausgeführt worden. So weit brauchen wir nun aber nicht zu gehen. Es beweist aber, daß wir bei Modellen mit kritisch liegenden Fahrwerken bzw.

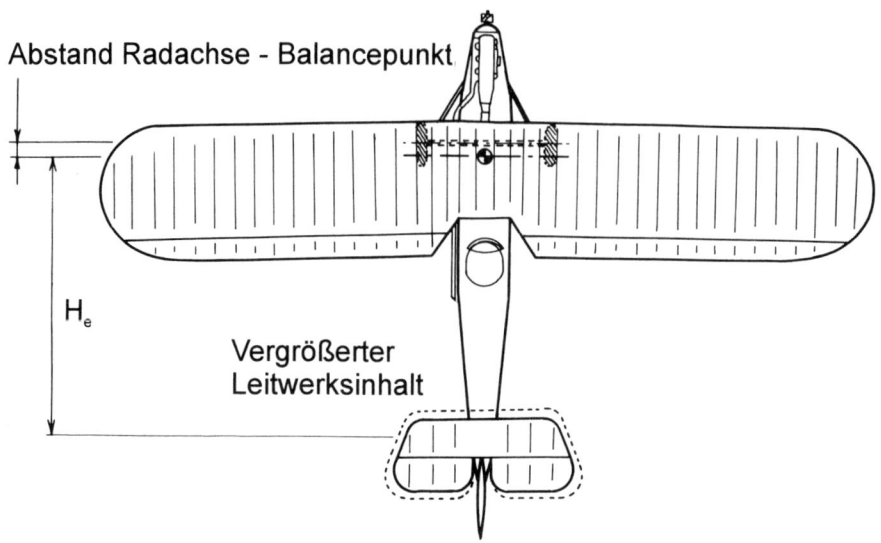

Abstand Radachse - Balancepunkt

H_e

Vergrößerter
Leitwerksinhalt

Abb. 10.12
Sollten wir einmal ein Modell bauen, bei dem Schwierigkeiten während Start und Landung
aufgrund der Fahrwerksposition zu erwarten sind, kann es hilfreich sein, die Radposition
ein wenig nach vorne zu legen oder – wenn dies nicht möglich ist – den Leitwerksinhalt
etwas zu vergrößern, um dadurch den Balancepunkt etwas nach hinten zu verlegen

Balancepunkt eine fast nicht sichtbare Lösung des Problems finden können. Es
sei aber auch gesagt, daß man nicht so ohne weiteres den Leitwerksinhalt vergrößern sollte, da eigentlich jede Maschine mit den maßstäblich verkleinerten
Originalinhalten sicher und stabil zu fliegen ist.

Also gut, jetzt sind wir soweit, daß wir die Lage des Balancepunkts sicher
berechnen können. Aber wie soll unser Modell nun ausbalanciert werden? Wir
sollten immer vom „schlimmsten" Fall ausgehen. Das bedeutet: mit eingezoge-
nem Fahrwerk (natürlich nur dann, wenn auch eins vorhanden ist) und leerem
Kraftstofftank. In dieser Konfiguration sollte das Modell die Nase um etwa 5 Grad
nach unten hängen lassen. Selbstverständlich balancieren wir unser letztes
1000-Stunden-Megaprojekt nicht auf zwei Fingern, sondern mit einem sicheren,
einfach zu bauenden Bock nach Abbildung 10.13 aus.

Schlußendlich noch ein Wort über die Bleizugabe. Es ist natürlich möglich, so
lange zu experimentieren, bis sich das Modell richtig auspendelt. Wir können die
Sache aber auch äußerst einfach berechnen.

In Abbildung 10.14 ist diese Vorgehensweise noch einmal dargestellt, der hintere Balancepunkt ist der, den wir am Ende des Baus vorliegen haben: der vordere jener, der zum Fliegen benötigt wird. Der Abstand zwischen den beiden Positionen ist A, die Entfernung des Bleis relativ zu unserer gewünschten Balancepunktlage B.

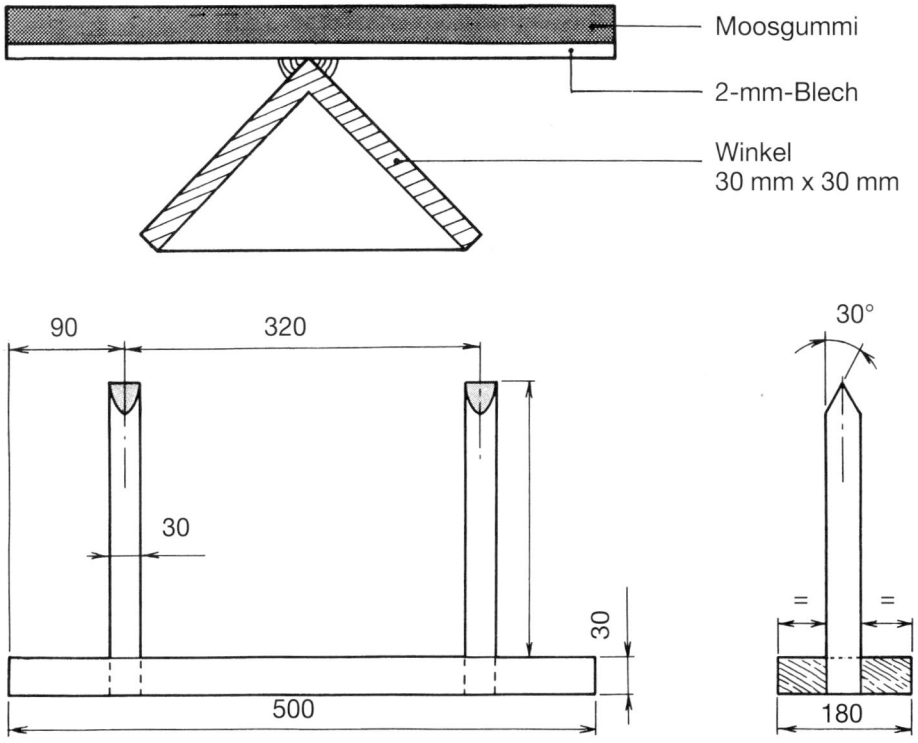

Abb. 10.13
Zum Ausbalancieren sind Daumen unter der Tragfläche alles andere als genau, wir sollten einen Bock gemäß dieser Zeichnung anfertigen oder ein Fertiggerät erwerben

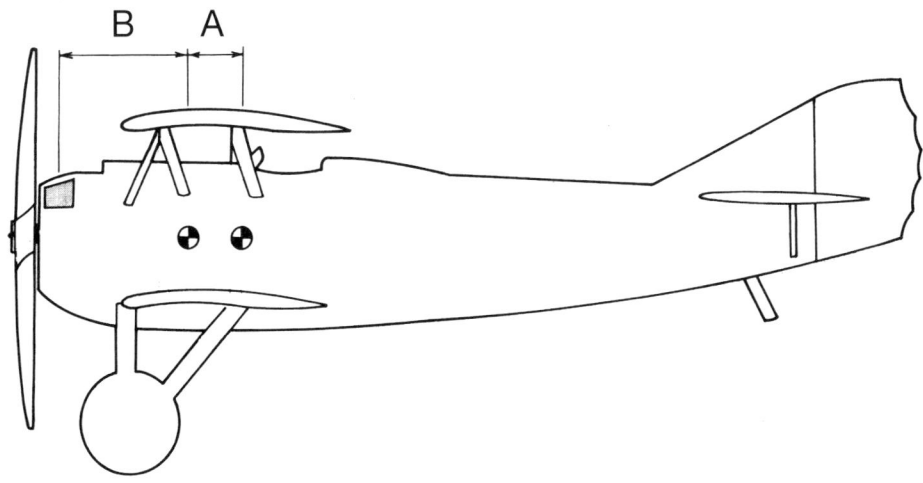

Abb. 10.14
Die exakt notwendige Bleizugabe zum Einstellen der richtigen Balance ist entweder durch Versuche herauszufinden oder einfach zu berechnen. Alles nur wieder eine Frage des Gleichgewichts

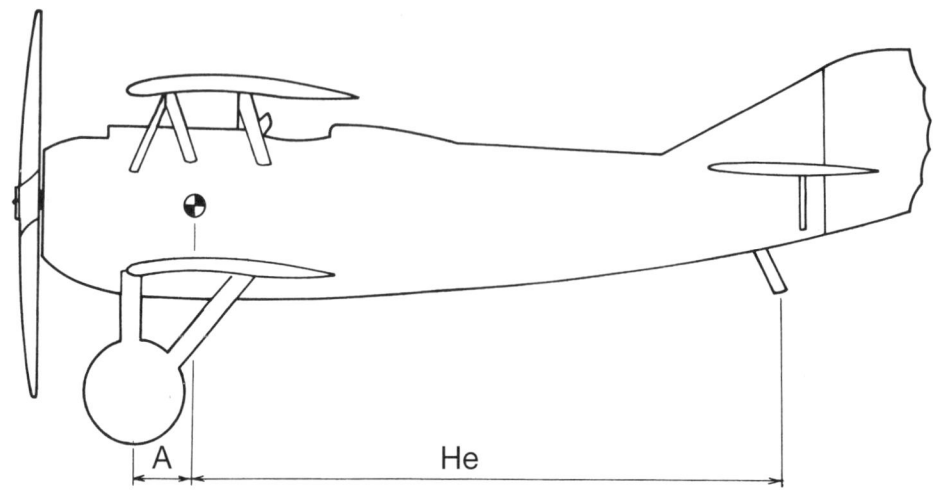

Abb. 10.15
Wenn das Modell so groß und so schwer ist, daß es nicht mehr mit der Vorrichtung nach Abbildung 11.13 auszuwiegen ist, dann kommt die Waage-Methode zur Anwendung

Mit folgender Formel können wir die notwendige Ballastzugabe berechnen:

$$\text{Benötigter Ballast} = \frac{\text{Gesamtgewicht} \times \text{A}}{\text{B}}$$

Setzen wir in unsere Formel Werte ein, um die Rechnung einmal nachzuvollziehen. Gehen wir von einem Modell von 6000 Gramm aus, bei dem wir den Balancepunkt um 15 mm nach vorne schieben sollten. Die Position der möglichen Bleizugabe liegt 250 mm vor dem neuen Balancepunkt. Der benötigte Ballast ist also:

$$\text{Benötigter Ballast} = \frac{6000 \times 15}{250} = 360 \, \text{Gramm}$$

360 g, das ist nicht gerade wenig. Es kann aber nicht oft genug gesagt werden: Ein übergewichtiges Modell fliegt nicht so gut wie es fliegen könnte, aber es wird fliegen. Ein Modell mit völlig falschem Balancepunkt fliegt hingegen gar nicht. Wir haben also die Wahl.

Gehen wir mit unserer Theorie noch ein bißchen weiter. Das Ausbalancieren der meisten Modelle nach diesem Verfahren ist unproblematisch, aber was machen wir mit einem Modell, das an der 20-kg-Grenze kratzt? Hier gibt es, von klugen Leuten ausgedacht, noch andere Methoden.

Dazu brauchen wir zunächst eine Waage, die mindestens die Hälfte des gesamten Modellgewichts anzeigen kann. Zunächst das Modell in seiner Fluglage aufbocken, d.h mit dem Rumpf nach Abbildung 10.15 in horizontaler Lage. Jetzt müssen wir anfangen zu wiegen. Was wir dann als erstes brauchen, ist das Gesamtgewicht, das ermittelte Gewicht an jedem einzelnen Rad des Hauptfahrwerks bzw. das ermittelte Gewicht am Sporn und die Hebellängen relativ zum gewünschten Balancepunkt. Auch hier kommen wir mit ein bißchen Rechnerei weiter und benutzen folgende Formel:

$$\text{Distanz Rad} \rightarrow \text{Balancepunkt} = \text{Hebellänge} \times \frac{\text{Gewicht am Sporn}}{\text{Gesamtgewicht}}$$

Abbildung 11.15 zeigt dazu eine *Spad*, hier bereits in Fluglage aufgebockt und mit den wichtigen Maßen ausgezeichnet. Als Beispiel stellen wir uns die *Spad* mal als Modell vor, mit den folgenden Daten:

Gewicht	6000 Gramm
Hebel zwischen Haupträdern und Spornschlitten	800 mm
Gewicht auf Spornschlitten	300 Gramm

Der Balancepunkt liegt bei:

$$\text{Distanz Rad} \rightarrow \text{Balancepunkt} = 800 \times \frac{300}{6000} = 40 \text{ mm}$$

11. Detaillierung und Finish

Es ist wichtig, nachdem wir unser Modell mit Sorgfalt gebaut und vielleicht sogar selbst entworfen haben, auf ein sauberes Finish zu achten. Bei uns ist die Auswahl in Sachen Finish nicht allzugroß, wenn wir zumindest am Ende ein Modell haben wollen, das dem Original auch sehr ähnlich sieht. Damit ist gemeint, daß wir einen Rumpf, der im Original aus Metall ist, nicht mit Nylon oder Bügelfolie versehen und bespannte Teile nicht mit Papier überziehen sollten. Eigentlich kommen für das Finish im Scale-Modellbau nur folgende Materialien in Frage: Papier, Nylon, Glasgewebe, Gewebefolie und Alu-Verkleidungen. Betrachten wir uns die Materialien einmal für sich.

11.1 Von Papier, Folie und anderen Materialien

Obwohl ein Papierfinish für viele noch etwas mit der Urzeit des Modellbaus zu tun hat, ist es im Scale-Bereich für beplankte Teile immer noch weit verbreitet. Papier, auch wenn es an der Oberfläche keine zusätzliche Stabilität gibt, deckt doch die Holzporen ab und ermöglicht es, eine realistische Oberfläche zu schaffen. Da es mit Spannlack oder Porenfüller behandelt werden muß, bildet sich eine Beschichtung, auf der fast jeder Lack gut haftet, so daß wir hier nicht unbedingt noch Füller verwenden müssen.

Ein weiterer Vorteil von Papier ist der, daß es als eines der wenigen Materialien das „Einkratzen" von Blechstößen erlaubt. Außerdem ist es im Vergleich zu Folie leichter.

Selbstverständlich hat Papier auch Nachteile: Der Auftrag von Spannlack erfolgt nicht gerade geruchlos und das Schleifen ist eine nicht sehr angenehme Arbeit.

Viel stärker als Papier ist Nylon, und damit hat dieses Material gerade bei der Bespannung eines fragil konstruierten Modells Vorteile. Mit Spannlack behandelt, gibt Nylon der Konstruktion ein Plus an Stabilität und ist deswegen bei Oldtimer-Nachbauten ein Finish, das noch immer kaum durch anderes Material zu ersetzen ist. Da die Aufnahme von Spannlack bedeutend höher ist als bei Papier, ist die Verwendung von Nylon im Scale-Bereich meist auf Modelle aus den ersten Jahren der Fliegerei und Großmodelle begrenzt.

Öfter als Papier wird heutzutage dünnes Glasgewebe mit Harz oder Lack verwendet. Diese Art des Finish hat den großen Vorteil, daß sich während des Aushärtens eine harte Beschichtung bildet, so daß unser Modell gegen Beschädigungen besser geschützt ist.

Meistens wird das Modell dazu mit 40 oder 45 g/m²-Glasgewebe überzogen, mit Epoxidharz, Schwabbellack oder DDS-Lack aufgebracht.

Diese Beschichtung läßt sich anschließend recht gut schleifen, erlaubt dadurch ein sehr glattes Finish und ist deswegen besonders für Oberflächen geeignet, die im Original aus Metall bestehen. Auch Blechstöße und Niete lassen sich auf diesem Untergrund gut ausbilden.

Für Oldtimermodelle und viele, teilweise stoffbespannte Leichtflugzeuge gibt es als Alternative noch Gewebefolie. Für Oldtimermodelle hat solche Gewebefolie

Abb. 11.1
Bitte einsteigen! Diese Detaillierung gibt es an der De Havilland Rapide von Gerard Rutten zu bestaunen

Abb. 11.2
So weit kann es gehen: Diese F-80 hat nicht nur ein sehr realistisches silbernes Finish, sondern auch alle Details entsprechend dem Original

gewisse Vorteile, denn nach einigen Schichten Spannlack, denen geringe Mengen schwarzer und gelber Lack beigemischt ist, ist das Resultat vom Original kaum noch zu unterscheiden.

Da der Schmelzkleberfilm der Gewebefolie etwas weniger haftet als der von vergleichbarer, glatter Folie, ist die Verwendung eines Haftgrunds zu empfehlen. Balsarite wäre einer davon.

Die genaue Beschreibung der Finish-Grundlagen fällt aber ein wenig aus dem Rahmen dieses Buchs. Wir wollen uns vielmehr dem Scale-Aspekt des Finish widmen. Wer dennoch Fragen zu diesem Thema hat, dem sei die ausführliche Beschreibung der verschiedenen Finish-Arten im Buch „Alles übers Finish" von Ralph Müller empfohlen, erschienen im Neckar-Verlag.

Wir wollen uns nun als Nächstes mit Aluminiumverkleidungen beschäftigen. Viele Oldtimermodelle, insbesondere die britischen Maschinen aus der Zeit zwischen den beiden Weltkriegen, hatten oft sorgfältig polierte Metallteile.

Im Modellbau ist es leider oft so, daß sich viele durch die als schwierig bezeichnete Nachbildung von blankem Metall abschrecken lassen, ihren Lieblings-Flugzeugtyp nachzubauen. Der Nachbau oder die Nachbildung von Metalloberflächen verlangt keine besonderen Fähigkeiten oder womöglich eine handwerkliche Ausbildung.

Es gibt drei verschiedene Möglichkeiten, um Metall zu imitieren: Farbe, Folie und eine Metallbeschichtung.

Die Verarbeitung von Folie ist bereits oben beschrieben, farbliche Möglichkeiten folgen später in diesem Kapitel. Um eine recht gute Metalloberfläche zu erhalten, gibt es aber keine bessere Lösung, als unser Modell wirklich mit dünnem Aluminium zu verkleiden. Metall ist eben nur durch Metall darzustellen.

Für Beplankungsabschnitte,Teile wie Lufteinlässe an Motorhauben oder Rumpfsegmenten, die nur einseitig gekrümmt sind, fertigen wir zunächst eine Schablone aus Papier und übertragen dann die gefundene Form mit Kugelschreiber oder Bleistift auf unser Aluminium.

Für sphärisch gewölbte Teile ist eine andere Technik notwendig, und die wollen wir jetzt betrachten.

Unsere wichtigsten Werkzeuge sind ein Stück Handseife, ein Butangas-Brenner und ein Holzlöffel. Aluminium besitzt, wie fast alle Metalle und Legierungen, eine bestimmte Härte, die während der Produktion entstanden ist. Zu denken ist hier an Einflüsse durch Walzen, Abschrecken oder Schmieden. Die ganze physikalische Theorie lassen wir aber hinter uns, nur soviel: Der ursprüngliche Zustand des Metalls ist mittels Erhitzung nahezu wieder zu erlangen. Das Maß der Erhitzung ist abhängig von der Materialart und -dicke. Bei Aluminium verwenden wir ein Stück Seife als Indikator für die richtige Temperatur.

Nachdem unser Teil ausgeschnitten ist, werden wir es mit ein wenig Wasser bestreichen und anschließend mit Seife gemäß Abbildung 11.4 einreiben. Jetzt das Teil mit dem Brenner langsam erhitzen, so lange, bis sich die Seife dunkelbraun färbt. Unbedingt beachten: Das Dunkelbraun ist eine etwas andere Färbung als die leicht cremige Farbe, die sofort entsteht. Einiges Üben auf Abfallstücken läßt hier schnell die richtige Vorgehensweise finden. Jetzt das erhitzteTeil wieder abkühlen lassen. Hier gibt es aber zwei verschiedene Methoden, wie das

Abb. 11.3
Die Avro Tutor ist eine interessante Maschine zum Thema Finish: hochglanzpolierte Motor-
haube, Stoffbespannung und Verstrebung der Tragflächen. Das letzte Original fliegt bei der
Shuttleworth-Sammlung in England

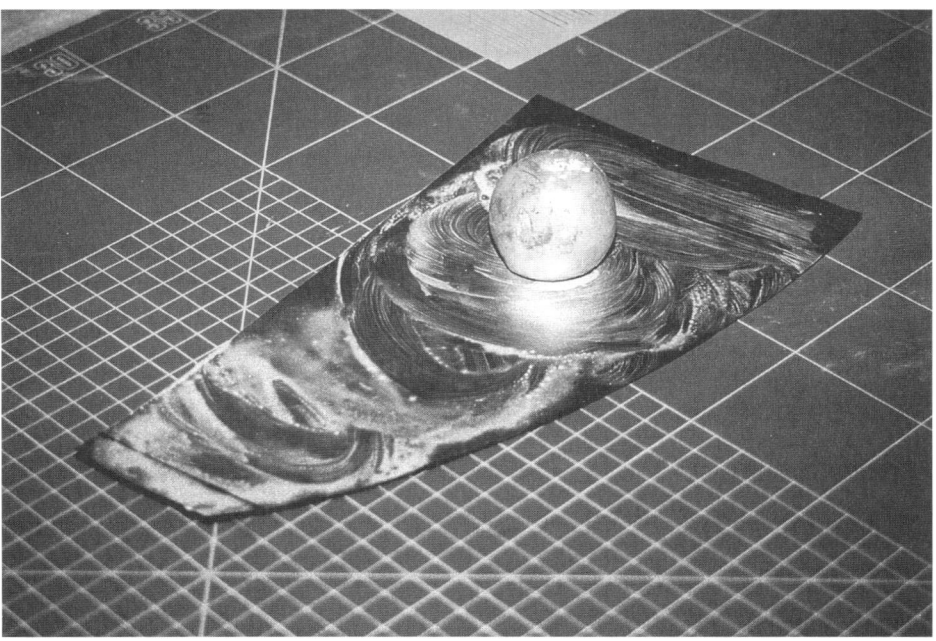

Abb. 11.4
Das Geheimnis des Metallfinish fängt mit normaler Seife und Wasser an. Hier wird das zu
erhitzende Teil eingestrichen

geschehen könnte: Einmal haben wir die Wahl, es langsam an der Umgebungs-luft abkühlen zu lassen oder sofort nach dem Erhitzen in kaltes Wasser zu werfen. Obwohl der Verfasser verschiedene Experimente mit beiden Methoden durchgeführt hat, läßt sich am Ende nicht sagen, welche die bessere ist. Wahrscheinlich hängt das größtenteils auch noch von der Legierung ab, aber kritisch ist keines der beiden Verfahren.

Zum Formen unseres Teils legen wir das Aluminium nun auf einen Stapel älterer Zeitschriften oder Zeitungen und arbeiten mit dem Holzlöffel von der Mitte aus zu den Rändern. Wir werden sehen, wie sich jetzt eine sphärische Wölbung im Teil formt (Abb. 11.6). Nach einigen Minuten kommen wir an einen Punkt, an dem es schwieriger ist, mit dieser Technik weiterzuarbeiten. Das kommt durch die Bearbeitung des Aluminiums. Im Material treten wieder Spannungen auf – es verhärtet sich. Die Lösung ist einfach: Die ganze Sache wieder mit Seife bestreichen, mit dem Brenner erhitzen und anschließend erneut abkühlen lassen. Jetzt kann es mit dem Formen weitergehen.

Sollten wir eine Verkleidung mit diesem Verfahren anfertigen, besteht auch die Möglichkeit, ein Negativ für das Formen des Aluminiums zu verwenden, denn das vereinfacht die Arbeit ungemein. Am einfachsten bespannen wir dazu das sowieso angefertigte Positiv des Teils mit Oracover oder einer anderen, wieder abbügelbaren Folie, die wir anschließend mit Trennwachs oder -mittel behandeln. Jetzt wird aus GfK eine ca. 2 bis 3 mm dicke Schicht aufgelegt. Ohne Gelcoat oder Kuppelschicht, denn nur die Form des Negativs ist hier wichtig. Nachdem das Harz ausgehärtet ist, das Negativ wieder abnehmen, die Folie entfernen und das Aluminium im Negativ so lange formen, bis es zum Beplanken ganz genau auf das Positiv paßt. Sollte die Stabilität unserer Negativform nicht ausreichen, können wir auf der Rückseite Sperrholzflansche oder andere Verstärkungen anbringen. Bei Beplanken einer Motorhaube ist bei Vorhandensein selbstverständlich das GfK-Negativ zu benutzen.

Die Dicke des verwendeten Aluminiums ist abhängig von der Größe des Objekts und der Wölbung. Für Kleinteile, die relativ schwach gewölbt sind, kommen Offsetplatten in Frage. Dies sind Platten aus sehr dünnem Aluminium, in Stärken zwischen 0,1 und 0,2 mm, die beim Offsetdruckverfahren verwendet werden. Diese Platten sind im Modellbau auch als Lithoplatten bekannt und in der örtlichen Druckerei oft zu günstigen Preisen oder gar als Abfall umsonst zu bekommen.

In den vorderen Bereichen der meisten Motorhauben ist das Material aber stärker zu formen und dafür sind Offsetplatten einfach zu dünn. Es ist dickeres Material zu verwenden. Schauen Sie sich doch mal nach großen Aluminiumtellern um, auf denen z.B. kalte Platten oder Salate angerichtet werden. Genau die sind für unsere Zwecke ideal! Sie haben eine Stärke von etwa 0,3 mm und sind ziemlich weich. Für eng gewölbte Teile – wie Lufteinlässe – sind Materialstärken bis 0,5 mm notwendig. Hier ist dann aber ein Negativ unbedingt erforderlich.

Bevor wir anfangen, die geformten Aluteile auf das Positiv aufzubringen, ist es notwendig, dessen Oberfläche mit einer Grundierung zu versehen. Sollte Balsaholz der Untergrund sein, werden wir zunächst ein oder zwei Lagen Epoxidharz, Porenfüller oder DDS-Lack auftragen, um es zu schützen, falls doch einmal ein bißchen Kraftstoff unter das Aluminium kriecht. Auf GfK ist die Aluminiumbeplankung direkt aufzukleben. Das erfolgt übrigens mit Kontaktkleber, mittel-

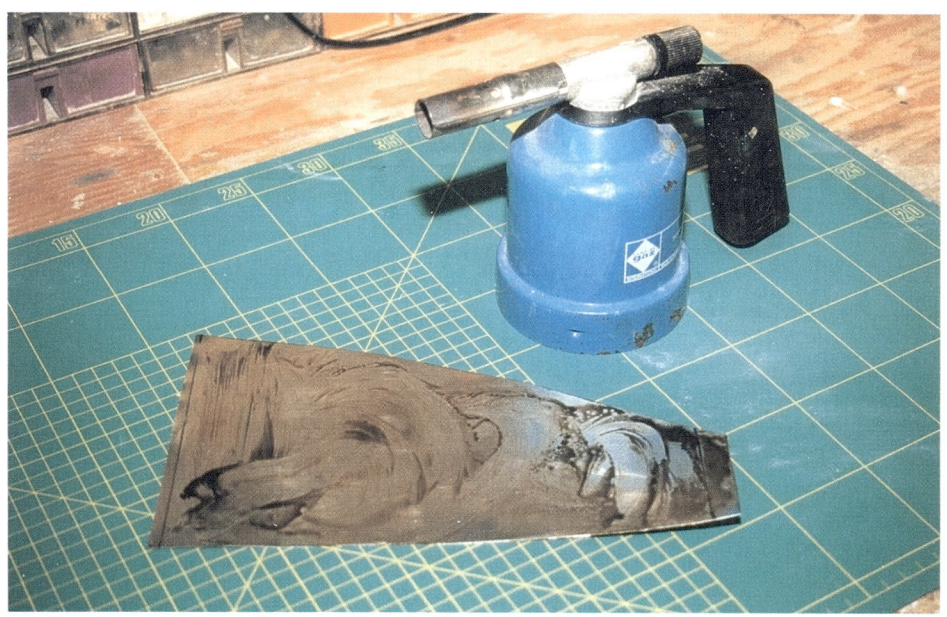

Abb. 11.5
Nun die Aluplatte langsam erhitzen. So lange, bis die Seife dunkelbraun wird. Nun ist die richtige Temperatur zum Entspannen des Materials erreicht. Anschließend das Aluminium wahlweise in kaltem Wasser oder an der Umgebungsluft abkühlen lassen

Abb. 11.6
Sphärische Wölbungen im Aluminium werden mittels Holzlöffel oder anderer Hilfsmittel auf einer weichen Unterlage herausgearbeitet – z.B. auf einer alten Zeitschrift

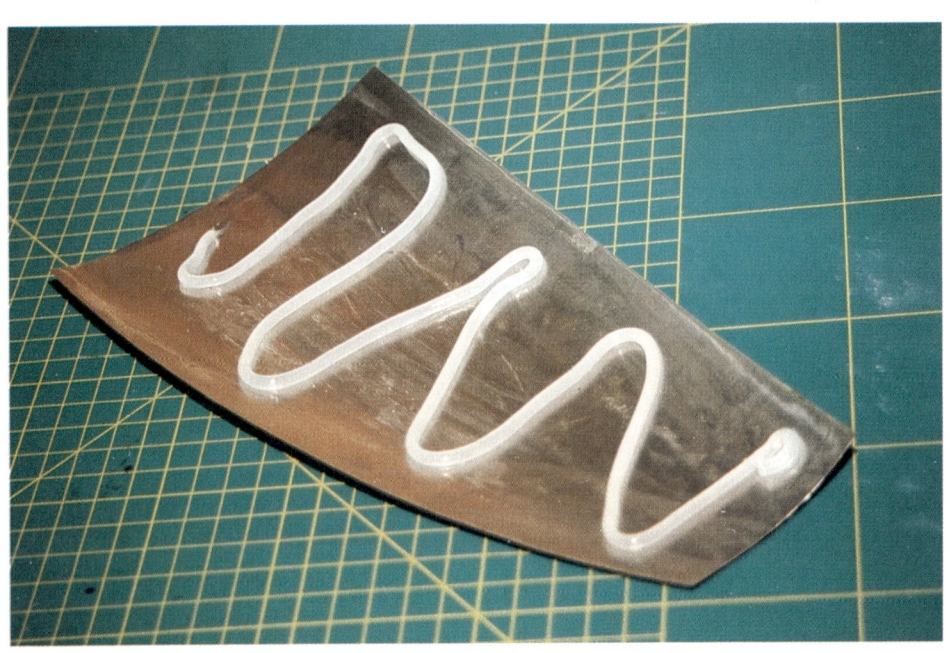

Abb. 11.7.
Das Verkleben der Aluminiumteile gelingt problemlos mit Silikon, das zuerst aufgetragen ...

Abb. 11.8
... und anschließend mit einem Zahnspachtel sorgfältig verteilt wird

dickem Sekundenkleber, Stabilit-Expreß oder Silikon. Welchen Kleber wir hier einsetzen, ist abhängig von den zu verklebenden Teilen. Kontaktkleber dort verwenden, wo Beplankungsteile nicht überlappen und Kraftstoff keine Chance hat, sie zu unterkriechen. Sekundenkleber und Stabilit-Expreß sind bestens geeignet zum Aufkleben von Einzelteilen auf eine Haube, wobei Stabilit-Expreß wiederum für jene Teile besonders geeignet ist, die sich sonst einfach von ihrem Untergrund lösen. Zum Aufbringen größerer Teile ist hingegen Silikon ideal. Die Platten werden dazu mit einer Raupe eingestrichen, die mit dem Zahnspachtel nach Abbildung 11.8 verteilt wird. Meistens gelingt es jetzt, die Platten einfach auf das Positiv zu drücken, ohne dabei Klammern oder andere Hilfsmittel zu verwenden. Unbedingt darauf achten, daß sich die jeweiligen Paneele in Flugrichtung abdecken!

Details auf den Aluminiumteilen sind auf Einlässe, Niete, Blechstöße und sogenannte Blister beschränkt. Die Blechstöße haben wir ja automatisch durch das Aufbringen von einzelnen Beplankungsteilen erhalten, und die Andeutung der Niete ist nicht besonders schwer. Versenkte Niete besprechen wir ein wenig später in diesem Kapitel, stehende Niete sind aber noch vor dem Aufbringen des Aluminiums zu setzen. Hierzu nehmen wir die einzelnen Paneele, legen sie auf die Rückseite und drücken vorsichtig mit einem alten Kugelschreiber die Niete ins Alu. Wenn diese Arbeit abgeschlossen ist, drehen wir die Beplankungsteile wieder um und drücken die Niete mittels kleinem Rohr, das genau darüber paßt, wieder ein wenig zurück. So entsteht der Eindruck von etwas deformiertem Metall, gleich dem Original (Abbildung 11.12 bis Abbildung 11.14).

Einlässe und Blister werden in einer Negativform gefertigt. Hierzu nehmen wir ein etwa 6 mm dickes Sperrholzbrett und sägen die gewünschte Form aus. Dann das Aluminium auf diese Form auflegen und formen, im gleichen Verfahren wie bei den Beplankungsteilen.

Zum Abschluß sollte die ganze Oberfläche noch poliert werden, auch dafür gibt es mehrere Methoden. Nachdem wir das Aluminium mit Wasser gereinigt haben, können wir es mit Stahlwolle oder Scotchbrite glänzend machen. Keinesfalls Schleifpapier verwenden, denn das gibt Kratzer in der weichen Oberfläche. Im Anschluß daran folgt eine Feinpolitur. Mit einem weichen Tuch und Chrompolitur gelingt das ganz gut, wer aber eine spiegelglatte Oberfläche erhalten möchte, kommt um eine Schwabbelscheibe nicht herum. Diese Scheiben sind eigentlich nichts anderes als mehrere zusammengedrückte Baumwollscheiben, die wir dann in eine Bohrmaschine einspannen. Dann brauchen wir nur noch ein Poliermittel, welches in verschiedenen Formen erhältlich ist. Wir suchen hierzu am besten einen guten Metallwarenladen auf und lassen uns das richtige heraussuchen. An dieser Stelle noch eine Anmerkung: Wir können selbstverständlich versuchen, Aluteile so glatt zu polieren, daß sie sich kaum mehr von einem Spiegel unterscheiden. Derartige Oberflächen sind bei Originalflugzeugen aber nicht zu finden. Das Fazit der Geschichte: Polieren wir die Teile nicht bis zum extremen Glanz, dann sparen wir uns Arbeit und erhöhen dadurch sogar noch die Qualität des Finish.

Abb. 11.9
Für Verkleidungen nehmen wir ein Sperrholzbrett und drücken das Aluminium in mehreren Gängen in den Ausschnitt ein. Zu beachten ist dabei, daß es zwischendurch mehrfach durch Erwärmen zu entspannen ist

Abb. 11.10
Hier noch einmal die Detailaufnahme der in Abb. 12.9 gefertigten Blister. Deutlich zu erkennen sind auch die zahlreichen Niete

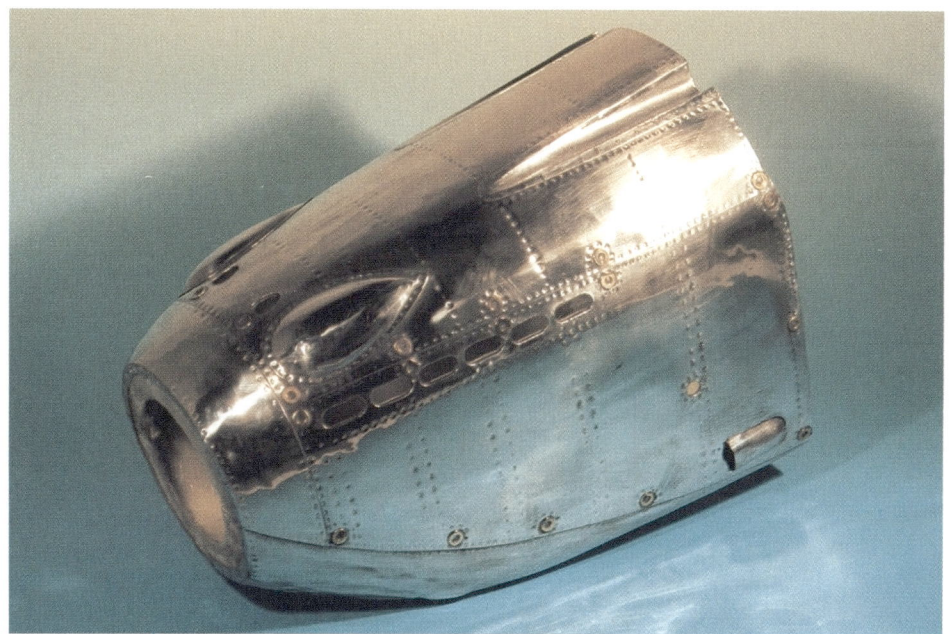

Abb. 11.11
Hier das Resultat, kaum vom Original zu unterscheiden

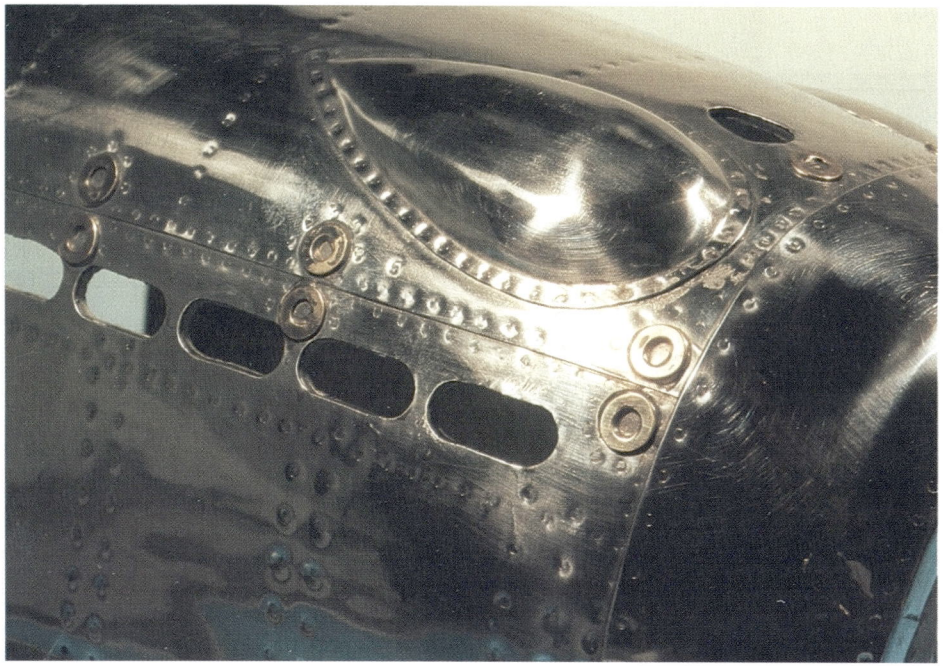

Abb. 11.12
Weitere Details sind mittels Messingscheiben und Stabilit Expreß relativ einfach anzubringen

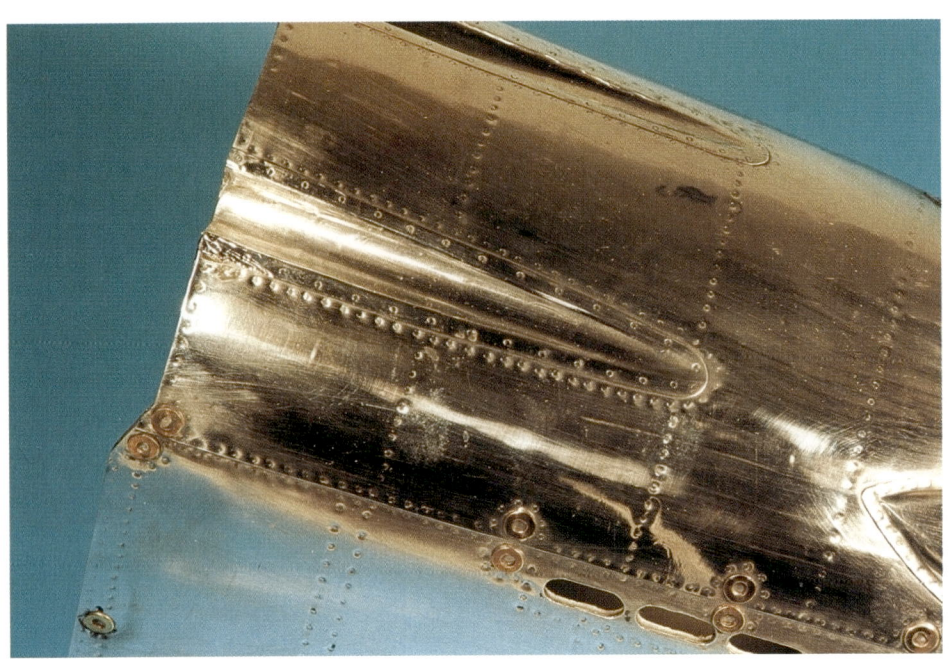

Abb. 11.13
Die Aussparungen für die beiden Maschinengewehre sind ebenfalls aus dünnem Aluminium gefertigt und einfach mit dem Finger in den vorbereiteten Ausschnitt „hineingebo-
gen"

Abb. 11.14
Noch eine Detailaufnahme der beiden Lufteinlässe: Wenn mit Sorgfalt gearbeitet wird, ist
ein solches Teil sogar aus einer ebenen Aluplatte herauszuarbeiten

11.2 Niete, Blechstöße und weitere Details

Es gibt eine Menge von Details an jedem Flugzeug und die meisten sind – im Gegenteil zu dem, was viele glauben – recht einfach nachzubilden. Eigentlich ist das auch alles, worauf es beim Scale-Modellbau ankommt: Den Eindruck vermitteln, daß etwas so wie am Original aussieht. Ein schönes Beispiel zeigt Abbildung 11.15, hier sind es die beiden Turbinenauslässe an der *F-15* des ehemaligen F4C-Weltmeisters Philip Avonds. Die Leitbleche sind hier mit Kreide „aufgemalt". Kaum zu glauben, aber beide Röhren sind einfach flach!

Der scalebewußte Modellbauer sollte sich unbedingt fragen, wie weit er gehen soll. Es hat z.B. keinen Zweck, an einem Modell im Maßstab 1:10 die Niete zu simulieren, da man sie einfach in dieser Größe nicht sehen kann. Wenn wir ein Modellflugzeug im Maßstab 1:5 bauen, sollte es die Originalmaschine „wiedergeben", wenn wir ein wenig vom Modell entfernt stehen. In diesem konkreten Fall ist es so, daß das Modell aus einem Meter Abstand so aussehen sollte, wie das Original aus 5 Meter Entfernung betrachtet. Diese Eigenschaft bringt es mit sich, daß viele Details verwischen.

Als Fazit bleibt, daß es nur Zweck hat, Details zu imitieren, die beim Betrachten des Originals aus gewisser Distanz auch noch zu sehen sind. Da die Umsetzung solcher Details für jedes Modell unterschiedlich ist, sind hier keine fix und fertige Lösungen für alle Fälle vorzustellen. Ein kleiner Griff in die Trickkiste sollte jedoch für viele Modelle ausreichend Anregung geben.

Kleinteile wie Blister auf Flächen oder Rümpfen, Positionsleuchten, Kabineninnereien, Abdeckgläser usw. sind und bleiben einfach das Sahnehäubchen auf dem Ganzen. Sie schrecken jedoch viele Modellbauer ab. Für all diese Teile benötigen wir aber eigentlich nur dünnes Plastik und eine einfach herzustellende Form. Meistens werden nur ein oder zwei davon benötigt, so daß für den Urmodell-Bau nicht allzuviel Zeit zu investieren ist. Wir fertigen es einfach aus einem Stück mittelhartem Balsa.

Als Basis nehmen wir dann ein Brettchen 3-mm-Sperrholz, auf das wird das Urmodell aufgeklebt. Letzteres sollten wir noch unterfüttern, und zwar um die Stärke des Tiefziehkunststoffs, aus dem wir unseren Abzug dann anfertigen.

Sollte beim Abziehen einmal etwas schiefgehen, so ist das kein Problem, unser Balsamodell reicht für mehrere Abzüge – aber nicht für eine Serienproduktion. Als Gegenform nehmen wir ein zweites Sperrholzbrettchen, ebenfalls 3 mm dick. Hier sägen wir die Silhouette des Urmodells heraus und erweitern sie um die Materialstärke des Tiefziehmaterials. Jetzt erwärmen wir endlich das Plastik mittels Kerze, Fön oder anderer Wärmequellen und legen es anschließend auf die Form. Sofort darauf wird das zweite Brett – das mit der herausgesägten Silhouette – von oben aufgedrückt. Nach Abkühlen des Plastiks, was nur wenige Sekunden dauert, ist das einfache Tiefziehteil schon fertig und kann weiterbearbeitet werden. Durch zu geringes Erwärmen können übrigens Falten beim Tiefziehen entstehen, aber das ist dann nur eine Frage der Übung. Viele verschiedene Plastiksorten aus Geschenkpackungen, Abschnitten von Kabinenhauben und andere, bis etwa 0,8 mm dicke Folien können so ohne weiteres weiter verarbeitet werden. Abbildung 11.16 zeigt als Beispiel die Tankuhr einer *Zlín*, die so auf diese einfache Weise hergestellt worden ist.

Abb. 11.15
Scale-Modellbau ist auch ein bißchen Magie, weil es auch um Illusion geht. Was das bedeutet, zeigt sich an der F-15 von Philip Avonds. Die Details am Strahlauslaß sind ausschließlich mit Kreide gezeichnet: Der Konus ist ganz flach

Bei größeren Teilen, wie Wartungsluken an Rumpf, Fläche und Randbögen, hat sich die Tiefziehmethode bereits seit Jahrzehnten bewährt. Die Urmodelle sind hier ebenfalls aus Holz anzufertigen, da wir nur wenige Abzüge benötigen.

Für manchen ist die Frage pro oder contra Niete riesengroß. Wenn sie nach vielen Stunden endlich aufgetragen sind, ist das Resultat kaum zu sehen. Wenn wir aber auf sie verzichten, fehlt irgend etwas am Modell. Wie gesagt, es hat aber nur dann Zweck, Details zu imitieren, wenn es die Modellgröße auch erlaubt.

Versenkte Niete sind mittels angeschliffenem Messing- oder Stahlröhrchen leicht „herzustellen". Durch leichtes Drücken und Drehen kann man eigentlich so jeden Niet anbringen. Eine aufwendige Arbeit, aber nicht schwierig!

Erhabene Niete sind auch mittels einer Injektionsspritze und wasserverdünntem Weißleim – dem noch einige Tröpfchen Aluminium- oder mittelgraue Farbe hinzuzumischen ist – ganz realistisch zu imitieren. Falls Sie in einem späteren Baustadium noch fehlende Niete entdecken sollten – keine Panik, der Weißleim trocknet fast transparent aus, so daß sie nachträglich aufgebracht fast gleichfarbig wie der Untergrund aussehen. Versenkte Niete sind entweder nach der Grundierung oder dem Farbfinish anzubringen.

Die Größe der Niete ist selbstverständlich abhängig vom Modellmaßstab. Als Hinweis dürfte hier aber ausreichen, daß sie im Maßstab 1:7 etwa 1,2 mm Durchmesser haben, im Maßstab 1:6 etwa 1,5 mm und im Maßstab 1:5 etwa 1,7 mm.

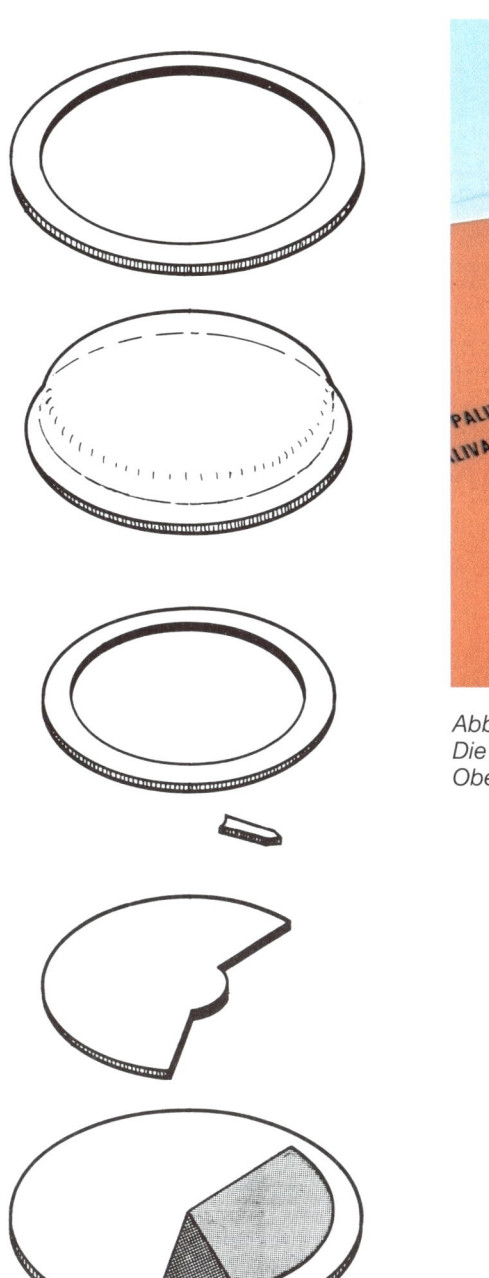

Abb. 11.16 b
Die fertige Benzinuhr, kurioserweise auf der Oberseite der Tragfläche montiert

Abb. 11.16 a
Der schematische Aufbau einer Benzinuhr – hier für den Nachbau einer Zlín. Alle Teile bestehen aus dünnem Plastik

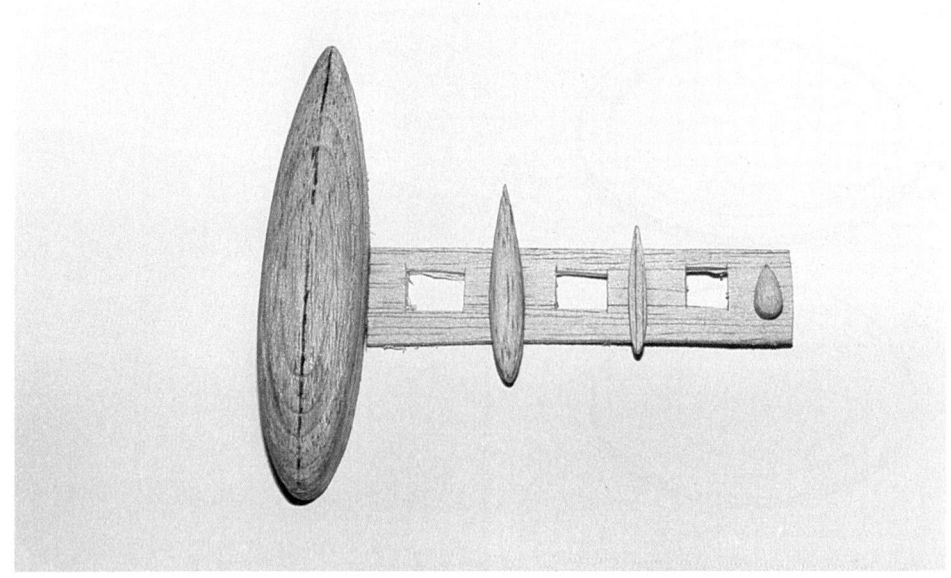

Abb. 11.17
Verkleidungsteile, wie sie an manchen Flächen zum Verdecken von Maschinengewehren zu finden sind, können wir einfach aus dünnem ABS tiefziehen. Hierzu wird zunächst eine Holzform gefertigt, die wir dann mit erwärmtem ABS überziehen

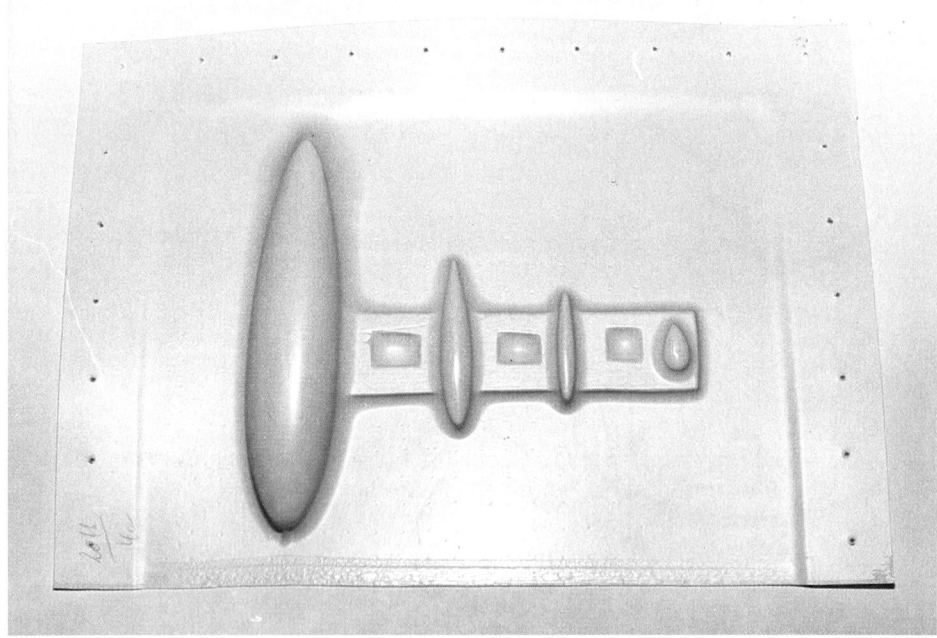

Abb. 11.18
Das tiefgezogene Resultat

Abb. 11.19
Niete, Blechstöße und eine abgenutz-
te Beschriftung geben dieser Vultee
Valiant ein „echtes" Aussehen

Auch bei Blechstößen gibt es verschiedene Lösungen. Die einfachste ist es, sie aufzumalen. Aber bitte nicht mit schwarzem Lack. Dieser ist viel zu dominant und sollte überhaupt nicht am Modell zu finden sein. Eine Mischung aus 50% Schwarz und 50% der Originalfarbe reicht meistens aus. Um die Optik noch zu verbessern, wäre es möglich, an einer Seite eine Schattenlinie anzubringen. Eine weitere Möglichkeit ist es, Blechstöße mit schmalen Klebeband-Streifen nachzubilden. Es ist aber auch zu sagen, daß hiermit nicht die besten Resultate zu erzielen sind. Dazu kommt, daß „echte" Stoßlinien eigentlich sehr einfach anzubringen sind.

Normalerweise gehen wir von einem mit Balsa beplankten Rumpf aus, auf dem ein Blech „aufgesetzt" werden soll. Der einfachste Weg ist zweifellos das Abkleben der späteren Blechkanten mit zwei aufeinanderliegenden Streifen Tesa-Krepp. Anschließend wird die eingegrenzte Fläche mit einem Gemisch aus Epoxidharz, Microballons oder Aerosil aufgefüllt. Für Papierfinish-Untergründe mischt man am besten Porenfüller mit Talkum. Abbildung 11.20 zeigt diese Technik.

Blechkanten, die nicht überlappend auf dem Untergrund liegen, sondern Stoß an Stoß grenzen, lassen sich mit der Rückseite eines Balsamessers einfach in die Oberfläche einkratzen. Dies gilt sowohl für Rümpfe als auch Flächen, die mit Glasgewebe überzogen sind. Bei einem Papierfinish reicht es aus, ein Dreieck aus dünnem Sperrholz zu verwenden, und damit (vorsichtig!!) die Blechstöße einzukratzen. Diese Technik sollten wir auf jeden Fall aber vorher auf einigen Probestückchen ausprobieren. Wenn Sie einen Übergang zwischen einer Stoffbespannung und Blechverkleidung realisieren möchten, so, wie sie bei Doppeldeckern und Leichtflugzeugen oft zu finden ist, gehen sie wie folgt vor:

Beim Überziehen des Rumpfs wird die Bespannung etwa 5 mm auf die beplankten Teile des Rumpfs gebügelt. Hierauf legen wir dann einen 0,4-mm-Sperrholzstreifen mit ca. 6 mm Breite. Der Übergang wird mit Spachtel aufgefüllt, geschliffen und anschließend mit leichtem Bespannpapier überzogen. Abbildung 11.21 zeigt diese Vorgehensweise.

Eine weitere Möglichkeit für die Imitation von Blechstößen, bei denen wir die Oberfläche des Modells nicht beschädigen, ist das Abkleben aller Stöße mit einem ganz schmalen Streifen Klebeband. Anschließend wird das Modell mit Grundierung versehen und die Streifen wieder abgezogen, die Blechstöße sind nun in Form von leichten Versenkungen in der Grundierung vorhanden. Diese Methode beschränkt sich aber auf größere Modelle, da die minimale Breite der Streifen zwischen 1 und 1,5 mm liegt.

Selbstverständlich ist es auch möglich, die Beplankung auf das Modell originalgetreu zu übertragen, dafür verwenden wir dann wieder das zuvor beschriebene Verfahren mit dem Aluminium.

Für Niete und Blechstöße gilt gleichermaßen, daß sie nicht zu auffallend sein sollten. Ein manntragendes Flugzeug hat Niete mit etwa 8 mm Durchmesser. Also: keine Niete mit 3 mm Durchmesser an einer Maschine im Maßstab 1:5! Blechstöße am gleichen Modell mit einer Breite von 1,5 mm hätten am Original ganze 7,5 mm breit sein müssen! Es wäre besser, Details wie diese mittels dunkler Farbe (Imitation von Schmutz) hervorzuheben, um sie auffallender zu machen.

Bei der Gestaltung von Luken haben wir die Qual der Wahl. Für Modelle mit papierbespannter Oberfläche sind sie ohne weiteres aus Zeichenkarton anzufertigen und dann mittels Spannlack oder Porenfüller zu versiegeln. Als Scharnierlinie lassen sich ebenfalls kleine Streifen an der Seite aufkleben.

Dünnes Kunststoffmaterial ist dann von Vorteil, wenn wir die Teile unmittelbar vor dem Lackieren anbringen können. Solches Material ist übrigens im Plastikmodellbaugeschäft oder in der „Eisenbahnecke" zu erhalten. Kleine Details wie Verriegelungen können mit Eisendraht oder ebenfalls aus dünnen Plastikplatten einfach und realistisch nachgebildet werden.

Sollte die Luke mit einer Wölbung versehen sein, können wir sie eventuell auch nach dem bereits oben beschriebenen Verfahren tiefziehen.

Ein weitere Variante ist die Verwendung von selbstklebender Aluminiumfolie. Hier aber nicht unbedingt die im Modellbauhandel verfügbaren Sorten wählen, denn die sind für unseren Zweck einfach zu dünn. Es gibt im Baumarkt ein ca. 10 cm breites Aluminiumklebeband, welches für die Heizungsmontage verwendet wird – und das ist genau richtig für uns. Äußerst einfach anzubringen, bleibt auch dann noch eine realistische Oberfläche, falls die Farbe einmal abgenutzt ist.

Sind funktionsfähige Luken eigentlich schwer herzustellen? Sicher nicht!

Beschäftigen wir uns als erstes mit einer Klappe nach Abbildung 11.22. Diese wird zunächst komplett mit den „Zähnen" für das Pianoscharnier ausgeschnitten. Anschließend das Aluminium erhitzen, bis es weich ist (Kapitel 11.1) und die Zähne mit einem dünnen Lineal umbiegen. Die Klappe wird dann in einem 0,8-mm- oder 1,0-mm-Stahldraht aufgehängt und am Ende liegt eine völlig scale ausgeführte Klappe mit Pianoscharnier vor, die auch noch funktioniert. Manch einer hat sich gefragt, wo in aller Welt denn nun die notwendigen Schalter montiert sind? Bisher hat sie keiner beim Betrachten des Modells unter dieser Scale-Luke vermutet.

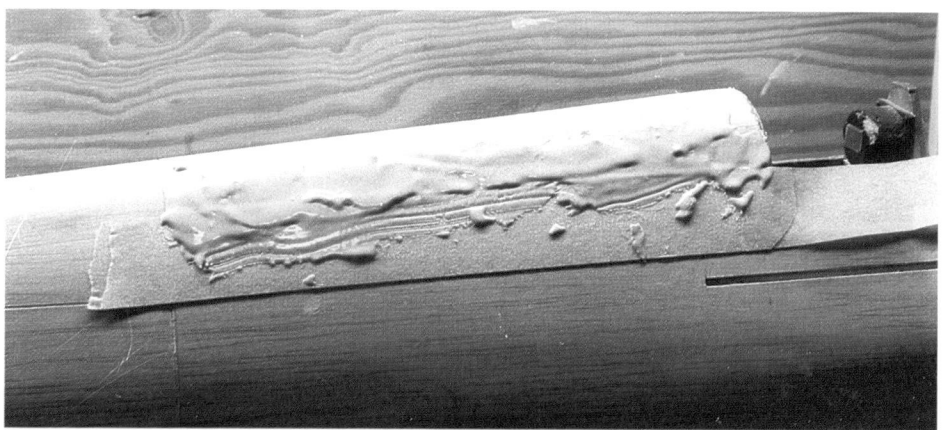

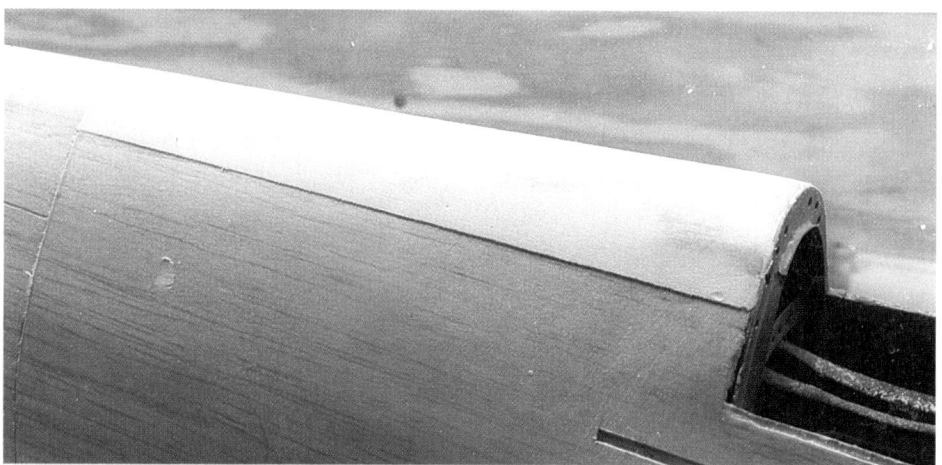

Abb. 11.20
In den drei Fotos ist der einfache Aufbau eines Blechstoßes dokumentiert. Zunächst werden zwei Streifen Maskierfilm oder Tesakrepp übereinandergeklebt und dann die freie Fläche mit Filler oder Spachtel aufgefüllt. Nach dem Trocknen wird geschliffen. Anschließend das Klebeband wieder entfernen und, voilà, unser Blechstoß ist fertig

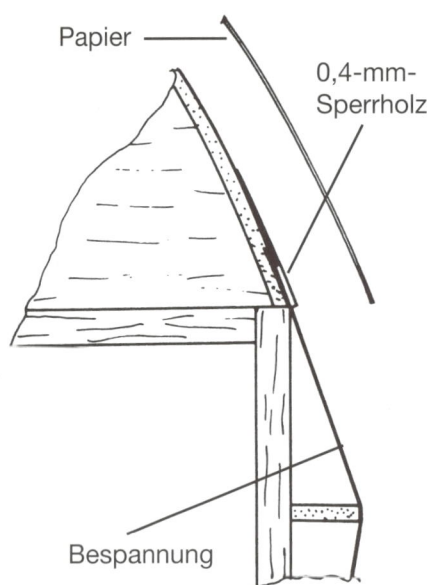

Papier

0,4-mm-
Sperrholz

Bespannung

Abb. 11.21
Querschnitt eines Übergangs zwi-
schen einem bespannten Rumpfteil
und einem komplett beplankten

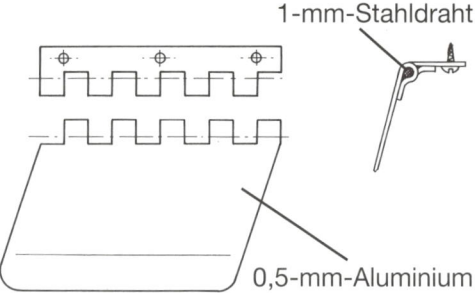

1-mm-Stahldraht

0,5-mm-Aluminium

Abb. 11.22 a
Funktionsfähige Luken sind ohne großen Auf-
wand zu fertigen und manchmal sehr nützlich.
Auf dieser Zeichnung ist zu sehen, wie die
beiden Teile aufgebaut sind und ...

Abb. 11.22 b
... auf diesen beiden das Resultat. Einmal im geöffneten und einmal im geschlossenen
Zustand sehen solche Deckel nicht nur scale aus, sondern können auch noch Schalter
oder Tankanschlüsse verbergen

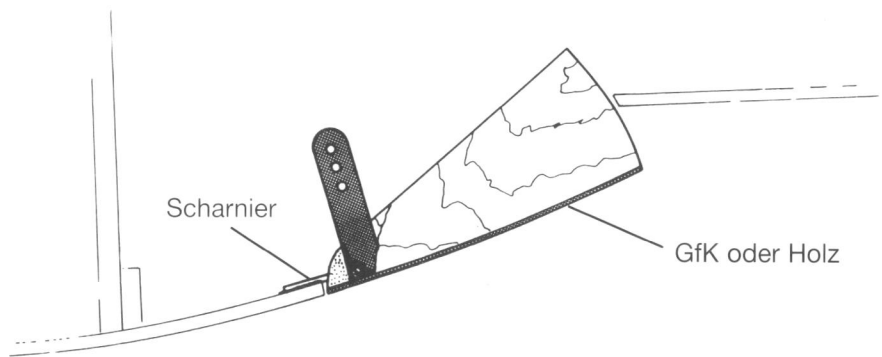

Abb. 11.23 a
Schematischer Aufbau einer Klappe, so, wie sie im hinteren Rumpfteil einer Mustang gleich zweimal vorkommt

Abb. 11.23 b
Die Lösung im Detail. Der Hebel kann mit der Ansteuerung der Landeklappen gekoppelt werden

Weitere Klappen, die funktionsfähig ausgeführt werden können, sind Luken am Rumpf, die beim Original zur variablen Zu- oder Abfuhr der Kühlluft dienen. Eine *Mustang* zum Beispiel hat gleich zwei davon, am Modell lassen sie sich gut zusammen mit Landeklappen oder dem einziehbaren Spornrad betätigen. Das sieht bestechend aus. Abbildung 11.23 zeigt einen möglichen Aufbau einer solchen Klappe mit dem dazugehörigen Anlenkhebel.

Kleinere Luken sind außerdem eine Riesenhilfe zum Verbergen von Kraftstoff-schlauch-Anschlüssen oder weiteren Schaltern. Bei der *Mustang* lassen sich zum Beispiel beide in der Motorhaube befindlichen Klappen funktionell ausführen, eine für den Schalter und eine für die Anschlüsse zu den Kraftstoffleitungen (Abbildung 11.24).

Kommen wir nun zu einem ganz anderen Thema, im Zusammenhang mit Windschutzscheiben finden sich gerade an vielen Doppeldeckern schöne Lederumrandungen. Es gibt handelsübliche Gummiränder, die wir hierzu verwenden können – eine Schnell-Lösung, die nicht unbedingt das richtige Aussehen wiedergibt. Umrandungen sind auch einfach im Eigenbau anzufertigen, vorausgesetzt, uns steht dünnes Leder zur Verfügung. Alte Handschuhe sind hierzu übrigens bestens zu gebrauchen.

Jetzt haben wir verschiedene Möglichkeiten. Erstens: Das Leder beidseitig falten und nach Abbildung 11.25 B verkleben. Zweitens: Falls es die Beplankungsdicke erlaubt, das Leder in der Mitte mit einer Litze versehen und es gemäß Abbildung 11.25 C verkleben. Sollte es dabei Schwierigkeiten geben, die Wölbung zu biegen, das Leder einfach naß machen.

Manche Leichtflugzeuge, besonders jene aus der Vorkriegsära, haben „Reißverschlüsse" an ihrem Rumpf. Diese sind an Modellen einfach aus einer feingliedrigen Kinderhalskette zu fertigen, die für ein paar Mark in der Drogerie zu haben ist. Auf die Bespannung wird ein kleiner Streifen Gewebe aufgebracht, auf den wiederum diese Kette aufgeklebt wird. Nachdem das Modell lackiert ist, wird mittels eines kleinen Pinsels erst etwas Grau und dann Silber aufgetragen. Nicht vom Original zu unterscheiden und das bei weniger als einer Viertelstunde Arbeit. (Aber, das erzählen wir selbstverständlich nicht den erstaunten Vereinskollegen!)

Handgriffe an Türen, Gepäckräumen und Rumpfseiten sind aus Plastikplatten anzufertigen. Mit Plastikrohren und Füller detailliert, sind auch diese Details das Tüpfelchen auf dem I.

Wir können selbstverständlich auch Türen funktionell gestalten; Türen bei Verkehrsflugzeugen sind meistens nicht so schwer nachzubauen und später sind sie eine Riesenhilfe, um Schalter oder Kraftstoffschlauch-Anschlüsse ins Innere des Rumpfs zu legen und sie zugänglich zu halten. In diesem Fall werden jedoch höhere, funktionelle Ansprüche an die Handgriffe gestellt. Eine Anfertigung aus einer M2-Schraube, die an der Kopfseite ein Messingblech in Form eines Handgriffs aufgelötet bekommt, ist hier eine Möglichkeit. Den Querschnitt durch einen solchen Aufbau zeigte Abbildung 6.79.

Ein ganz anderes Detail sind Trimmklappen. Bei den meisten Originalen wird im Flug das Ruder durch ein weiteres, kleineres Ruder für jede Fluglage ausgetrimmt. Dieses Detail fällt an einem Modell immer auf, deswegen sollten wir es auch unbedingt berücksichtigen. Der Aufbau ist einfach und kostet wenig Zeit, so daß es eigentlich an keinem Scale-Modell fehlen darf.

Viele Flugzeuge bis weit hinein in die Zeit des Zweiten Weltkriegs – und auch einige Leichtflugzeuge der heutigen Generation – besitzen als Trimmruder einfache Platten aus Aluminium, die am Boden durch Biegen eingestellt werden. Für Flugzeuge wie Bomber oder Jagdflugzeuge ist das aber keine Ideallösung. Hier kommen deswegen im Ruder integrierte oder an der Endleiste befestigte Trimmklappen zum Einsatz, die vom Piloten betätigt werden können.

An Kunstflugmaschinen, bei denen die Ruderbetätigung direkt mit Litze erfolgt, werden zur Reduktion der Steuerkräfte für abrupte Bewegungen sogenannte

Abb. 11.24
Ein kleines Geheimnis verbirgt sich unter diesen Luken in der Haube einer Mustang. Eine
versteckt den Schalter, die andere den Tankverschluß. Direkt daneben der gleiche Mechanismus von der Innenseite her gesehen. Der Scharnierstift ist auf etwa $^1/_3$ der Länge angebracht. Geöffnet wird die Klappe dadurch, daß sie auf der einen Seite niedergedrückt wird.
Eine weiche Feder sorgt dafür, daß die Klappe während des Flugs verschlossen bleibt

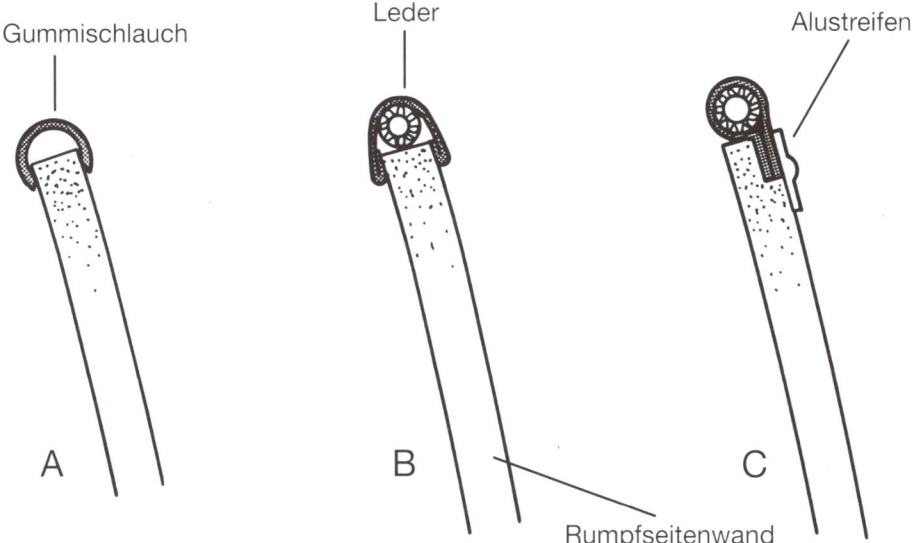

Abb. 11.25
Die Lederumrandung ist bei Doppeldeckern auf mehrfache Weise nachzubilden: Die einfachste ist jene, einen schwarzen Gummischlauch der Länge nach aufzuschneiden und
aufzukleben (Lösung A). Falls der Rand an der Außenseite sichtbar ist, kleben wir die beiden Enden eines dünnen Lederstreifens (alte Handschuhe sind hierfür ideal) aufeinander
und befestigen es gemäß Abbildung B. Sollte die Außenseite am Original mit einem Alu-
streifen versehen worden sein, ist eine Nut in der Rumpfaußenwand vorzusehen, in der wir
dann das Leder gemäß Abbildung C einlassen

225

Abb. 11.26
Zwei Detailfotos der Mustang-Trimmruder. Das Ergebnis sieht superdetailliert aus und ist mit einigen Plastikteilen und M1-Gewinde schnell zu realisieren

Ausgleichs- oder Servoruder verwendet, die sich in entgegengesetzter Richtung zum Ruder drehen.

Im Modellbau sind solche Details – wie gesagt – auffallend. Jene aus Aluminium aufgebaute Variante ist völlig scale nachzubilden, dazu brauchen wir keine große Erläuterung.

Die im Ruder eingesetzten Exemplare können ähnlich wie Blechstöße einfach nachgebildet werden. Selbstverständlich können wir sie auch separat fertigen und dann einsetzen. Das Resultat sieht aber gleich aus. Die Ansteuerung der Klappen ist mit Plastikrohr, Gewindestangen M1 und dünnem Aluminium schnell und realistisch nachzubilden. Abbildung 11.26 zeigt solche Trimmruder an Höhen- und Seitenruder an einer *P-51 Mustang*.

Für Servoruder und Endleisten-Trimmruder genügt eine dünne Plastikplatte, die nach Wunsch funktionell auszuführen ist. So etwas ist ein richtiger Blickfang, da es im ersten Augenblick ein wenig befremdend aussieht, wie sich die Klappe gegensinnig zum Ruder bewegt. Abbildungen 11.27 bis 11.29 zeigen eine solche, samt Aufbau und Anlenkung.

Zum Abschluß dieses Kapitels über die Scale-Details bei unseren Nachbauten möchte ich mich nun noch Rippenbändern zuwenden. Maschinen aus der Goldenen Ära hatten Tragflächen und oft auch Rümpfe, die mit Leinen überzogen waren. Damals besaß man keine schrumpfenden Folien! Deswegen war eine Technik notwendig, den Stoff an seinem Untergrund zu befestigen.

Meistens geschah dies durch ein Verknoten bzw. Festnähen des Leinens an jeder einzelnen Rippe in gleichmäßigen Abständen. Meistens finden wir diese Verknotung nur an Flächen und Leitwerken, nicht aber am Rumpf. Diese Knoten erhielten dann später noch eine Abdeckung aus einem Streifen Leinen und einen Spannlack-Überzug. Heutzutage gibt es Muster, die ebenfalls teilweise mit Stoff bespannt sind und keine Knoten an den Auflageflächen aufweisen. Hier ist ein Streifen Leinen (bzw. irgendein moderneres Material) als zusätzliche Verstärkung aber immer noch vorhanden.

Und wie machen wir das am Modell? Die moderne Version ist einfach. Ein schmaler Streifen Gewebefolie wird nachträglich aufgetragen, fertig. Aber wie sieht's mit Oldtimern aus?

Wenn wir absolut scale bauen möchten, führt kein Weg an der Originaltechnik vorbei: Also, wir nehmen uns eine Fläche, Draht, Nadel und eine Woche Urlaub. Viel Spaß! Es ist möglich und einige Großmodelle von richtigen Scale-Freaks sind mit solch einer Bespannung versehen. Aber für praktikabel veranlagte Zeitgenossen gibt's auch einfachere Lösungen.

Nach der Bespannung sind über den Rippen kleine Weißleim-Raupen anzubringen, ca. alle 10 bis 15 mm, aber das ist natürlich auch vom Maßstab abhängig. Im Original ist das Tuch alle 60 bis 90 mm mit den Rippen verknotet. Es ist auch möglich, eine dünne Litze über die Rippen zu legen und diese mit einigen Streifen Weißleim zu fixieren. Nach dem Trocknen des Klebers wird dann ein schmaler Streifen Gewebefolie aufgebracht. Diese Streifen wurden, zumindest bei Oldtimern, mit einem gezackten Rand versehen. Wir können dies am Modell einfach dadurch imitieren, indem wir das Gewebe reißen.

Ein andere Möglichkeit ist es, die Streifen Gewebefolie gleich auf die Rippen aufzubringen und anschließend die Knoten mit Weißleim nachzubilden. Welche Arbeitsmethode wir bevorzugen, ist auch abhängig von der Größe des Modells und unseren eigenen Vorstellungen.

Abb. 11.27
Ein sogenanntes Servoruder, hier am Beispiel einer Zlín. Wenn das Höhenruder sich nach unten bewegt, fährt das Hilfsruder hoch und anders herum

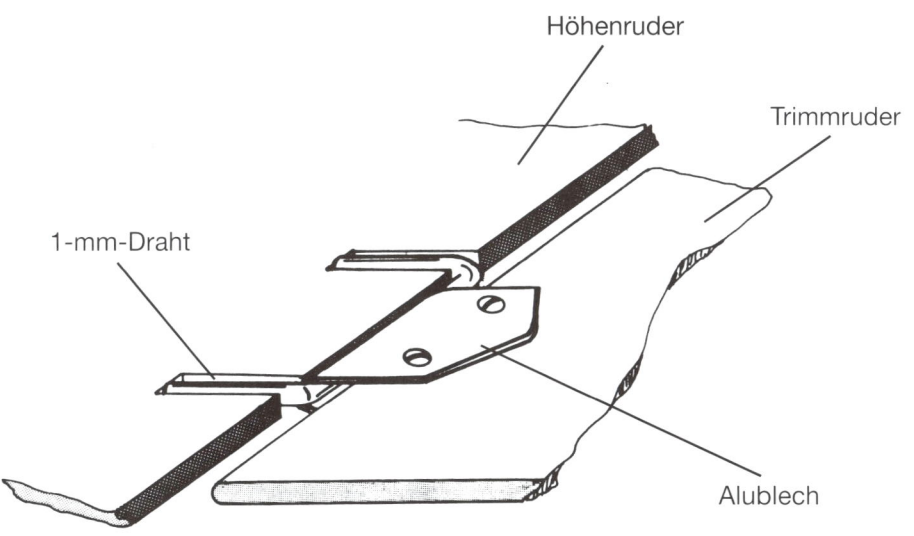

Höhenruder

Trimmruder

1-mm-Draht

Alublech

Abb. 11.28
Lüften wir das Geheimnis der Servoruder. Hier das erste Detail: Das Hilfsruder ist mittels gebogenem Scharnierdraht und einem dünnen Alublech an der Endleiste des Höhenruders angeschlagen

Abb. 11.29
Der zweite Teil des Geheimnisses ist ein Gestänge, das mit dem Servoruder über ein Ruderhorn befestigt und an der Dämpfungsfläche des Leitwerks fest angeschlagen ist

11.3 Kabinenhauben und Interieur

Kabinenhauben sind für manche richtige Schreckgespenster: Sie sitzen schräg, sind nicht zu kleben, aufgebrachte Verstrebungen fallen ab, die Lackierung hält nicht usw. Wir können uns natürlich als Alternative für einen Doppeldecker entscheiden, aber diese verflixten kleinen Windschutzscheiben sind oft auch Anlaß für Ärger. Am besten, wir sehen uns nach einer Lösung der Haubenprobleme um.

Die Frage der schrägsitzenden Hauben ist einfach zu lösen. Hierzu nehmen wir einen Streifen Papier, den wir um die Hinterkante der Haube herumlegen, und messen so deren Länge ab. Jetzt nehmen wir die Mitte des Streifens und übertragen sie mit weichem Bleistift direkt auf die Haube. Das Spiel wiederholen wir an der Vorderseite. Die beiden Punkte verbinden wir nun mit einem Streifen Klebeband. So erhalten wir die Mittellinie. Wenn wir jetzt die Haube auf dem Modell plazieren, können wir sie entlang der Mittellinie des Rumpfes (die wir doch bestimmt immer auf unserem Modell einzeichnen?!) ausrichten und sehen sofort, ob sie korrekt aufliegt.

Kleben von Kabinenhaubenmaterial ist mit Epoxidkleber, Stabilit Expreß oder Sekundenklebern möglich, wenn diese das Attribut „No-fogging" tragen. Dies soll den weißen Schleier am Kleberand bei Kunststoffmaterialien verhindern. Eine weitere Möglichkeit ist die Verwendung von doppelseitigem Teppich-Klebeband. Dünn und mit mehr als ausreichend Klebekraft versehen, ist dies die einfachste Lösung, ohne Gefahr, die Haube beim Kleben zu verschmieren.

Es gibt Hersteller, die an ihren Hauben bereits die Verstrebungen mit tiefziehen. Diese sind dann zu lackieren, aber ganz ideal ist diese Lösung nicht. Hier sind als Alternative Streifen selbstklebenden Aluminiums oder dünne ABS-Streifen aufzubringen. Bestens geeignet sind jene Kabinen, auf denen wir die Verstrebungen oder Versteifung selbst vornehmen. Dazu verwenden wir erneut Offsetplatten, oder – wenn wir dazu die Möglichkeit haben – eine zweite Kabinenhaube, aus der wir die notwendigen Teile herausschneiden. Kontaktkleber verbindet die Verglasung mit dem Rahmen.

Manchmal wird es vergessen, aber ein recht wichtiges Teil der Kabine ist deren Innenseite. Oft erkennt man von dort aus die aufgeklebten Verstrebungen durch herausgequollenen Kleber oder sieht eloxierte Messingprofile, die zum Schieben der Haube eingebaut sind.

Kabinenhauben sind also nicht zweidimensional, sie haben auch auf der Innenseite eine Struktur. Wenn wir uns nicht die Mühe machen wollen, das alles zu detaillieren, sollten wir den Rahmen von der Innenseite her hellgrau oder interieurgrün (R.A.F.-Farbe) spritzen, dann sieht es gleich viel besser aus.

Bei Modellen, die für den Wettbewerbseinsatz gebaut sind, wird oftmals auf den Kabinenausbau verzichtet, da dieser nicht bewertet wird und die Konstrukteure lieber ihre Zeit anderen, mehr Punkte bringenden Details widmen. Der Kabinenausbau ist aber eines der auffälligsten Merkmale eines Scale-Modells, und genau hier ist, sogar mit relativ geringem Arbeitsaufwand, ein vernünftiges Resultat zu erzielen.

Der erste Blick in eine ausgebaute Kabine fällt zweifelsohne auf das Instrumentenbrett. Die einfachste Lösung ist es hier, die im Fachgeschäft erhältlichen Instrumentensätze aufzukleben. Wenn wir auch diesen Bereich scale ausführen möchten, geht kein Weg an einer anderen Technik vorbei.

Abb. 11.30
Eine sichere Befestigung der Windschutzscheibe: An der Innenseite mittels einiger Streifen Klebeband fixiert, wird die Umrandung maskiert und mit einem Gemisch aus Epoxi und Microballons eingestrichen

Abb. 11.31
So sieht es dann fix und fertig aus. Dazu noch eine Scale-Pilotenpuppe mit einem Lederkissen im Nacken, um die ganze Sache zu komplettieren

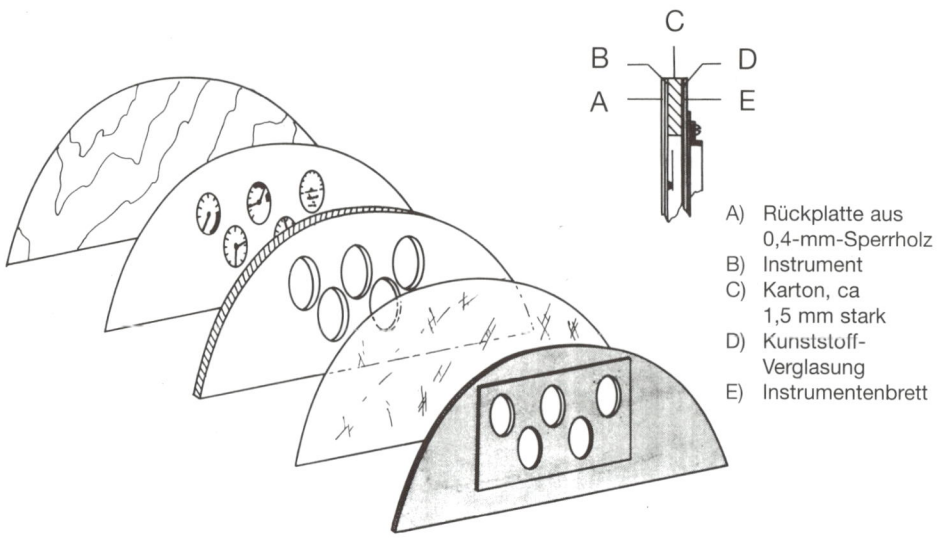

A) Rückplatte aus
   0,4-mm-Sperrholz
B) Instrument
C) Karton, ca
   1,5 mm stark
D) Kunststoff-
   Verglasung
E) Instrumentenbrett

Abb. 11.32
Der Aufbau von Instrumentenbrettern ist bei weitem nicht so schwierig, wie es zunächst
scheint

Abb. 11.33
Basis für ein Scale-Instrumentenbrett ist ein 0,4-mm-Sperrholz. Die Ausschnitte werden
mit einem Kreisschneider genau gesetzt

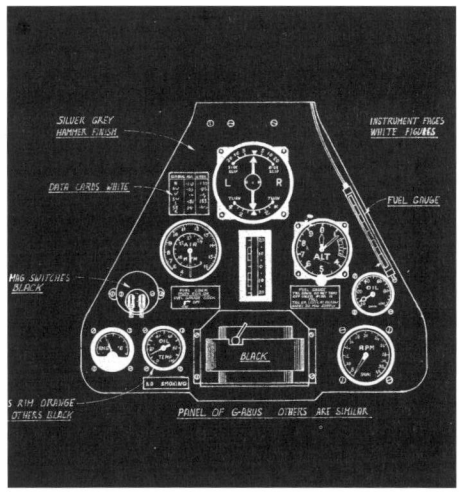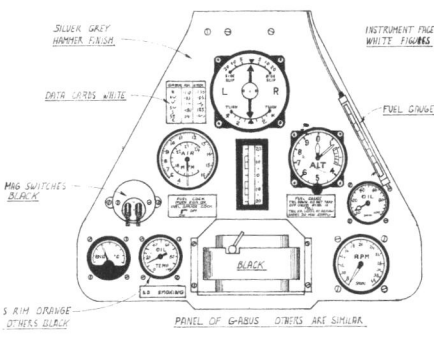

Abb. 11.34
Auf so manchen Plänen ist das Instrumentenbrett negativ dargestellt (links). Copy-Shops bieten eine schnelle und schöne Lösung. Das Instrumentenbrett wird gekontert kopiert – das Ergebnis ist rechts zu sehen. Hier können wir die Instrumente nun ausschneiden bzw. aufs Holz übertragen

Ein Riesenhilfe für den ersten Schritt sind Kopiergeräte, mit denen wir stufenlos vergrößern oder verkleinern können. Falls wir über eine Abbildung des Instrumentenbretts verfügen – auf vielen Bauplänen sind diese eingezeichnet bzw. in Büchern dargestellt –, geht es einfach und schnell, einen Abzug auf die von uns gewünschte Größe zu bringen. Oft sind diese Abbildungen aber in Schwarz auf weißem Hintergrund, und das ist für unseren Zweck wenig nützlich. Moderne, digital arbeitende Kopierer haben jedoch die Möglichkeit, das Motiv zu kontern, d.h. schwarz wird weiß und umgekehrt. Schon ist das Problem gelöst. Abbildung 11.34 zeigt es.

Eine zusätzliche Kopie des Instrumentenbretts legen wir auf ein 0,4-mm-Sperrholzbrettchen oder dünnes ABS und schneiden mittels Kreisschneider (auch im Bürobedarf erhältlich) die entsprechenden Kreise aus (Abbildung 11.33). Nachdem wir das Brett in den entsprechenden Farben lackiert haben, versehen wir es an der Hinterseite mit einer dünnen, transparenten Folie, die als spätere Verglasung dient. Dahinter legen wir eine Kopie des Instrumentenbretts. Zum Verkleben benötigen wir hierzu Kontakt- oder Sekundenkleber, wobei wir bei letzterem unbedingt darauf achten müssen, daß er keinen Nebel auf das transparente Plastik bringt. Eine schematische Darstellung zeigt Abb. 11.34.

So haben wir jetzt schon ein richtiges Instrumentenbrett, das noch durch Instrumentenringe aus Metall oder Kunststoff, Befestigungsschrauben aus Weißleim oder im Eisenbahnmodellbau erhältliche Miniaturschrauben weiter detailliert werden kann.

Schalter können auch aus Schrauben und Muttern M1 imitiert werden, die von hinten durch das Instrumentenbrett geschraubt werden. Alles nur Minutenarbeiten, aber am Ende wird man vom Resultat begeistert sein.

Es ist für die weitere Detaillierung entscheidend, ob wir uns für eine ganz und gar ausgestattete Kabine entscheiden oder nur die wichtigsten Dinge detaillieren und es in diesem Stadium lassen. Flugzeuge ab der Generation der *Mustang* und *Fw 190* bis hin zu den heutigen Düsenjets haben Kabinenböden, so daß das ganze Interieur getrennt vom Modell aufgebaut werden kann und erst danach eingeklebt wird. Bei Oldtimern sitzt der Pilot hingegen so manches Mal auf der durch den Rumpf laufenden Fläche und das wirft folgende Frage auf: Eine Pilotenpuppe vom Schlage Arnold Schwarzenegger kaufen bzw. selbst anfertigen und damit 80% der möglichen Details von vornherein abdecken? Es ist bekannt, daß nicht jeder Pilot einem Kleiderschrank gleicht. Bei weiteren Detaillierungen sind mit Balsa, dünnen Plastikplatten oder Kunststoff-Röhrchen durchaus tolle Resultate zu erzielen. Ein Blick in die Eisenbahnecke des Modellbaugeschäfts fördert hier oft Nützliches zutage.

Für diejenigen, die sich gegen solche Arbeiten sträuben, aber dennoch ein schönes Cockpit haben möchten, gibt es noch andere Lösungen. Es gibt von einigen, meist amerikanischen Herstellern tiefgezogene Cockpits, die anspruchsvollen Modellbauern nicht ausreichen, aber zum Bestücken eines Semi-Scale-Modells gut brauchbar sind.

Beschäftigen wir uns jetzt einmal näher mit den Pilotenpuppen. Oft sitzen in toll gebauten Scale-Modellen Ernie, Bert, Barbie, Big Jim, Action Man oder andere, nur wenig menschlich aussehende Gestalten. Es ist aber kein Hexenwerk, selbst einen realistischen Piloten anzufertigen und unser Modell erhält dadurch seinen ganz eigenen Charme. Basis eines Piloten ist, wie könnte es anders sein, der menschliche Körper. In Zeichengeschäften gibt es hölzerne Dummies, die man genau in die gewünschte Position bringen kann, aber es ist auch möglich, hier ein bißchen selbst Modell zu stehen. Ein Spiegel, Papier und Bleistift ist alles, was wir brauchen. Der eigentliche Körper ist relativ einfach aus Balsa herzustellen, Arme und Beine werden mittels kleiner Federn daran befestigt (Abbildung 11.42).

Der britische Hersteller AHD designs verwendet Stoffpuppen als Körper und fertigt den Kopf aus Latexgummi.

Der Kopf ist selbstverständlich der schwierigste Teil. Als Ausgangslage ist zum Beispiel ein Puppenkopf vom Typ Action Man gut geeignet. Nachteil dieser Köpfe ist ihr Babyface-Ausdruck, der weit vom normalen Aussehen entfernt ist. Um einen „echten" Kopf zu erhalten, fertigen wir uns zunächst davon ein Negativ aus Silikonkautschuk, oder, wenn unser Puppenkopf aus weichem Plastik gemacht ist, in Gips. Danach wird die Silikonkautschukform mit einer Mischung aus Polyesterharz und Talkum gefüllt. Nach Aushärten haben wir ein neues Positiv vorliegen, das dann zuerst skalpiert wird und anschließend ein menschliches Gesicht erhält, einschließlich krummer Nase! Hiervon fertigen wir dann erneut eine Silikonkautschukform und dann schlußendlich unseren Abzug mit Hilfe einer Mischung von Harz, versetzt mit Talkum oder Aerosil in den wir ein Stück Balsa stecken, um die weitere Bearbeitung zu erleichtern.

Solche Piloten sind allemal besser als das, was man normalerweise käuflich erhält, dabei sind sie auch noch ein Unikat! Die Kleidung eines solchen Piloten kann aus Resten von T-Shirts, Jacken oder anderem Material erstellt werden, Krepp-Papier mit Tapetenkleister ist auch sehr gut zum Bekleiden unseres Jakobs geeignet. Dünnes Leder, wie es zum Anfertigen von Handschuhen verwendet wird, eignet sich besonders gut für Mützen und Jacken, es ist aber nur schwer zu bekommen.

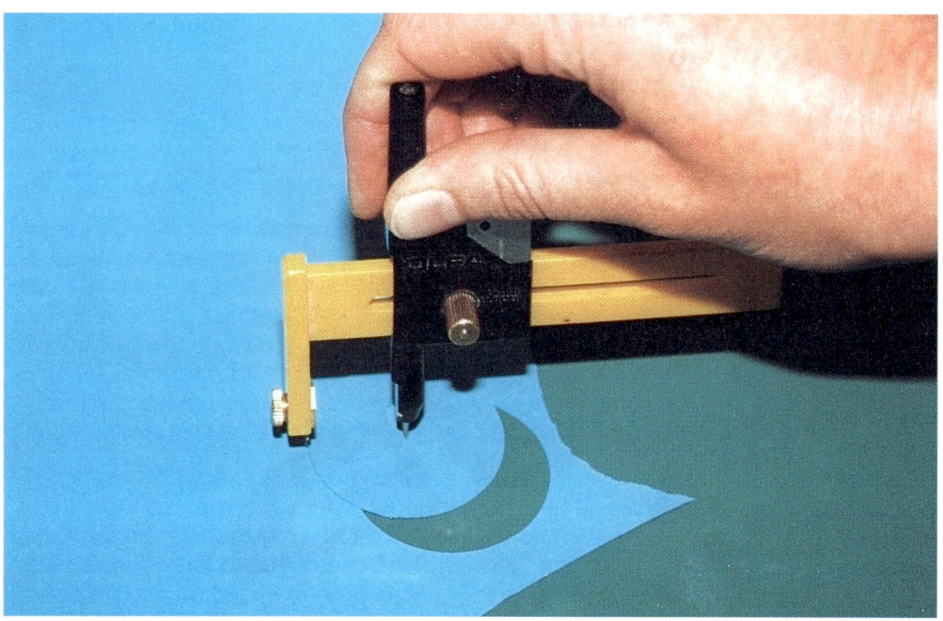

Abb. 11.35
Für Arbeiten an einem Scale-Cockpit ist ein Kreisschneider untentbehrlich. Er ist im Bürobedarf erhältlich

Abb. 11.36
Obwohl es viele Instrumente fix und fertig zu kaufen gibt, ist auch der Selbstbau dieser
Details nicht schwierig. Hier ist eine Plastikplatte mit schwarzer Farbe lackiert, in die das
Instrumentenbrett einfach eingekratzt wurde

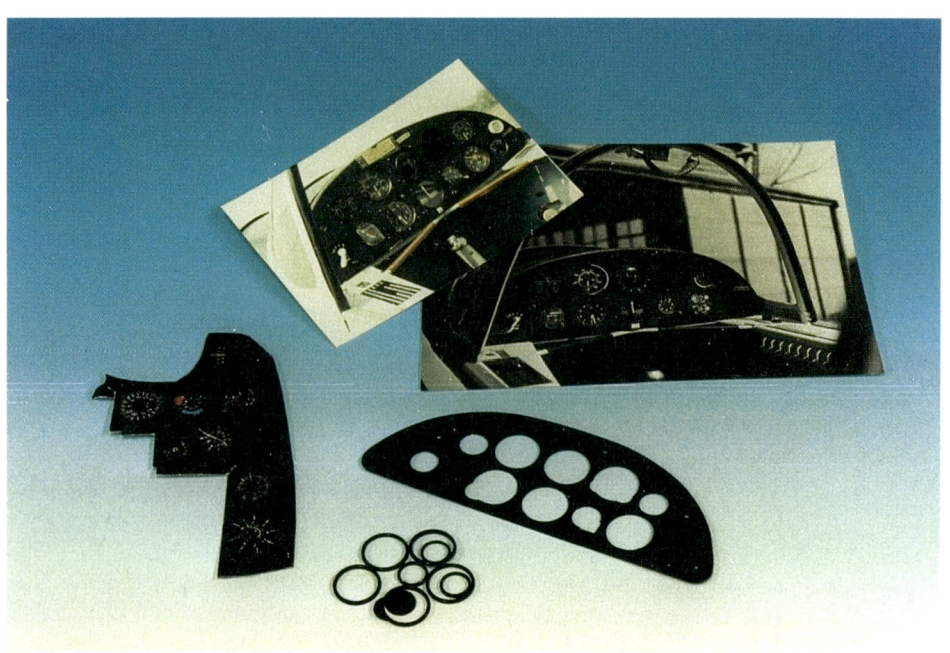

Abb. 11.37
Alles was wir für einen vernünftigen Aufbau eines Instrumentenbretts benötigen. Einige Fotos vom Original, Instrumente, Ringe und eine Montageplatte

Abb. 11.38
Das Resultat – aber noch im rohbaufertigen Stadium

Abb. 11.39
Das komplette Instrumentenbrett einer P-51 Mustang ist fast schon ein Kunstwerk für sich

Abb. 11.40
Weitgehende Detaillierungen wie an dieser Spitfire Mk 1a kosten zwar viel Zeit, bringen aber auch viel Spaß beim Bauen

Abb. 11.41
Eine menschenähnliche Pilotenpuppe ist
immer ein Blickfang. Hier eine in R.A.F-
Kleidung aus dem Zweiten Weltkrieg

Eine zweite Möglichkeit ist die Verwendung von Latex-Gummi in einer Negativform aus Gips, auch wenn sich die Herstellung einzelner Puppen in diesem Verfahren fast nicht lohnt. Einige Hersteller fertigen mit dieser Methode Köpfe oder ganze Pilotenpuppen. Sie sind am Ende leicht, unzerbrechlich und in viele Positionen zu biegen. Hierzu wird zunächst aus Gips eine zweiteilige Negativform gefertigt. Die beiden Gipshälften werden mit Gummibändern zusammengehalten und mit Latexgummi gefüllt. Nach etwa einer halben Stunde hat das Gummi am Rand eine Schicht geformt, der Rest wird entleert. Nach völligem Durchtrocknen der Schicht (etwa 12 Stunden) ist die Pilotenpuppe fertig und kann der Gipsform entnommen werden.

Auch für Kleinteile wie Helme, Mützen und Sauerstoffmasken sind Latexteile denkbar. Im einfachsten Fall kann dieses Material mit einem Pinsel auf das Positiv gestrichen werden.

Gurte sind – abhängig von der Größe des Modells – aus Gummi, Schuhbändeln, Papier oder ähnlichem Material herstellbar. Einfach und realistisch ist auch ein Streifen Polytex, Solartex oder andere Gewebefolie, der einfach grau bemalt wird. Die Gurtsicherung ist aus dünnem Aluminium anzufertigen.

Fliegerbrillen sind ebenfalls aus Gummi, Metall oder Plastik anzufertigen, wobei man die bereits weiter oben beschriebene Technik verwenden kann. Sauerstoffschläuche sind aus einer weichen Feder – zum Beispiel aus Kugelschreibern – herzustellen, die gedehnt in einen Schrumpfschlauch geschoben wird, der anschließend zu erwärmen ist.

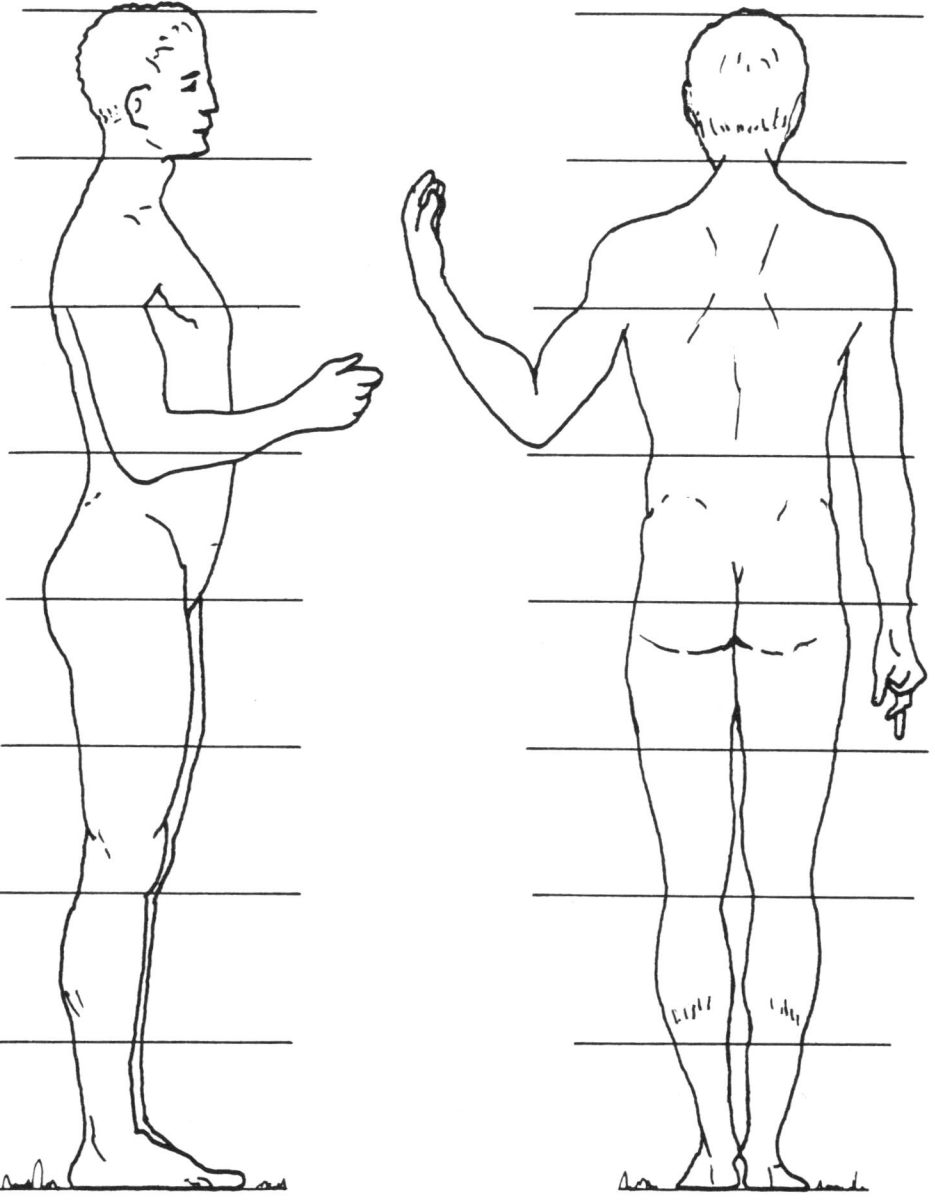

Abb. 11.42
Für den Selbstbau von Piloten sind hier die Verhältnisse des menschlichen Körpers einmal
schematisch dargestellt. Böse Zungen behaupten, die weibliche Darstellung sei durch die
Redaktion zensiert worden!

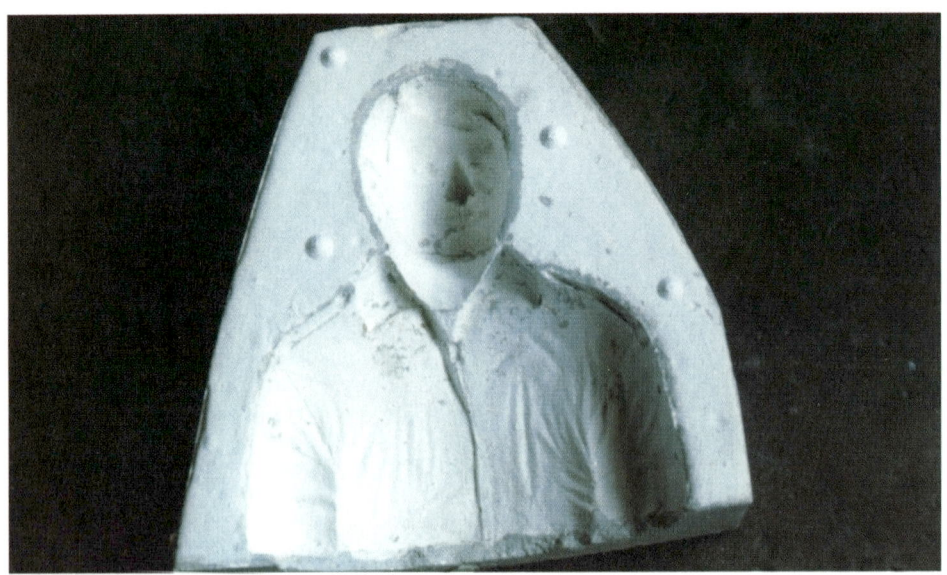

Abb. 11.43
Eine der beiden Negativschalen zur Herstellung einer Pilotenbüste. Die beiden Gipshälften werden mit Gummibändern aneinandergehalten und dann mit Latexgummi gefüllt. Nach etwa einer Stunde, wenn das Gummi die erste Schicht gebildet hat, wird der Rest entleert. Nach etwa 12 Stunden ist das in der Form verbliebene Latex völlig durchgetrocknet, die Pilotenbüste ist fertig und kann den Negativen entnommen werden

Abb. 11.44
Detailaufnahme am Nachbau des ersten Flugzeugs der Niederländischen Fliegerabteilung, die Brik von Marinus van Meel. Seine Frau ist auf den Flug scheinbar deutlich weniger gespannt

Die Lackierung eines Piloten ist eine Sache, die nur wenig Zeit in Anspruch nimmt. Man braucht auch kein Michelangelo zu sein, um einen gut aussehenden Piloten zu bemalen. Das Gesicht wird – nachdem die Hautfarbe aufgemalt ist – mit kleinen Mengen Rot, Weiß und Gelb mit einem fast trockenen Pinsel angemalt. So erhält man eine nicht mehr so gleichmäßige Färbung der Haut. Ein wenig Graphit als Bartwuchs macht sich dann auch noch ganz gut. Wie überall beim Weathering aber darauf achten, sparsam mit „Pigmenten" umzugehen. Das menschliche Auge ist nicht einfach weiß mit einer schwarzen Pupille, es hat eine Vielfalt von Farben. Da im gesamten Aussehen des Piloten die Augen zweifellos das auffallendste Detail sind, lohnt es sich, hier etwas mehr Zeit zu investieren. In Abbildung 11.45 sehen wir bei einem echten Auge einen Schatten unter dem oberen Augenlid, welchen wir ebenfalls darstellen sollten. Auch hier kein reines Schwarz verwenden, da dieses zu dominant ist. Mittel- bis Dunkelgrau reicht. Die Pupille kann fast jede Farbe haben, von schönem Mittelblau bis Blutrot, z.B. für Piloten mit erhöhtem Adrenalinausstoß!

Es ist überlegenswert, unsere Piloten ein wenig schräg in die Kabine zu setzen und damit die ganze Sache nicht so statisch aussehen zu lassen. Stellen wir uns einmal einen Doppeldecker aus dem Ersten Weltkrieg vor, in dem sich der Fotograf mit seiner Kamera aus dem Cockpit beugt, während der Pilot ängstlich nach oben schaut, ob dort nicht bereits der Feind kommt. Eine solche Detaillierung lenkt sofort die Aufmerksamkeit der Umstehenden auf sich und kann vielleicht auch von weniger gelungenen Teilen des Modells ablenken.

Das oben angesprochene Latexgummi eignet sich aber für mehr als nur zur Herstellung von Piloten. Auch für Kleinteile wie Kartenhalter, Verkleidungen von Steuerknüppeln (ähnlich wie am Schaltknüppel im PKW) ist es gut geeignet. Hierzu nehmen wir am besten etwas Knetmasse und arbeiten damit die ge-

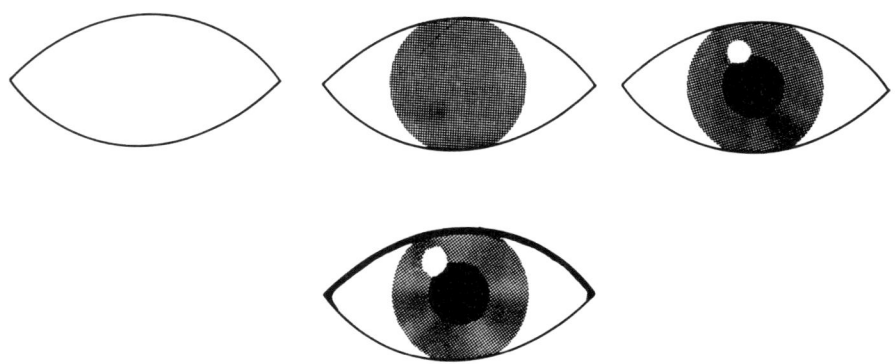

Abb. 11.45
Das Auge ist der Blickfang an jeder Pilotenpuppe. Es ist in vier Stufen zu malen: Erstens das gesamte Auge weiß oder crème, dann die Pupille aus hellem Grau, Blau oder Grün. In die Mitte der Pupille zeichnen wir einen schwarzen Punkt und setzen am Rande der Pupille noch einen kleinen weißen Punkt. Dieser soll an beiden Augen unbedingt am gleichen Platz angebracht werden, sonst schielt unser Jakob. Zu guter Letzt noch einen schmalen, dunkelgrauen Strich an der Oberseite des Auges anbringen

Abb. 11.46
Es hat Vorteile, Freunde zu haben, die schöne Pilotenpuppen fertigen können. Hier der Verfasser im Maßstab 1:5 im Cockpit seiner Zlín Z-526 AS

Abb. 11.47
Latexgummi bietet viele Anwendungsmöglichkeiten. Hier wird gerade ein Kartenhalter gefertigt. Zunächst aus Plastilin (Foto links) eine Form fertigen, die anschließend mit einigen Schichten Latex (Foto rechts) bestrichen wird. Wenn's trocken ist, wird das Latex umgestülpt und lackiert. Das Ergebnis ist vom Original kaum zu unterscheiden

wünschte Form heraus. Diese dann mit Latex bestreichen. Nach dem Trocknen die Innenseite nach außen stülpen. Dabei ist zu beachten, daß Rillen als Vertiefung ausgebildet werden und anders herum.

Besonders hilfreich ist Latex auch bei der Herstellung von Teleskopverkleidungen, wie sie bei manchen Fahrwerksbeinen – zum Beispiel bei der *Fw 190* – zu finden sind. Hier nehmen wir einfach einen Bolzen mit dem gewünschten Durchmesser und drehen bzw. feilen ihn auf die geforderte Form. Auch hier wird die ganze Sache mehrmals mit Latex bestrichen und nach Aushärtung die so entstandene Schale entfernt. Bei Latex immer minimal 12 Stunden warten, da es sich sonst noch nicht ausreichend gesetzt hat. Geduld ist eine schöne Sache!

Latex hat eine ganz eigene, gelbliche Färbung, die durch Zumischen von etwas Farbe oder Kohle problemlos zu ändern ist. Leider ist das Gummi nicht UV-beständig, so daß wir nach einiger Zeit unbemalte Teile auswechseln müssen. Ein schwacher Trost ist es, daß die meisten Modelle wohl niemals das Alter erreichen, daß ein Austausch wirklich notwendig wird.

11.4 Motorattrappen

Oftmals bei Oldtimern, aber auch bei vielen Leichtflugzeugen, „hängt" der Motor beim Original im Freien. Eine Attrappe darf in diesen Fällen selbstverständlich nicht fehlen. Die amerikanischen Williams Brothers haben eine ganze Reihe Zylinder, Gehäuse und Komplettbaukästen im Programm, für Attrappen verschiedener Größe. Oft ist es möglich, diese als Basis zu verwenden, um sie mit einigen Änderungen an unser Modell anzupassen.

Der Selbstbau von Motorattrappen ist aber auch nicht so schwierig. Oft schiebt man diese Tätigkeiten bis zuletzt vor sich her. Doch werden wir merken, daß sie zu den angenehmeren Seiten des Scale-Modellbaus gehören. Grundmaterial ist – wie immer – Balsa und Sperrholz. Für Sternmotorattrappen wird ein Kern auf einer Dreh-, Drechselbank oder im Bohrständer gefertigt und mit Draht umwickelt, um so die Rippen zu simulieren. Die Kopfrippen entstehen aus dünnem Sperrholz. Weitere Details zeigt Abbildung 11.49.

Für Boxermotoren bleibt eigentlich nur der Selbstbau, und der ist auch gar nicht so schwer, da diese Attrappen eigentlich nur aus flachen Rippen bestehen. Wir können selbstverständlich jede einzelne Rippe anfertigen. Dabei sollten wir uns aber darüber im klaren sein, daß Motoren oft nicht symmetrisch aufgebaut sind und wir deswegen auch noch eine linke und eine rechte Hälfte brauchen. Das bedeutet die Verarbeitung einer erheblichen Menge Sperrholz.

Wir können aber auch mit „dickeren" Rippen in viel weniger Zeit eine einfachere Attrappe anfertigen, die immer noch das Aussehen des Originals hat. Abbildung 11.50 zeigt die Attrappe eines VW-Motors an der *Rollason Turbulent* des Verfassers, gebaut an einem Abend. Der Viertakter verschwindet gänzlich unter der Haube, und obwohl der Aufbau nicht gerade Super-Scale ist, haben sich viele gewundert, wer in Himmelsnamen solch einen Dreizylinder produziert?

Falls wir für ein mehrmotoriges Modell Attrappen benötigen, lohnt es sich, einmal über Kunststofftechnik nachzudenken. Mick Reeves verwendet Fahrradlenker-Schutzkappen aus Kunststoff für die Zylinder seiner *Sopwith*-Modelle. Wir können aber auch ganze Zylinder selber machen, einschließlich Zündkerze, Ventilen usw. Dazu ist es notwendig, erst einmal ein hölzernes Urmodell mit einem möglichst glatten Finish zu bauen. Dann machen wir es, wie bereits im 6. Kapitel beschrieben. Eine zweiteilige Negativform aus Silikonkautschuk, in der zunächst mit verdünntem Epoxid- oder Polyestergießharz nur die Rippen ausgegossen werden. Nachdem es geliert ist, wird im Inneren des Gumminegativs eine Lage aus einer Mischung aus Harz und Glasfaserschnipsel eingelegt, um so Festigkeit zu erhalten.

Auspuffteile und Ventildeckel können aus Plastikschlauch oder Holz angefertigt werden.

Das Motorengehäuse (oft nur bei Sternmotoren notwendig) fertigen wir am besten aus GfK über ein Holz- oder Schaumstoffpositiv. Da es sich hier um Einzelstücke handelt, ist es oft sinnvoll, ein Positiv aus Styropor zu verwenden und dieses mit dünnem Glasgewebe zu belegen. Während der Laminat-Trockenzeit ziehen wir einen mit Trennwachs versehenen Luftballon darüber, damit die Außenhaut des GfK glatt wird. Wenn wir dann noch den Schaumkern im Inneren mit ein wenig Aceton entfernen, ist die Sache schon erledigt. Eine Alternative wäre es, ein tiefgezogenes Plastikteil zu fertigen – aber ein so dünnes Stück Plastik so nah am Motor?

Abb. 11.48
Aufwendig, aber sicher nicht unmöglich ist die Anfertigung einer solchen Sternmotorattrappe. Die Rippen sind aus Aluminium gedreht!

Balsa

Drahtumwicklung

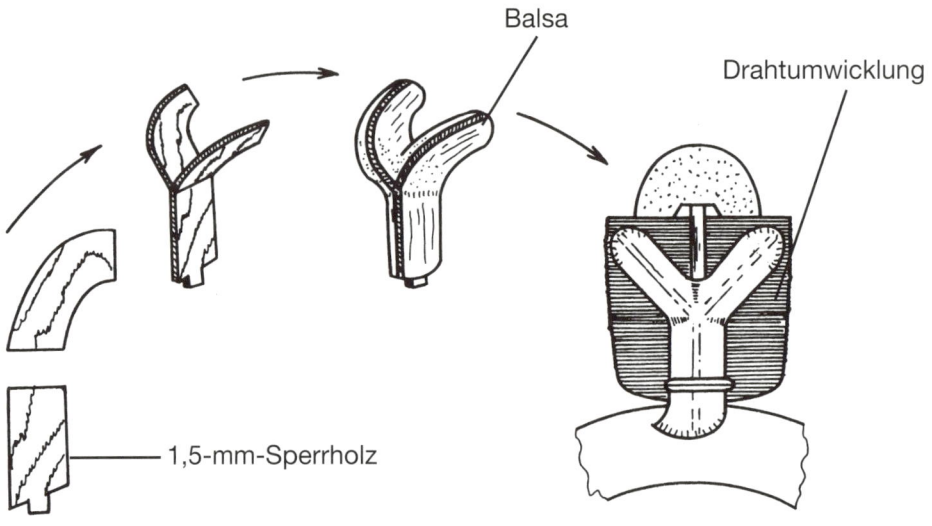

1,5-mm-Sperrholz

Abb. 11.49
Motorattrappen aus Holz sind eine sinnvolle Alternative. Ebenfalls aufwendig – aber mit bestechendem Resultat

Abb. 11.50
Eine Motorattrappe, auch wenn sie nur aus ein paar Balsateilen gefertigt ist, gibt einem Modell bereits das gewisse Extra. Hier die Attrappe eines 1600-cm³-Volkswagenmotors an der Rollason Turbulent

Abb. 11.51
Auspuffrohre sind aus GfK oder Aluminium zu fertigen. Diese hier sind aus Aluminium und stecken in einer GfK-Halterung

Die richtigen Farbtöne für Attrappen auszuwählen, ist gar nicht so einfach. Metallähnliche Resultate erhält man dadurch, jede einzelne Rippe mit einer Mischung aus verdünntem Polyesterharz und Aluminiumpulver einzustreichen und dies nachträglich zu polieren. Besonders bei Holz- und Polyesterteilen bringt diese Methode gute Resultate.

Auspuffrohre sind oft Grund für Ärger, vor allem dann, wenn sie auch noch ihrer Funktion nachkommen sollen. Runde und ovale Querschnitte können wir aus

Aluminium drehen und mit Stabilit Expreß oder einem Gemisch aus Epoxidharz mit Baumwollflocken bzw. Glasfaserschnipseln an der Haube verkleben. Komplexere Formen, wie der Fischschwanz eines *Spitfire*-Auspuffs (Abbildung 11.52), verlangen nach einer anderen Arbeitsmethode. Hier fertigen wir zuerst aus Holz ein Urmodell, das am Ende etwas verlängert wird, um es später in die Haube einkleben zu können. Dies wird dann mit Silikonkautschuk bestrichen, und nachdem das Urmodell entfernt ist, mit einer Mischung aus Polyesterharz und Talkum bzw. Microballons oder Aerosil so lange bestrichen, bis eine Schicht von etwa 1,5 mm aufgetragen ist. Da Epoxidharze, mit Ausnahme der luftfahrtzugelassenen Sorten, bei Wärme wieder weich werden, ist deren Verwendung hier übrigens nicht zu empfehlen.

Abb. 11.52
Superscale! Die Fischschwanz-Auspuffrohre dieser Spitfire sehen aus wie verbranntes Metall, sind aber aus GfK

11.5 Stand-Luftschrauben

Mit wenigen Ausnahmen ist es nicht möglich, unser Modell mit der Scale-Luftschraube zu fliegen. Für Wettbewerbseinsätze ist es aber Pflicht, bei der Baubewertung eine solche zu montieren. Diese im allgemeinen als Stand-Luftschrauben bezeichnet, sind aber nicht nur auf den Wettbewerbseinsatz beschränkt. Viel zu oft gibt es recht gut gebaute Scale-Modelle, ausgerüstet mit Einziehfahrwerk, Landeklappen, Positionsleuchten und vollkommen detaillierter Kabine – die womöglich auch noch zu öffnen ist – und dann eine Plastikluftschraube vorne dran! Ein Scale-Propeller gibt dem Modell ohne Zweifel das gewisse Etwas.

Die Herstellung solcher Luftschrauben unterteilt sich in zwei Abschnitte. Das Anfertigen der Blätter und des Spinners samt Nabe.

Der Verfahrensweg zum Herstellen der Blätter ist weitgehend abhängig von deren Anzahl. Bei einer Zweiblattluftschraube ist Holz die einfachste Lösung, für mehrere Blätter kommt dann wieder Kunststoff in Frage. Welche Arbeitsweise wir auch bevorzugen, wir brauchen zunächst eine gute Umrißzeichnung des Blatts. Die meisten Mehrseitenansichten zeigen diese, aber aufgepaßt, ein Luftschraubenblatt ist hier fast nie gerade von vorne gezeichnet, oft fehlt die Seitenansicht dazu.

Für das Urmodell unseres Blatts übertragen wir nach Abbildung 11.54 die Drauf- und Seitenansicht mit etwas Überlänge, aber ohne Steigung, auf ein Stück Balsaholz und schneiden es aus. Wenn wir unsere Luftschraube ganz aus Holz fertigen, sind so viele Blätter anzufertigen, wie wir benötigen. Jetzt die einzelnen Blätter vorsichtig über Dampf verdrehen, bis die gewünschte Steigung erreicht ist. Danach die ganze Sache noch mit Talkum versetztem Harz bestreichen, damit die Steigung im Laufe der Zeit nicht verlorengeht. Das Talkum dient dabei zur Erleichterung des späteren Schleifvorgangs.

Ein andere Möglichkeit ist es, die Blattansicht (also die rechtwinklige Vorderansicht) aus etwa 0,5 mm dickem Aluminium herauszuarbeiten und es gemäß Steigung zu verdrehen. Anschließend die Oberseite mit Polyesterspachtel bestreichen und nach Aushärten auf Profil schleifen.

Hierzu noch einen Tip: Es gibt Flugzeuge, die mit hochglanzpolierten Luftschrauben versehen waren. Da Metall nur durch Metall darstellbar ist, wäre es hier eine Lösung, als letzten Arbeitsgang einen dünnen Streifen Alublech aufzukleben. Das Aluminium, gleich behandelt wie am Anfang des Kapitels, läßt sich ja in jede gewünschte Form bringen. Wenn das Material abschließend poliert wird, ist das Resultat kaum noch vom Original zu unterscheiden.

Aber zurück zu unserem einzelnen Luftschraubenblatt. Wie gesagt, wenn mehrere benötigt werden, lohnt es sich, ein Negativ anzufertigen, um so einfach und schnell die gewünschte Anzahl identischer Blätter anzufertigen.

Um die beiden Negativschalen später zusammenhalten zu können, brauchen wir aber unbedingt eine flache Trennebene, und die Steigung des Blatts macht uns die Anfertigung der zweiteiligen Form nicht gerade einfach.

Hier hat Plastilin eindeutige Vorteile. Wir drücken die Luftschraube in Plastilin und streichen die Masse am Luftschraubenrand mit einem Spachtel flach. Anschließend wird das Ganze mit einer Schicht Trennmittel bestrichen. Nach dem Trocknen können wir dann, so wie in Kapitel 6 bereits beschrieben, die beiden Negativschalen laminieren. Die eigentlichen Blätter dann in einem Arbeitsgang laminieren. Zum Zuschneiden des Gewebes machen wir uns aber aus Papier Schablonen, die sauber in die Form passen und legen eine Schicht Oberflächenmatte und eine weitere Lage 160 g/m^2-Gewebe ein. Als Alternative können wir, nachdem die erste Lage drin ist, einige Streifen Kohlefaser auflaminieren, um das Blatt ausreichend steif zu machen. Eine zweite Gewebeschicht wird dann nicht eingelegt. Es ist wichtig, möglichst wenig Gewebe einzulegen, da eine Original-Luftschraube an der Hinterkante recht dünn ausläuft.

Wenn die beiden Schalen mit Laminat versehen sind, werden sie naß aneinandergepreßt. Dabei ist es hilfreich, im Bereich der Nasenleiste und Luftschraubennabe noch eingedicktes Harz einzubringen, um den beiden Blatthälften an dieser Stelle ausreichend Verbindung zu geben. Wir werden sie ja später in den Spinner einkleben. In den Abbildungen 11.55 bis 11.62 ist der komplette Arbeitsvorgang übrigens noch einmal in Bildern dargestellt.

Der Spinner ist weniger arbeitsintensiv und kann ebenfalls aus GfK gefertigt werden. Wenn wir schon einen Flugspinner aus GfK laminieren, ist es klar, daß wir

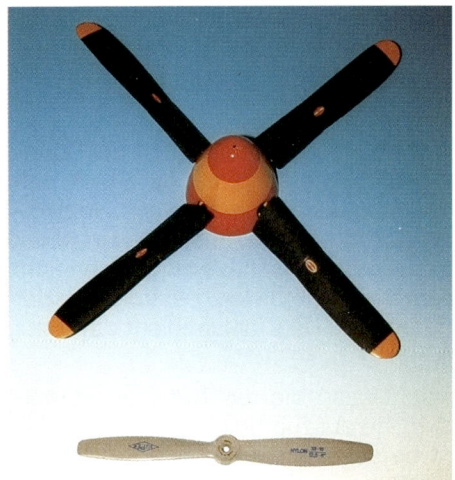

Abb. 11.53
Das macht den Unterschied aus! Unten die Flugluftschraube der Abmessung 12,5 x 6 Zoll, oben die Stand-Luftschraube. Damit ist klar, welchen Einfluß die Luftschraube auf das Gesamtbild des Modells haben kann

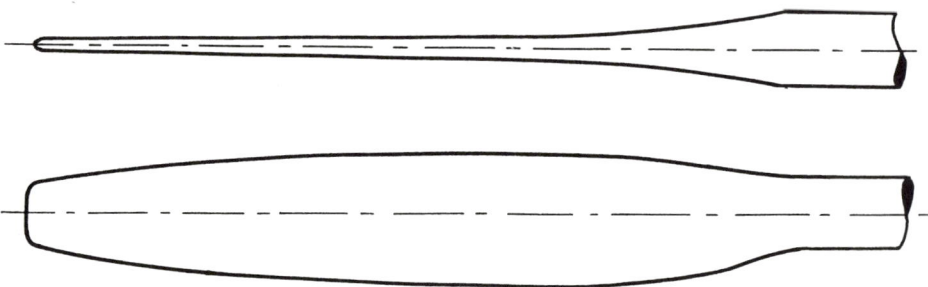

Abb. 11.54
Hier einmal die Seiten- und Vorderansicht eines Luftschraubenblatts, noch ohne Steigung gezeichnet

die gleiche Form auch für die statische Luftschraube verwenden können. Wenn nicht, den zum Einsatz kommenden Flugspinner als Urmodell verwenden. Für einen einzigen Abzug ist es auch ohne weiteres möglich, das Original mit Trennmittel zu versehen und eine Negativform aus Gips zu gießen, in der wir dann später unseren Statikspinner laminieren.

Die Rückplatte besteht in der Regel aus 3 bis 5 mm dickem Sperrholz und wird mit der Spinnerkappe fest verklebt.

Die einzelnen Blätter könnten wir selbstverständlich einfach in eine Bohrung im Spinner kleben. Das sieht aber nicht immer besonders gut aus, und deswegen sei gemäß Abbildung 11.64 eine bessere Lösung vorgestellt.

Wenn wir schon beim Spinner sind, kommen wir auch um das Thema Motorhauben und deren Befestigung nicht herum. Wir kennen sie alle: Motorhauben, die mit Schrauben solcher Dimensionen befestigt sind, daß sie Orkanen bis Windstärke 12 standhalten. Bei einem Sportmodell leidet zwar nur das Aussehen dar-

Abb. 11.55
Statt Plastilin können wir auch Knete aus dem Spielwarenladen für unsere Zwecke verwenden. Billiger, farbiger und gleichfalls gut zu verarbeiten

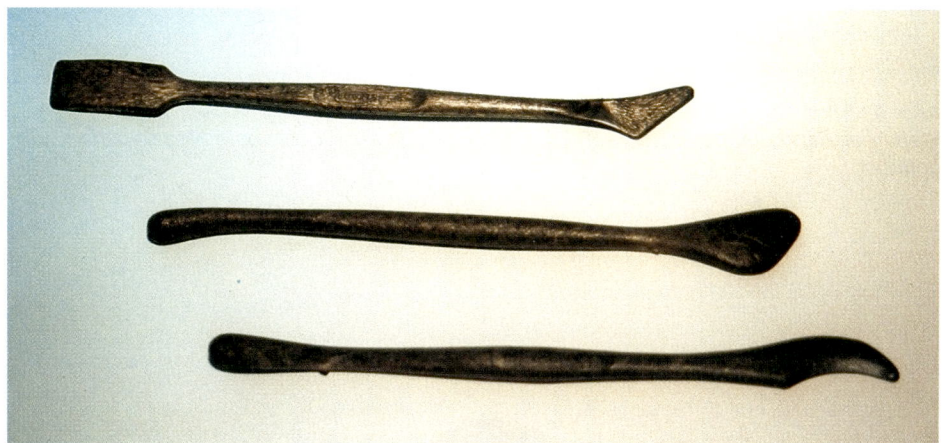

Abb. 11.56
Einige Lanzetten sind nicht nur bei der Formung des Plastilins sehr hilfreich, sondern auch
bei der Herstellung anderer Kleinteile, um sie später mit Latexgummi abzuformen

Abb. 11.57
Das Urmodell eines Luftschraubenblatts, bereits in Plastilin eingelegt

Abb. 11.58
*Wenn der Rand glattgestrichen ist, wird das Formenharz für die erste Negativschale auf-
getragen*

Abb. 11.59
Das sind die beiden fertigen Negativschalen, fertig zum Laminieren des ersten Blatts

Abb. 11.60
Jede Schale dieser Negativform ist bereits mit Gewebe und Harz versehen. Anschließend werden sie zusammengepreßt und an der Wurzel bzw. Nasenleiste mit eingedicktem Harz aufgefüllt

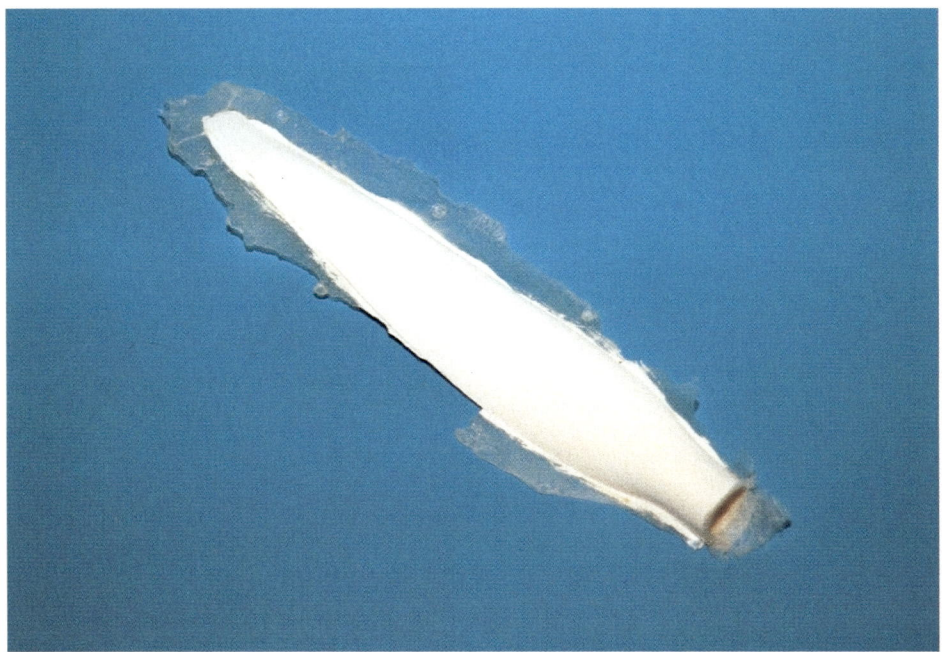

Abb. 11.61
So sieht das nach Entnahme aus der Form aus. Jetzt noch ein wenig schleifen und schon ist das erste Luftschraubenblatt fertig

Abb. 11.62
Fertig zum Lackieren: Spinner, Verstellfahnen, Blatthalter und Blätter der Zlín-Luftschraube

Abb. 11.63
Statische Luftschrauben können ein Modell deutlich aufwerten. Das ist eine Rotol-Luftschraube an der Spitfire MK XIVe, gebaut vom Belgier Wim Reynders

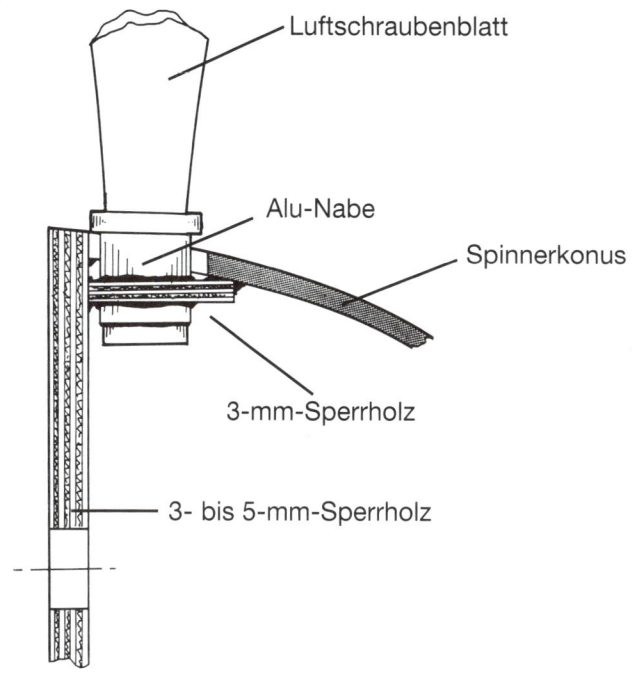

Luftschraubenblatt

Alu-Nabe

Spinnerkonus

3-mm-Sperrholz

3- bis 5-mm-Sperrholz

Abb. 11.64
Querschnitt durch den Aufbau eines Spinners für eine Stand-Luftschraube. Die Blätter sind nicht einfach einzukleben, sondern so scaleähnlich wie möglich in einen Konus einzupassen

Abb. 11.65
Zwei Details der unsichtbaren Befestigung von Motorhauben an Scale-Modellen. Links der am Rumpf befestigte Kohlestift, rechts der in der Motorhaube angebrachte Holzblock mit 3-mm-Messingrohr als Aufnahme

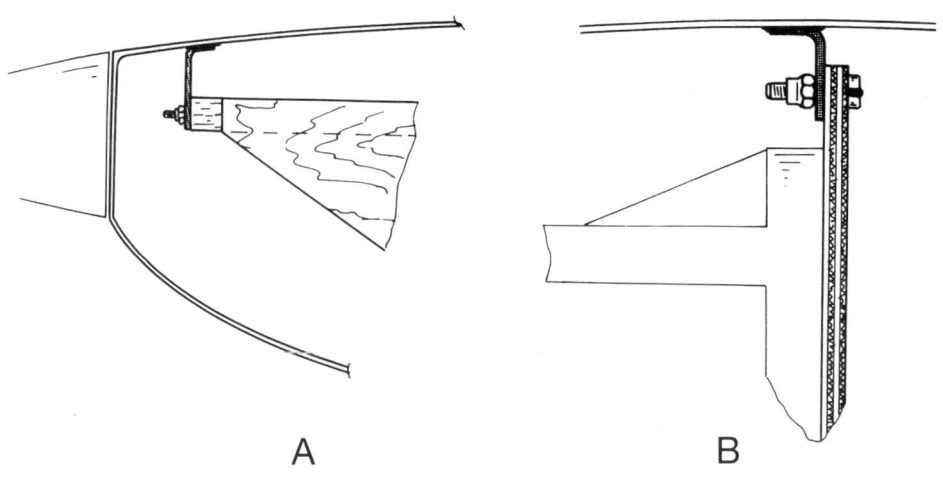

A   B

Abb. 11.66
Die Verriegelung der Haube nach Abb. 11.65 erfolgt in diesem Fall mittels zweier Muttern durch das Spinnerloch am Motorträger. Ebenfalls vorgestellt ist eine alternative Befestigung am Motorspant; eine Lösung für Modelle mit einer etwas größeren Motorhaube

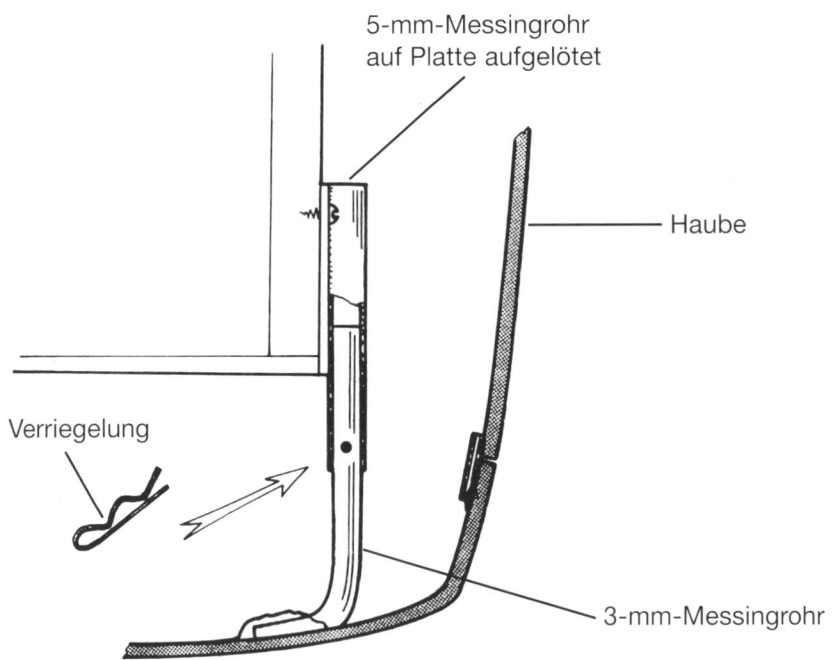

5-mm-Messingrohr
auf Platte aufgelötet

Haube

Verriegelung

3-mm-Messingrohr

Abb. 11.67
Falls wir eine zweiteilige Motorhaube haben, sollte diese ebenfalls unsichtbar zu verschließen sein

254

unter, bei einem Scale- oder Semi-Scale-Modell ist das aber einfach eine unverzeihliche Sünde. Motorhauben sollten unsichtbar befestigt werden – und das geht in 99% der Fälle.

Kleine Schrauben sind oft sowieso keine ideale Lösung für eine vernünftige Befestigung, denn sie lösen sich durch die Vibrationen im Flug, brechen oder sind von vornherein nicht in der Lage, die Haube richtig zu sichern. Versenkte M2-Schrauben hingegen, die Halt in Stoppmuttern finden, welche wiederum auf einer Messingplatte am Rumpf festgelötet sind, wären bereits eine denkbare Lösung.

Viel besser und dabei universaler einsetzbar ist folgende Lösung: An der Hinterseite der Haube werden einige 3-mm-Messingröhrchen eingeklebt, die in einige Stifte aus 2-mm-Stahl oder Kohlefaser greifen. Die sind nach Abbildung 11.65 am Rumpf befestigt. Die Motorhaube kann dann einfach auf diese Stifte aufgeschoben werden und ist damit bereits unsichtbar fixiert. Was noch fehlt, ist dann die Verriegelung, denn ohne diese würde sich die Haube ebenso schnell wieder lösen wie sie aufgeschoben ist. Falls der Motorspant es erlaubt, können wir einen Aluwinkel an der Innenseite der Haube einkleben und den dann mittels Schraube sichern. Ist das nicht möglich, können wir auch am Motorträger ein Gewinde M3 einschneiden und die Winkel etwas weiter vorne plazieren. Beide Lösungen sind in Abbildung 11.66 gezeigt.

Bei verschiedenen Modellen ist es hilfreich, den unteren Teil der Haube separat abnehmbar zu gestalten, da wir so besser an Motor und Tank kommen. Die einzelnen Teile können dann wie in Abbildung 11.67 gezeigt aufgebaut werden.

11.6 Finish

Das Finish ist ein ganz wichtiger Abschnitt beim Bau eines Scale-Modells, denn hier kann die von uns zuvor geleistete Arbeit im Handumdrehen zunichte gemacht werden. Die andere Seite der Medaille ist die, daß wir vor allem mit einer guten Lackierung das Modell aus der grauen Masse hervorheben können. Bevor wir aber den Pinsel zur Hand nehmen, sind noch einige Hausarbeiten zu erledigen.

Anhand der vor dem Bau gesammelten notwendigen Dokumentationen, haben wir uns bereits für einen ganz bestimmten Flugzeugtyp entschieden. Jetzt ist es aber soweit, uns für eine ganz bestimmte Maschine zu entscheiden. Falls wir an Wettbewerben teilnehmen möchten, brauchen wir mindestens eine Abbildung der nachgebauten Maschine. Es ist nicht möglich, ein Flugzeug nur anhand einer Seitenansicht zu dokumentieren, so schön diese auch sein mag. Nur eine Kombination aus Fotos zusammen mit einer Dreiseitenzeichnung reicht für eine wettbewerbstaugliche Lackierung aus, wobei man nicht vergessen darf, daß auch in den Tarnschemen Fehler möglich sind. Darum Fotos immer mit dem Tarnschema in der Zeichnung vergleichen.

Für Freizeit-Scale-Piloten ist das alles selbstverständlich weniger wichtig, jedoch auch diese Gruppe sollte am besten eine existierende Maschine auswählen, da die Stimmigkeit bei selbstentworfenen Lackierungen oft zu wünschen übrig läßt.

Eine ganz originale Lösung hingegen hatte einer der bekanntesten britischen Scale-Flieger vor einigen Jahren parat: Da die Jury bei jeder Baubewertung ein

PLATE 1

P-51D OF
343 FIGHTER SQUADRON
55 FIGHTER GROUP
US 8 ARMY AIR FORCE

SCALE 1/72

RESEARCH: A. GRANGER ©1978
ARTWORK: ROY MILLS

Abb. 11.68
Farbdokumentationen vom Feinsten! Eine Vierseitenansicht des von uns gebauten Modells, bei dem alle benötigten Unterlagen auf einmal vorhanden sind

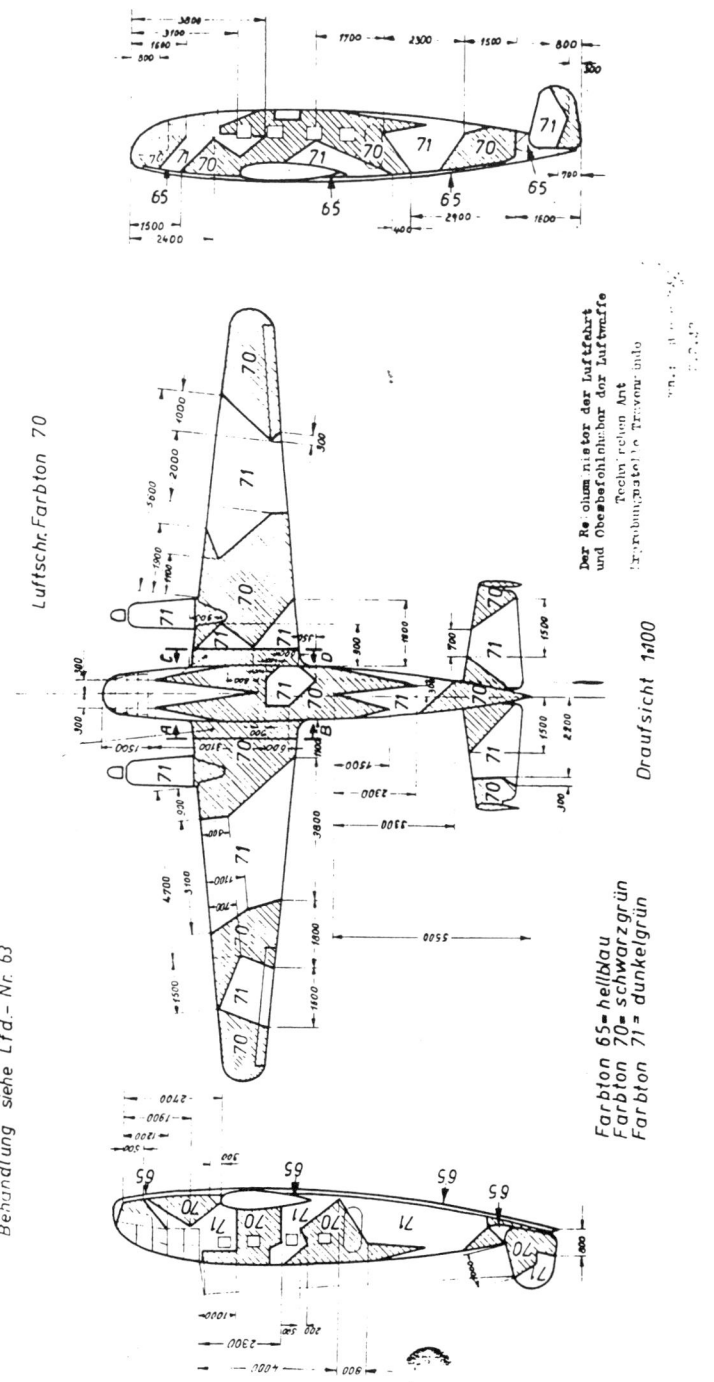

Abb. 11.69
Ebenso schön, aber heutzutage sehr selten: RLM-Angaben der Lackierung. Hier die einer
Siebel Si-204

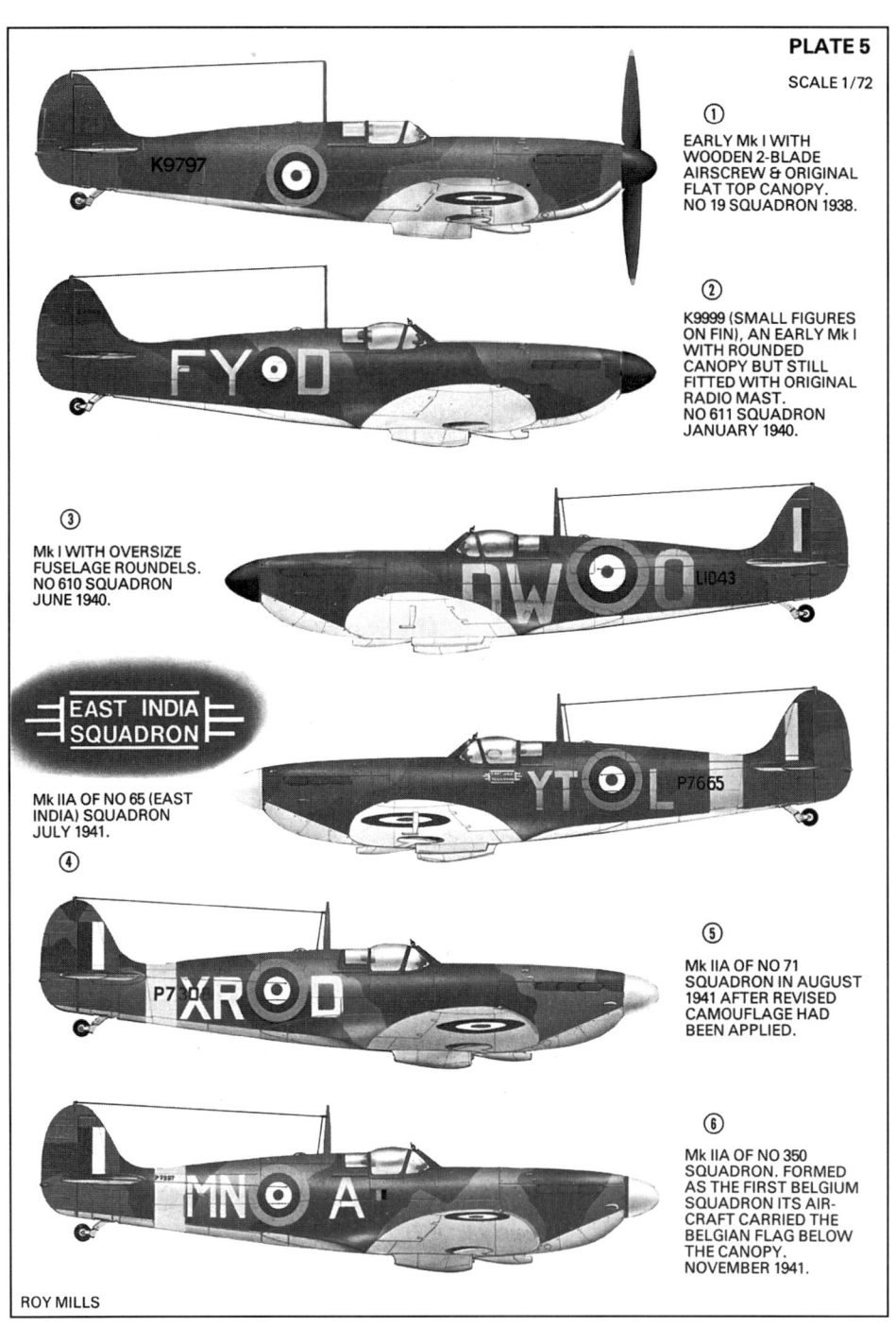

PLATE 5

SCALE 1/72

① EARLY Mk I WITH WOODEN 2-BLADE AIRSCREW & ORIGINAL FLAT TOP CANOPY. NO 19 SQUADRON 1938.

② K9999 (SMALL FIGURES ON FIN), AN EARLY Mk I WITH ROUNDED CANOPY BUT STILL FITTED WITH ORIGINAL RADIO MAST. NO 611 SQUADRON JANUARY 1940.

③ Mk I WITH OVERSIZE FUSELAGE ROUNDELS. NO 610 SQUADRON JUNE 1940.

EAST INDIA SQUADRON

Mk IIA OF NO 65 (EAST INDIA) SQUADRON JULY 1941.

④

⑤ Mk IIA OF NO 71 SQUADRON IN AUGUST 1941 AFTER REVISED CAMOUFLAGE HAD BEEN APPLIED.

⑥ Mk IIA OF NO 350 SQUADRON. FORMED AS THE FIRST BELGIUM SQUADRON ITS AIR- CRAFT CARRIED THE BELGIAN FLAG BELOW THE CANOPY. NOVEMBER 1941.

ROY MILLS

Abb. 11.70
Ganze Reihen von Seitenansichten sehen zwar eindrucksvoll aus, bieten uns aber nicht ausreichende Informationen für eine scalemäßige Lackierung. Zu beachten sind die zwei spiegelbildlich ausgeführten Lackierschemata, so wie im Text besprochen

258

Bild des nachgebauten Originals fordert und er aber keines hatte, fotografierte er einfach das Modell an einem geeigneten Platz und versah das Bild auf der Rückseite mit einigen Farbresten und einem Stempel vom „Flight Archiv". Das wurde ohne weiteres akzeptiert! Wozu geben wir uns dann noch die Mühe für ein vorbildgerechtes Finish?

Am schönsten ist natürlich immer eine Mehrseitenansicht der nachgebauten Maschine, so wie zum Beispiel auf Abbildung 11.68; farbig oder zumindest mit Farblegenden versehen. Viele Bücher können uns dabei behilflich sein, aber meist nur dann, wenn es um bekanntere Muster geht. Gut geeignet, aber nach über 50 Jahren nur noch schwer zu erhalten, sind Werkzeichnungen des Herstellers oder der betreffenden Ministerien. Als Beispiel dafür ist die in Abbildung 11.69 gezeigte *Siebel 204* gedacht.

Die in vielen Magazinen und Büchern enthaltenen Seitenansichten sehen zwar sehr attraktiv aus, sind für uns aber nicht geeignet, da sie nur eine Seite der Maschine zeigen und wir doch meist auch noch wissen wollen, wie die andere aussieht. In Kombination mit einem Standard-Anstrichschema sind sie aber meist ausreichend – auch für Wettbewerbe (Abbildung 11.70).

Zu beachten ist, daß die Anstriche von einzelnen Flugzeugen oft ziemlich anders sind als die offiziellen Angaben. In England gab es z.B. ein A- und B-Schema, das im Spiegelbild aufgetragen wurde. Die Luftwaffe hatte für jede Kriegsperiode verschiedene zeitlich begrenzte Anstriche und Teilanstriche.

Auch bei Zivilmaschinen sind etliche Ausnahmen vom Schema die Regel, denn viele Eigner spritzten ihre Maschine nach eigenen Vorstellungen um. Es ist aber auch oft so, daß selbst die vom Werk lackierten Flugzeuge sich im Detail voneinander unterscheiden.

Zum Thema Finish gehört ganz klar auch die Honigwaben-Tarnung, eine Lackierung mit einem ganz eigenen Anspruch. Sie fand auf vielen deutschen Flugzeugen im Ersten Weltkrieg Verwendung. Diese Tarnung war in vier- und fünffarbigen Varianten bekannt, bei dem die zuletzt genannte die meiste Verwendung fand.

In den vergangenen Jahren sind viele Recherchen bezüglich der richtigen Abmessungen und Farbtöne gemacht worden. Die in Abbildung 11.72 vorgestellte Zeichnung und deren Farbangaben sind vom Original abgenommen und so genau wie heute möglich.

Obwohl als Finish recht bestechend, ist der Auftrag auf die Bespannung eine mühselige Arbeit. Beim Original wurden die Honigwaben auf das Tuch gedruckt, darum sind sie einigermaßen durchscheinend. Außerdem überdecken sich die Farben an den Rändern.

Es gibt einige Kleinhersteller die vorbedrucktes Tuch liefern können und, falls wir es mit der Farbgenauigkeit nicht ganz genau nehmen, ist das eine zeitsparende Lösung. Soll die Lackierung exakt dem Vorbild entsprechen, gibt es keine andere Alternative als jeden einzelnen Farbton Stück für Stück zu spritzen.

Als Warnung sei hier jedoch noch mit auf den Weg gegeben, daß diese Tarnung äußerst effektiv ist: Ein Freund von mir flog sein Modell zu Bruch, weil er es im Vorbeiflug an einer Baumgruppe einfach nicht mehr erkennen konnte!

Walkways auf Tragflächen sind immer auffallend, aber wie sind sie realistisch anzufertigen? Beim Original sind es meistens mit Antislip-Pulver gemischte Far-

Abb. 11.71
Selbst für Modelle mit einer einfachen Lackierung – wie an diesem Glenn-Martin-Bomber – reicht eine einzelne Seitenansicht nicht aus

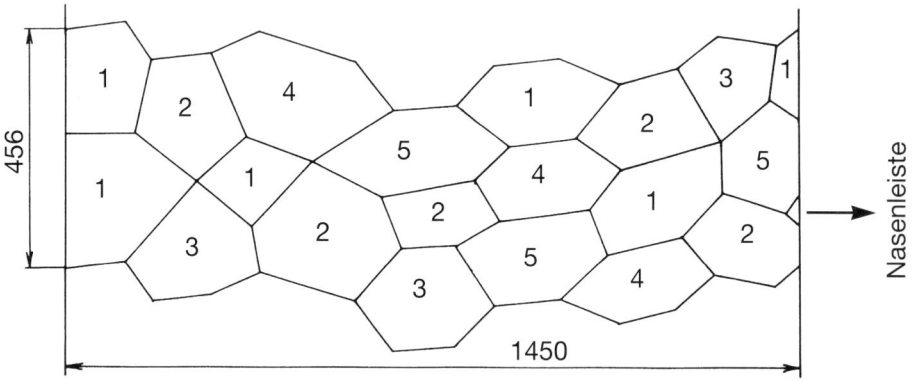

Abb. 11.72
Eine fünffarbige Honigwaben-Tarnlackierung, so wie sie auf vielen deutschen Jagdflugzeugen während des Ersten Weltkriegs Verwendung fand. Die korrespondierenden Farbtöne sind in den Ziffern der Humbrol Farben angegeben. Obere Fläche: $^1/_{96}$-RAF blue, $^2/_{30}$-dark green, $^3/_3$-brunswick green, $^4/_{68}$-purple, $^5/_{62}$-leather. Untere Fläche: $^1/_{27}$-sea grey, $^2/_{61}$-flesh, $^3/_{78}$-cockpit green, $^4/_{96}$-RAF blue, $^5/_{74}$-linen

ben, wobei sich gleich die Frage stellt, warum wir es bei unseren Modellen nicht auch so machen? Eine Mischung aus dunkelgrauer Farbe (<u>niemals</u> Schwarz an einem Modell verwenden, diese Farbe ist viel zu dominant!) mit Salz, Sand oder Microballons, aufgetragen mit einer billigen Spritzpistole oder einem Pinsel, bringt wunderbare Resultate.

Als schnelle Alternative ist grobes Schleifpapier denkbar. Meistens trennt sich die Körnung aber nach einigen Flügen vom Untergrund und am Ende bereitet die ganze Sache mehr Aufwand als das Spritzen.

Bei allen Varianten des Finish stellt sich die Frage: Pinsel oder Spritzpistole? Wir haben die Wahl, und deshalb seien einmal die Vor- und Nachteile beider Arbeitsmethoden genannt.

Entgegen der allgemeinen Meinung, daß Pinsel nur etwas für Anfängermodelle sind, haben sie beim Scale-Modellbau manchmal gewisse Vorteile. Viele Flugzeuge, bis hinein in die 30er Jahre, wurden mit breiten Pinseln und eingefärbtem Spannlack gestrichen. Gerade ältere Flugzeuge aus der Ära vor dem Ersten Weltkrieg sind also auch im Original nicht gespritzt worden. Der britisch braun-grüne Farbton PC 10, der unter anderem auf der *Sopwith Camel* zum Einsatz kam, ist hier auch ein gutes Beispiel. PC steht übrigens für Pigmented Cellulose. Pigmentierte Zellulose also, die zu dieser Zeit mit breitem Pinsel aufgetragen wurde.

Selbstverständlich malte man auch die Hoheitsabzeichen vielfach von Hand, was sich beim genauen Studium von alten Bildern deutlich erkennen läßt. Obwohl die technische Entwicklung in den 30er Jahren nicht stehengeblieben ist, wurden auch im Zweiten Weltkrieg noch viele Markierungen von Hand aufgebracht, denken wir z.B. an die gelben Umrandungen an den ersten englischen Kokarden oder an die weißen Streifen der Luftwaffe beim Einsatz im Mittelmeergebiet. Auch die bekannten schwarzweißen Streifen auf den alliierten Flugzeugen die am D-Day zum Einsatz kamen, wurden in aller Eile von Hand gemalt. Im Gegensatz zu den beiden zuvor genannten waren diese oft schräg und nicht, wie bei so vielen Modellen zu sehen, glatt und perfekt parallel ausgerichtet.

Also, mehr als ausreichend Arbeit für Pinselmaler. Jedoch sollten wir uns für eine gute Qualität entscheiden, um beim Streichen möglichst keine Pinselhaare auf der Oberfläche zu verteilen. Empfehlenswert ist der Kauf eines ca. 20 mm breiten Marderhaar-Pinsels. Der ist zwar nicht billig, ermöglicht aber sehr professionelles Arbeiten mit guten Resultaten. Der Engländer Brian Taylor malt übrigens jedes seiner Modelle so an und erreicht damit ein bestechendes Finish.

Für die meisten von uns ist es aber sicher einfacher, ein Spritzpistole zu benutzen. Dabei braucht es nicht unbedingt eine teure Profi-Ausrüstung zu sein, auch mit einer günstigen um ca. 15 Mark sind wir bereits in der Lage, akzeptable Resultate zu erzielen. Da wir bei solchen Pistolen den Sprühstrahl nicht einstellen können, ist deren Einsatz nur auf das Spritzen großer Teile beschränkt. Wer mit der gleichen Pistole auch einmal Streifen, Logos und Abnutzungsspuren aufbringen möchte, sollte sich nach einer sogenannten Nadelpistole umschauen.

Als Beispiel zeigt Abbildung 11.74 zwei Modelle aus der Badger-Reihe. Im Vordergrund die einfachste der lieferbaren, im Hintergrund die Badger 200, bei der mehrere Nadel- und Düsenkopfsätze lieferbar sind, jeder mit seinem eigenen Sprühbereich.

Abbildung 11.75 zeigt die prinzipielle Wirkung beider Systeme. Bei der festen Venturiausführung wird die Farbe durch die vorbeiströmende Luft nach oben gesaugt und in dieser verteilt. Dieser Pistolentyp eignet sich auch für Spritzarbeiten, bei denen die Farbe mit Zusatzstoffen versehen ist – so wie die bereits beschriebenen Walkways. Die direkt darunter gezeigte Pistole arbeitet zwar nach dem gleichen Prinzip, aber hier ist eine Nadel eingebracht. Durch eine Möglichkeit, die Öffnung mittels Nadeln zu verändern, kann auch die Farbmenge variiert werden. Für diesen Pistolentyp sind mehrere Düsenköpfe erhältlich, jeder mit seinem eigenen Sprühbereich. Die Spritzgenauigkeit und der Farbauftrag sind bei diesem Typ wesentlich besser. Dem gegenüber steht aber, daß hier höhere Ansprüche an die Viskosität der Farben gestellt werden und der Preis etwa das Fünffache der einfachen Variante beträgt.

Abb. 11.73
*Diese Knoller – gebaut von Pavel Fencl – hat ebenfalls eine Honigwabentarnlackierung –
wenn auch in einer etwas vereinfachten Variante*

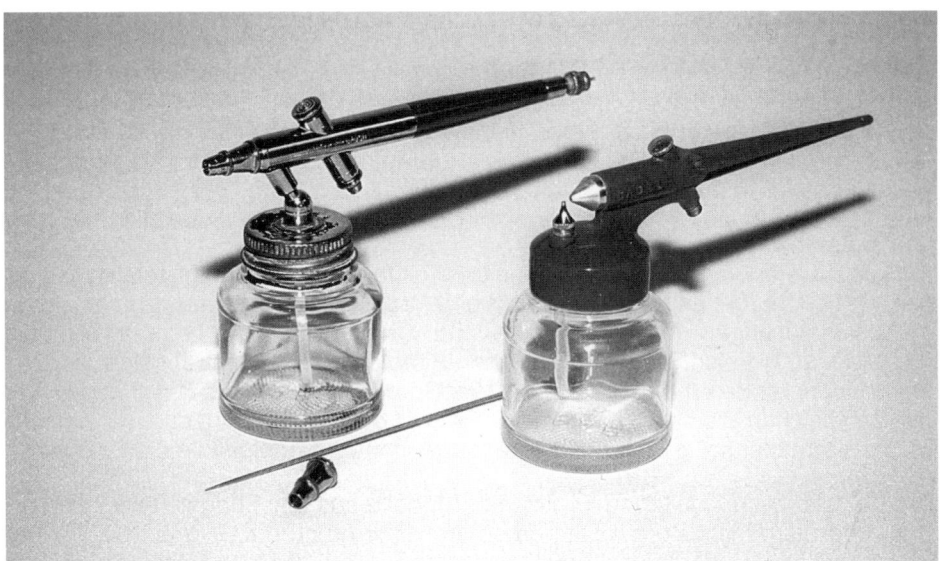

Abb. 11.74
Zwei Modelle aus der Badger-Spritzpistolenserie. Im Vordergrund die einfachste, im Hintergrund die Badger 200, für die mehrere Nadel- und Düsenkopfsätze lieferbar sind. Damit ist der Sprühbereich einstellbar

Zum Betreiben solcher Spritzanlagen sind Preßluftflaschen erhältlich – aber, das ist eine teure Lösung. Besser ist es, einen Autoreifen als Druckbehälter zu nutzen oder – wenn möglich – gleich einen kleinen Kompressor zu kaufen. Um zu vernünftigen Ergebnissen zu kommen, wird die Anschaffung eines Wasser- und Ölabscheiders aber meistens notwendig sein.

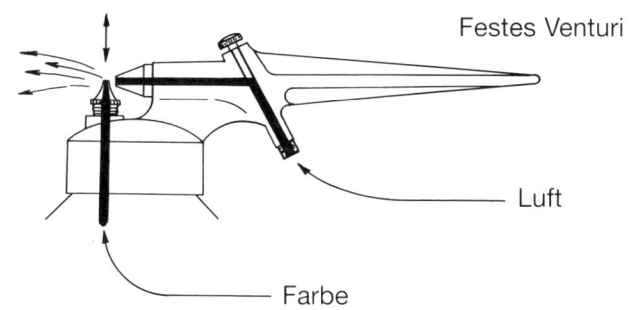

Festes Venturi

Luft

Farbe

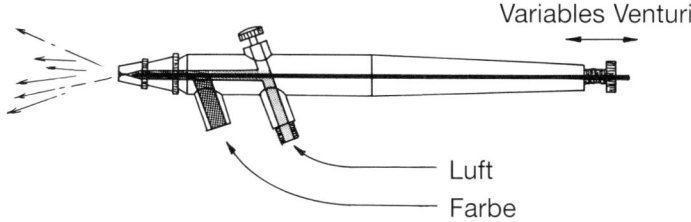

Variables Venturi

Luft
Farbe

Abb. 11.75
Schematische Darstellung zweier möglicher Spritzpistolenausführungen

11.7 Farben

Viele Modellbauer greifen auf Produkte von Humbrol oder Revell zurück, die in kleinen Mengen zu haben sind und speziell für den Plastikmodellbau entwickelt wurden. Waren diese bis vor wenigen Jahren auch in den Tönen Deutsches Dunkelgrün und R.A.F.-Rot lieferbar, sind wir jetzt jedesmal verpflichtet – jedenfalls bei Revell –, die entsprechenden RAL-Kodierungen zu suchen und unsere Modelle dementsprechend zu lackieren.

Diese Plastikfarben (auch Enamel genannt) haben den Vorteil, daß sie bei gleichmäßigem Farbfluß besonders gut decken. Sie sind aber nicht kraftstoffresistent und brauchen deswegen eine Schutzschicht aus Klarlack, was unnötige Gewichtszunahme und zusätzlichen Lackieraufwand bedeutet.

Selbstverständlich sind auch die üblicherweise im Modellbauhandel erhältlichen Polyurethanlacke gut geeignet, jedoch sind exakte Farbtöne fast nicht zu finden. Selbstmischen ist also angesagt. Wir sollten aber immer daran denken, so viel Farbe zu mischen, daß wir für später anfallende Reparaturen noch genug davon auf Lager haben. Bei aller Mühe, die wir uns machen, ist aber leider nicht garantiert, daß die zum Mischen verwendeten Farben auch die Einwirkung von Kraftstoff vertragen. Besonders mattierte und silberne Töne sind heikel. Es ist daher notwendig, auch hier eine Deckschicht aufzubringen.

Dennoch gibt es recht gute und kraftstoffresistente Zweikomponenten-Lacke, die aber recht teuer sind. Unter anderem hat die amerikanische Firma K & B solche im Programm. Sie bestehen aus einer Pigmentkomponente, die mit einem matten oder glänzenden Härter gemischt wird. Die Resultate sehen äußerst pro-

263

fessionell aus. Da wir aber zum Mischen eine ganze Reihe Farbtöne benötigen, ist dieses Lacksystem eine erhebliche Investition.

Manche PKW-Zubehörmärkte bieten aber eine perfektere Lösung unseres Problems, denn dort können wir jede gewünschte Farbe mittels Computer „mischen" lassen. Autolacke, besonders die 2K-Varianten, sind kraftstoffbeständig und in jedem Mattierungsgrad zu haben, den wir wünschen. Der Nachteil liegt darin, daß erst ab einer Mindestabnahmemenge von 500 ml gemischt wird, was uns oft für ein ganzes Geschwader reichen würde!

Ein ganz besonderes Thema ist der richtige Farbton. Engstirnig betrachtet sind unsere Modelle nur dann mit dem richtigen Farbton versehen, wenn wir den Lack der Originalmaschine verwenden. Es kommt aber nur sehr selten vor, daß wir als Modellbauer Zugriff auf genau die Farbe haben, da oft nichts mehr davon übrig ist. In den meisten Fällen bekommen wir nicht mal die Originalmaschine zu Gesicht. Daher brauchen wir Alternativen.

Für Kriegsflugzeuge sind die genauen Farbtöne oft sehr detailliert dokumentiert. Die Vereinigten Staaten haben die Federal Standards (FS), die für alles, was mit den Staaten zu tun hat, die genauen Farbtöne vorgibt. Da die FS bereits vor dem Zweiten Weltkrieg entwickelt war, sollte uns die Bemalung von Nachbauten amerikanischer Maschinen keine Probleme bereiten. Die Bezugsquelle ist im Anhang angegeben.

Die Luftwaffe benutzte seinerzeit die Reichs-Luftfahrt-Ministerium (RLM)-Farbtöne. Soweit bekannt ist, gibt es heutzutage keine genaueren Informationen mehr darüber. Der australische Kookaburra Verlag hat eine ganze Reihe Bücher über die Tarnung herausgegeben und ein sehr lesenswertes, aber nicht gerade billiges Exemplar daraus ist „The official Monogram painting guide to German Aircraft". Hierin sind Farbmuster, abgenommen von Original-Luftwaffenflugzeugen, farbecht reproduziert.

Für die R.A.F. gilt dasselbe, denn auch hier waren es Standardfarbtöne, von denen aber – soweit bekannt – heutzutage kaum noch etwas Brauchbares vorhanden ist.

Hersteller von Originalflugzeugen und sogar Zivilluftfahrtfirmen haben fast immer ihre eigenen Farbtöne. Die sind genau dokumentiert – aber meistens ausschließlich für den internen Gebrauch. Solche Informationen sind somit recht selten, und als Modellbauer können wir meistens nur davon träumen.

Einige Hersteller von Plastikmodellbausätzen und Herausgeber von Mehrseitenansichten haben zudem oft ihre eigenen Vorstellungen von Farbmustern. Diese Quellen sind daher von sehr unterschiedlicher Qualität. In der Vergangenheit gab es die Methuen- und Munsell-Farbbücher, in denen einige Tausend verschiedene Farbtöne dokumentiert waren. Leider sind beide Publikationen nicht mehr lieferbar. Einzelexemplare sind nur noch im Antiquariat zu ergattern. Hersteller von Farben haben im allgemeinen gute Unterlagen, aber die sind mit solchen Preisen belegt, daß sie für uns Modellbauer einfach nicht interessant sind. Meistens ist aber einer der örtlichen PKW-Ersatzteilhändler bereit, einen Farbfächer auch einmal zu verleihen.

Wenn wir über Farbfotos des Originals verfügen, werden wir diese meist auch als Farbtonunterlage verwenden. Die genaue Beschreibung von Farbtönen ist nicht möglich, weder mit Bildern, noch mit Farbmustern, und selbst dann, wenn wir vor der Originalmaschine stehen, wird es unterschiedliche Meinungen geben. Wie eine Farbe wahrgenommen wird, ist abhängig von der Helligkeit, dem Einfallwinkel und dem Farbton des Lichts, dem Flugzeugalter und Farben, die in unmittelbarer Nähe auflackiert sind. Hinzu kommt noch die Distanz zum Flugzeug und einige andere Parameter. Bei Fotos ist es noch schlimmer, denn hier spielt noch die Belichtung des Films und die Entwicklung im Fotolabor eine Rolle. Ein schönes Beispiel ist das Bild einer *P-51 D Mustang*, das in einem Buch in Dunkelblau erscheint, obwohl die Maschine mit Oliv-Drab lackiert war.

Ein weiteres „Vergnügen" sind Schwarzweißfotos aus den Vorkriegsjahren mit ihren panchromatischen Filmen. Hier ist Dunkelblau oft heller als Rot, und Gelb erscheint oft viel zu hell oder gar ganz dunkel. Liebhaber von solchen Originalen können aber Hilfe bei Flugzeugmuseen erhalten. Besonders die Shuttleworth-Collection in England ist Modellbauern gegenüber sehr freundlich gesonnen. Hier gilt aber – wie bei jedem anderen Museum auch –, freundlich darum zu bitten und die Hilfe gleich im voraus mit einer entsprechenden Geldspende zu honorieren. Es ist also klar geworden, daß die Beurteilung des richtigen Farbtons mehr als schwierig sein kann.

Ein gutes Beispiel sind Warbirds, mit welchem Farbton sollten wir diese nur versehen? Es ist einfach, sich vorzustellen, daß ein nagelneues Flugzeug bei der Auslieferung anders aussah als eine Maschine des gleichen Typs, die bereits zwei Monate Mittelmeer-Einsatz hinter sich hatte.

Alles in allem ist zu sagen, daß die richtige Farbgebung auch Geschmackssache ist. Für Wettbewerbe ist eine Prüfung mit Farbmustern oder Farbcodierungen meistens ausreichend für die Punktrichter. Das darf jetzt aber keine Nonchalance in Sachen Bemalung bei Nicht-Wettbewerbsfliegern aufkommen lassen! Die sollten ebenfalls sorgfältig auf die richtigen Farbtöne achten. Auch dann, wenn das einer der schwierigsten Abschnitte beim Bau eines Scale-Modells ist.

Falls wir unser Modell also mit einem Finish gemäß dem Original versehen möchten, kommen wir um die hier beschriebene Qual der Farbauswahl und den all damit zusammenhängenden Dingen nicht herum.

Wie bereits angedeutet, ist eine der Eigenschaften des in einem bestimmten Maßstab nachgebauten Modells die Minderung der Farbintensität. Als Beispiel sei ein Baum genannt, 10 Meter von uns entfernt. Er hat eine gewisse Farbintensität. Wenn wir nun den gleichen Baum aus einem Abstand von 100 Metern betrachten, sieht die Sache schon ganz anders aus. Die Farbe ist heller und weniger intensiv geworden. Diejenigen, die in der Nähe von Bergen wohnen, können es sich auch anders vorstellen: Je weiter die Bergspitze vom Betrachter entfernt ist, desto weniger farbintensiv erscheint sie. Eigentlich sieht man das Objekt wie durch einen hellgrauen Schleier. Diese Eigenschaft nennt man chromatische Perspektive, sie ist auch im Scale-Modellbau wichtig. Viele Fans von Plastikmodellen haben hiermit zu tun. Je kleiner das Modell, um so größer die Abnahme der Farbintensität. Die Größe der Abnahme steht aber in Abhängigkeit zur Lichtmenge und Luftfeuchtigkeit!

Die von uns benutzten Farben haben meist Grautöne, die sich durch die Zugabe einer weißen Farbe ziemlich einfach realistischer mischen lassen. Die große Frage ist hier aber: wieviel davon?

Oft handelt man nach einer Regel, die einen Zusatz in der Hälfte des Verkleinerungsfaktors fordert. Ein Modell im Maßstab 1:10 verlangt danach eine Zugabe von etwa 5%. Es sei aber gesagt, daß es nur eine Grundregel sein kann, die in Abhängigkeit von dem genauen Graufarbton und letztendlich auch unserem persönlichen Geschmack steht!

So weit, so gut, aber was machen wir bei Nicht-Tarnfarben? Hauptsache ist, daß diese gedämpft werden. Weiß bekommt einige Tröpfchen Schwarz, Gelb und Grün beigemischt, Rot ein wenig Grau und Dunkelrot. Schwarz wird wiederum mittels wenig Weiß und Rot „entschärft". Sie werden über den Effekt von so gemischten Farben erstaunt sein! Es ist kurioserweise nicht notwendig, die Farben untereinander sorgfältig zu vermischen. Auch wenn sich das jetzt ein wenig seltsam anhört, aber so erreichen wir – zumindest beim Spritzen –, daß die ganze Fläche kein „totes" Aussehen bekommt, sondern der Farbton über die Fläche leicht variiert. Besonders bei hellen Farben, wie Weiß oder Gelb, ist ein ganz leichter Unterschied deutlich auszumachen.

Eine andere Möglichkeit, das Modell etwas „lebendiger" zu machen, ist es, den Farbton einzelner Teile leicht unterschiedlich zu halten. Zu denken wäre hier an Munitionsdeckel, die verwechselt worden sind oder ein Stück der Beplankung, das durch ein frisches Exemplar ersetzt worden ist. Auch hier sind Fotos von den Originalen immer eine gute Hilfe.

Die Gewichtszunahme unserer Kreation durch das Farbfinish kann erheblich sein. Deswegen sollten wir immer versuchen, so wenig wie möglich Lack aufzutragen. Das Spritzen bietet für viele Modelle bestimmte Vorteile, bringt aber auch eine Menge Maskierarbeit und schlußendlich noch einen umweltschädlichen Farbnebel mit sich.

Bevor wir mit der eigentlichen Lackierung anfangen, gehen wir zuerst einmal zurück zum Anfang. Als erstes wird – abhängig von der Oberflächenstruktur – eventuell Primer oder Haftgrund aufgebracht. Ziel ist es, dem später aufgebrachten Lack einen besseren Halt auf dem Untergrund zu bieten, und dabei gleichzeitig die letzten Poren zu verschließen. Wenn wir diesen Schritt nicht unbedingt vornehmen müssen, wäre es besser, auch darauf zu verzichten, um eben Gewicht einzusparen.

Die Gewichtszunahme ist erheblich, vor allem bei der Verwendung von 2K-Lacken, da diese nicht so viel Masse beim Aushärten verlieren wie 1K-Lacke. Sparsam auftragen heißt hier die Devise, und immer in mehreren dünnen Schichten spritzen. Dazwischen ist eine Trockenzeit zu gewähren. Unabhängig von der Farbe, immer erst die helleren Farbtöne auftragen und dann anschließend die dunkleren. Beim Originalflugzeugbau macht man das auch so, mit Ausnahme der Hoheitsabzeichen an Kriegsflugzeugen, wenn sie über die Tarnung lackiert wurden. Für schwach pigmentierte Farben wie z.B. Gelb oder Leuchtfarben hat es gewisse Vorteile, erst einen weißen Primer aufzutragen, der anschließend mit der gewünschten Farbe überstrichen oder gespritzt wird.

11.8 Maskieren

Vor dem eigentlichen Spritzen steht aber noch eine wichtige Arbeit an, und zwar das akribische Abkleben bzw. Maskieren der Flächen, die nicht gespritzt werden sollen.

Es gibt zwei Wege, die wir beschreiten können: das positive oder negative Maskieren. Mit positivem Maskieren ist gemeint, daß wir zunächst eine Fläche in der gewünschten Farbe großflächig lackieren und den Bereich, der später auch diesen Farbton erhalten soll, vor dem nächsten Farbton-Auftrag abdecken. Dieser wird dann über die Maskierung gespritzt. Wenn wir die Maskierung wieder abnehmen, wird die zuerst gespritzte Farbe sichtbar.

Beim Negativ-Maskieren spritzen wir erst unser Modell in der Grundfarbe, kleben dann einen bestimmten Bereich mit Abklebeband oder Maskierfilm ab und spritzen diesen offenliegenden Bereich mit der zweiten Farbe aus.

Positives Maskieren verwenden wir, wenn ein helles Emblem oder ein Hoheitsabzeichen auf einem dunkelfarbigen Rumpf benötigt wird, negatives Maskieren kommt bei dunklen Farben auf einem helleren Hintergrund in Frage.

Im Künstlerbedarf sind übrigens spezielle Maskierfilme erhältlich, beispielsweise Friskfilm. Das ist ein semi-transparenter Film, der in Hochglanz oder Matt zu erhalten ist. Er hat wenig Klebekraft und ist deswegen sehr gut für unsere Verwendung im Modellbau geeignet. Der Film hat aber zwei Nachteile: Erstens ist er nicht beständig gegen 2K-Lacke und zweitens ist er recht teuer.

Eine Alternative ist die Verwendung von selbstklebenden Plotterfolien. Diese sind aus Papier, beständig gegen jeden Lack und für ein paar Mark pro Meter bei jedem Schneidplotter-Service und so manchem Copy-Shop zu haben.

Für größere und vor allem gewölbte Teile gibt's aber noch ein besseres Material, das für Speziallackierungen im PKW-Bereich verwendet wird. Es ist ein dünner, transparentblauer Plastikfilm, der auch noch ein wenig elastisch ist.

Schlußendlich gibt es für gerade Strecken noch gute Hilfsmittel aus dem Bürobedarf. 3M und Scotch haben ein dünnes, halbmattes Klebeband, auch Magic Tape genannt. Für Linien eine wertvolle Hilfe, da es dünn und einfach zu verarbeiten ist. Da es auch dann gut sichtbar ist, wenn wir darunterliegende Teile maskiert haben (wenn wir mit dem Daumen ein wenig Druck ausüben, färbt es sich dunkel), ist die Chance gering, daß Farbe unter den Film dringt.

Schließlich noch ein paar Worte zum allseits bekannten Kreppband. Diese Art von Maskierband gehört nicht in den Modellbau. Das Band ist viel zu dick, bedingt dadurch häßlich aufstehende Ränder nach dem Spritzen und es braucht viel zu viel Druck, um ausreichend abzudichten. Außerdem ist es nur auf harten Oberflächen zu benutzen (Abbildung 11.76).

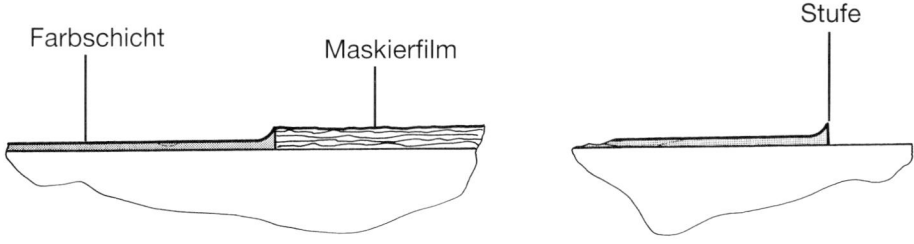

Abb. 11.76
Falls dickes Maskierband (Abklebeband) verwendet wird, entsteht beim Abziehen des Bandes eine Kante. Bei Hochglanzfinish sind sie wegzupolieren, bei matter oder seidenmatter Lackierung gibt es keine Lösung dieses Übels. Deswegen immer darauf achten, möglichst dünnes Abklebeband zu verwenden und in mehreren, dünnen Schichten zu spritzen

Neben der Entscheidung für den richtigen Maskierfilm oder die richtigen -bänder ist aber noch mit weiteren Punkten zu rechnen.

Wenn wir unser Modell im Spritzverfahren lackieren möchten, sind wir gezwungen, alle nicht zu lackierenden Flächen abzukleben, da der Spritznebel bis in den letzten Winkel vordringen wird. Jede Öffnung, wie klein sie auch sein mag, muß abgedichtet sein.

Es ist aber nicht empfehlenswert, hierfür alte Zeitungen zu verwenden, da wir sonst eine gute Chance haben, auf unserem Modell später die Schlagzeilen in Spiegelschrift lesen zu können! Also lieber braunes Packpapier nehmen.

Besonders knifflig zu maskieren sind diagonale Streifen auf gewölbten Teilen wie Leitwerken oder Flächen. Wenn wir nur den Beginn- und Endpunkt markieren und dann mittels Maskierband versuchen, die beiden miteinander zu verbinden, bekommt die Strecke durch die Wölbung eine Krümmung. Ein gute Hilfe ist es, ein stählernes Maßband zu nehmen. Damit die beiden Endpunkte verbinden und mit einem weichen Bleistift alle paar Zentimeter einen weiteren Punkt anbringen. Dieser Strichellinie entlang verlegen wir dann das Maskierband.

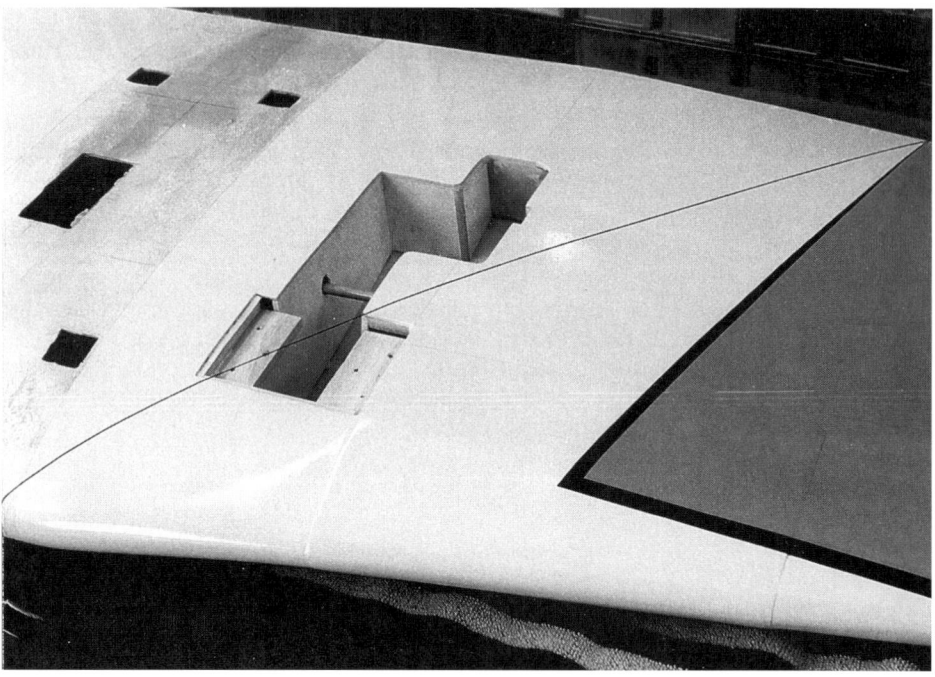

Abb. 11.77
Durch die Wölbung der Tragfläche entsteht nie eine gerade Linie zum Abkleben. Daher ist es besser, ein stählernes Maßband oder einen Stahldraht als Hilfe zu nutzen

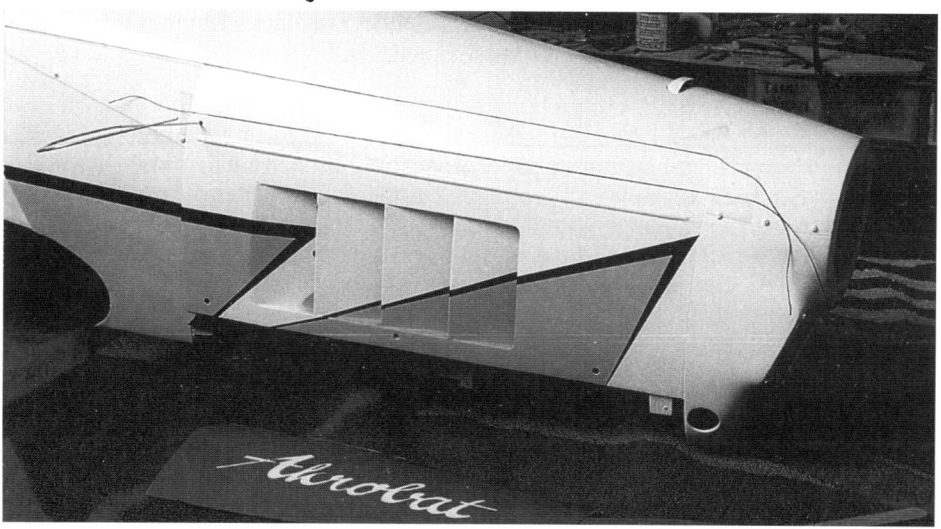

Abb. 11.78
An nicht gewölbten Teilen, so wie an dieser Motorhaube, ist es auch möglich, dünne Litze zwischen die beiden äußeren Markierungen zu spannen und entlang dieser Strecke abzukleben

11.9 Sonderlackierungen

Zu den wichtigsten Teilen gehören selbstverständlich die Hoheitsabzeichen wie Balkenkreuze oder Kokarden. Es passiert allzuoft, daß recht schön gebaute und lackierte Modelle mit einem völlig unpassenden Dekor versehen sind, nur aus dem Grund, weil nichts anderes erhältlich war. Dabei ist es so einfach, selbst Hoheitsabzeichen zu malen. Die Scheu vor dieser Arbeit ist keine Entschuldigung für den Griff zu Selbstklebekreuzen.

Hoheitsabzeichen sind glücklicherweise sehr gut dokumentiert, so zum Beispiel in den Abbildungen 11.85 bis 11.91. Sie zeigen die wichtigsten der Luftwaffe, Royal Air Force, Amerikanischer und Niederländischer Luftwaffe.

Kreuze sind einfach zu maskieren, und wenn wir unser Modell später noch mit einer Schicht Klarlack versehen, ist es sogar möglich, mittels gutem Filzstift die Konturen zunächst entlang eines biegsamen Lineals zu zeichnen (Abbildung 11.92). Es ist dann nur noch eine Fleißarbeit, das Innere mit Farbe auszufüllen. Kokarden oder alles andere runde ist einfach mit einem Zirkel zu zeichnen und mit einem feinen Haarpinsel auszumalen oder mittels Schablone zu spritzen, die wir zuvor mit einem Kreisschneider ausgeschnitten haben. Bei Hoheitszeichen brauchen wir immer einen weißen Untergrund, maskieren darauf das Abzeichen, spritzen das Modell fertig und malen schließlich das Abzeichen aus. Für solche, die kein Weiß oder helle Farbtöne beinhalten, ist eine weiße Grundierung selbstverständlich nicht notwendig.

Obwohl es im Laufe der Zeit viele, sagen wir einmal „frei erfundene" Kennzeichen auf Flugzeugen gegeben hat, sind für die meisten, insbesondere für Militärflugzeuge, genaue Maße bekannt. Die Abbildungen 11.79 bis 11.81 zeigen die offiziellen Buchstaben für die Luftwaffe, Royal Air Force und die Amerikanische

Luftwaffe. Jeder Buchstabe hat sein festes Größenverhältnis und die dort abgedruckten Vorbilder sind einfach mittels Kopierer auf die gewünschten Maße zu vergrößern oder auch zu verkleinern.

Wenn wir uns für ein Flugzeug entschieden haben, das keine Standardkennung hat, sollten wir sie von vorhandenen Fotos abnehmen. Hierzu messen wir die Größe der Buchstaben auf dem Foto im Verhältnis zum Rumpf aus. Wenn wir jetzt das Maß unseres Modellrumpfs nehmen, haben wir den Vergrößerungsfaktor für die Buchstaben. Das Auftragen der Kennzeichen geschieht ebenso wie bei Hoheitszeichen. Hier ist aber zu beachten, daß besonders bei Oldtimerflugzeugen die Ziffern und Buchstaben oft von Hand aufgemalt wurden und alles andere als perfekt aussahen.

Eine Riesenhilfe für uns Modellbauer stellt in der heutigen Zeit der Computer dar. Von Abbildungen aus Büchern oder sogar Fotosätzen sind mittels Scanner einfach die entsprechenden Teile in den PC einzuladen und ohne weiteres auf die gewünschte Größe zu bringen. Besonders Oldie-Liebhaber sollten dieses Verfahren in Betracht ziehen, weil hier die Kennzeichen oft weit vom Standard entfernt waren.

Logos und Embleme sind nicht schwieriger als Hoheitsabzeichen oder Kennzeichen, sie verlangen nur nach ein wenig mehr Arbeit. Am besten nehmen wir als Vorlage ein Foto oder die Abbildung des Logos und ändern die Größe mittels Kopierer auf das richtige Maß. Nachdem wir den Umriß ausgeschnitten haben, wird das Blatt mit einem wieder lösbaren Kleber am Modell befestigt. Wenn die Hauptfarbe gespritzt ist (bemalen ist hier nicht zu empfehlen, da die Farbe unter das Papier kriecht) und die Maskierung wieder abgenommen ist, wiederholen wir dieses Verfahren für jede weitere Farbe. Schließlich sind nur noch die Linien einzuzeichnen, was mit einem kleinen Wasserfarbenpinsel der Größe 0 bis 1 problemlos geht.

Ein richtiger Horror für Scale-Modellbauer sind die vielen Hinweise an so manchen Maschinen wie: „Hier aufbocken", „No step" usw. Es gibt Flugzeuge, besonders moderne Jäger, die in diesem Stil im Umfang des Alten Testaments beschriftet sind. Viele Versuche sind gemacht worden, diese Beschriftungen scalegetreu anzubringen, oft geht das aber schief. Falls es um einzelne Buchstaben geht, können wir jeden einzelnen maskieren. Diese Arbeit kostet natürlich Zeit und nur dann, wenn der Hersteller eine der vielen Standardschriften benutzt hat, ist es möglich, die gewünschten Texte bei einem Schneidplotter-Service schneiden zu lassen. Wir verwenden hier dann das Negativ der geschnittenen Folie zum Abkleben. Da die Minimalhöhe dieser Buchstaben etwa 6 mm beträgt, kommt diese Lösung nicht überall zum Einsatz.

Wenn wir eine ruhige Hand haben, ist es auch möglich, die Schriftzüge aufzumalen oder mit Hilfe eines Filzschreibers auf das Modell zu übertragen. Auch wasserlösliche Schiebebilder, wie sie im Plastikmodellbau verwendet werden, sind eine denkbare Lösung, wenn wir sie in Blankoausführung finden können. Versuche mit spiegelbildlich kopierten Buchstaben, die anschließend mittels Bügeleisen aufgebracht werden, sind zum Scheitern verurteilt, weil wir damit lediglich unser gutes Stück versengen. Beschriftungen und Hinweise bringen aber richtig Leben auf unser Modell, und deswegen ist es für ein gutes Scale-Modell auch notwendig, sie auf irgendeine Weise anzubringen.

Abb. 11.79
Buchstaben der ehemaligen Deutschen Luftwaffe. Die Gesamthöhe wird mit $^6/_{10}$ Höhe der danebenstehenden Kreuze angegeben. Die sich daraus ergebende Höhe wurde dann in sieben Gitterteile unterteilt. Siehe dazu auch das Feld mit dem Gitternetz. Die einzelnen Buchstaben und Nummern werden dann mit Hilfe dieses Gitternetzes gezeichnet. Die meisten der Buchstaben sind 5 Einheiten breit und 7 Einheiten hoch; Ausnahmen sind der Buchstabe A (6 Felder breit) und die Buchstaben J, M, T sowie W und alle Ziffern, die jeweils 4 Einheiten breit sind

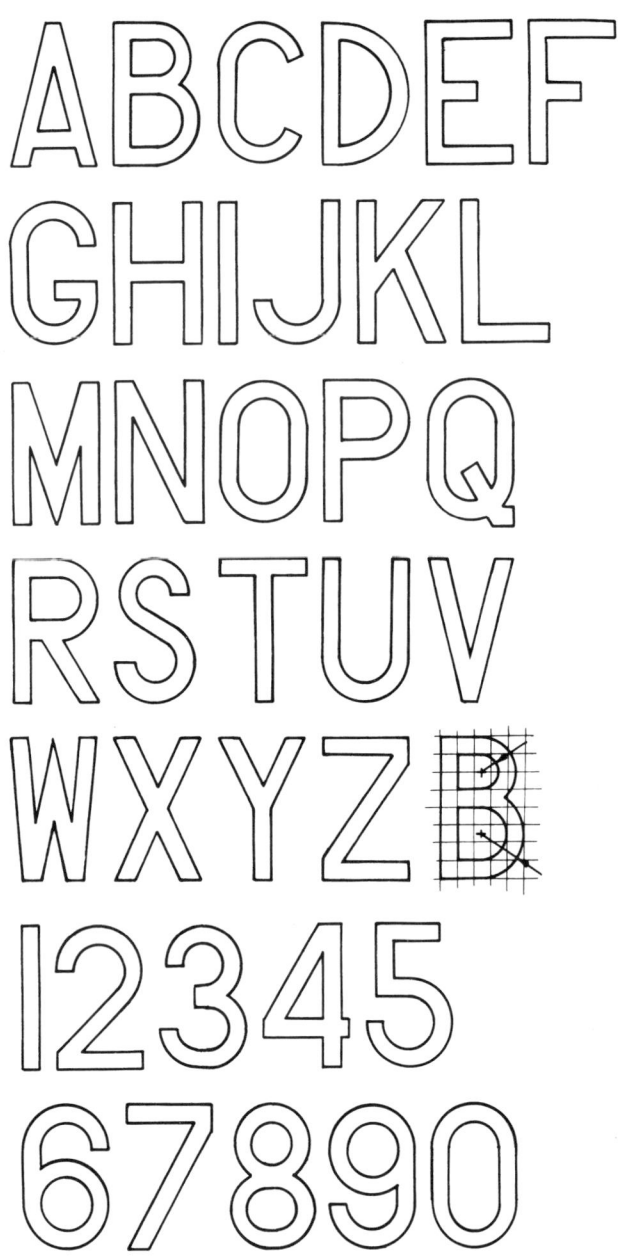

Abb. 11.80
Die britischen Buchstaben und Ziffern haben keine Verhältnismaße, sind aber fest dimensioniert. Die Buchstaben sind hier ebenfalls in Gitter einzuteilen; 5 Einheiten breit und 8 Einheiten hoch, mit Ausnahme des Buchstabens S, der nur eine Breite von $^9/_{16}$ der Höhe hat. Die Abstände zwischen den einzelnen Buchstaben sind immer eine Einheit breit. Die Standardhöhen der Buchstaben und Nummern betragen, abhängig von der Größe des Flugzeugs, 600 mm, 900 mm oder 1200 mm. Die Seriennummern, bei britischen Flugzeugen normalerweise im hinteren Teil des Rumpfs aufgetragen, haben eine Höhe von 200 mm und besitzen die gleichen Seitenverhältnisse

ABCDEFGH
IJKLMNOP
QRSTUVW
XYZ
0123456 7
89 D

Abb. 11.81

Jetzt die Kennungen der Amerikaner, sie sind etwas einfacher im Aufbau. Das Verhältnis zwischen Höhe und Breite ist 3:2, mit Ecken von 45 Grad. Die Streifendicke beträgt $^1/_6$ der Höhe. Diese Zeichnung zeigt die offiziell vorgeschriebenen Buchstaben und Nummern. Für Interessierte der Hinweis, sie sind von USAF manual T.O. 1-1-4 abgenommen. Es hat aber viele Abweichungen von den Buchstaben gegeben, besonders bei C, Z und den Ziffern 5 und 7. Die Standardhöhe war auf den amerikanischen Maschinen nur teilweise zwingend vorgeschrieben.Trainungsflugzeuge hatten 600 mm Buchstabenhöhe; die Beschriftungen der Angaben wie z.B. „Press here" waren 25 mm hoch. Wie immer gilt auch hier: Fotos vom Vorbild beachten

Abb. 11.82
Dieser Trainer, fotografiert im Luftfahrtmuseum Kissimee (Florida), zeigt deutlich die eckige, amerikanische Buchstabenform. Bilder wie diese sind immer eine große Hilfe, falls wir
nicht in der Lage sind, die Buchstaben zu vermessen. Damit ist es dann möglich, das Größenverhältnis relativ zum Rumpf zu ermitteln

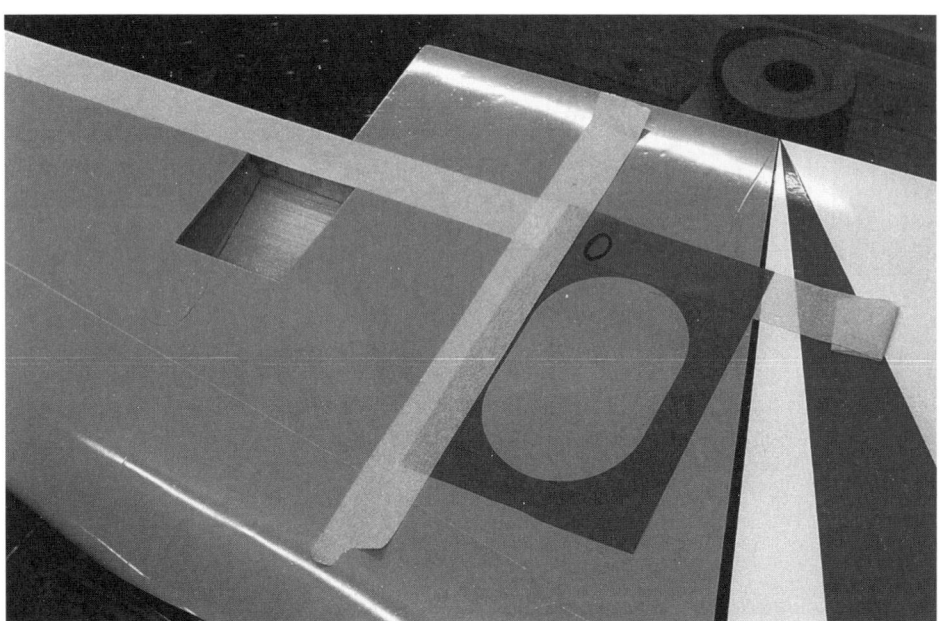

Abb. 11.83
Eine gute Hilfe zum Maskieren sind einige Streifen billiges Klebeband: Der erste wird ganz
akkurat an die obere oder untere Schriftlinie der zu maskierenden Kennungen geklebt.
Dies ist die Basis zum Aufbringen der einzelnen Buchstaben-Maskierfilme. Ein weiterer
Streifen Klebeband kommt dann rechtwinklig dazu, an jeder rechten Seite der Buchstaben. Wenn wir die Klebebandstreifen bereits vor Auftragen auf die richtige Breite schneiden, dienen sie gleichzeitig zum richtigen Sperren der einzelnen Buchstaben

274

Abb. 11.84
Nach Aufbringen der Maskierfilme werden die Hilfs-Klebestreifen wieder entfernt. Wenn dann alle Buchstaben aufgebracht sind, den zuerst als Bezugslinie aufgebrachten Klebestreifen ebenfalls entfernen

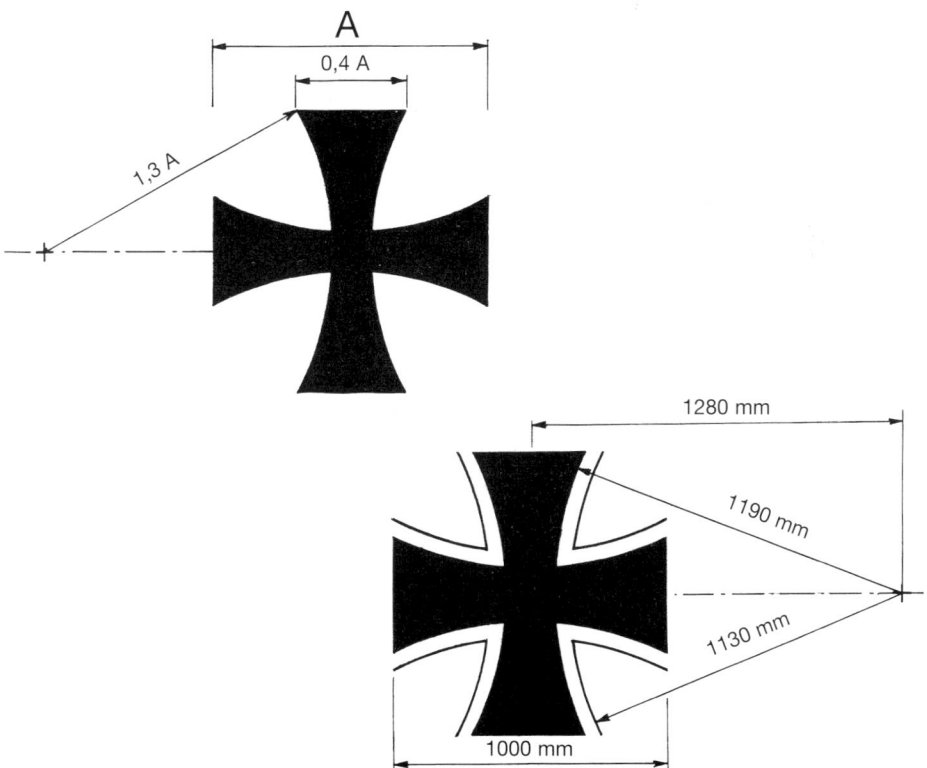

Abb. 11.85
Anfang und Ende: das erste Malteserkreuz der Fliegerabteilung und das heutige Meterkreuz

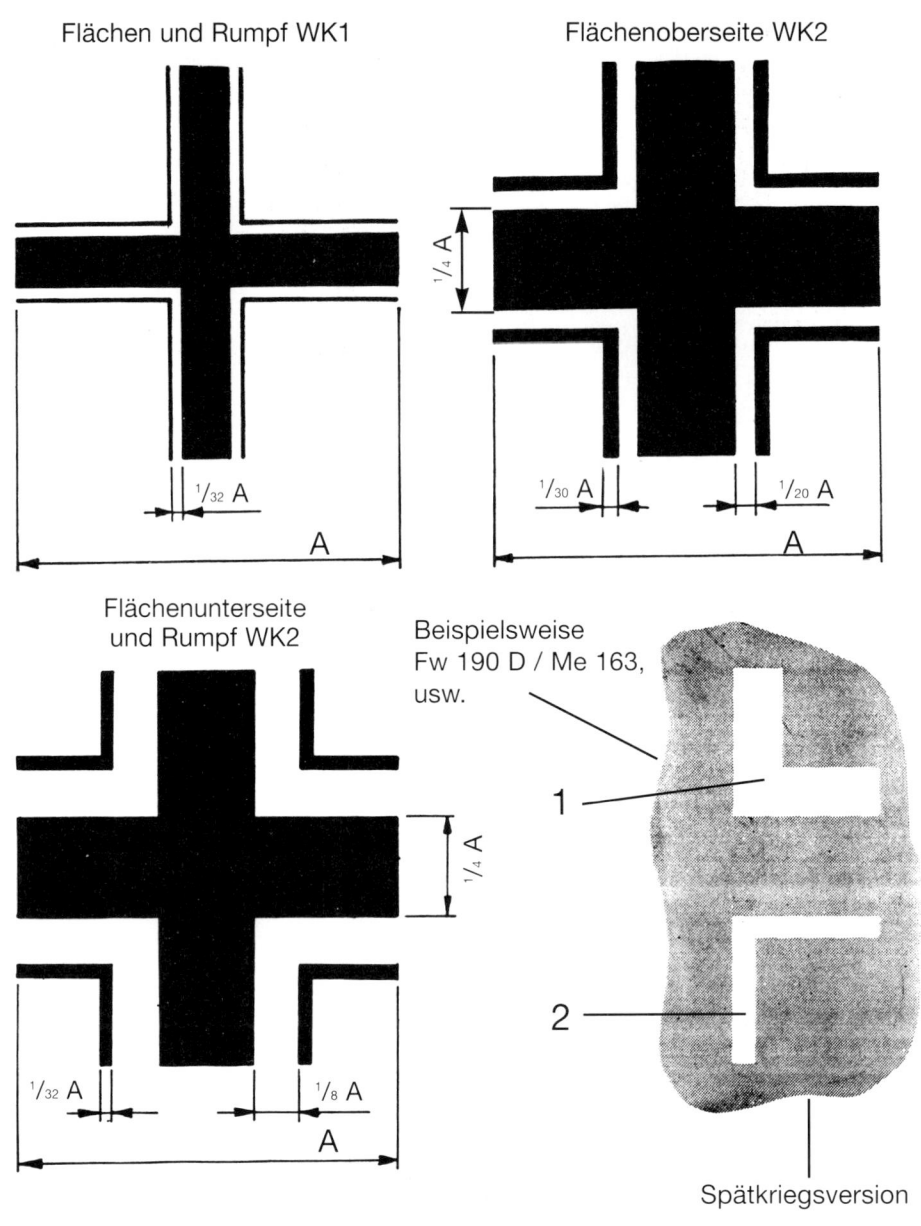

Flächen und Rumpf WK1

Flächenoberseite WK2

$^1/_{32}$ A

$^1/_4$ A

$^1/_{30}$ A

$^1/_{20}$ A

A

A

Flächenunterseite
und Rumpf WK2

Beispielsweise
Fw 190 D / Me 163,
usw.

$^1/_4$ A

1

2

$^1/_{32}$ A

$^1/_8$ A

A

Spätkriegsversion

Abb. 11.86
Standardabmessungen der verschiedenen deutschen Kreuze. Deren Abmessungen sind über die Jahre so oft geändert worden, so daß hier nur die Verhältnisse gezeigt sind. Die Plazierung ist wie folgt: Die Kreuze an der Oberseite der Fläche wurden mittig zwischen die Nasen- und Endleiste, etwa 2 m vom Randbogen entfernt aufgebracht. Die auf der Unterseite lackierten Kreuze liegen mittig zwischen Rumpfaußenseite und Randbogen. Bei Mehrmotorigen zwischen der Außenseite der Gondel und dem Randbogen. Am Rumpf lag die Position offiziell auf der Hälfte zwischen Flächen-Endleiste und Höhenleitwerks-Nasenleiste, aber auch hier gibt es verschiedene, scheinbar frei erfundene Positionen

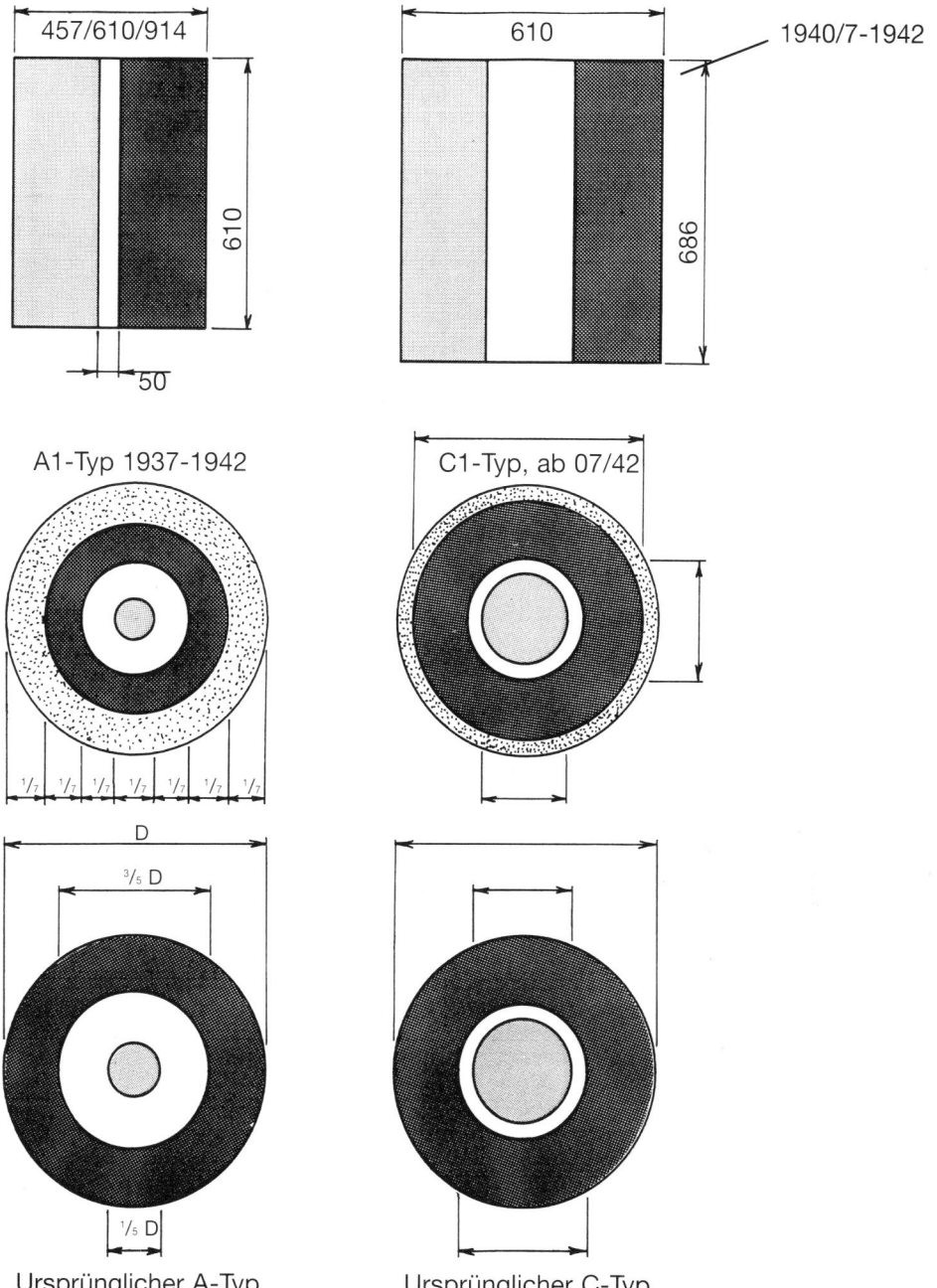

457/610/914

610

50

610

1940/7-1942

686

A1-Typ 1937-1942

C1-Typ, ab 07/42

$^1/_7$ $^1/_7$ $^1/_7$ $^1/_7$ $^1/_7$ $^1/_7$ $^1/_7$

D

$^3/_5$ D

$^1/_5$ D

Ursprünglicher A-Typ

Ursprünglicher C-Typ

Abb. 11.87
Übersicht über die Kokarden, so wie es sie bei der R.A.F. gab. Die Abmessungen des
C-Typs waren alle standardisiert. Von außen nach innen gab es folgende Möglichkeiten:
Rot: 150, 300 und 450 mm. Weiß: 200, 400 und 600 mm. Blau: 400, 800 und 1200 mm.
Gelb: (nur bei dem neuen C-Typ) 450, 900 und 1350 mm. Da auch hier während des Kriegs
viele eigene Varianten auftraten, sind die oben genannten Maße nur als Richtwerte anzu-
sehen

Auf modernen Flugzeugen bestehen fast alle Hinweise mittlerweile aus Aufklebern, auch in der Modellbauindustrie stehen solche in verschiedenen Ausführungen zur Verfügung. In vielen tausend Farben, Buchstabentypen und -größen sind sie erhältlich, und manchmal sind sie sogar eine gute Lösung für dieses Problem. Bei Militärmaschinen und anderen Typen, die eine mattierte Oberfläche haben, ist das Anbringen solcher hochglänzender bedruckter Folien aber nicht sehr schön. Für diesen Fall gibt es eine Firma in England, die auf Wunsch Reibebilder und Buchstaben in etwa 30 000 Farben und jeder erdenklichen Größe herstellt. Hierzu wird nur die Abbildung des gewünschten Teils als Vorlage benötigt – die Bezugsquelle ist im Anhang aufgeführt. Eine Schicht Klarlack zum Abschluß – fertig!

Auch im Kabineninneren sind viele Texte zu finden, die ebenfalls in dem oben beschriebenen Verfahren zu fertigen sind. Gerade hier finden sich sehr kleine Buchstaben, manchmal weniger als 1 mm hoch.

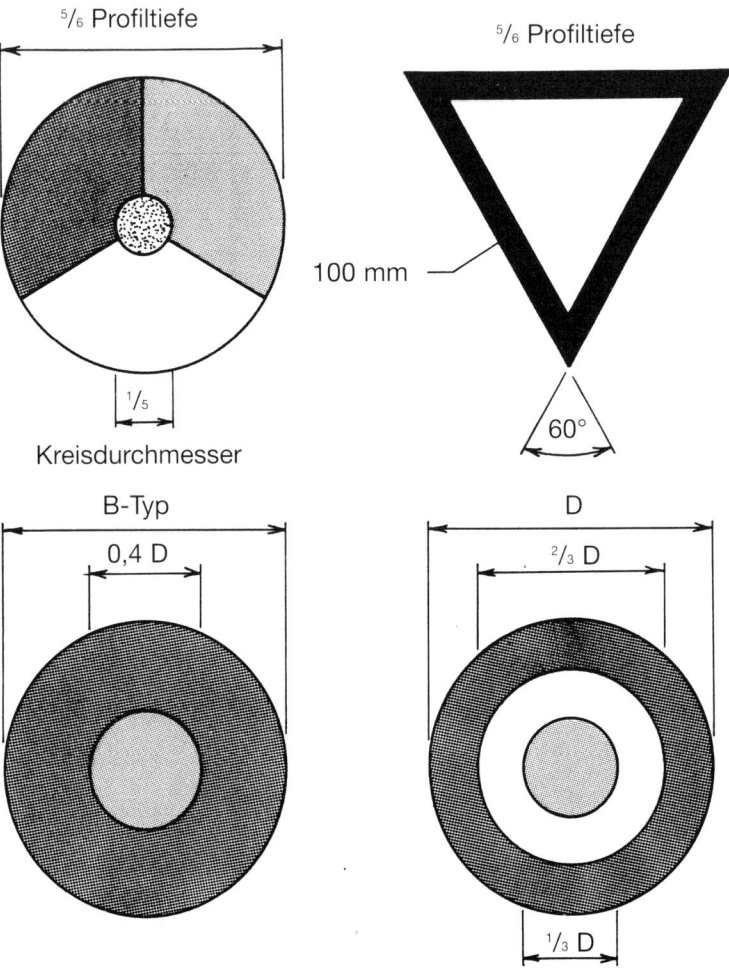

Abb. 11.88
Abzeichen der Holländischen Luftwaffe, die B-Typ-Kokarde der R.A.F. und die französische Kokarde

278

Abb. 11.89
Ein schönes Beispiel für eine Seiten-
ruder-lackierung in den Vereinigten
Staaten zwischen 1926 und 1942. Der
vordere Streifen ist dunkelblau und
hat $1/3$ der größten Tiefe des Ruders.
Die horizontalen Streifen sind in Weiß
und Rot und teilen die Ruderhöhe in
13 gleiche Teile. Die Farbe der Dämpfungsfläche des Seitenruders sowie
des kompletten Höhenleitwerks sind
chromgelb

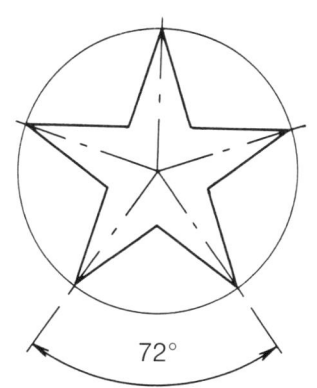

A

B

Abb. 11.90
Aufbau des amerikanischen Stern-
kreises im Zeitraum zwischen 1919
und 1942. Der rote Punkt berührt
den Stern nicht

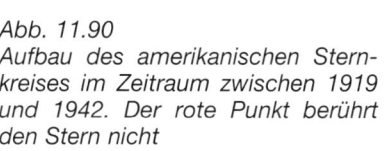

C

279

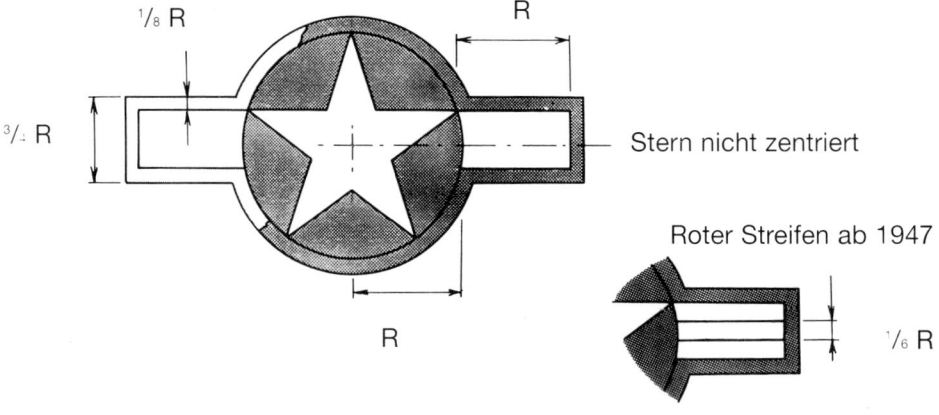

Abb. 11.91
Das amerikanische Hoheitsabzeichen, hier in seiner ganzen Vielfalt. Die dunkelblaue Hauptfarbe ist abhängig vom Flugzeugtyp und variiert zwischen Dunkelblau bis fast Schwarz

Abb. 11.92
Hoheitsabzeichen sind nicht schwer zu zeichnen, besonders dann, wenn das Modell später noch mit einer Schicht Klarlack überzogen wird. Dann können die Umrisse ganz einfach mit einem Zeichenstift aufgebracht werden und das Innere anschließend mit Pinsel und schwarzem Lack ausgemalt werden

Abb. 11.93
Details wie dieses Emblem auf der P-51B des Belgiers Eric Smeets verlangen nach gar keiner besonderen Fähigkeit des Modellbauers, heben aber ein so lackiertes Scale-Modell aus der grauen Masse hervor

Abb. 11.94
Embleme sind nicht viel schwieriger anzufertigen, sie geben unserem Modell aber ein wesentlich individuelleres Aussehen. Dieses Miles-Logo sieht nach einer sehr anspruchs-vollen Lackierarbeit aus, ist es aber gar nicht. Die linke Abbildung zeigt das Original-emblem an einer noch existierenden Miles Hawk Speed Six, das rechte ist nach einer alten Zeichnung mit der Spritzpistole aufgetragen. Die Detaillierung erfolgte mit einem feinen Haarpinsel. Alles zusammen eine Dreiviertelstunde Arbeit

Abb. 11.95
Diese Bildstrecke mit drei Fotos zeigt den „Aufbau" eines Emblems. In diesem Fall das
Logo des Tiger-Clubs an einer Rollason Turbulent. Es müssen also nicht nur immer Her-
steller-Embleme sein

Abb. 11.96
Pin Ups, so wie an dieser „Passion Wagon", eine P-51 von der Confederate Air Force in Texas, wären eine gute Übung für die künstlerische Ader in uns

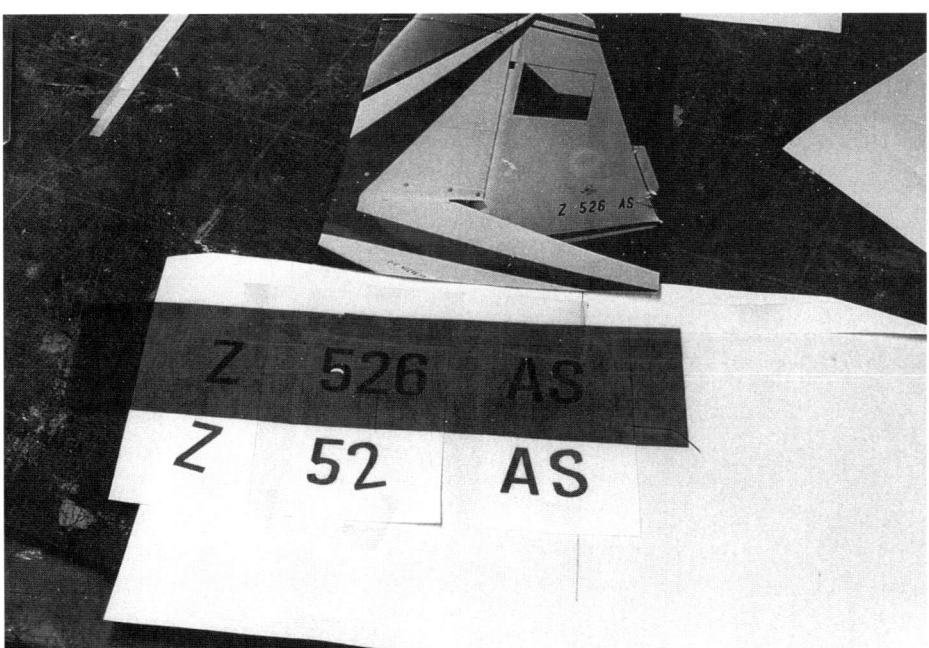

Abb. 11.97
Auch kleine Buchstaben sind gut zu maskieren. Nachdem wir sie auf ein Blatt Papier gezeichnet haben, werden sie mit Maskierfolie abgedeckt und ausgeschnitten. Die Folie wird dann auf das Modell aufgetragen und die ganze Sache anschließend lackiert

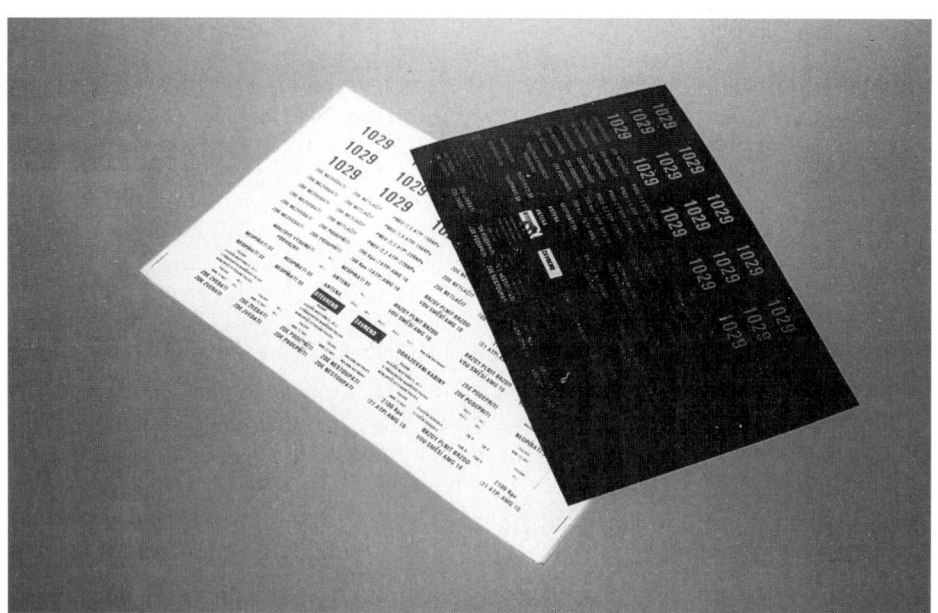

Abb. 11.98
Die Anfertigung scalemäßiger Beschriftungen ist fast schon Profisache. Wir als Modellbauer sind aber dank Computertechnik in der Lage, den Grundstein selbst zu legen. Auf
dem Foto ist einmal das Negativ einer Beschriftungsplatte zu sehen, dahinter das Resultat

11.10 Weathering

Mit Ausnahme von hochglanzpolierten Kunstflugmaschinen und Museumsexemplaren gibt es an jedem Flugzeug Abnutzungsspuren. Um unseren Nachbau vorbildgetreuer zu machen, müssen wir nicht nur eine sorgfältige Auswahl der Farbtöne treffen, sondern auch noch darauf achten, daß oft benutzte Teile eines Flugzeugs auch so aussehen. Insbesondere bei Kriegsflugzeugen können wir uns damit intensiv beschäftigen. Das soll aber nicht heißen, daß Zivilmaschinen nicht mit der Zeit verschmutzen oder altern.

Das Anbringen von Abnutzungsspuren haucht einem Modell erst richtig Leben ein und ist dazu noch eine tolle Arbeit. Wir sollten aber nicht einfach mit dem Pinsel so hier und da etwas Alu-Farbe aufbringen, sondern unbedingt darauf achten, daß unser Weathering gemäß dem Original aufgetragen wird und wir in unserem Enthusiasmus nicht zu weit gehen. Es gibt Modelle, die so mit Abnutzungsspuren überladen sind, daß ins entsprechende Original kein Pilot eingestiegen wäre!

Eine gute Hilfe ist dabei das Betrachten von Fotos, da jeder bestimmte Flugzeugtyp seine eigenen Spuren hat. Der mächtige Adlerkopf auf der A-Version der *Fw-190* war eigentlich nur eine Tarnung für den erheblichen Auspuffschmutz, der sich entlang der Rumpfseiten aufbaute (Abbildung 11.100). Bei der *Spitfire* war dies viel weniger ausgeprägt; dafür war sie dann aber wieder an der Unterseite stark mit Öl verschmutzt.

Abb. 11.100
Unter den vielen Flugzeugmustern hatte die Fw 190 wohl die mächtigsten Auspuffspuren vorzuweisen, sie sollten also auch am Modell vorhanden sein

Es gibt viele verschiedene Möglichkeiten. Hier ein kurzer Überblick über das Weathering:

- Auspuff- und Schmauchspuren
- Verluste von Öl und Kraftstoff
- Kratzer und Farbabnutzung
- Einwirkung von Kraftstoff und Salzwasser
- Schmutz und Farbtonunterschiede

Gehen wir jetzt einmal die Liste von oben nach unten durch.

Auspuffspuren variieren in ihrer Farbe etwa von Kaffeebraun bis Tiefschwarz – in Abhängigkeit vom Abstellen des Motors – und sind bestens mit einer Spritzpistole zu simulieren. Eine Auspuffspur baut sich auf, d.h., sie beginnt gleich hinter den Rohren, die Intensität des Farbtons verringert sich dann bis etwa Kabinenhöhe, da sich hier weniger Schichten aufbauen. Um einen realistischen Effekt zu erzielen, verfahren wir mit der Spritzpistole am besten ebenso, also mehrere Schichten Farbe auftragen.

Auch die Auspuffrohre selbst sind nicht einfach schwarz oder dunkelbraun, sie sind im Original fast immer rostfarbig und schmutzig. Korrosion ist relativ einfach durch Beimischung von Microballons, Sand oder Mehl in der Farbe nachzubilden. Mick Reeves z.B. verwendet hierfür ausschließlich Staub aus seiner Werkstatt, und er wurde bereits mehrfach Weltmeister! Ein ausreichender Beweis dafür, daß Scale-Modellbau nicht immer High-Tech sein muß.

Schmauchspuren sind einfach schwarz und rund um die Patronenlöcher bzw. rund um die Maschinengewehre aufzutragen. Aber gerade hier gilt: mäßig! Auf Abbildung 11.101 sind solche Spuren an einer *P-51 Mustang* zu sehen, die erst nach der kompletten Lackierung des Modells aufgetragen wurden.

Abb. 11.101
Detailarbeit ist die Sahne auf dem Eis. Die Maschinengewehre auf der Fläche dieser P-51 D sind aus Aluminiumröhrchen und Füller aufgebaut und nach dem Lackieren des Model-les mit einer leichten Verschmutzung versehen. Aufwendig, aber nicht schwierig!

Verluste von Öl und Kraftstoff sind eigentlich an jeder Maschine zu finden und am Modell sind damit auf recht einfache Weise tolle Resultate zu erreichen. Fangen wir mit dem Ölverlust an. Hierzu mischen wir Gelb, Braun oder Schwarz und Klarlack <u>ein wenig</u> durcheinander und verdünnen diese Mixtur etwa bis zur Viskosität von Milch. Dann tragen wir sie mit dem Pinsel an den von uns gewünschten Stellen auf: entlang der Tankstutzen und entlang von Drainagen. Jetzt nehmen wir ein kleines Plastikröhrchen und blasen damit die Farbmischung entsprechend dem Fahrtwind im Flug über die Oberfläche. Wir werden sehen, daß die Farbe ihren eigenen Weg suchen wird, entlang von Blechstößen oder Paneelen, genauso wie beim Original.

Flugzeugkraftstoffe sind aggressiv und greifen deswegen die Oberfläche an. Bei getarnten oder matten Teilen sind diese Spuren am Original bestens zu erkennen, da solche Farben empfindlicher als hochglänzende sind. Wie auf Abbildung 11.104 zu sehen, hat diese *P-51 B* einen abgenutzten Farbton. Hierzu eine mit wenig Weiß vermischte Grundfarbe stark verdünnen und, nachdem die Deckschicht trocken ist, dünn auftragen.

Kratzer und Schäden, hervorgerufen durch den harten Einsatz, sind besonders bei dunkelfarbigen Maschinen – so wie es Warbirds oftmals sind – gut zu erkennen. Aber auch an Zivilflugzeugen entstehen durch den Betrieb Kratzer und Stellen, an denen der Oberflächenlack einfach abgeplatzt ist. Um dieses am Modell zu zeigen, gibt es zwei Vorgehensweisen:

Für kleine Beschädigungen, so wie sie zum Beispiel an der Nasenleiste einer Tragfläche im Flug entstehen, tragen wir nach der Lackierung des Modells ein wenig silberne Farbe auf. Am besten geht dies mit der harten Seite eines Pfannenputzers oder einem Stück feingewebtem Scotchbrite. Wir mischen hierzu Silber mit ein wenig lichtgrauer Farbe, da es sonst zu hell wäre, und bringen die Mixtur mit den oben genannten Hilfsmitteln auf. Dazu wird der Pfannenputzer

Abb. 11.102
Wie gelingen solch schöne Abnutzungsdetails? Hier ist jetzt an verdünnte Farbe und Trinkröhrchen zu denken! So einfach ist es, subtile Effekte an einem Scale-Modell zu erzielen

Abb. 11.103
Abnutzungsspuren erwecken ein Modell zum Leben, aber nicht, wenn sie so weit ausgebildet sind wie am Höhenleitwerk dieser Fw 190. Kaum ein Pilot hätte das Original bestiegen

aber erst an einer anderen Oberfläche so weit ausgestrichen, bis er kaum noch Farbe abgibt und erst dann machen wir uns damit an die Nasenleiste. Nicht nur die Nasenleisten von Flächen und Leitwerken haben solche Beschädigungen, auch Luftschrauben und Rumpfseiten sind meistens mit Abnutzungsspuren versehen.

Weitere Stellen, an denen wir Beschädigungen finden, sind Paneele, deren Ränder oder Verschlüsse, an denen durch den Betrieb Farbe abgeplatzt ist. Zu denken ist hier auch bei Warbirds an Tankdeckel oder an Kratzer, die dadurch entstanden sind, daß so manch einer mal mit der Munitionskiste von der Fläche abgerutscht ist.

Für größere Bereiche, wie z.B. Trittflächen, gibt es noch eine bessere Lösung. Hierzu spritzen wir <u>vor</u> Aufbringen der eigentlichen Farbschicht die Oberfläche silbern. Nachdem die anschließende Lackierung darüber getrocknet ist, polieren wir mittels Stahlwolle oder Scotchbrite so lange, bis das Aluminium darunter wieder sichtbar wird. Das gibt einen ganz besonders realistischen Effekt.

Für den ganzen Bereich der Abnutzungsspuren gilt aber: Immer vorsichtig und moderat auftragen, denn ein Modell mit übertriebenen Abnutzungsspuren sieht einfach nicht mehr vorbildgetreu aus.

Spuren von Salzwassereinwirkung kommen nur bei Maschinen vor, die im Mittelmeerraum oder in anderen Salzwassergebieten geflogen werden. Damit beschränken sie sich hauptsächlich auf Maschinen der Japanischen Luftwaffe und Marineflugzeuge der Vereinigten Staaten. Bei den Weltmeisterschaften in Deelen

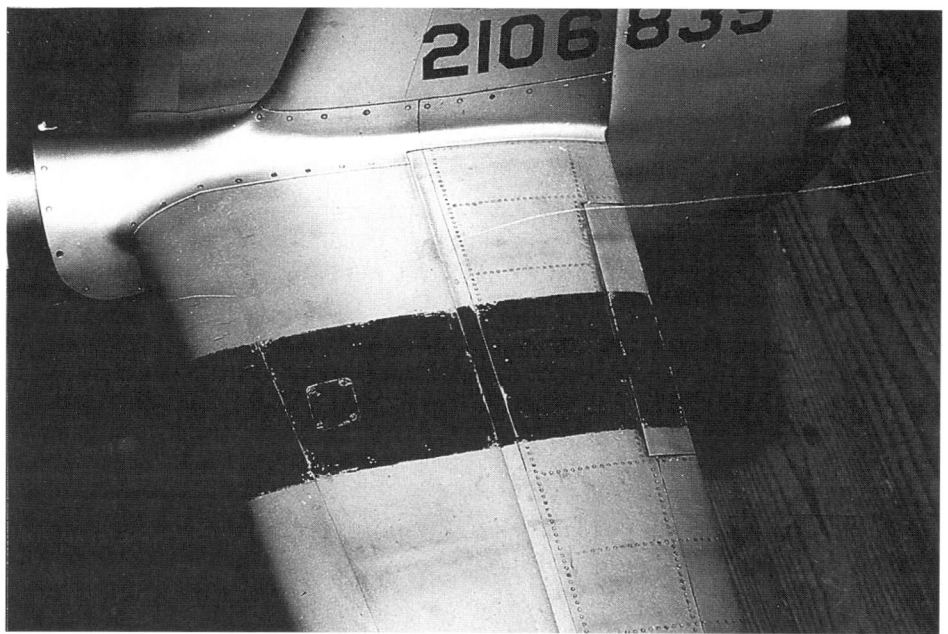

Abb. 11.104
Ein tolles Beispiel gelungener Abnutzungsspuren ist dieses Leitwerk einer P-51 B. Völlig realistisch, aber klar auszumachen

Abb. 11.105
Der bekannteste Japaner dürfte die Zero sein. 1994 überzeugend von einem der japanischen Teilnehmer auf der WM in Deelen vorgeflogen. Die Abnutzungsspuren und das durchscheinende Aluminium auf dem Rumpf-Flächen-Übergang sind bestechend

1994 brachte ein japanischer Teilnehmer den Nachbau einer *Mitsubishi Zero* mit, der so von Salzwasser angegriffen aussah, daß er fast auseinanderzufallen schien. Die Maschine war aber nagelneu (Abbildung 11.105). Es ist so, daß Spuren von Salzwasser bei Flugzeugen des gleichen Typs fast immer an denselben Stellen auftreten, bedingt durch die Form des Flugzeugs sowie die der Blechstöße oder Deckel.

Die Darstellung von Salzwasserkorrosion ist eigentlich eine Kombination von Techniken, die wir auch bei Walkways und Auftrittsflächen verwendet haben. Hier wird aber, nachdem die Hauptfarbe trocken ist, eine Mischung aus Microballons bzw. Mehl mit matter weißer Farbe und ganz wenig Blau vermischt aufgespritzt. Nachdem diese Schicht getrocknet ist, mittels Stahlwolle oder ähnlichem Material die weiße Farbe so weit abschleifen, bis die erste Schicht wieder sichtbar wird. Die Beimischung von Microballons dient hier dem Imitieren von Kristallen, so wie sie sich beim Trocknen von Salzwasser bilden.

Wenn wir es ganz besonders realistisch haben möchten, ist vor diesen ganzen Arbeitsgängen noch eine Schicht Aluminiumfarbe aufzutragen, dann erst die Deckschicht und schließlich die weiße Farbmischung. Ob wir nun so weit gehen sollten, ist natürlich auch vom gewünschten Anspruch abhängig. Aufwendig ist es sicherlich, aber das Resultat kann sich eben auch sehen lassen!

Kommen wir nun zu Schmutz und Farbtonunterschieden. Wenn wir uns einmal Originalmaschinen genau ansehen, sind sie niemals nur weiß, gelb und grün. Es

Abb. 11.106
Ein Nachteil von heute restaurierten Warbirds ist der, daß sie oft hochglänzend gespritzt werden und dadurch nagelneu aussehen. Somit sind sie als Vorbild für unsere Nachbauten weniger geeignet. Hochglanzlacke geben unseren Nachbauten nämlich ein spielzeugähnliches Aussehen

existieren viele, subtil aufgebaute Farbschattierungen. Es ist bestimmt einfacher, ein Modell mit der Spritzpistole zu lackieren und es dabei zu belassen; für eine realistisch wirkende Maschine müssen wir aber noch weitergehen. Es gibt im Zeichenbedarf Pastellkreide, die uns an dieser Stelle wunderbar zu Hilfe kommt. Eigentlich ist es recht einfach: Wir brauchen für jeden Farbton zwei Sorten, einen helleren und einen dunkleren. Dabei sind Hellblau, Dunkelgrau, Weiß und Braun zusätzlich zu empfehlen. Wir reiben jetzt mit unserem Finger auf der Pastellkreide und tragen dann die helleren und dunkleren Töne abwechselnd direkt mit den Händen auf den Rumpf auf. Braun und Grau sind als Schmutzspuren im Bereich von Blechstößen anzubringen, Hellblau dient als Aluminiumoxid. Es ist erstaunlich, welchen Effekt eine solche Behandlung ergibt. Selbstverständlich ist es notwendig, die ganze Arbeit nach dem Auftragen mit einer Schicht Klarlack zu versiegeln.

Sollten wir uns für einen silbernen Warbird entscheiden, so sind hier die Niete und Blechstöße oft fast schwarz. Hierzu die entsprechenden Teile mit stark verdünnter dunkelgrauer Farbe spritzen, die nach einigen Minuten Trockenzeit mit einem in Verdünnung getränkten Lappen wieder entfernt wird. Die Farbe bleibt teilweise in Vertiefungen hängen, was die Sache dann sehr realistisch aussehen läßt.

Motoren werden nicht einfach schwarz während ihres Betriebs, es gibt auch mal Ölverluste, es kommt zur Überhitzung oder der Motor saugt Staub an. So subtil wie die Ursachen, sollten auch die Folgen am Modell aussehen.

Abb. 11.107
Für originalähnliche Abnutzungsspuren ist es ganz wichtig, daß wir uns das Original genau ansehen. An diesem Beispiel ist zu erkennen, daß der Lack trotz liebevoller Pflege der Maschine am Füllstutzen abgeplatzt ist und sich Schmutz zwischen Naht und Tank abgesetzt hat. Genau solche Details sollten wir auch an unserem Nachbau berücksichtigen, um ihn lebendig zu machen

Zunächst ist ein Motor nicht nur silbern, sondern eher hellgrau. Das soll die Basis sein, von der aus wir arbeiten. Überhitzungen geben dem Metall einen bläulichen Glanz, Ölverluste sind meistens bräunlicher Färbung, besonders, wenn sie nach längerer Zeit auch auf den Kühlrippen eingebrannt sind. Auspuffteile sind oft einfach braun oxidiert. Diese Effekte sind leicht nachzuahmen. Ein Ölverlust ist beispielsweise durch eine Mischung von Klarlack mit oranger oder mittelbrauner Farbe zu erreichen, und Verbrennungen sind mit Gewehrblau (im Jagdbedarf erhältlich) darzustellen. Außerdem ist es eine gute Hilfe, Attrappen mit verdünnter, dunkelbrauner oder grauer Farbe zu spritzen und diese danach z.T. wieder zu entfernen.

Weiter oben haben wir schon angesprochen, daß sich die Farbintensität mit zunehmender Entfernung der Betrachtung verringert. Mit dem Glanz der Originallacke verhält es sich gleich. Hochglänzende Lacke sollten wir nur dann verwenden, wenn das Original neueren Datums oder wirklich in richtigem Hochglanz ausgeführt ist. Zu denken ist hier an Kunstflug-Maschinen wie eine *Pitts Special*, *Extra* oder andere Muster. Leider ist es so, daß heutzutage sogar Warbirds im Original hochglänzend gespritzt werden, da diese Lacke einen besseren Korrosionsschutz geben und einfacher zu reinigen sind. Für Warbird-Fans ein Horror!

Nicht nur Maschinen aus der Zivilluftfahrt, zu denen wir jetzt einmal eine *Cessna* und *Piper* rechnen, sondern auch Nachbauten dieser modernen Oldtimer sehen als Modell viel besser aus, wenn wir die Farbe um etwa 30% mattieren.

Es gibt außer dieser Mattierung noch einen weiteren Aspekt, dem wir uns widmen können. Flugzeuge, die unter Tarndecken abgestellt wurden, haben durch die Einwirkung der Sonne erhebliche Farbunterschiede. Es muß aber auch gesagt werden, daß es selbst bei Weltmeisterschaften kaum ein Modell gibt, das mit einem solchen Finish versehen wurde. Für diejenigen, die es aber einmal machen möchten, gilt: Den Lack, wenn er noch nicht ganz ausgehärtet ist, mit sehr feinem Schleifpapier (Körnung 1000 bis 1200) bearbeiten, um an bestimmten Stellen die Farben etwas heller zu machen.

12. Das Abc des Fliegens mit Scale-Modellen

12.1 Einfliegen

Der Erstflug eines Scale-Modells ist und bleibt reine Nervensache. Besonders dann, wenn es sich um einen eigenen Entwurf handelt. Allzuoft werden Modelle unnötigerweise beim Erstflug zerstört, weil der Pilot soviel Streß hatte, daß er gar nicht mehr in der Lage sein konnte, ruhig und sicher sein Modell zu beherrschen. Dies ist nicht notwendig, denn ein sorgfältig gebautes Modell, bei dem Balancepunkt und EWD in vernünftigen Grenzen liegen, fliegt einfach! Bevor wir aber zum Flugplatz fahren, ist es immer sinnvoll, in aller Ruhe unsere Kreation noch einmal auf Herz und Nieren zu überprüfen:

Stimmt die Lage des Balancepunkts, oder braucht das Modell noch etwas Blei in der Nase? Auf keinen Fall vergessen: Ein übergewichtiges Modell fliegt, ein kopflastiges auch, aber eben nicht gut, stark schwanzlastige hingegen gar nicht!

Stimmt die EWD? Immer noch einmal kontrollieren, und zwar mit einer EWD-Waage, nicht mit dem bloßen Auge. Laufen alle Bowdenzüge leicht und spielfrei und werden die Servos nicht in ihren Ausschlägen mechanisch beschränkt? Falls wir ein Modell mit Einziehfahrwerk haben, fährt es zuverlässig ein und aus – jedes Mal?

Stimmt der Einbau von Motor und Tank; sind die Schläuche richtig angeschlossen? Und zu guter Letzt: Ist die Kapazität des Akkus in Ordnung und sitzt er unverrückbar an seinem Platz?

Eigentlich nichts Außergewöhnliches, aber das Checken dieser Liste gibt uns die Sicherheit, daß alles stimmt und nimmt uns zumindest diese Sorge während des Erstflugs.

Wenn wir dann zum ersten Mal auf den Flugplatz fahren, bitte nicht am Sonntagnachmittag, wenn alle Vereinskollegen mit ihren Familien versammelt sind und alle ihre Meinung über unser neues Modell abgeben müssen und uns mit „Rat und Tat zur Seite stehen". Nein, zum Erstflug gehen wir am besten früh am Morgen in aller Ruhe zum Flugplatz raus.

Manch einem hilft es, die Einflugzeremonie in zwei Abschnitte zu teilen, um so Streß zu vermeiden.

Beim ersten Mal auf dem Flugplatz wird der Motor sorgfältig eingestellt, das Modell hierbei in alle möglichen Fluglagen gebracht. Es werden noch einige Rollversuche gemacht, um uns ein wenig an das Verhalten des Modells am Boden zu gewöhnen. Meistens treten bei diesen ersten Versuchen noch einige Dinge auf, die nicht vorherzusehen waren. Zu denken ist hier an ungleich schwer drehende Räder, vibrierende Auspuffrohre usw. Jetzt haben wir die Möglichkeit, diese kleinen Fehler in aller Ruhe und zu Hause mit dem richtigen Werkzeug zu beheben. Beim zweiten Besuch auf dem Flugplatz brauchen wir dann eigentlich nur noch das Modell zu betanken, den Motor zu starten und zu fliegen!

Wirklich, manches Modell zieht noch heute in die „ewigen Jagdgründe" ein, weil der Pilot durch solche Kleinigkeiten so nervös geworden ist, daß er eigentlich nicht mehr sicher fliegen konnte.

Aber gut, wir nehmen an, alles ist fix und fertig und wir stehen am Anfang der Rollstrecke: Langsam Gas geben und ruhig warten, bis das Modell mehr als ausreichend Geschwindigkeit aufgebaut hat. Erst jetzt werden wir ein wenig ziehen und sehen, daß unser Modell bereits abhebt. Es ist möglich, daß durch eine zu weit vorne liegende Position des Balancepunkts etwas mehr gezogen werden muß, aber wenn das nicht übermäßig viel ist, wird es auch kein Problem für uns darstellen. Bei dem ersten Flug ist es immer wichtig, das Modell nicht in der Dreipunktlage vom Boden abheben zu lassen, wir gewöhnen uns erst später in der Luft an die Minimalgeschwindigkeit.

Bereits in der ersten Sekunde des Flugs ist zu erkennen, ob der Balancepunkt unseres Modells halbwegs stimmt oder nicht. Wenn er zu weit vorn liegt, ist das Modell recht träge in den Reaktionen auf die Ruder, vor allem auf das Höhenruder. Liegt er zu weit hinten, reagiert es dagegen sehr sensibel, ja nervös. Diese Situation wird im Lauf des Flugs nicht besser, weil der Motor seinen Kraftstoff verbraucht und der Tank in der Regel vor dem Balancepunkt liegt. So wird das Modell während des Flugs weiter schwanzlastig werden und deshalb gilt: am besten gleich wieder landen.

Nachdem wir die ersten Überraschungen verarbeitet haben (verrückt, das Ding fliegt!), ist die weitere Flugzeit zu nutzen, um die Langsamflugeigenschaften zu testen. Damit sind wir für den Fall der Fälle, daß nämlich der Motor stehenbleibt, ein bißchen besser vorbereitet. Dazu überziehen wir bei voll gedrosseltem Motor das Modell in ausreichender Höhe und prägen uns die Geschwindigkeit ein, bei der die Strömung abreißt, damit wir bei den ersten Anflügen zur Landung diese Geschwindigkeit nicht unterschreiten. Nur so können wir sicher landen.

Einige tiefe Vorbeiflüge sind ebenfalls empfehlenswert, denn so können wir uns schon einmal an das Flugbild des Modells in Bodennähe gewöhnen, so, wie wir es später dann auch bei der Landung sehen werden.

Jetzt gilt es, in Ruhe die Vorbereitung für die Landung zu treffen. Wir wollen ja nicht nach Rückkehr zum Boden schnurstracks wieder in die Werkstatt gehen. Daher ist es auch nicht angebracht, das Modell in etwa einem Meter Höhe zu überziehen. Wenn die Zeit also für die erste Landung reif ist, großräumig anfliegen und mit ausreichender Geschwindigkeit das Modell auf den Hauptfahrwerksbeinen aufsetzen.

An eine schöne Dreipunktlandung denken wir beim ersten Flug jedenfalls noch nicht, wir müssen uns ja erst noch richtig an die Flugeigenschaften unseres neuen Werks gewöhnen, bevor wir es näher an seine Grenzen bringen.

An dieser Stelle noch ein paar Worte zur Landung. Es ist schön anzusehen, wie Modelle mit Dreibeinfahrwerken mit „Nase hoch" hereinkommen und andere mit Spornfahrwerk eine wunderbare Dreipunktlandung hinlegen. Wir können das natürlich auch, und es ist gar nicht so schwer, wie es von vielen beschrieben wird.

Zunächst ist es für solche Anflüge notwendig, daß wir die Überziehgeschwindigkeit unseres Modells genau kennen. Dazu bringen wir es auf Sicherheitshöhe, fliegen es gegen den Wind in gerader Fluglage und nehmen das Gas langsam weg. So lange, bis der Motor im Leerlauf läuft. Jetzt ziehen wir so lange an der Höhenrudertrimmung, bis das Modell seine Nase nach oben nimmt, anfängt entlang der Längsachse zu wackeln oder auf andere Art und Weise Zeichen zu geben, daß es dem Überziehen nahe ist. Jetzt die Höhenrudertrimmung wieder ein wenig zurücknehmen, so lange, bis das Modell wieder stabil fliegt. Das ist der kritische Punkt. Zur Kontrolle bringen wir das Modell erneut auf Gegenwindkurs in ausreichender Höhe, drosseln den Motor und halten die Flächen gerade. Wenn alles stimmt, fliegt unser Modell jetzt ganz sicher in leicht nach hinten hängender Position weiter. Sollte das Modell erneut Zeichen in Sachen Strömungsabriß geben, die ganze Prozedur mit etwas mehr Tiefenrudertrimm wiederholen.

Wir werden sehen, daß die meisten Erstflüge sogenannte „No Events" sind, bei denen eigentlich nichts Besonderes passiert. Eine gute Vorbereitung ist auch hier die halbe Arbeit.

Eine Anmerkung sei an dieser Stelle aber noch gemacht: Es ist immer zu beachten, daß das Höhenruder nur die Lage des Flugzeugs, also den Anstellwinkel ändert und ein Flugzeug nicht zu einem gestreckteren Gleitflug zwingen kann. Wenn uns ein Landeanflug zu kurz gerät und wir noch nicht am Rand vom Platz sind, ist es an der Sache, ein wenig Gas zu geben und nicht das Höhenruder weiter durchzuziehen! Es steigt dadurch nämlich nur die Wahrscheinlichkeit, daß wir das Modell innerhalb kürzester Zeit nach einem Strömungsabriß am Boden zerstört wiederfinden.

Nachdem wir die ersten Flüge erfolgreich über die Bühne gebracht haben und wir uns bereits an das Verhalten des Modells gewöhnt haben, ist es an der Zeit, sich nochmals mit dem Balancepunkt zu beschäftigen. Die im Vorfeld kalkulierte Lage war eine sichere, wahrscheinlich haben wir bereits beim Landen bemerkt, daß wir am Höhenruder ziemlich ziehen müssen. Wir können auch das noch verbessern. Aber, wie immer, nur in kleinen Schritten. Auch hier gehen wir wieder vom schlimmsten Fall aus, also völlig entleerter Tank. Um uns davon zu überzeugen, ob unsere Balancepunktlage richtig ist, bringen wir das Modell bei einer ruhigen Wetterlage mit mittlerer Fluggeschwindigkeit mit der Nase in den Wind und ziehen kurz am Höhenruder. Wenn das Modell eine S-förmige Flugbahn beschreibt, ist es überstabil. Wir können dann etwas Blei aus der Nase herausnehmen. Falls es die Nase hochzieht und nicht in seine alte Fluglage zurückkehrt, ist es zu labil. Das Modell war bis dato wahrscheinlich sowieso nicht sonderlich angenehm zu fliegen und braucht jetzt noch etwas Ballast in der Nase. Was? Noch mehr!?

Diese Prüfung ist gleichfalls mit einem kurzen Tiefenruderausschlag durchzuführen, um auch in dieser Richtung zu checken, ob alles stimmt.

Ein neutral fliegendes Modell soll langsam in seine ursprüngliche Fluglage zurückgehen. Wie langsam, das ist eine Frage des persönlichen Geschmacks. Wir können dazu dem Modell schrittweise Ballast aus der Nase entnehmen. Etwa soviel, daß wir den Balancepunkt jedesmal um ca. 2% der Flächentiefe nach hinten verschieben. Dann folgt wieder ein weiterer Flug und der oben genannte Test. So lange wir nach diesem Verfahren Schritt für Schritt vorgehen, bis das Modell unseren Wünschen entsprechend fliegt, bringt das keine Probleme mit sich.

Wer denkt, das Verfahren birgt irgendein Risiko, irrt sich. Es gibt hier nicht so etwas wie einen Umschlagpunkt. Das Modell wird langsam sensibler und fliegt neutraler. Lange bevor es eine kritische Balancepunktlage erreicht hat, ist es bereits unangenehm zu steuern. Also, keine Angst vor dieser Vorgehensweise.

12.2 Scale-Geschwindigkeit

Warum erscheint es uns so, daß Originalflugzeuge fast im Stillstand fliegen, während unsere Modelle wie Moskitos durch das Blaue summen?

In erster Linie hat das damit zu tun, wie wir die Dinge sehen. Ein Flugzeug mit einer Landegeschwindigkeit von beispielsweise 160 Stundenkilometer wird von uns bei der Landung aus einigen hundert Metern Entfernung betrachtet. Unser Modell fliegt in gleicher Situation mit etwa 40 km/h, aber wir sind nicht mehr als etwa 30 Meter davon entfernt.

Ein kleines Modell vermittelt daher den Eindruck, schneller zu fliegen als ein größeres, was aber nicht unbedingt so sein muß. Man kann es auch so betrachten: Ein Modell mit einer Rumpflänge von beispielsweise 100 cm braucht zum Durchfliegen seiner eigenen Länge – unabhängig von der Geschwindigkeit – nur 50% der Zeit, die ein Modell mit einer Rumpflänge von 2 m benötigt. Große Modelle haben daher ein viel ruhigeres Flugbild. Abbildung 12.1 zeigt noch einmal schematisch, wie das gemeint ist.

Es ist also nicht möglich, unsere Modelle mit Scale-Geschwindigkeit fliegen zu lassen, weil wir nicht alle äußeren Bedingungen im gleichen Maßstab ändern können. Unsere Flächen sind bedeutend weniger effektiv und die Reynoldszahl bedeutend niedriger als beim Original. So gibt es noch weitere Gründe, aus denen sich herauskristallisiert, daß ein richtiger Scale-Flug fast nicht möglich ist.

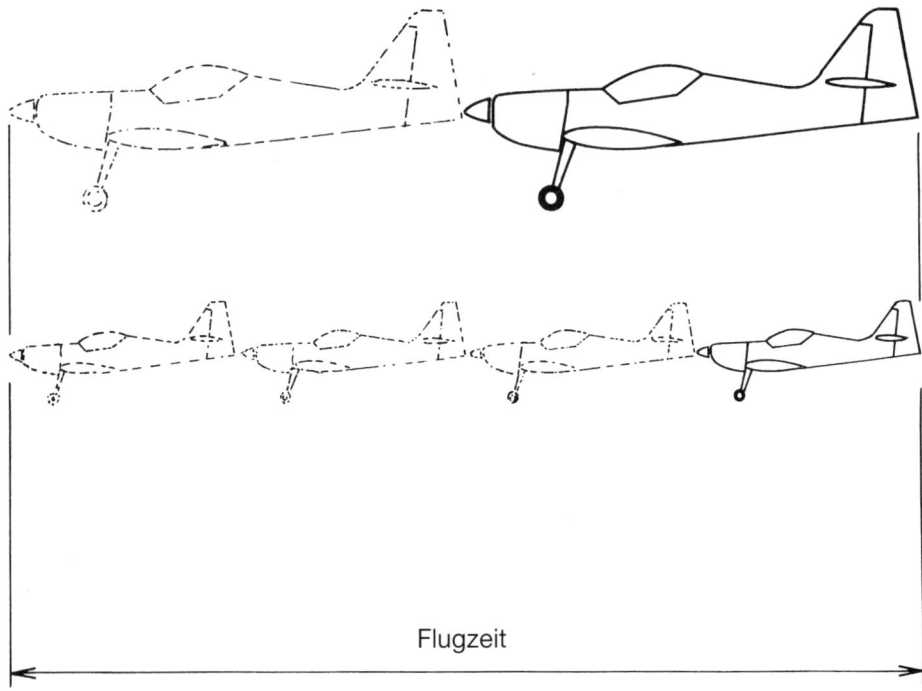

Flugzeit

Abb. 12.1
Ein großes Modell braucht mehr Zeit zum Durchfliegen seiner eigenen Länge als ein kleineres. Deswegen haben wir den subjektiven Eindruck, daß es langsamer fliegt

Mit dem folgenden Beispiel wollen wir einmal versuchen, das zu klären:

Die *Zlín Z-XII* (Abbildung 12.2) aus dem Jahre 1935, ein Zweisitzer mit einer Spannweite von 10 m und einem Flächeninhalt von 12 m^2 sei dazu herangezogen. Die Höchstgeschwindigkeit betrug etwa 150 km/h. Dabei hatte dieses Flugzeug eine Landegeschwindigkeit von 70 km/h, also einen Geschwindigkeitsbereich von ca. 1:2. Ein Nachbau würde von vielen auf den ersten Blick als ideales Scale-Objekt genannt werden. Das sähe anders aus, wenn sie wüßten, daß so ein Modell nur mit viel Mühe und sehr groß gebaut mit Scale-Geschwindigkeit geflogen werden kann.

Wenn wir zum 3. Kapitel zurückblättern, finden wir dort ebenfalls die *Z-XII* als Modell mit einer Flächenbelastung von etwa 70 g/dm^2 und einem Gewichts-/Motoren-Verhältnis von etwa 325 g/cm^3. Wenn wir als Motor einen 12-Kubiker verwenden, kommen wir etwa auf ein Fluggewicht von 3900 Gramm. Vor diesem Hintergrund würde ein Maßstab 1:5 nicht weit vom Ideal entfernt liegen, auch das Gewicht sollte für uns keine größeren Probleme darstellen.

Jetzt kommen wir aber zum Thema Fliegen. Wenn wir den Geschwindigkeitsbereich im gleichen Maßstab haben möchten, müssen wir an dieser Stelle erst einmal ein bißchen rechnen.

Also, die niedrigste Geschwindigkeit würde 70 km/h geteilt durch 5 = 14 km/h betragen. Die Höchstgeschwindigkeit 30 km/h. Man braucht kein Mathematik-Professor zu sein, um zu verstehen, daß das nicht erreichbar ist.

Als Profil für ein solches Modell werden wir voraussichtlich eines aus der NACA 24er-Reihe verwenden, so daß wir bei einer Flächenbelastung von ca. 70 g/dm^2 mit einer Überziehgeschwindigkeit von ca. 40 km/h rechnen müssen, und die

Abb. 12.2
Eine Zlín Z-XII, dem ersten Eindruck nach ein ideales Scale-Modell. Berechnungen bezüglich der Fluggeschwindigkeit zeigen aber ein ganz anderes Bild

liegt bereits höher als die von uns berechnete Höchstgeschwindigkeit! Aerodynamisch gesehen ist es also bereits unmöglich, die richtige Geschwindigkeit zu erreichen.

Wenn wir den Motor mit einer Luftschraube der Größe 12,5 x 6 Zoll bestücken, wird die Vollgasdrehzahl bei ca. 10 000 min^{-1} liegen. Die Höchstgeschwindigkeit ist dann einfach zu berechnen.

$$\text{Geschwindigkeit} = \text{Steigung} \times \text{Drehzahl}$$

Eine Luftschraube mit fester Steigung wird im Flug ein wenig entlastet und dreht dadurch mit einer ca. 15% höheren Drehzahl, hier wären das also ca. 11 500 min^{-1}.

Da Luft zwar ein Medium, aber eben kein festes ist, ist bezüglich der Steigung mit Verlusten zu rechnen. Ein praxisgefundener Wert liegt bei ca. 80% Wirkungsgrad. Insgesamt kommen wir damit auf folgende Werte:

$$\text{Geschwindigkeit} = 12\,\text{cm} \times 11\,500\,\text{U/min} = 13\,800\,\frac{\text{cm}}{\text{min}} \approx 82,8\,\text{km/h}$$

Das entspricht nun gar nicht unserer Hoffnung, nicht wahr? Es zeigt aber ganz klar, daß die Theorie hier der Praxis nicht ganz davongeeilt ist, denn gute 80 km/h Maximalgeschwindigkeit sind das Doppelte unseres bereits gefundenen Minimalwerts, nämlich der 40 km/h kurz vor dem Abriß.

Weil wir uns jetzt schon mit Mathematik beschäftigen, rechnen wir gleich noch einmal weiter und sehen, ob es überhaupt möglich wäre, solch ein Modell mit scalegerechter Geschwindigkeit zu fliegen.

Es ist klar, daß wir zum Erreichen der Minimalgeschwindigkeit leicht bauen müssen oder einen größeren Flächeninhalt benötigen. Eine dritte Möglichkeit, die aber nur für Semi-Scale-Modelle in Frage kommt, ist eine Profiländerung. Die Auswahl zugunsten eines Profils, das mehr Auftrieb liefert und damit die Überiehgeschwindigkeit verringert, wäre dann die Lösung. Warum aber nur bei Semi-Scale-Modellen? Leider ändert sich mit einem anderen Profil nicht nur die Geschwindigkeit, sondern auch die Flugcharakteristik. Das ist für ein richtiges Scale-Modell nicht akzeptabel.

Im Maßtab 1:5 würden wir eine Flächenbelastung von 25 g/dm^2 benötigen, um eine minimale Geschwindigkeit von ca. 15 km/h erreichen zu können. Und das entspricht einem Gewicht von 1200 g. Für ein Modell mit 2 m Spannweite eine nicht zu lösende Aufgabe.

Zäumen wir daher das Pferd einmal von hinten auf: Wenn unser Modell eine realistische Flächenbelastung bekommen soll, ist es notwendig, größer zu bauen. Ausgehend von 70 g/dm^2 Flächenbelastung würde sich die Größe des Modells wie folgt einpendeln:

$$\text{Maßstab} = \frac{\text{Überziehgeschwindigkeit des Originals}}{\text{Überziehgeschwindigkeit des Modells}} = \frac{70\,\text{km/h}}{40\,\text{km/h}} = 1,75$$

Die Rechnerei ergibt aber eine Spannweite von 5714 mm. Das soll mal einer versuchen, im Kofferraum eines PKWs unterzubringen!

Es sei auch gesagt, daß bei einer solchen Zunahme der Modellgröße auch die Effektivität der Flächen zunimmt und deswegen diese Rechnerei so nicht genau stimmt. Das Beispiel ist demnach geeignet, um das Prinzip einmal zu erklären.

Obwohl die *Z-XII* auf den ersten Blick ein ideales Scale-Modell zu sein scheint, hat die obige Betrachtung bewiesen, daß der Weg zur Scale-Geschwindigkeit nur über eine sehr große und leichte Konstruktion führt. Auffallend ist vor diesem Hintergrund, daß Doppeldecker der ersten Generation überhaupt keine Chance haben, mit der geforderten Scale-Geschwindigkeit zu fliegen, bei Europa- und Weltmeisterschaften aber immer wieder die Nase ganz vorne haben. Für Liebhaber solcher Modelle ist dies eine schöne Sache, für andere oft Grund zum Ärger!

Eine *Bf 109* im Maßstab 1:4 fliegt deswegen ungleich vorbildgetreuer als eine *Etrich Taube* im gleichen Maßstab. Ob wir noch in der Lage sind, solche Maschinen zu bauen, zu bezahlen und sogar zu fliegen, steht dabei auf einem ganz anderen Blatt!

Wir können und sollen aber in unserer Klasse den Eindruck vermitteln, daß unser Modell gemäß dem Original fliegt. Die Konsequenz daraus heißt immer leicht zu bauen, da wir gesehen haben, daß eine höhere Flächenbelastung die Fluggeschwindigkeit anhebt.

Dazu kommt, daß leichtere Modelle nicht nur besser fliegen, sie sind auch weniger empfindlich gegen Schäden, sollten wir unser Modell einmal nicht sauber landen. Das beste Beispiel ist hier die Freiflug-Scale-Klasse, bei der die Flächenbelastung oft in Größenordnungen von 10 g/dm^2 liegt. Wenn so ein Modell im Flug etwas berührt, hat dies oft keinen Schaden am Modell zur Folge. So leicht können wir unsere RC-Modelle aber nicht bauen.

Ein zweiter Aspekt ist der Flugstil. Falls wir ernsthaft in die Scale-Fliegerei einsteigen möchten, heißt es einfach Schluß zu machen mit Messerflug in Bodennähe, eng geflogenen Kurven mit einem Neigungswinkel von mehr als 70 Grad usw. Wir müssen lernen, daß ein Vergaser mehr Stellungen kennt als Vollgas und Leerlauf und das Seitenruder nicht nur im Turn nützlich ist. Versuchen wir daher einmal das Original oder vergleichbare Flugzeuge im Flug zu beobachten. Oldtimertreffen oder Videos sind eine gute Möglichkeit dazu. Wir sollten wissen, wie das Original fliegt, bevor wir anfangen, unser Modell scalelike zu steuern. Originaljäger brauchen z.B. für einen Looping Zeiten zwischen 12 und 17 Sekunden, doch das ist für eine Großzahl unserer Modelle einfach nicht möglich.

Um dennoch den Realitäts-Eindruck zu geben, sollten wir immer großräumig fliegen. Weite Kurven, ruhig angesetzte und riesige Loopings, Immelmann oder langsame Rollen. Dazu sollte alles fließend ineinander übergehen. Ein Sender mit Exponentialeinstellung, der die Ausschläge um die Neutralstellung herum ruhig halten kann, ist hier eine große Hilfe.

12.3 Fluggewicht

Leichte Modelle fliegen besser, das ist allgemein bekannt. Doch warum? Wir haben bereits lesen können, daß die Minimalgeschwindigkeit eines Modells mit dem Gewicht abnimmt, in der Praxis haben wir aber noch nichts davon, denn unser Modell hat nun mal ein bestimmtes Gewicht, an dem wir nichts ändern können. Wir stehen also vor der Frage: Wie wäre es gewesen, wenn das Modell leichter wäre?

Nehmen wir zum Beispiel einmal eine *Pilatus Porter*, ein viel verwendetes Flugzeug, um Fallschirmspringer abzusetzen. Das Original kann bis zu 20 Personen an Bord nehmen. Jetzt springen alle gleichzeitig aus dem Flugzeug – und was passiert? Die Porter wird steigen, denn sie wird jetzt weniger Auftrieb brauchen als im Flugzustand vorher. Der Pilot wird ein wenig drücken, doch das bringt nur eine Verringerung des Anstellwinkels und das bedeutet eine Zunahme der Fluggeschwindigkeit. Wenn der Pilot zurück zum alten Flugzustand will, muß er ein wenig drosseln!

Das Fazit: Ein leichtes Modell braucht weniger Leistung zum Fliegen, kann dabei mit geringerem Anstellwinkel fliegen, wodurch sich der Widerstand verringert und hat eine niedrigere Überziehgeschwindigkeit. Es ist also in der Lage, bei der Landung langsamer zu fliegen.

Es ist aber nicht so, daß ein Modell auf der ganz anderen Seite des Spektrums nicht sicher zu fliegen wäre. Ein übergewichtiges fliegt vor allem schneller, überzieht früher und wird in der Vertikalen bei gleicher Motorisierung weniger leisten. Dabei braucht es eine längere Start- und Landestrecke.

Scale-Modelle sind also den gleichen aerodynamischen Grundsätzen unterworfen wie jedes andere Modell. Sie bieten aber gegenüber normalen Flugmodellen ihren Liebhabern einen richtigen Genuß. Jedem, der sich in dieser Klasse einmal versucht hat, wird es fast unmöglich sein, sich von diesem schönsten aller Laster wieder zu befreien.

Abb. 12.3
Ein Jäger, so wie diese Emil-Ausführung der Bf 109, ist wesentlich einfacher mit der richtigen Scale-Geschwindigkeit zu fliegen

Anhang

Zeichnungen:

Scale Model Research Deutschland
Janet Gray, Vorm Niederend 5, 64331 Weiterstadt
Tel: 01650/40203

Nexus Media Communications LTD
Azalea Drive, Swanley
Kent, BR8 8HY
United Kingdom
Tel. 0044/1322/660070
Fax 0044/1322/667633

Bilder:

Bob Banka,
3114 Yukon Avenue, Costa Mesa
CA 92626 UNITED STATES

Scale Model Research Deutschland
Janet Gray, Vorm Niederend 5, 64331 Weiterstadt
Tel. 01650/40203

Bücher und Farbmuster:

The Aviation Bookshop, 656 Holloway Road
London, N19 3PD, England

H. de Weerd, Middellaan 34, 7314 GC
Apeldoorn, Niederlande

Beschriftung:

Colour Imaging Services
Simon Young, 48 Malthouse Road
Soutgathe, Crawley, Sussex, RH10 6BG
United Kingdom
Tel. 0044/1293/528677

Federal Standards:

Defense Supply
Center Columbus
3990 East Broad Street
Columbus, OH 43216
UNITED STATES
Federal standard 595 B

Ein Wort des Dankes

Es ist einfach nicht möglich, ein Buch wie dieses ohne die Hilfe einer großen Zahl von Personen zu schreiben. An dieser Stelle möchte ich auch all denjenigen Dank sagen, die mir geholfen haben, manchmal sogar ohne es zu wissen.

Martin Simons, Alex Weiss, Nick Pappilon, Bob Banka, Simon Delaney, Zale Kessler, Phillip Kent, Stef van der Steen, Alec Gee, Phillip Jarret, Bob Stuurman, Dzenek Bedrich, Philip Avonds, Erik Smeets, Gordon Whitehead, David James, Ben van de Goor und viele andere, die hier zwar nicht genannt sind, aber nicht vergessen werden.

Mein spezieller Dank gilt:

Rüdiger Götz und Ralph Müller vom Neckar-Verlag für die Übersetzung meines „Rudi-Carell-Deutsch". Brian Taylor, Mick Reeves und Wim Reynders für ihre Inspiration und Hilfe über die Jahre hinweg. Dennis Bryant für seine Hilfe, Freundschaft und seinen Enthusiasmus und last but not least Annemarie für ihre Geduld, Liebe und Verständnis.